环境公共治理与公共政策译丛
化学品风险与环境健康安全(EHS)管理丛书
“十三五”国家重点图书
2020年上海市重点图书

环境社会科学：研究方法及其设计

[加] 伊斯梅尔·瓦卡罗(Ismael Vaccaro)
[美] 埃里克·奥尔登·史密斯(Eric Alden Smith) 主编
[美] 尚卡尔·阿斯瓦尼(Shankar Aswani)
刘燕 吴建伟 马克继 主译

華東理工大學出版社
EAST CHINA UNIVERSITY OF SCIENCE AND TECHNOLOGY PRESS
·上海·

图书在版编目(CIP)数据

环境社会科学：研究方法及其设计 /（加）伊斯梅尔·瓦卡罗(Ismael Vaccaro),(美) 埃里克·奥尔登·史密斯 (Eric Alden Smith),(美) 尚卡尔·阿斯瓦尼(Shankar Aswani)主编;刘燕,吴建伟,马克继主译. —上海：华东理工大学出版社,2020.12

（环境公共治理与公共政策译丛）

书名原文：Environmental Social Sciences：Methods and Research Design

ISBN 978—7—5628—6417—2

Ⅰ. ①环… Ⅱ. ①伊… ②埃… ③尚… ④刘… ⑤吴… ⑥马… Ⅲ. ①环境社会学 Ⅳ. ①X24

中国版本图书馆 CIP 数据核字(2020)第 265408 号

策划编辑 / 刘　军
责任编辑 / 秦静良
装帧设计 / 靳天宇
出版发行 / 华东理工大学出版社有限公司
地址：上海市梅陇路 130 号,200237
电话：021 - 64250306
网址：www.ecustpress.cn
邮箱：zongbianban@ecustpress.cn
印　刷 / 江苏凤凰数码印务有限公司
开　本 / 710 mm×1000 mm　1/16
印　张 / 20.5
字　数 / 342 千字
版　次 / 2020 年 12 月第 1 版
印　次 / 2020 年 12 月第 1 次
定　价 / 198.00 元

学术委员会

“环境公共治理与公共政策译丛”总序

环境问题已然成为21世纪人类社会关心的重大议题，也是未来若干年我国经济社会发展中需要面对的突出问题。

改革开放以来，经过40年的高速发展，我国经济建设取得了举世瞩目的巨大成就。然而，在“唯GDP”论英雄、唯发展速度论成败的政绩评价方式推动下，“重发展轻环保、重生产轻生态”的情况较为普遍，我国的生态环境受到各种生产活动及城乡生活等造成的复合性污染的不利影响，长期积累的大气、水、土壤等污染的问题日益突出，成为制约我国经济社会可持续发展的瓶颈。社会大众请求改善生态环境的呼声不断高涨，加强环境治理的任务迫在眉睫。

建设生态文明，关系人民福祉，关乎民族未来。党的十八大把生态文明建设纳入中国特色社会主义事业“五位一体”总体布局之中，明确提出大力推进生态文明建设，努力建设美丽中国，实现中华民族永续发展。党的十八届五中全会通过的《中共中央关于制定国民经济和社会发展第十三个五年规划的建议》提出了“创新、协调、绿色、开放、共享”五大发展理念，完整构成了我国发展战略的新图景，充分体现了国家治理现代化的新要求。五大发展理念是一个有机联系的整体，其中“绿色”是对我国未来发展的最为“底色”的要求，倡导绿色发展是传统的环境保护观念向环境治理理念的升华，也是加快环境治理体制机制改革创新的契机。

环境是人类生存和发展所必需的物质条件的综合体，既是生态系统的有机组成部分，也可以被视为资源的价值利用过程。环境污染则是资源利用不当而造成的对环境的消极影响或不利于人类生存和发展的状况，在某些条件下，它会进一步引发公共安全问题。因此，我们必须从系统性的视角出发，在环境治理体制机制的改革创新中纳入资源利用、公共安全等因素。进入21世纪以来，国际社会积极探寻环境治理的新模式和新路径，公共治理作为一种新兴的公共管理潮流，呼唤着有关方面探索和走向新的环境公共治理模式。环境公共治理的关键点在于突出环境治理的整体性、系统性特点和要求，推动实现政府、市场和社会之间的协同互动，实现制度、政策和技术之间的功能耦合。

华东理工大学经过60多年的发展，在资源与环境领域的基础科学和应用科学研究及学科建设方面具有显著的优势。为顺应时代发展的迫切需要，在服务经济社会发展的同时加快公共管理学科的发展，并形成我校公共管理学科和公共管理硕士(MPA)教育的亮点与特色，根据校内外专家的建议，学校决定将“资源、环境与公共安全管理”作为我校公共管理学科新的特色发展方向，围绕资源环境公共治理的制度创新和政策创新整合学科资源，实现现实状况调研与基础理论研究同步推进，力图在构建我国资源、环境与公共安全管理的理论体系方面取得实质性业绩，刻下“华理”探索的印迹。

作为“资源、环境与公共安全管理”特色方向建设起步阶段的重要步骤，华东理工大学MPA教育中心组织了“环境公共治理与公共政策译丛”的翻译工作。本译丛选择的是近年来国际上在环境公共治理和公共政策领域颇具影响力的著作，这些著作体现了该领域最新的国际研究进展和研究成果。希望本译丛的翻译出版能为我国资源、环境与公共安全管理领域的学术研究和学科建设提供有益的借鉴。

本译丛作为“十三五”国家重点图书出版规划项目“化学品风险与环境健康安全(EHS)管理丛书”的子系列，得到了华东理工大学资源与环境工程学院于建国教授、刘勇弟教授、汪华林教授、林匡飞教授等的关心和帮助，特别是得到了修光利教授的鼎力支持。该译丛的出版，体现了环境公共治理所追求的制度、政策和技术整合贯通的理想状态，也体现了全球学科发展综合性、融合性的新趋向。

华东理工大学社会与公共管理学院MPA教育中心主任
张　良
2018年7月

编 著 者

尚卡尔·阿斯瓦尼(Shankar Aswani)
人类学系
加利福尼亚大学
圣巴巴拉市,加利福尼亚州,美国

奥里奥尔·贝尔特伦(Oriol Beltran)
社会人类学系
巴塞罗那大学
巴塞罗那市,西班牙

爱德华多·S.布朗迪齐奥(Eduardo S. Brondizio)
人类学系
印第安纳大学伯明顿分校
伯明顿市,印第安纳州,美国

卡罗尔·L.克拉姆利(Carole L. Crumley)
人类学系
北卡罗来纳大学
教堂山市,北卡罗来纳州,美国
斯德哥尔摩重建中心
斯德哥尔摩市,瑞典

莉萨·L.格宗(Lisa L. Gezon)
人类学系
西乔治亚大学
卡罗敦市,乔治亚州,美国

丹尼斯·M.格洛弗(Denise M. Glover)
比较社会学系
普吉特海湾大学
塔科马港市，华盛顿州，美国

克拉伦斯·C.格雷夫利(Clarence C. Gravlee)
人类学系
佛罗里达大学
盖恩斯维尔市，佛罗里达州，美国

大卫·C.格里菲斯(David C. Griffith)
海岸科学和政策研究所，人类学系
东卡罗来纳大学
格林威尔市，北卡罗来纳州，美国

雷蒙德·黑姆斯(Raymond Hames)
人类学系
内布拉斯加大学
林肯市，内布拉斯加州，美国

杰弗里·C.约翰逊(Jeffrey C. Johnson)
海岸科学和政策研究所，人类学系
东卡罗来纳大学
格林威尔市，北卡罗来纳州，美国

埃米莉·莉娜·琼斯(Emily Lena Jones)
社会学、社会工作和人类学系
犹他州立大学
洛根市，犹他州，美国

埃里克·C.琼斯(Eric C. Jones)
人类学系
北卡罗来纳大学格林斯博罗分校
格林斯博罗市，北卡罗来纳州，美国

D.塞思·默里(D. Seth Murray)
国际研究计划
北卡罗来纳州立大学
罗利市,北卡罗来纳州,美国

埃米·R.波蒂特(Amy R. Poteete)
政治学系
肯高迪亚大学
蒙特利尔市,加拿大

仁库·罗伊·乔杜里(Rinku Roy Chowdhury)
地理系
印第安纳大学伯明顿分校
伯明顿市,印第安纳州,美国

迈克尔·D.肖勒(Michael D. Scholl)
社会学和人类学系
瓦格纳学院
斯塔顿岛,纽约州,美国

珍妮弗·塞佩兹(Jennifer Sepez)
资源生态和渔业管理司
美国国家海洋和大气局,阿拉斯加渔业科学中心
西雅图市,华盛顿州,美国

坎迪斯·斯莱特(Candace Slater)
西班牙和葡萄牙语系
加利福尼亚大学伯克利分校
伯克利市,加利福尼亚州,美国

埃里克·奥尔登·史密斯(Eric Alden Smith)
人类学系
华盛顿大学
西雅图,华盛顿州,美国

维罗妮卡·斯特朗(Veronica Strang)
人类学系
奥克兰大学
奥克兰市,新西兰

伊斯梅尔·瓦卡罗(Ismael Vaccaro)
人类学系
麦吉尔大学
蒙特利尔市,加拿大

安伯·伍蒂斯(Amber Wutich)
人类进化和社会变迁学院
亚利桑那州立大学
坦佩市,亚利桑那州,美国

劳拉·扎诺蒂(Laura Zanotti)
人类学系
普渡大学
西拉斐特市,印第安纳州,美国

序

《环境社会科学：研究方法及其设计》一书展现了当今社会科学领域最出色的成果：(1) 阐述了跨学科研究的趋势；(2) 驳斥了在社会研究中对定性和定量进行有害的割裂；(3) 阐明了在收集和分析数据方面对所有社会科学家进行大量培训的价值。下面我将逐一论述。

其一，跨学科的社会科学。长期以来，环境科学领域的学者都在致力于跨学科研究。《科学文献索引》列出了 163 份属于环境科学类别的杂志，我们浏览排名居于前 10 位的杂志(影响因子在 4.0 及以上)，学科的范围——生物学家、化学家、气象学家、古生物学家、地质学家等——非常清楚，并且像柯莱厄蒂(Clougherty, 2010)使用性别分析研究空气污染影响的分布，或者像克诺克等(Knoke et al., 2009)对厄瓜多尔农民的生活需求和保护森林需要的协调性研究，或者由罗萨斯-罗萨斯和瓦尔德斯(Rosas-Rosas and Valdez, 2010)研究猎鹿费对于墨西哥的土地所有者停止猎杀美洲豹、美洲虎意愿的影响，诸如此类，被归入社会科学类的论文非常普遍(我们在医学中也看到了这一现象，如今顶尖的杂志也经常发表 100%可归入社会科学类的论文)。

环境社会科学在环境科学领域内发展迅速，有多所大学开设了博士课程，有主要的教材(Moran, 2010)，现在又有了这本关于研究方法的书。

其二，驳斥了定性和定量的割裂。不论是人类学、社会学，还是地理学，社会科学家们在其职业生涯的早期总是被质问，或被要求在通往他们学科主旨的人文路径和科学路径之间，以及在收集和分析定性数据与定量数据之间做出选择。更糟糕的是，他们被教导科学意味着定量数据和定量分析，人文意味着定性数据和定性分析，这否认了从天文学到动物学等所有科学研究中都会使用定性研究方法的传统。当伽利略(Galileo)第一次使用当时最新的望远镜观测月球时，他注意到了被他称为更亮和更暗的区域。伽利略(Galileo, 1610：3)认为，那些巨大的黑色斑点从远古时期就已经被观测到了，因此他把它们称为“大黑斑”或者“古代斑”。他还写道，月球并不像人们通常认为的那样“光滑、匀称，呈精准的球形”，而是“不均匀、粗糙，布满空洞和突起”，非常类似于地球，在此之前没有如此多的定性描述。

其三，一系列研究方法的培训不可或缺。本书清晰阐述了对环境社会科学家进行大量研究方法培训的重要性。然而，这些关于方法的培训达到什么程度才能满足研究需要呢？没有人能精通所有的研究方法，但如今的研究项目对掌握多种研究方法的需求越来越多，其中就包括对定性数据的收集和分析。方法常常与学科相关联，但又不限于为一门学科所用。例如，人类学家首先提出的参与观察法以及常常被社会学家运用的问卷调查法，如今都可以为每一门社会科学学科的研究所运用。在我看来，所有的社会科学家都需要接受研究设计、数据收集（比如，结构化和非结构化访谈）和数据分析方面的技能培训。任何与调查数据打交道的工作人员都应该具备良好的统计分析技能，负责访谈、叙事和图像处理的人员则应该具备文本管理方面的技能。

我们有理由反对另一种关于认识论（我们如何认知的首要原则）的观点，以及生物、物质或认知力量在解释任何特定的人类现象中是否占主导地位的观点。然而，大部分社会科学家都信奉经验主义——记录所观察到的人们的所思、所为、所感。这种共有的信念在本书所提出的环境社会科学研究方法中被清晰地呈现出来。

罗素·伯纳德(Dr. Russell Bernard)

参考文献[①]

Clougherty J. E., 2010. A growing role for gender analysis in air pollution epidemiology. *Environmental Health Perspectives* 118: 167 - 176.

Galileo Galilei, 1610. The Starry Messenger. http: //www. bard. edu/admission/ forms/pdfs/galileo.

Knoke T. B., N. Calvas, R. M. Aguirre, *et al*., 2009. Can tropical farmers reconcile subsistence needs with forest conservation? *Frontiers in Ecology and the Environment* 7: 548 - 554.

Moran E., 2010. *Environmental Social Science: Human-Environment Interactions and Sustainability*. Malden, MA: Wiley-Blackwell.

Rosas-Rosas O. C. and R. Valdez, 2010. The role of landowners in jaguar conservation in Sonora, Mexico. *Conservation Biology* 24: 366 - 371.

① 为方便读者查阅，本书按原版复制参考文献。

自　序

本书源于我们期望实现的两个目标：首先，我们曾经想要编撰一部书，以帮助对环境问题的社会层面感兴趣的研究者和学生识别社会科学提供的方法论的可能性。其次，我们曾经想要展现出在该领域的当代研究中已建立的多元和跨学科的研究方法，以及定性与定量的研究方法，希望读者能准确地理解我们的意图。

我们要感谢同事们和老师们给予的学术支持，特别是伊斯梅尔(Ismael)和埃里克(Eric)对华盛顿大学环境人类学研究生项目的贡献，他们帮助我们理解了环境社会科学中各种动态的可能性。尽管目前有所停滞，但是“环境人类学项目”繁荣了十几年，为参与者(比如学生和教师)探索多样化和非教条的环境社会科学研究方法提供了充满活力的学术和社会环境。相较于十几年前，目前环境社会科学领域中的生机勃勃的研究项目与日俱增，学术性和应用性文献不断涌现。

最后，我们要感谢威廉·巴莱(William Balée)、阿什维尼·查特尔(Ashwini Chhatre)、史蒂文·古德罗(Steven Goodreau)、迈克尔·古文(Michael Gurven)、卡伦·卢波(Karen Lupo)、罗纳德·尼岑(Ronald Niezen)、大卫·诺林(David Nolin)、劳拉·奥格登(Laura Ogden)、劳拉·里瓦尔(Laura Rival)、拉贾·森古普(Raja Sengupta)和理查德·斯特普(Richard Stepp)作为本书外部审稿人的杰出贡献。

伊斯梅尔·瓦卡罗

埃里克·奥尔登·史密斯

尚卡尔·阿斯瓦尼

目　录

1 前　　言

伊斯梅尔·瓦卡罗
埃里克·奥尔登·史密斯

环境社会科学

环境社会科学起源于从人类学到动物学的多个学科和研究传统。在其发展过程中，学科特性和框架一直发挥着重要作用：环境人类学、政治生态学（以地理学为核心）、环境社会科学以及其他学科中具有相似名称的研究方向，都有着各自的学术团体、学术期刊及研究内容。但是，随着来自社会科学、人文学科和应用领域的学者与实践者进行富有成效的对话及合作，越来越多地出现了交叉研究、跨学科互动，以及形成因界限模糊而凝聚为一体的研究群体。本书的目的在于，以一种所有人都可使用的方式，通过对核心研究方法做权威总结，促进这一新兴领域的发展。在下一节中，我们将概述本书的结构和每一章的内容，然而我们在这里首先要把这个新兴领域置于更广泛的知识和历史背景中加以讨论。

许多因素影响着环境社会科学的产生，其中有两个最重要的因素。一是认识到，如果不认真考虑过去和现在的人类社区，就很难理解景观及其众多组成部分。目前人们普遍认为，大部分陆地和近岸环境都受到了人类活动的显著影响，这被称为"社会自然"系统（Balée，2006；Denevan，1992；Smith and Wishnie，2000）。这些人为的影响不仅限于大规模的社会，而且可以追溯到大约 6 万年前智人的最初迁移，包括对生物多样性和生态系统功能增强与削弱的影响。二是认识到，如果不分析人类社会与支持人类社会的环境之间的相互作用，就无法理解人类社会。对人类与环境之间复杂关系的社会分析由来已久，从蒙田（Montaigne，1595）、孟德斯鸠（Montesquieu，1784）和伏尔泰（Voltaire，1759）的哲学解释，到马尔萨斯（Malthus，1798）、博塞鲁普（Boserup，1965）的人口学和资源之间的关系研究，以及其他传统的如摩根（Morgan，1877）和怀特（White，1959）的技术研究，恩格斯（Engels，1884）和威特福格尔（Wittfogel，1956）的社会复杂性的环境驱动力研究，拉采尔（Ratzel，1882）、威斯勒（Wissler，1926）、斯图尔德（Steward，1955）和拉帕波特（Rappaport，1984）的生态适应性研究。一些有价值的综述与文集都涵盖了博格霍夫·马尔德和科波利罗（Borgerhoff Mulder and Coppolillo，2005）、海恩和威尔克（Haenn and Wilk，2006）、约翰逊和厄尔（Johnson and Earle，2000）、奥洛夫（Orlove，1980）以及维达和拉帕波特（Vayda and Rappaport，1968）的研究。

最初，环境社会科学强调经济因素是人类与环境关系（文化生态学）的关键中介因素。然而，经济学的观点很快就融入了对知识的社会建构（人种生物学和自然科学研究）、政治和意识形态（政治生态学）以及制度（产权理论和集体行动理论）等分析。尽管本书的大部分作者是人类学家，但是任何对人文和社会科学感兴趣的实践者都能从本书中受益。的确如此，因为书中介绍的工具或者研究框架并不为某一门学科所特有。

在任何情况下，环境问题都表现出对非常复杂的理论和方法论的需求。例如，什么是森林栖息地？这个问题没有唯一且无争议的答案。对林业工作者来说，森林是一个生产单位，应该通过管理使其产出最大的可持续的收益；对城市居民来说，同样的这片森林，则是一个引人入胜且风景如画的景区，适合野营和沉思；当地的农民可能认为森林是一片荒地，因为它占据的空间不能为人们所耕种，或者把它看成一个有用的野生动植物储备仓库，而在那些拥有临时性农田的农民看来，它也许是曾经和将来的花园；对于生物学家来说，同样的森林可能是受保护物种赖以生存的栖息地，或者是为人类和其他生物提供重要"服务"的生态系统。森林有着上述或者更多的内涵，但是任何一个个人或者"利益相关者"群体看待森林的角度及其价值都必然是片面的。任何有关森林的分析都必须意识到这种主观性及其隐含的潜在冲突和利益关系。话虽如此，借助于生态学分析，如果我们知道这是一片有着高度物种多样性和快速养分周转的热带雨林，这片森林有一些或者很多外来物种，以及其中存在的干扰机制（来自火、风等）等信息，这时的分析就会得到完善。另外，对木材和非木材资源开采的定量分析，对森林及其周边地区的人口统计学分析，以及对这个地区旅游业的考察，将为不同社会行动者描述森林提供有益的补充。

总之，社会环境问题方法论的复杂性表现在两个方面：第一，对这些问题的分析得益于自然科学、社会科学多种方法和概念的整合（Abel and

Stepp，2003；Borgerhoff Mulder and Coppolillo，2005；Crumley，1994；Scoones，1999)；第二，在社会科学领域内，不同的学科和研究传统已经提出各种方法论以研究环境问题中的社会因素，这些方法论往往相互补充。本书重点谈第二点，即方法论异质性的需求。社会科学和人文学科已经提出各种方法论，致力于获取有关环境社会问题的数据。这种异质性产生了定性和定量分析相结合的分析方法，这些方法把定点研究和多点研究结合起来，把共时视角和历时视角结合起来，把离散分析、统计分析和空间分析结合起来。

我们认为，大部分研究项目包括三个基本要素：(1) 认识论，或一套关于如何建构、评估和表达知识的假设；(2) 方法论，可以被理解为一个概念性和分析性框架；(3) 用于收集特定类型信息的一组特定方法，这最好与前两个要素相关联(通过验证)。本书旨在向学生和专业人士介绍目前用于环境社会科学领域的多种方法论与方法。因为环境和社会之间的关系相当复杂，而且研究环境和社会的方法已经在不同的领域和学科中得到应用，所以没有哪一种方法论框架贯穿本著作始终(或本书的任何一章)。任何环境问题都可以从不同的角度来研究：因果可以从不同的视角进行研究，信息也可以从不同的领域或事物的不同方面获取。因此，理论和方法论的多样性带来了许多不同维度的信息，这些信息之间往往很少交叉引用(更不用说整合)，而且往往高度依赖于调查者的理论或研究目标。

本书是环境社会科学方法和方法论研究中的典范(虽然仍不完整)，旨在向读者介绍社会—环境研究中几种重要的分析角度。许多章节也给出了关于方法应用的研究案例。总之，我们希望展现这些不同方法和信息类型是如何相互补充的。几种方法结合的研究设计可以更好地为某一特定问题提供更细致的方法。然而，我们不容易实现最后这个目标，就像我们在构思本书时所遇到的困难一样，在过去 25 年里，社会科学和人文学科研究中的理论分歧很大。随着认识论和方法论的显著影响，最严重的理论分歧是使科学或实证主义的方法对立于批判的、主观主义的或后现代学派的方法。这里为了简化术语，我们可以这样来表述：主观主义者一般倾向于强调定性方法，特殊情况下使用话语分析；实证主义方法趋向于对可量化信息进行系统的收集和统计分析。然而，这本书旨在通过一些章节融合这两种方法来挑战这种两分法，并且明确强调定量和定性方法互补的多层次分析。事实上，我们认为这种多元的环境社会研究设计是由环境问题的复杂性决定的。

各章内容概览

如前所述，本书为研究者和学生提供了一系列用于研究环境问题的不同社会维度的分析路径和方法，每一章都强调在不同分析框架下研究设计和方法的基本要点。我们相信，它弥补了现有文献的空白，并且有利于研究和教学。由于篇幅限制，我们并不期望研究者通过训练掌握本书中所有的方法或研究策略，而是让读者意识到它们的存在，了解它们的解释潜力以及使用时的研究效果，帮助读者接触到每一个研究领域里已发表的论文。

我们选择了 14 个主题，这些主题涵盖了与环境社会研究相关的最重要领域。尽管它们并不详尽，但是我们相信，这些主题反映了社会科学（以及某种程度上的人文学科）中与环境问题相关的主要方法论趋势。各章主题包含各种科目组合，这或许反映了环境社会科学的内容——这些必然被包含在不同层次的细节里。例如，与政治经济学相比，人种生物学的研究范围更具体，而政治经济学中有大量的马克思主义和非马克思主义文献，专门讨论地理信息系统社会环境用途的章节未必会从环境角度专门研究人口统计。也就是说，读者不应该期待有一本同质化的图书，因为这个领域并没有同质化。不同的作者为了契合自己的认识论，所采用的描述策略也会有很大的差异。作为编者，我们尽可能地展示各章之间的共性，同时不强制作者采用不熟悉的或与所讨论的文献不符的风格。有些章节以案例研究为解释性工具，另外一些章节则采用多个例子来解释他们所讨论的方法。

在奥里奥尔・贝尔特伦撰写的章节中，他提出了一种普遍用于研究历史人口学的方法，并指出了此方法的优缺点。他讨论了人口动态的环境问题，重点分析了人口分布、历史和有关资源使用。这一章调查了人口统计变量及其在景观解释方面的潜在应用，并且提供了各种人口统计模式的案例，比如集中和分散的居住模式以及移民流动。

雷蒙德・黑姆斯提出了一些重要的方法，用来描述和分析家庭微观经济学——劳动投入与资源产出。资源使用和劳动力配置的模式既体现跨文化的规则性，又呈现出历史和文化所独有的特征。借助于生态学和经济学，生态人类学开发了一系列强大的工具，用以测量和分析精细的生产实践。这一章解释了一些核心方法，比如时间分配，家庭内和家庭间的收入流动，以及资源和环境修复的选择。

埃米・R.波蒂特使用了博茨瓦纳（Botswana）的一个具体案例，向读者介绍制度分析和产权理论。本章重点分析了规范生产资源权利的制度，以及自然资源管理的形式。它强调了所有权制度的重要性（从公共资源到国有或私人产权的开放获取），以及这些制度与各种政治和制度因素的关联方式。

埃里克·C.琼斯对气候变化和危险事件影响的分析，把读者带到经济分析的领域中，将社会机构、市场以及与其相关的政治框架联系起来。这一章从政治经济学的视角出发，旨在将个人和集体的经济决策置于环境与政治背景中，并介绍和分析这些系统的方法论与概念框架。

从基于生存的小型社区到大型工业国家，每一个人类社区都有一套与其成员生活息息相关以及告知如何理解和利用特定环境的知识体系。劳拉·扎诺蒂、丹尼斯·M.格洛弗和珍妮弗·塞佩兹在这一章中向我们介绍了人种生物学，这是对当地环境知识的研究。人种生物学提出了一套专业方法，在不同的社会文化背景下收集和分析基于环境的知识。这一章解释了自由列表、累积分类、参与式绘图等方法，以及它们在资源管理和社区保护方面的实际应用。

维罗妮卡·斯特朗描述了使用人种历史学和人种绘图来收集特定环境中具有历史意义、与本土相关的信息时所面临的挑战及巨大潜力。环境人类学的信息来源常常是口述资料。对人种历史学和口头叙事资料的研究是人种学研究中面临的挑战。斯特朗教授使用她在澳大利亚田野工作的案例讨论了用于收集口头资料和评估其稳健性的方法。

环境冲突通常是通过书面文字被建构的。这些文本产生于之前文本对相同或者相似冲突的描述，并且与其相互影响，是研究人员获取信息的基本来源。坎迪斯·斯莱特（Candace Slater）关注不同媒体对最近一次事件的描述，这次事件带有强烈的环境色彩，据称最近在亚马孙流域“发现”了一个“遗世部落”，她向我们介绍了环境话语文学分析的微妙之处和分析潜力。

安伯·伍蒂斯和克拉伦斯·C.格雷夫利提出了用于分析文本数据的定性与定量相结合的方法，作为对斯特朗和斯莱特所讨论的定性方法的有效补充。讨论的基本问题包括明确主题、开发和使用代码本的方法，以及关于如何定性描述、如何进行系统比较、如何构建和正式检验模型的建议。他们还扩充了一个案例，讲的是在城市沙漠环境中考量水资源利用的环境和社会问题。

近年来，网络分析正成为一种有力的工具，它可用于分析个人与组织在社会、经济和政治关系方面的构成、方向和强度。在这一章中，杰弗里·C.约翰逊和大卫·C.格里菲斯展示了网络分析对于理解复杂社会与环境系统的潜能。他们阐明了网络分析是如何揭示那些在非系统方法中很难体现出来的模式，以及人们是如何用网络分析来验证对这些模式的成因的解释的。

在一个日益互联互通的世界里，伴随着资本、商品、信息和劳动力史无前例的流动，大量的学术著作都强调了人种学研究的必要性，即考虑到许多当代社会现象的非局域性或多点位性。莉萨·格宗通过分析源自马达加斯加的一条商品链，描绘了多点研究的方法和挑战。本章解释了处理这种相互关联的不同方式，以及它与环境因素（如当地农业决策或森林砍伐）联系的方式。

在爱德华多·S.布朗迪齐奥和仁库·罗伊·乔杜里撰写的章节中，他们对空间分析在环境社会科学中的作用做了进一步的讨论。社会科学记录和解释人类社区与景观之间的互动，作为一种强大且可广泛使用的工具，地理信息系统（GIS）的出现彻底改变了社会科学的分析潜力。环境研究得到了多层次的标量数据，这为社会实践提供了空间成分。本章讨论了如何利用 GIS 来显示生态学和人种生物学数据，强调了它在揭示数据相关性方面的潜力。

埃米莉·L.琼斯撰写的章节讨论了考古学家分析社会与环境之间长期互动的方法和概念。考古学研究的具体调查环境（无法直接接触对象和过程，只能依据物质遗留和时间线索）迫使考古学家想出特殊的方法来揭示过去的社会是如何形成及如何受环境影响的。同时，考古学的记录提供了独特的历时深度和人类与环境相互作用物质成分的详尽信息。这一章讨论了具体的考古学方法，如动物区系分析和古生态重建，有助于了解过去和现代的环境动态与问题。

想要发挥环境社会科学的全部潜能，研究者需要彻底理解所研究地区的生态以及人类在此生态系统中的角色。近 20 年来，为了达到此目标，历史生态学已经形成了一个完整的框架。迈克尔·D.肖勒、D.塞思·默里和卡罗尔·L.克拉姆利勾画了历史生态学的基本轮廓。他们讨论了大量问题，其中包括类似于组建跨学科团队来管理自然科学和社会科学的需要。

最后一章整合了本书中涉及的不同主题，本书的合作编辑尚卡尔·阿斯瓦尼提供了一个发生在所罗门群岛的研究案例，这一案例综合了其他章节提到的多种方法论。阿斯瓦尼团队的研究得到了大量数据，这些数据用于构想出一种保护政策，这种政策尊重所罗门群岛居民对其环境的了解，并考虑到当地的政治现实和政策部署的制度框架。

总　结

综上所述，接下来的 14 章描述了目前环境社会科学中最重要的方法论框架和方法。事实上，我们多么希望在过去设计自己的论文研究项目时，就拥有了这本书。我们真诚地希望，在这个激动人心并迅速发展的领域，学生和研究者将会发现这本书对他们分析环境议题的社会方面大有裨益。

总之，我们想再次强调，环境议题非常复杂——尤其是在社会问题上，而且这种复杂性需要多种多样的分析方法。我们坚信，本书中过去曾被视为矛盾的许多方法和方法论，实际上是互补的。事实上，我们认为，这些不同方法被协同使用的潜力很大，它们协同使用时发挥的作用远超各自单独使用时的效果之和。

无论如何，环境社会科学家必须更加熟练地使用几种方法论语言，或是因为他们自己需要使用这些方法，或是因为他们需要与接受过其他方法论传统训练的研究人员合作。我们希望，本书将鼓励使用不同方法的研究者进行富有成效的对话，并激励个体研究者在研究社会环境问题时力争使自己的方法多样化。

参考文献

Abel T. and J. R. Stepp, 2003. A new systems ecology for anthropology. *Conservation Ecology* 7(3): 12.

Balée W., 2006. The research program of historical ecology. *Annual Review of Anthropology* 35: 75 - 98.

Borgerhoff Mulder M. and P. Coppolillo, 2005. *Conservation: Linking Ecology, Economics, and Culture*. Princeton, NJ: Princeton University Press.

Boserup E., 1965. *The Conditions of Agricultural Growth*. Chicago, IL: Aldine.

Crumley C. (ed.), 1994. *Historical Ecology: Cultural Knowledge and Changing Landscapes*. Santa Fe, NM: SAR Press.

Denevan W., 1992. The pristine myth: the landscape of the Americas in 1492. *Annals of the Association of American Geographers* 82: 369 - 385.

Engels F., 1942 [1884]. *The Origins of the Family, Private Property, and the State*. New York: International Publishers.

Haenn N. and R. Wilk, 2006. *The Environment in Anthropology: A Reader in Ecology, Culture, and Sustainable Living*. New York: New York University Press.

Johnson A. and T. Earle, 2000. *The Evolution of Human Societies: From Foraging Group to Agrarian State*. Stanford, CA: Stanford University Press.

Malthus T. R., 1999 [1798]. *An Essay on the Principle of Population*. Oxford, UK: Oxford University Press.

Montaigne M., 1993 [1595]. *The Complete Essays*. New York: Penguin.

Montesquieu C., 1977 [1748]. *The Spirit of the Laws*. Berkeley, CA: University of California Press.

Morgan H. L., 1985 [1877]. *Ancient Society: Researches in the Lines of Human Progress from Savagery through Barbarism to Civilization.* Tucson, AZ: University Arizona Press.

Orlove B., 1980. Ecological anthropology. *Annual Review of Anthropology* 9: 235 - 273.

Rappaport R. A., 1984. *Pigs for the Ancestors: Ritual in the Ecology of a New Guinea People*. New Haven, CT: Yale University Press.

Ratzel F., 2000 [1882]. *Anthropogeographie*. Berlin: Adamant Media Corporation.

Scoones I., 1999. New ecology and the social sciences: what prospects for a fruitful engagement? *Annual Review of Anthropology* 28: 479 - 507.

Smith E. A. and M. Wishnie, 2000. Conservation and subsistence in small-scale societies. *Annual Review of Anthropology* 29: 493 - 524.

Steward J., 1955. *The Theory of Culture Change: The Methodology of Multilinear Evolution*. Urbana, IL: University of Illinois Press.

Vayda A. P. and R. A. Rappaport, 1968. Ecology, cultural and non-cultural. In J. A. Clifton (ed.), *Introduction to Cultural Anthropology*. Boston, MA: Houghton-Mifflin, pp. 476 - 498.

Voltaire, 2003 [1759]. *Candide or Optimism*. New York: Barnes and Noble.

White L., 1959. *The Evolution of Culture*. New York: McGraw-Hill.

Wissler C., 1926. *The Relation of Nature to Man in Aboriginal America*. New York: Oxford University Press.

Wittfogel K., 1956. *The Hydraulic Civilizations*. In William L. Thomas (ed.), *Man's Role in Changing the Face of the Earth*. Chicago, IL: University of Chicago Press.

2 人、数字和自然资源：环境研究中的人口学

奥里奥尔·贝尔特伦

环境人类学中的人口因素

人口和人口动态是现代环境人类学的典型特征。相较于该学科早期研究人类群体与其环境之间关系时所使用的模糊概念，20 世纪 60 年代，人们将人类群体定义为人口，这一态势使有关分析更加精确。人种学观察的准确性、对动态变化的关注以及使用源自自然科学的术语，这些很快就成为人类学中使用人口研究的类别和模型的显著优势（Howell，1986；Kertzer and Fricke，1997）。

鉴于当前的理论重点，人类与环境关系研究中从人口统计角度解决的问题以及研究中使用的术语都发生了显著变化。从这个意义上来讲，大多数经典著作把人口统计变量仅仅看作数据，没有任何解释力。与许多其他文化和环境变量一样，人们简单地将人类群体的规模或区域分布等因素看作特征，而对如何解释思虑中的问题没有产生任何影响（Forde，1934）。

随着文化生态学的出现，人口特征成为具体人类群体的环境关系指标。除了所使用的技术、经济模式和社会组织，目前人口模式已成为最重要的文化因素的一部分。此外，人们认为人口模式的变化取决于人类群体所利用自然资源的质量、丰富度以及分布状况。朱利安·斯图尔德（Julian Steward，1936）的比较研究凸显了人口模式在环境研究中的重要性。从这个角度来看，自然资源的分布状况和丰富度的季节性决定了一系列人口特征，其特征是集中度和流动性各不相同。

通过这些努力，强调对人类学环境方面的研究兴趣，并为这一学科提供更坚实的实证基础，在所谓的生态人类学框架内开展的工作使人口因素的研究取得了决定性的进展（Lee，1979；Rappaport，1967），并非传统上对文化概念的强调。维达和拉帕波特（Vayda and Rappaport，1968：494）指出，

进行环境研究的人类学家应该借鉴生态学中的种群概念（占据一定空间，同一物种的所有生物体）去界定研究中的基本单元。对这些作者来说，采用同生态学家一样的参照构架有助于阐明文化特定方面对生存的贡献，或者阐明包含着这些方面的更广泛的系统是如何成功运作的：这也有助于量化和衡量人类生存环境现象，并能用合理精确的术语描述它们（Rappaport，1971）。

但是把人口的定量数据视为精确的适应性指标这一想法很有诱惑力。然而跨文化比较揭示了人口统计的相对性特征以及在情境中解释的必要性，就这点而言，特定人类群体的规模（或按其性别和年龄结构，或按定居点的大小和排列）不是标示其成功适应的指数。在社会科学领域中，孤立的人口数据的价值是有限的，尽管它们对于产生研究假设和作为整体来讨论人种学的信息是非常有用的。

我们在将承载力概念应用于人类生态学时发现的问题——与它在其他物种环境行为研究中的有用性相比——可以用来解释这个观点的有效性。在人类生态系统中，特定区域能维持的最大人口容量不是自然资源丰富程度和特征之间的简单函数。对包括食物在内的这类必需资源的选择并不是一成不变的，而是被文化界定并易于改变的（Bartels，Norton，and Perrier，1993）。同样，人类是主动参与到环境之中而非被动。事实上，人类适应的典型特征就是增加可获得资源的能力。资源的获取和分配也是一种函数。这样，人与环境的关系并不限于临时或者永久居住的区域：群体之间的交换关系使我们把环境看作开放的区域，其使用和依赖程度各不相同，但没有永久的限制。这就是人口压力对生产技术和经济关系变革影响的争论背景（Cohen，1977）。总之，人类学中“承载力”这一概念具有一定的启发价值（Brush，1975）。

埃斯特·博塞鲁普（Ester Boserup，1965）在农业发展方面的工作，激发了人们对人口因素和生产系统之间关系的兴趣，这使人们注意到，直到20世纪70年代中期，环境研究才以强调稳定性和一体化为特点。通过把关于动态与变化的研究兴趣引入这一领域中，人口研究为弥补这些不足做出了决定性贡献（Orlove，1980）。

资源和概念

划界与规模问题

环境研究将人口学作为其分析工具，其中人口数据的指示特征并不是其面临的唯一问题。人口数据需要情境检验，并且它在跨文化比较中的价值是相对的。被定义为人口的分析单元本身面临着划界的困难，这将对解释产生重要影响。我们必须在研究之初就意识到这一点，以避免高估人口信息的贡献，并强调在观察单元中建立离散区域的困难，是所有人类和社会科学中常见的基本问题。然而，与社会或文化的界限相比，讨论特定人群的界限总是更为合理和有效。

一般而言，将人类群体界定为人口总是隐含着不可避免的初始歧义，研究人员在整个分析过程中必须牢记这一点（Johnson-Hanks，2007）。尽管历史上并没有封闭的群体随着时间的推移能存在下来，也很少有群体存在于一个隐蔽的、排外的地区，但是在某种程度上，人口统计分析的可操作性取决于将人口视为离散实体的虚构。为了确定人口学中的分析单元，我们必须使用与所处理的问题和所考虑的情况相一致的标准，并且暂时地和总是严格地应用这些标准。作为人种学的观察单元，虽然也可能涉及更广泛的经济或文化标准，但人口总是受到地理术语的界定（例如，在有限的当地规模或更大的区域范围内考虑拥有相同生活空间的个人和群体）。在环境研究中，比如自然资源利用或在同一地区的不同空间的互补性等因素具有特别的关联性，居住形式（固定居住的群体或者与游牧相关的临时集聚）也是一级指标。

与人口划界问题相关的是，人口统计分析单元的确定也面临着规模问题。除了一致性和严密性问题（这是建立代表性样本的关键标准），人口学证明，相比于小群体，大群体诊断和预测社会现实的效率更高。数据统计处理也是如此：从大群体中获得的指标和比例具有相对一致性，从小规模地方群体中获得的指标和比例则具有较大的随机性，并且应在人口学数据（如医学信息或亲属关系）的支持下，使用特定的分析方法进行考察（见 Early and Headland，1998；Howell，1979）。有关人口行为的信息应该允许通过分析不同聚合层次的原始数据，以与人种学相同的方式（在个体、家庭、地方或者地区的规模上，以及在专题或者比较分析的层面）把各种标量方法综合起来——偏好情景化与对特定人口特性的更深层理解的近景观察，揭示更普遍趋势和行为存在的远景方法。

官方人口普查数据通常是在行政区划范围内收集的，不能不加批判地将行政区划范围作为分析单元。虽然收集和整理现有数据的方式有助于建立研究单元，但也应评估它们可能对每种特定研究环境产生的影响。

原始数据的产生

同其他科学领域一样，人口因素在环境研究中的分析价值最终将取决于原始数据的实证一致性。一般而言，研究者面临两种可能的情境，每一种情境都存在各自的问题。在一些研究地点，如果缺乏或无法获得人口普查数据，研究人员就要自己收集人口资料，以便进行分析。在这种情况下，人种学人口普查准备工作常常是田野工作的首要任务之一（Townsend，2000）。根据不同的人口规模，人们有可能收集特定人口中所有个体的信息，或者通过适当地选择一个随机样本，或者选择有代表性的样本来研究整体的情况。但是，在以上两种情况下，研究人员必须通过询问每个特定的社会行动者或合格的受访者（例如，每个家庭中确定一个成年人）逐一收集信息，并且尽可能接近信息来源。居住单元为系统性人口普查提供了有用的基础。在环境分析中，除了包括个人数据（姓名、年龄、居住地、出生地、父母信息、兄弟姐妹信息、婚姻状况和子女信息，以及在特定文化背景中与其他社会性相关的信息），也包括居住模式、经济情况（例如，住户构成、获得生产资源的途径和方法）以及健康情况和体格信息（如既往病史、体重和身高）。总之，以上这些信息对研究人口营养状况是非常重要的（Moran，1993）。

如果可以获得人口信息，就没有必要进行初步的数据收集，但这并不排除对使用的资料进行批判性研究的需要。尽管某些环境研究方案有限且不可靠，但是当代大多数国家通过各种记录来严格控制人口，这些记录用于规范公民权利（如监管纳税的经济行为、区域规划或征兵等）。除了行政人口普查数据，其他机构或者组织保存的记录也可以在特定方面提供有用信息。例如，教堂里记录的关于洗礼、结婚和死亡的信息，对官方政府记录存在之前的欧洲历史人口研究的贡献巨大（Netting，1981；Wrigley，1969）。然而，在这些情况下，研究者应该谨慎地评估信息来源的可靠性。数据收集方法可能不是最理想的，记录可能出于特定目的，或者可能并不完整（Reher and Schofield，1993；Willigan and Lynch，1982）。例如，税务记录很少包括每个普查单元的有关活动、财富甚至成员人数的完整信息。

田野工作可以提供宝贵的定性指标，这些指标使人们有可能分析人口普查统计以外的人口行为（“没有数字的人口统计学”，引自 Scheper-Hughes，1997），以及提供人口变化决策和选择的情境解释（Fricke，1997）。例如，布兰德斯（Brandes，1984）指出了 20 世纪中期西班牙官方人口普查是如何系统地掩盖某些社会性耻辱行为的，比如自杀或者同居。如果把住在同一住所的夫妻分别看成独立的个体，人口普查信息也可能会扭曲我们对居住方式的理解。就业数据可能忽视了“兼职”人口（人口普查所关注的主要职业或者符合某些标准的职业）。同样，居民流动模式（季节性或永久性）也很难根据人口普查人员所拟订的标题加以分类。因此，通过比较贯穿于整个研究过程的定量和定性相结合策略下获得的信息，人种学知识使我们可以更具体地评估记录中包含的数据（Basu and Aaby，1998）。

所用程序和资料来源的鉴定方式、多种因素的考量以及数据处理的谨慎态度，这些都不是人口学研究方法的独特之处，但是它们界定了科学人种学的特征。然而，由于统计信息的高精确性（Van der Geest，1998），人口研究可能比环境研究的其他领域更加严谨。

分析的基本形式

我们可以通过两种不同的方法来分析人口特征数据。为了进行详尽的人口审查，这两种方法应该相辅相成。但是这取决于通过田野工作和文献整理获得的信息，显然也取决于作为研究对象和在讨论中提出假设的环境议题。人口作为不断演变的实体，可以在其发展的某一特定时期对其进行考察或者考察其特定时期的发展（Pressat，1961；Preston，Heuveline，and Guillot 2001；Tapinos，1985；Shryock and Siegel，1973）。接下来，我们将说明这两个重点对人类学环境研究和对整个社会科学环境研究具备的巨大潜力。

人口状况

人口的静态分析不仅强调其特定时刻的结构特征，而且也为其过去和未来的研究提供了有用信息。尽管其解释能力有限，但人口的规模和丰富度（总量）可能是对其描述中最直接的特征。因此，尽管了解群体中个体的数量很重要，但是这些信息并不能表明环境问题或者告诉我们如何应对这些环境问题。

从比较视角或者更宽泛的情境框架来看，尽管人口规模始终取决于所确立的划界标准，但其重要性会日渐凸显出来。例如，跨文化分析表明，生存实践的某些类型和涉及的人类群体规模之间存在显著的关联性（Bates and Lees，1996；Ellen，1997）。从历史的角度来看，相对于捕猎—采集社会，粮食生产推动了更大规模人口群体的产生（Johnson and Earle，2000）。基于人口密度（单位面积土地上居住的人口数）、丰度系数往往与领地相关。如上所述，对给定的人口确定界限可能面临问题，以及在计算领土的地理集中度时，确定划分领土的标准则是难上加难。从环境角度来看，在不能自给自足的群体中，行政区划或来自土地所有权的划分往往是武断的。同时，哈德斯蒂(Hardesty，1977：126)建议，想出一种比毛密度还要精确的计算方法，后者尤其关注可用地区(不包括非生产性地区)中个人的比例。尽管人种学研究允许我们为特定人口界定更重要的资源和领土权，但仍无法确立一个统一标准来确定何为生产性资源(Narotzky，1997：10)。

关于人口结构的数据很少出现问题，它们更多地被用于分析和比较。人口学家在描述人口结构特征时，通常考虑两个主要因素——年龄和性别，以此来讨论年龄结构和性别结构。这种结构随新个体加入种群和其他个体离开此种群的比率而变化(由于出生、死亡和迁徙)，一般以人口金字塔的形式来呈现。纵轴代表不同的年龄组(通常每 5 年为一个间隔，0～4 岁是基数)，柱形图表示每个年龄组中的个体数量。每个柱形图根据性别分为两部分：横轴左边是男性人口，右边则是女性人口。百分比的使用(而非绝对体积)和单一的表现形式(纵轴和横轴的比例为 2：3)使图表标准化并增强其诠释和对比功能。

年龄金字塔概括了一个人群的历时结构和性别结构，其形状提供了关于人口历史和发展模式的信息。广义上讲，人口研究通常用不同金字塔形状进行区分：底部较宽(增长率迅速增加的年轻人口)，顶部较宽(表示代际更新迟缓及人口数量下降)，具有相似数值的不同年龄群体(表示人口增长停滞)，以及有清晰金字塔结构的人群则表示人口的死亡率和出生率平衡交替。金字塔形状反映出某些年龄群体的数值存在明显差异，这表明过去事件可能具有特定的环境意义(例如，移民运动、流行病、战争等等)(见图 2.1)。

通过可获得的人口信息计算出的指标，也可以用来分析历时结构。老龄化指数(每 10 人中，高于 65 岁人口数与低于 14 岁人口数的相对比值)定义了人口是老龄化还是年轻化，以及抚养率(低于 14 岁和高于 60 岁人口总数与 15 岁到 59 岁人口总数的比例)表示其工作能力。然而，这些计算方法应该根据特定的文化背景进行规定。例如，在第二种情况下，显然不能根据一个普遍概念来考虑每个年龄组对整个人口生产能力的贡献。

性别比是人口的另一个结构特征，可以精确计算，此外，它可能还具有环境含义。性别比(每 100 人中男性与女性的比例)可以表示性别之间的平衡程度。不同性别的孩子从童年起受到差别对待，或者死亡或者移民等情况可能会造成性别失衡。这种性别失衡可能会对增长率或者劳动角色等方面产生严重影响。这种计算对象是不同的年龄组而非整个人群，这样有助于探究性别结构失衡的原因。

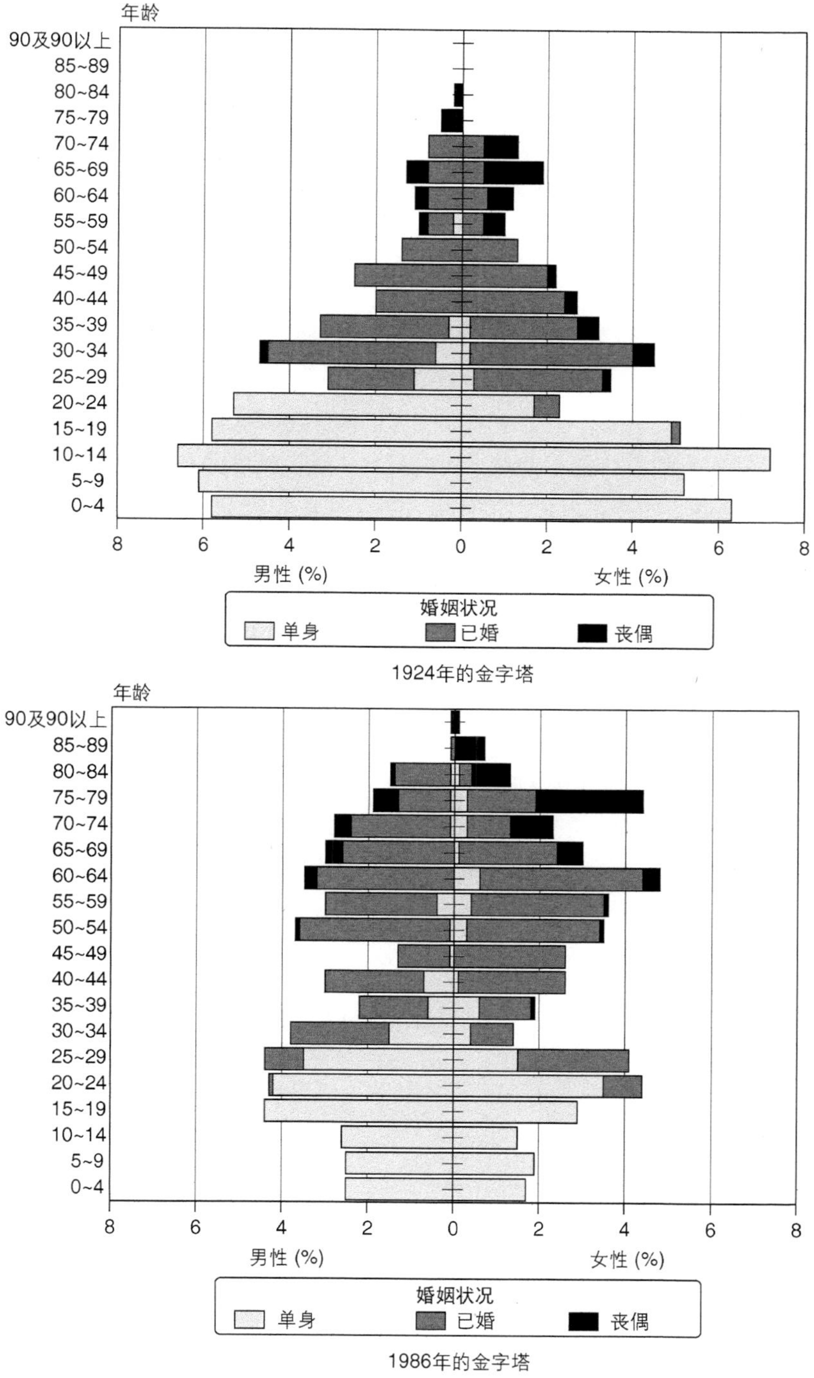

图 2.1　1924 年、1986 年埃尔·波尔的人口金字塔

（资料来源：Estrada，1998：82,92）

除了这些一般特征，对于人口状况的人口学分析还可以考虑其他指标，由于其相对重要性，这些指标受到了更多的限制。现有记录和在特定研究中获得的记录都可以提供更多的个体信息，不仅仅限于年龄和性别。针对具体的研究对象，这些信息可能非常重要。官方人口普查通常会记录诸如主要经济活动、受教育程度、种族和婚姻状况等方面。虽然我们应该批判地看待这些信息，但是它们依然可以用以确立研究假设及研究方案，与其他内容进行对比。例如，欧洲人口史上引人注目的婚姻制度（如 Henry，1980），人们将其诠释为人口压力和人口增长的监管机制——在当时背景下，婚姻被社会公认为就是为了繁衍后代。

除了规模和结构，对特定时期的人口分析最终包括对其地理分布的研究，这在环境研究中尤其重要。除了游牧和定居群体的主要区别，居住地点、迁移路线以及每个居住地的人口集中度都是人口与其环境关系中的基本要素。跨文化分析表明，自然资源的开采方式是居住模式的主要决定因素，一定程度上我们可以将它们看作资源利用战略中的一个基本要素（Chang，1962；Martinez Veiga，1978）。然而，资源分布的地域、丰富程度和季节性并不是定居类型的唯一决定因素。除了其他物理因素（如海拔或特殊的地理特征），人类群体对与社会环境相关的因素（包括政治边界、行政区划、通信网络和交流中心位置）非常敏感。

鉴于其规模，对人口地域分布类型的分析不仅仅限于统计处理，还需要更复杂的图示（见 Brondizio and Roy Chowdhury，Chapter 12）。同样地，数据必须能够接受更高程度的分解（从居住单元的类型到可识别群体的不同组织级别）以避免泛化并且增强人们对区域行为的理解。在这方面，对家族历史人类学（Laslett，1972）中居住类型的分析，可以为某些研究报告提供强相关性指标（见表 2.1）。

表 2.1　阿拉格纳的家庭结构（1935 年和 1980 年）

	1935 年		1980 年	
	数量 N	百分比%	数量 N	百分比%
1. 独居	34	20.5	46	28.9
2. 同居	15	9.0	7	4.4
3. 核心家庭	93	56.0	100	62.9
4. 联合家庭	18	10.8	4	2.5
5. 多元家庭	6	3.6	2	1.3
合计	166	99.9	159	100.0
复合家庭（4+5）	24	14.4	6	3.8
家庭平均规模	2.99		2.62	

数据来源：1935 年 Status Animarum 和 1980 年 Viazzo 的人口普查数据（Viazzo，1989：97）。

人口动态

有关人口增长的研究揭示了随时间推移而发展的人口动态。就其个体成员的数量变化而言(通常反映在其结构和分布形式上)，依据出生和死亡指数的变化以及影响人口的移民运动，人口将面临正增长或者负增长。环境因素是解释人口变化的一个关键因素，这些变化反过来也暗示着群体与环境之间关系的转变(Swedlund, 1978)。就复杂性而言，对人口演变的思考使人们增进了对人与环境关系的理解。

人口学研究为人口增长研究提供了许多方法。源自这一研究的模型，特别是所谓的人口转型模型，继续成为人们特别关注的焦点(Johnson-Hanks, 2008)。然而，与人们对自然增长(出生和死亡)研究兴趣形成对比的是难以严格管控的移民运动(入境移民和出境移民)，尽管在一些情况下其研究意义重大，但人们很少研究它。正如我们上面提到的那样，历史上没有完全封闭发展的人群。

人们使用各种指数来测算人口变化规律(Preston, Heuveline, and Guillot, 2001: 92 - 116)。一般而言，自然增长率是出生率(1 年内每 1000 个居民中的出生人口数)与死亡率(1 年内每 1000 个居民中的死亡人口数)的差值。两个不同时期人口规模的实际变化缺乏对应关系，自然增长率将预估移民运动产生的影响。因此，我们在分析这种现象时，相对于精确评估特定时期内到达和离开的人数来说，计算移民率更为容易。当研究涉及增长的过程时，就像整个人口分析一样，数据的精确度和不同群体划分的可能性使研究一致性更强，这使得人口与环境关系的评估更简单。例如，相对于仅仅近似的总生育率(针对整个特定人口计算的)，特定年龄的生育率可帮助人们更好地观察生育行为。总生育率(TFR，1 年内每 1000 名 15 岁到 49 岁的女性生育的数量)是最常用的出生指数之一。婴儿死亡率是衡量人口健康水平的重要指标，因为 1 岁以下的孩子对外界因素比较敏感，比如食物质量和丰富程度以及传染病等。

横向观察所得的数据可以通过纵向分析(同期群分析)进行改进。同期群是指在相同时间内经历同种事件的人群(例如，同年出生的一批人或者同年结婚的所有女性)。代际分析可以更好地解释诸如婚姻或生育等人口现象，因为它能够避免从不同维度解读总人群中每个年龄组时造成的曲解。

同时使用几个指标进行研究将有助于更好地了解整个人口现象。例如，与生育率（比如女性第一次生育的平均年龄或者堕胎率）和结婚率（比如最终独身率、首婚平均年龄、总体离婚率）相关的几个方面，对解释人口增长的社会调节机制具有决定性作用（见表 2.2）。例如，通过提前或者延迟结婚来调节女性生育情况的方式被广泛用来调整人口压力，这得益于该模式的灵活性和可逆性（Harris and Ross，1990）。

表 2.2　1700—1974 年 *Törbel* 的初婚年龄

	平均年龄	
	女性	男性
1700—1749	28.33	30.85
1750—1799	27.11	31.33
1800—1849	28.48	30.05
1850—1899	29.10	33.44
1900—1949	28.85	32.55
1950—1974	27.13	30.60
平均值	28.24	31.49

数据来源：Netting，1981：135。

人口行为的社会情境和环境情境

在有关环境人类学任一实证研究的论证过程中，人口数据可以反映很多问题，也可以用来提出很多可靠假设。此外，人们也得以用一种简单而直接的方式探索研究中各种行为产生的原因。简要介绍此方法的一些应用将彰显出人口研究在环境研究中的方法论和分析潜力。

接下来，我们要讨论的两个案例都是在比利牛斯山南部中心区域（欧洲南部的山脉区域）所开展研究项目的一部分。在这个区域开展的一系列人类生态学研究中（Beltran，1995；Beltran and Vaccaro，in press），我们的研究既体现了对当地过去生活方式的兴趣（特别是从 18 世纪末开始），也体现了在自然遗产形成的过程中，对界定当代景观用途（特别是旅游和自然区域的保护）的社会和政治因素考量（Vaccaro and Beltran，2007）。除了在不同地方进行的人种学田野工作，此研究还格外关注该区域的政治、法律和经济组织以及有关人口统计的书面资料，这都归功于在当地档案馆中保存的大量历史记录。

我们的研究聚焦在瓦德兰的卡塔兰区域（面积为 633.6 平方千米，在加伦河的源头，最终汇入大西洋）和帕拉斯-索比拉（面积为 1377.92 平方千米，形成于诺格拉帕利亚雷萨河的源头，是汇入地中海的埃布罗河的支流）。尽管这两个地方的地理和历史条件不同，但它们有许多共同特征。直到 20 世纪中期，当地经济主要是发展农业和畜牧业（基于家庭农场以及牧场和森林共同所有权而组织起来）。虽然山区环境限制了农业生产（主要供私人消费，同时需要其他地方产品的定期供给），但季节性牧场的丰富度推动过剩的畜牧业生产肉、毛织品和役畜，这些产品被销往更远的地方。从 20 世纪 40 年代末开始，许多水力发电站的建成促进了地中海城镇的工业发展，推动了这两个地区融入区域市场的进程，标志着以自给生产为基础经济的终结。20 年以后，滑雪场的开放促进了当地旅游业的发展，目前旅游业已经成为当地人的主要经济活动类型。当地人为游客所需的滑雪场游玩和农业旅游提供服务。他们担任导游和守卫，供职于酒店中或滑雪场上，并且建造了第二家乡（Beltran and Vaccaro，2007）。

人口的空间分布

在环境分析中，帕拉斯-索比拉是一个有关人口研究潜力的优秀案例。我们的分析基于“地名录”的使用，这是西班牙政府自 1860 年以来定期发布的记录。和官方人口普查不同，它记录了所有现存的人口群体和实体信息，而不仅是官方地域划分所认可的类型（最小行政单位——自治市是由以单核为中心的人口组成或按照更复杂的结构部署的）。数据收集重点采集每个人口中心的个人和家庭数量。其他数据（地名、制图研究以及地方人种学知识）也对其进行了补充，并对该地居民区及其变化进行了详细分析，从而比官方人口普查还要全面。

一般来讲，区域人口变化前后对照鲜明，这种反差远非仅仅体现在人口进化过程中人口总量的稳步下降（从 1857 年的 18762 人下降到 2005 年的 6883 人）。直到 20 世纪初期，人口有规律地分布在山谷中或高原上大量的小型居住点，只有少数大型居住地位于主要山谷的底部。记录显示有 116 个聚居地，其中大多数（多达 68 个）聚居地最多有 20 间房屋。同时，1991 年的记录显示了现代最少的人口数量，经济变化从根本上改变了该地区的人口布局。群集放弃了更高的山谷，因为那里气候更极端，生产条件有限，通信不畅，于是人口集中于山谷更低洼地带的少量定居点（见图 2.2）。行政中心（类别）的快速发展是这一进程的良好指标，20 世纪末，这里的人口占全区总人口的五分之一。

(a) 1857年

(b) 1991年

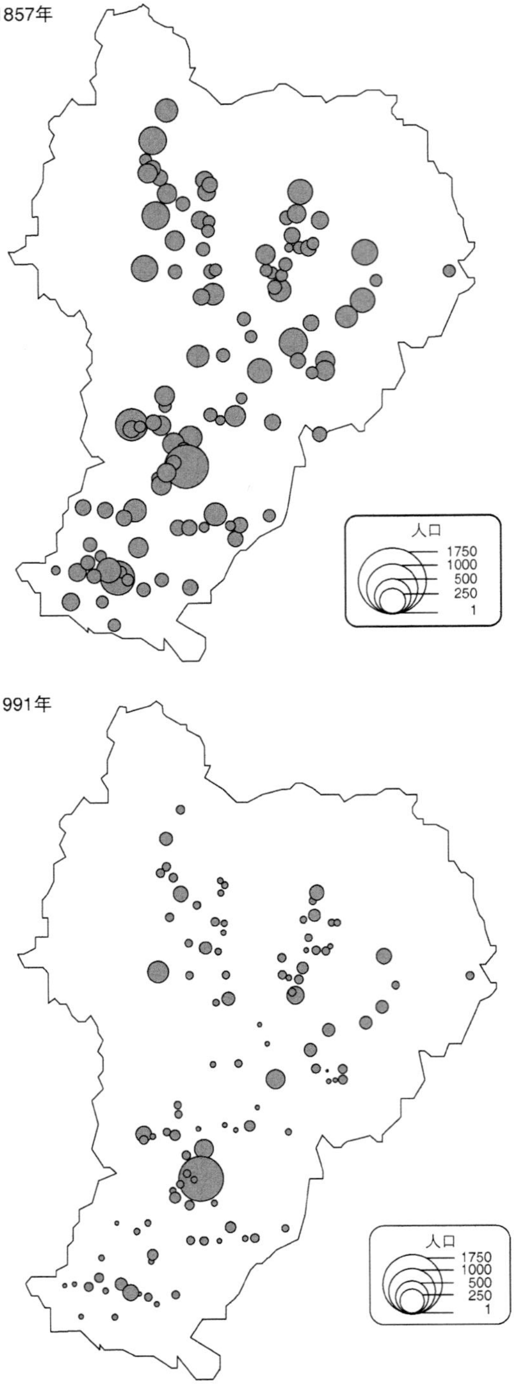

图 2.2　帕拉斯-索比拉人口分布

（资料来源：Nomenclátor，1857，1991）

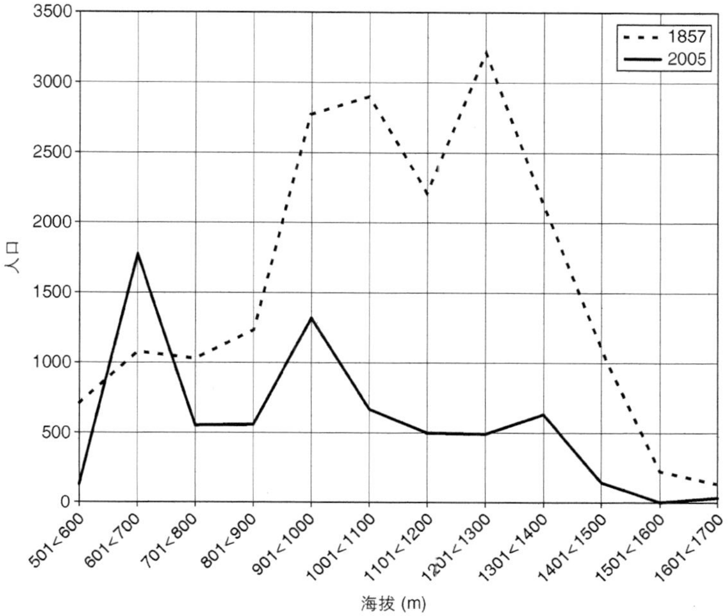

图 2.3 1857 年和 2005 年帕拉斯-索比拉人口随海拔变化对比图

（资料来源：Nomenclátor，1857—2005）

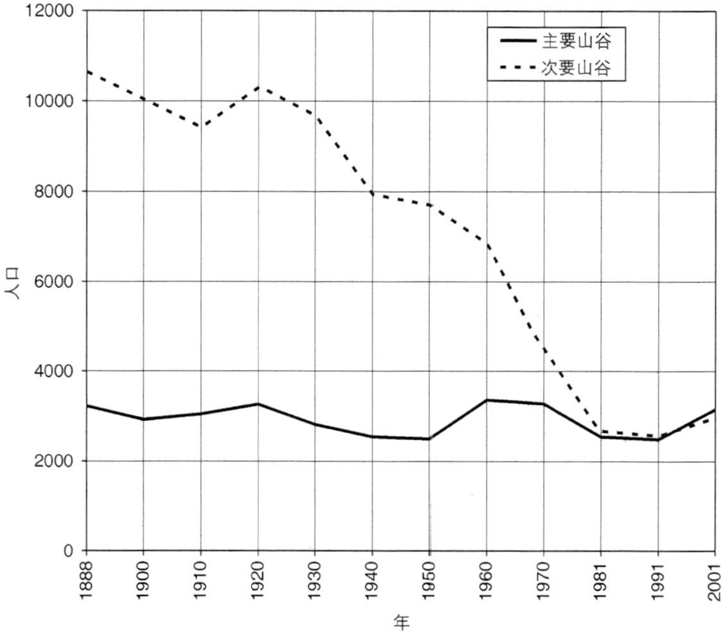

图 2.4 1888—2001 年帕拉斯-索比拉主要山谷和次要山谷的人口分布

（资料来源：Nomenclátor，1888—2001）

在整个 20 世纪，有一个从 60 年代开始加速的过程，生活在海拔 1000 米以上地区的人口比例从 63%下降到 38.9%（见图 2.3），生活在远离主要交通路线地区的人口比例从 77%下降到 50.6%（见图 2.4）。事实上，目前居住在通公路的村庄的居民数量几乎与 150 年前一样。山坡上累积了大多数的人口衰减，在此期间人口减少高达 80%。

从帕拉斯-索比拉的人文景观中，我们发现两种极端类型反映了当地人口与环境关系的变化情况。过去利用现成的自然资源发展农业和畜牧业时，需要进行空间迁移（牲畜的季节性迁徙和在较高海拔地区的临时居住），而如今，大面积无人居住区促使人们大规模创建自然保护区，也促使人们大力建设助力城市居民消费的旅游基础设施。

人口增长的调控

对瓦德兰开发农业和畜牧业社会组织的研究，重点在于分析家庭和社区机构对自然资源获取进行的调控，强调移民运动对该地区环境历史的重要作用，特别是在 20 世纪前几十年。如上所述，在多数情况下，移民的人口学研究必须基于间接资料来源，并且无法获得精确的数据。然而，不管是受访者的口述信息，还是历史和行政档案馆的资料，都表明了这一问题值得格外关注。

人口普查提供了一定数量的资料。自 19 世纪中期以来，国家贯彻的人口普查记录了个体的有无，其中还包括临时居民的情况。这些数据的可靠性是相对的，因为它们取决于人口普查人员所采用的标准，但是将详细的审查与对其他信息来源的评估结合起来，可以使人们对所反映的人口统计学行为有所了解。例如，1877 年的记录显示，在人口普查期间住在山谷中的居民中有五分之一缺席。这一现象至少持续到 1920 年，详尽的人口普查报告显示出有 8%的人口缺失（见图 2.5）。该地区村庄之间的变化以及缺失者个人特征（基本上包括性别、年龄、婚姻状况和在家庭中的地位）调查情况耐人寻味。

虽然在某些情况下这些缺失可能是偶然的，或可能是永久变化的，但在很大程度上反映了一种惯例——季节性迁移。受当地气候强烈的季节性的影响，劳动力需求随时间的推移而变化。通过部分劳动力的暂时转移，家庭可以获得一些灵活性并能够采取多种经济模式。漫长的冬季，积雪覆盖田野，牲畜只能被圈养在马厩里，强壮的年轻人便会前往法国，这样既减轻了家庭消费负担，又有机会赚取一些额外收入。

对其他与人口相关的数据的研究揭示了瓦德兰人口的第二种结构性迁

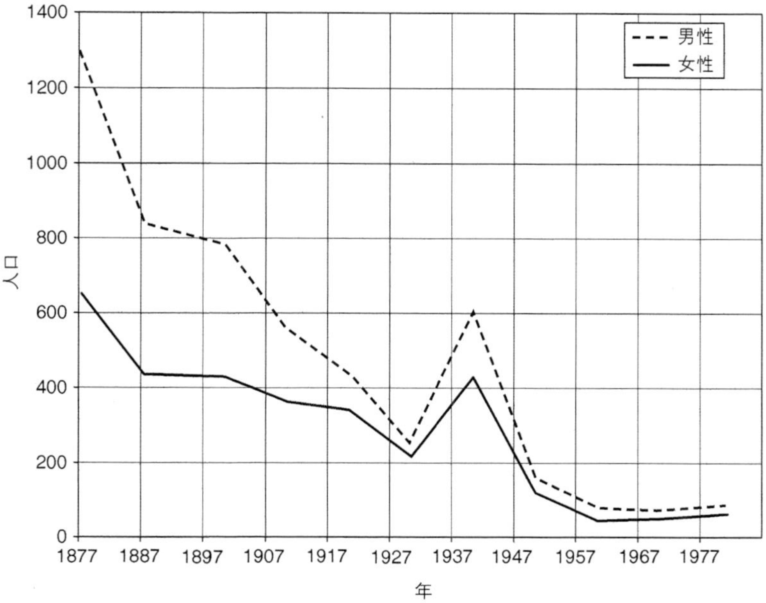

图 2.5　瓦德兰人口普查中缺失人口的变化

（资料来源：Beltran，1995：93）

移，并对其进行了定量评估。除了人口普查研究，有关瓦德兰的研究还分析了该地区村庄代表性样本的人口记录。19 世纪中期民事登记处出现之前，西班牙的出生、婚姻和死亡数据都在教堂的档案馆里有所记录。通过对基本数据（如出生日期、婚姻状况或死者年龄）的分析，人们能深入研究人口学行为的重要方面，例如出生率和死亡率的计算。人口普查所反映的自然增长和绝对数据之间的差异表明了永久迁移对该地区人口调节的重要性。

因此，除了间接的移民流动（比如，20 世纪 30 年代后期由西班牙内战引起的迁移）外，农牧经济中当地可获得的自然资源的匮乏也激励人们建立一系列机制来调节人口压力。这些机制常常鼓励每代人中都要有人走出社区。从法律视角来看，例如，在每一代中，每个家庭只能由一个后代继承全部家庭遗产，家庭的共有权力将促进人口外流。与继承模式一样，婚姻模式是社会控制人口增长的关键。诸如结婚年龄、丧偶后的第二次婚姻或永久独身等方面的行为差异，同移民运动一样，对不同的资源压力系统产生了影响（见图 2.6）。我们通过对教会和行政档案中有关出生、婚姻和死亡的数据进行严格分析来探究这些行为。

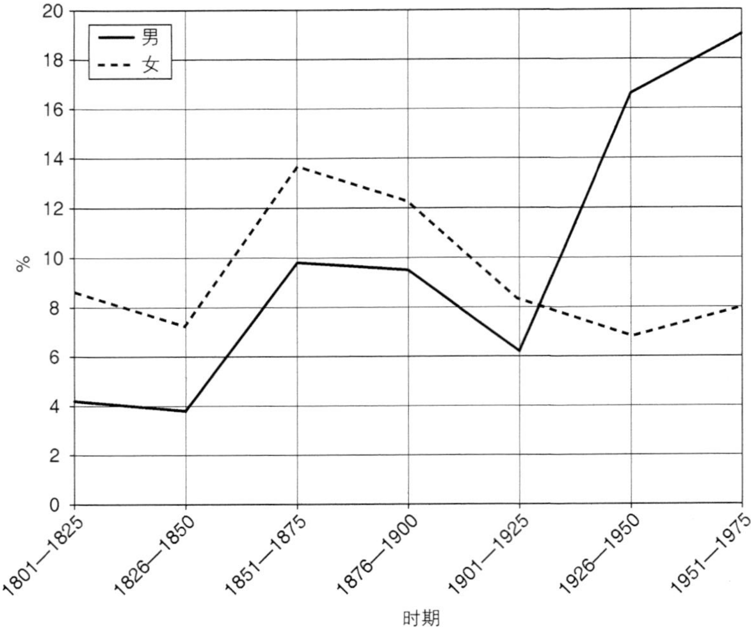

图 2.6 权威的独裁者在瓦尔德阿兰(1801—1975)

（资料来源：Beltran，1995：87）

作为环境指标的人口学

在环境研究中，人口统计分析的重要性最终取决于两个主要因素。第一，在人与环境的关系中，人口类型和动态不是自变量。相反，增长节奏、居住类型，甚至人口结构等应该作为活跃因素加以分析，由此给定人口将会对所处环境中的问题和机遇做出反应。关于人口压力对粮食生产集约化影响的争论，往往回避了社会文化行为对人口增长的影响。

第二，将与自然资源的利用和管理等环境研究相关的其他因素和变量比较，人口学在方法上有一些直接优势。尽管其必须基于特别细致的数据收集和关键性数据分析，以及必须避免将环境人类学的复杂现象和一些孤立表现绝对区分开来，但是很显然，与其他指标比较，与人口研究相关方面的定量评估精度更高。人口分析提供了一种关于人口的“路径地图”，在此基础上，我们可以与通过其他程序获得的人种学数据联系起来。在环境关系研究框架内，基础人口指标（如时间顺序结构或密度）可以成为改善经济和政治行为信息的标准，同时也可以考察形成这种格局及其变化的因素。

以上两个例子表明了人口分析用于环境研究的可能性。就像社会科学中常常出现的情况一样，尽管其通常遵循正式的程序，但是人口研究并不符合标准模式。每个特定研究情境提供的可能性以及引导研究进程的问题和方法，将提出多种具体的解决方案。总之，人口学在阐述有关问题以及精确观察方面富有成效，可以增强我们对包含人为因素环境现象的理解。

参考文献

Bartels G. B., B. E. Norton, and G. K. Perrier, 1993. An examination of the carrying capacity concept. In R. H. Behnke, I. Scoones and C. Kerven (eds.), *Range Ecology at Desequilibrium. New Models of Natural Variability and Pastoral Adaptation in African Savannas*. London: Overseas Development Institute, pp. 89 – 103.

Basu A. M. and P. Aaby, 1998. Introduction: approaches to anthropological demography. In A. M. Basu and P. Aaby (eds.), *The Methods and Uses of Anthropological Demography*. Oxford, UK: Clarendon Press, pp. 1 – 21.

Bates D. G. and S. N. Lees (eds.), 1996. *Case Studies in Human Ecology*. New York: Plenum Press.

Beltran O., 1995. *Es aranesi. Adaptació a l'entorn i organització social al Pirineu Central*. Barcelona: Universitat de Barcelona.

Beltran O. and I. Vaccaro, 2007. El paisaje del Pallars Sobirà: pastores, centrales hidroeléctricas y estaciones de esquí. In I. Vaccaro and O. Beltran (eds.), *Ecología política de los Pirineos. Estado, historia y paisaje*. Tremp, Spain: Garsineu, pp. 139 – 156.

Beltran O. and I. Vaccaro, in press. *Parcs als comunals. La patrimonialització de la muntanya al Pallars Sobirà*. Barcelona: Generalitat de Catalunya.

Boserup E., 1965. *The Conditions of Agricultural Growth: The Economics of Agrarian Change under Population Pressure*. Chicago, IL: Aldine.

Brandes S. H., 1984. Nombres que enganyen: cinc problemes en la interpretació de dades censals en l'Espanya rural. *Quaderns de l'Institut Català d'Antropologia* 5: 28 – 43.

Brush S. B., 1975. The concept of carrying capacity for systems of shifting cultivation. *American Anthropologist* 77(4): 799 – 811.

Chang K. C., 1962. A typology of settlement and community patterns in some circumpolar societies. *Arctic Anthropology* 1: 28 – 39.

Cohen M. N., 1977. *The Food Crisis in Prehistory: Over Population and Origins of Agriculture*. Yale, CN: Yale University Press.

Early J. D. and T. N. Headland, 1998. *Population Dynamics of a Philippine Rain Forest People: The San Ildefonso Agta*. Gainesville, FL: University of Florida Press.

Ellen R., 1997. Modes of subsistence: hunting and gathering to agriculture and pastoralism. In T. Inglod (ed.), *Companion Encyclopedia of Anthropology. Humanity, Culture and Social Life*. London: Routledge, pp. 197 - 225.

Estrada F., 1998. *Les cases pageses al Pla d'Urgell. Família, residència, terra i treball durant els segles XIX i XX*. Lleida, Spain: Pagès.

Forde C. D., 1934. *Habitat, Economy and Society*. London: Methuen.

Fricke T., 1997. Culture theory and demographic process: toward a thicker demography. In D. I. Kertzer and T. Fricke (eds.), *Anthropological Demography. Toward a New Synthesis*. Chicago, IL: University of Chicago Press, pp. 248 - 277.

Hardesty D. L., 1977. *Ecological Anthropology*. New York: John Wiley & Sons Inc.

Harris M. and E. B. Ross, 1990. *Death, Sex, and Fertility: Population Regulation in Preindustrial and Developing Societies*. New York: Columbia University Press.

Henry L., 1980. *Techniques d'analyse en démographie historique*. Paris: Institut National d'Études Démographiques.

Howell N., 1979. *Demography of the Dobe !Kung*. New York: Academic Press.

Howell N., 1986. Demographic anthropology. *Annual Review of Anthropology*, 15: 219 - 246.

Johnson A. W. and T. Earle, 2000. *The Evolution of Human Societies. From Foraging Group to Agrarian State*. Stanford, CA: Stanford University Press.

Johnson-Hanks J., 2007. What kind of theory for anthropological demography? *Demographic Research* 16(1): 1 - 26.

Johnson-Hanks J., 2008. Demographic transitions and modernity. *Annual Review of Anthropology* 37: 301 - 315.

Kertzer D. I. and T. Fricke, 1997. Toward an anthropological demography. In D. I. Kertzer and T. Fricke (eds.), *Anthropological Demography. Toward a New Synthesis*. Chicago, IL: University of Chicago Press, pp. 1 - 35.

Laslett P., 1972. The history of the family. In P. Laslett and R. Wall (eds.), *Household and Family in Past Time*. Cambridge, UK: Cambridge University Press, pp. 1 - 90.

Lee R. B., 1979. *The !Kung San. Men, Women, and Work in a Foraging Society*. Cambridge, UK: Cambridge University Press.

Martínez Veiga U., 1978. *Antropología ecológica*. La Coruña, Spain: Adara.

Moran E. F., 1993. *La ecología humana de los pueblos de la Amazonia*. Mexico: Fondo de Cultura Económica.

Narotzky S., 1997. *New Directions in Economic Anthropology*. London: Pluto Press.

Netting R. M., 1981. *Balancing on an Alp. Ecological Change and Continuity in a Swiss Mountain Community*. Cambridge, UK: Cambridge University Press.

Orlove B. S., 1980. Ecological anthropology. *Annual Review of*

Anthropology 9: 235 – 273.

Pressat R., 1961. *L'analyse démographique. Concepts, méthodes, résultats*. Paris: Presses Universitaires de France.

Preston S. H., P. Heuveline, and M. Guillot, 2001. *Demography: Measuring and Modeling Population Processes*. Malden, MA: Blackwell Publishing.

Rappaport R. A., 1967. *Pigs for the Ancestors. Ritual in the Ecology of a New Guinea People*. New Haven, CN: Yale University Press.

Rappaport R. A., 1971. Nature, culture, and ecological anthropology. In H. Shapiro (ed.), *Man Culture, and Society*. New York: Oxford University Press, pp. 237 – 267.

Reher D. S. and R. Schofield (eds.), 1993. *Old and New Methods in Historical Demography*. Oxford, UK: Clarendon Press.

Scheper-Hughes N., 1997. Demography without numbers. In D. I. Kertzer and T. Fricke (eds.), *Anthropological Demography. Toward a New Synthesis*. Chicago, IL: University of Chicago Press, pp. 201 – 222.

Shryock H. and J. Siegel, 1973. *The Methods and Materials of Demography*. Washington, DC: US Government Printing Office.

Steward J., 1936. The economic and social basis of primitive bands. In R. Lowie (ed.), *Essays in Anthropology Presented to A. L. Kroeber*. Berkeley, CA: University of California Press, pp. 331 – 345.

Swedlund A. C., 1978. Historical demography as population ecology. *Annual Review of Anthropology* 7: 137 – 173.

Tapinos G., 1985. *Éléments de démographie*. Paris: Armand Colin.

Townsend P. K., 2000. *Environmental Anthropology. From Pigs to Policies*. Long Grove, IL: Waveland Press.

Vaccaro I. and O. Beltran, 2007. Consuming space, nature and culture: patrimonial discussions in the hyper-modern era. *Tourism Geographies* 9: 254 – 274.

Van der Geest S., 1998. Participant observation in demographic research: fieldwork experiences in a Ghanaian community. In A. M. Basu and P. Aaby (eds.), *The Methods and Uses of Anthropological Demography*. Oxford, UK: Clarendon Press, pp. 39 – 56.

Vayda A. P. and R. A. Rappaport, 1968. Ecology, cultural and non-cultural. In J. A. Clifton (ed.), *Introduction to Cultural Anthropology*. Boston, MA: Houghton-Mifflin, pp. 476 – 498.

Viazzo P. P., 1989. *Upland Communities. Environment, Population and Social Structure in the Alps Since the Sixteenth Century*. Cambridge, UK: Cambridge University Press.

Willigan J. D. and K. A. Lynch, 1982. *Sources and Methods of Historical Demography*. New York: Academic Press.

Wrigley E. A., 1969. *Population and History*. New York: McGraw-Hill.

3　生产决策和时间分配：数据收集指南

雷蒙德·黑姆斯

前　言

在本章中，我将讨论一系列收集数据的方法，这些数据是指生产投入和产出过程中的行为与经济数据。收集定量数据时，研究人员需要事先了解经济活动的全部范围，并对数据收集流程和编码方案的准确性进行初步评估。由此，可以避免起步失误，提高跨文化可比性，从而更系统地描述经济活动。无论何时，我都尽可能鼓励研究人员重视观测数据，将其作为黄金标准：定量观察法得到的数据经得起复杂的定量分析，对理论检验至关重要，比定性观察更适用于跨文化比较，能减少召回数据的误差（与直接观察法相比，关于回忆误差的阐释，参见 Stange et al.，1998）。然而，由于直接观察法具有强介入性、高工作量和强文化敏感性的特点，所以人们常常会采用回忆数据法，但该方法可能会被整合到行为记录中。在这种情况下，我们建议使用一些方法（如缩短时间间隔）来减少召回数据错误和重复检验。

通常，经济活动被定义为一种行为，其结果是生产物质产品（如食物或手工艺品）、维护物件（如工具维修）或提供服务（如帮助邻居盖房）。描述生产活动中的投入指标（时间、精力甚至风险）比较容易，描述产出指标则比较复杂。在食品生产中，产出通常指的是质量、千卡或主要营养物质（碳水化合物、脂肪和蛋白质），是对比和分析的共同要素。而最终采用哪种合适的货币流通方式，将取决于所提出的研究问题。

然而，在没有交换价值货币的非市场经济体中，即使有明确的经济价值（水和燃料采集），许多常见的生产活动难以概括出一个共同的产出要素。如果有人采集、捣碎 nara（委内瑞拉亚诺马默术语，一种可当作化妆品的红色植物色素）或制作乐器，那么产出物就是红色颜料或长笛。这两种活动与其他经济活动仅有的共同点是生产它们所需的时间和精力。但人的时间和精力有限，生产此类产品的能力可能表明，一个人在生产食品和其他必需品方面有足够的余地，可以在其他生产方面花费时间。根据高成本信号理论，布莱格·伯德和史密斯（Bliege Bird and Smith，2005）认为：一些产品（如精心装饰的房屋或精巧的长笛）的生产能够显示“身体活力、认知技能、合作规模和凝聚力等个人特性。虽然在大多数情况下，不能精确地衡量信号发出者与接收者所获得的利益，但主要竞争在于结交更好的伙伴、形成有价值的联盟、避免暴力竞争的代价等”（p.237）。因此，这里提出了一个假设：“奢侈品”的生产表明，个体更易于生产生活必需品[类似于 Veblen（1899）的“炫耀性消费”]。

高成本信息分析表明，多年来，尤其是随着人类生态学进化论方法的引入，经济或生产数据的构成在不断扩充着。行为生态分析的重点在于推动后代和亲属成长、繁衍和生活的活动。因此，生产活动的范围要广泛得多，因为它包括诸如照顾后代或者种植不可食用却显示身份的山药等活动（Bliege Bird and Smith，2005：228）。此外，下文将会提到，行为生态学也与儿童经济能力的发展有关，因而并不局限于成年人的活动。行为观察法聚焦于个体行为，不管他们正在做什么（除了下面将会述及的焦点问题）或者年龄有多大，其优势在于让研究者更为全面地描述行为。只要这些准则足以详尽描述所有行为（下面将讨论这个问题），这种兼容方法允许分析家（无论其理论说服力如何）选择他们所划分的经济行为，这增强了行为观察法的吸引力和跨文化影响力。

接下来，我将描述目前被用于收集投入和产出生产数据的方法，不同方法的优缺点，以及确保收集准确样本的方法。此外，我还将介绍如何巧妙地将行为观察法延伸到衡量劳动与资源交换以及生产活动对环境影响的过程中。

观察法和回忆法

研究人员可以通过直接观察法或受访者回忆法来获取有关时间分配的定量数据。方法的选择将取决于一系列复杂因素，并且每种方法都有其特定的优缺点。受访者回忆法，有时也称为时间日志法或 24 小时回忆法，要求受访者具有读写能力并且熟悉 24 小时之内所做的事情。一天结束时，要求受访者以半小时为单位依次记录一天的所有活动。研究人员定期收集这些受访者制作的表单。社会学家和其他文化领域的工作者普遍采用受访者回忆法(Paolisso and Hames, in press)。但对于许多人种学研究来说，这种方法很难实施，因为在某些地方人们的观念里，一天不容易被均分为半小时间隔，而且即使居民有文化，也很难使用基于一般西方文化概念的表格。这时候，研究者会采取另一种方法——回忆法，在一天结束时访问受访者，请他进行回忆(例如，Aspelin, 1979)。这并不是说不应该使用回忆法，准确地说，回忆法限于特定活动。若读者对这些方法的优缺点感兴趣，请参见保利索和黑姆斯的著作(即将出版)。在此，我只关注观察法，而且我发现这些观察法有时也会用到受访者回忆法。

直接行为观察法

关于直接行为观察的各种技巧的文献非常丰富。研究综述参见阿尔特曼(Altmann, 1974)的经典论文，以及马丁和贝特森(Martin and Bateson, 1993)以心理学和个体生态学为重点的教科书，格罗斯(Gross, 1984)、约翰逊和萨基特(Johnson and Sackett, 1998)、博格霍夫·马尔德和卡罗(Borgerhoff Mulder and Caro, 1985)以及黑姆斯(1992)的人类学应用研究。我所说的直接观察就是由研究人员进行的观察。与回忆法一样，直接观察法旨在收集与行为相关的多种定量数据，用来统计检验假设或更准确地描述行为模式。通过直接观察法，研究人员可能会发现连观察者或观察对象都不曾注意到的行为模式，并且可能完全颠覆人种学研究人员对日常生活的主观认知(Erasmus, 1955)。

继马丁和贝特森(1993: 84-86)之后，我区分了取样规则(观察对象或观察内容)和记录规则(行为是连续记录还是瞬时记录)。任何行为测量都由取样规则和记录规则组成。表3.1是取样规则和记录规则相结合的简化图(更详细的组合见 Martin, Bateson, 1993: 88)①。我将简要描述不同取样规则背后的逻辑，再详细介绍反映人类学主要兴趣和研究方向的记录规则。

① 我不讨论随机取样(一种行为取样)，这是一种记录“有趣的”行为的非系统性记录方式，仅用于初步调查，或者罕见但重要的事件。

表 3.1　行为观察法中的取样和记录规则

基本观察方法

记 录 规 则	取 样 规 则	
	群 体	个 体
瞬时性 （事件）	瞬时性 扫描	瞬时性 目标
连续性 （状态）	连续性 扫描	连续性 目标

研究人员可以选择对行为本身或个体或群体进行抽样。选定了行为（行为取样法或“1－0 法”）后，接着要记录在研究期间是否发生了该行为。只有当个体发出了某种行为，他才能成为取样对象。这一流程适用于个体或群体。一旦选择了一个个体或群体（甚至一个地点），并且确定了取样周期（如 10 分钟的时间段）之后，观察者可以选择某一时间间隔（如每分钟），并记录行为是否发生（“1－0”或“是-否”），不考虑发生的次数。像瞬时取样（见下文）一样，观测单位无量纲，因而只要取样间隔短（例如，每分钟取样一次和每 5 分钟取样一次），这种方法就可以得到相当准确的测量结果（Martin and Bateson，1993：55）。

行为取样法对记录罕见但重要的行为是有用的，尽管这一方法有时能与其他取样规则和记录规则结合使用，但人们使用其他取样规则和记录规则时会将其遗忘。行为取样法经常被用于灵长类动物学领域（例如，Mitani and Watts，2005），研究争夺领地、梳理毛发和性行为等重要行为。研究人员认为，这些行为对于理解社会关系、身份地位、主从关系以及互惠关系至关重要。然而，人类学家很少使用此方法（Marlowe，2005，关于哈扎人儿童的亲代养育研究除外）。

若以个体为观察单位，则必须决定是关注一个团体还是某个个体。如果需长时间观察某个个体时，就采用目标取样法（目标观察法或目标跟踪法）。在特定时间内，我们可以用瞬时记录或连续记录的方法记录个体行为（见下文），但这并不意味着就没必要记录与目标个体互动的其他个体的行为。和目标取样法不同的是，扫描取样法是观察空间距离足够近的某群体中的多个人，便于同时记录他们的行为（小组观察，最常见的是二人组访谈）。但是，研究者很难通过扫描观察来准确监测多个人的行为。如果要进行连续观察而不是瞬时观察，那么会更加困难。扫描观察法仅限于观察关系紧密的二人组合，例如父亲（或母亲）和儿子（或女儿）（Ivey，2000；Ivey Henry et al.，2005；Fouts and Lamb，2005）或特定空间内的群体，例如一场仪式中的人群、一场呐喊比赛（Flinn，1988）、农业合作劳动（Hames，1987）等等。若要尝试连续记录多个人的行为，则可以运用视频设备来记录小组成员行为，然后回看视频，仔细提取资料并进行分析，如高田（Takada，2005）对觅食者中母婴互动的研究。观察一个群体的另一种策略是粗略地对其行为进行编码。比如，当一群人聚集在一起参加仪式表演时，我们可以记录哪些人是观众，哪些人是演出者，而不是对更精细的行为进行编码，如边聊边看，边看边等待表演，或表演特定的仪式性行为等。

很显然，选择目标取样法还是群体取样法，取决于研究问题和记录规则（见下文）。在不考虑社会背景的情形下，如果想要记录一种行为或者一系列行为的细节或者次序（例如，描述打猎细节就一定要编码行进、寻觅、休息、追赶和返回）（例如，Bliege Bird and Bird，2002），或对特定地点觅食耗时感兴趣（Aswani，1998，太平洋捕鱼），那么目标取样法是最佳选择。若强调社会互动，或收集年龄和性别差异等人口层面指标时，选用群体取样法则是最合适的。

记录规则

记录规则大致有两种：一种是连续记录法，是指在固定时间间隔内，连续描述某些行为。这种方法不仅精确，而且允许连续测量、延迟，还包括下文将会讨论的其他指标。另一种是瞬时取样法，顾名思义，简单记录观察对象某一瞬间的行为。瞬时取样法是一种“无量纲”的测量方法，因为它没有连续时间，所以唯一可以使用的统计数据是关于各种行为的频数记录。但是在特定条件下，基于特定假设，这些频数可以被合理地转换为实时指标。例如，如果在醒着的时段（14 小时）进行取样，就会发现大概 15%的观察内容为制备食物的过程。我们可以合理地得出结论：每天花费在此活动上的时间为2.1 个小时（当然，前提是这种行为只发生在白天取样时段，夜间取样参见 Scaglion，1986）。虽然简单的计数可能看起来存在很大的局限性，但瞬时（通常称为瞬时扫描取样）是人类学最常用的记录方法，我将在下文说明原因。

从概念上区分连续记录和瞬时记录的方法，是将连续取样看作类似于用摄像机记录行为，而瞬时记录行为则类似于使用照相机。我将首先介绍连续记录的优点、缺点和适用性，然后讨论瞬时记录。由于瞬时记录法是目前人类学中最常用的方法，我将仔细研究其方法论文献，并对其进行扩充。

连续记录法

当研究问题需要行为多维度的详细信息时，我们可以使用连续记录法。连续记录法可以观察以下行为维度：

- 频率：特定时间段内行为出现的次数。
- 强度：行为发生的力度。

许多实地和实验室的研究（例如，Hipsley and Kirlc，1966；Durnin and Passmore，1967；Montgomery and Johnson，1976）都采用实地数据，以精确估计行为的热耗量。

- 等待期：行为发生之前的时间段。
- 连续期：行为持续多长时间。
- 顺序：全程的行为顺序或与外部环境相关的行为顺序。

瞬时记录法

如上文所述，瞬时记录法只能收集行为频率和强度，而连续记录法则能收集上述行为的所有维度。乍一看，连续记录法显然是最佳选择，但它也存在一些局限。第一，如上所述，连续记录一般与目标取样相关联，因此除非个体之间彼此紧邻（如父母婴儿相互作用的研究），否则一次性记录不止一个人的人们的连续行为是非常困难的。第二，具有高度的干扰性。若近距离连续观察研究对象，他们可能会因此刻意改变自己的行为。第三，研究者的时间非常宝贵。定量分析依赖于不同环境、不同时间的大样本，此外，这些个体样本要足以反映人口统计学特征（男、女、老、少）。因此，对于单个研究者来说，使用连续取样法获得代表性样本是困难的。但是对于特定问题来说，这种方法又不可或缺。例如，如果关注的是父母对婴儿发音、哺乳持续时间以及对婴儿烦躁和哭泣的反应（Konner and Worthman，1980；Fouts and Lamb，2005），就可以采用连续观察法。相比之下，如果研究的问题是谁照顾婴幼儿，那么瞬时取样法能以低时间成本（Hames，1988；Marlowe，2005；Henry Ivey et al.，2005）提供更充足的数据（包括不同环境中各种婴儿看管者的数据）。关于单独或结合使用两种方法进行的儿童保育研究，参见休利特和兰姆（Hewlett and Lamb，2005）的合集。

在许多情况下，研究者可能会受益于同时使用瞬时取样法和连续取样法。例如，马洛（Marlowe，2005）、伯德和布莱格·伯德（Bird and Bliege Bird，2005）分别采用瞬时和连续相结合的方法来研究婴幼儿的护理与哺乳活动。这些研究旨在结合对母婴互动特定行为和模式的精准观测，生成大量个体的一般时间分配数据。

瞬时记录法，通常被称为“取样调查”（参考 Johnson，1975）、“扫描取样”或“瞬时扫描取样”（Borgerhoff Mulder and Caro，1985；Hames，1988），是目前人种学研究中最常用的行为取样方法。观察过程包括随机选定时段，记录观察对象在此期间的行为。此外，与其他方法一样，研究者通常会记录背景信息，例如地点、其他在场人物、日期、一天中的时间等。在基于乡村的人种学研究中，观察过程通常包括连续访问整个村庄或一个村庄的部分家庭，并记录人种学研究者在某一瞬间所看到的所有人的行为。记录完成后，人种学研究者将前往下一户人家重复相同的过程，直到调查完整个村庄（见下文“整群抽样”）。

从各种理论角度来看，人种学研究者相当青睐瞬时记录法。在艾伦·约翰逊（Allen Johnson）的带领下，许多研究人员使用瞬时记录法收集数据，对建立时间分配数字数据库和形成具有文化描述的通用编码方案做出了贡献（Johnson，1990）[①]。瞬时记录法有很多优点，它节省人种学研究者的研究时间，而时间的节省可以增加不同个体样本的数量。通常，人数超过 100 人的村落，更方便分析者调查，包括由年龄、社会地位和性别不同导致的行为差异。在某些案例中，在一个 100 多人的村庄里，人种学研究者可以用一年的时间，对每个人平均观察 300 多次。最后，与需要仔细观察的连续观察法相比，这种方法对观察对象的干扰性较小，他们刻意改变自己行为的可能性较低。在连续观察过程中，研究人员可以直接追踪受访者来收集行为信息。

方法论问题与困难

近年来，研究人员在发表的方法论报告中，讨论了在行为观察时所碰到的问题及其解决方案。这些研究直接评估了其实用性、方法论和观察者效应，而初学者可能并不清楚这些。方法论反思的目的在于通过自我批评来

① 此项目完整的出版链接 http://www. yale.edu/hraf/publications_body_complete publist.htm#Time%20Allocatioii%20Series.

确保数据收集的准确和公正。更具体地说，霍尔切斯等(Hawlces et al., 1987)解决了高估群体常见行为频率的问题，贝齐格和特克(Betzig and Turke, 1985)研究有意行为与观察行为，博格霍夫·马尔德和卡罗(1985)研究编码、季节性和日变化模式、口头报告和观察者之间的信度等问题。有意向进行行为观察的研究员都应阅读约翰逊和萨基特(1998)、博格霍夫·马尔德和卡罗(1985)的文献，他们很好地总结了各种情况下的有关问题、选择方案和解决措施。

观察中的问题

研究者应该尽力开诚布公地观察、开发技术，以确保平等地观察所有相关行为，并且在场观察者和观察方法都不要影响观察对象的行为。当然，有些文化讲究隐私、公开性和可观察性，要求研究人员在策略上多加完善，以便生成公正的观察样本。在许多文化中，研究者如果没有事先通知对方，就开始观察其行为是不得体的——尽管这能确保观察对象不受人种学研究者的在场影响。在其他情况下，观察者、观察对象的性别或社会地位的限制，也可能会产生问题。

在许多情况下，瞬时取样旨在对大量调查对象创建一个随机样本，这些调查对象代表了所有社会阶层。虽然大样本可以满足需要，但错误地创建样本又可能会导致偏差。佩里格林等(Peregrine et al., 1993)阐述了这一点。他们使用录像机在托儿所里连续拍摄了 32 个小时，用以记录学龄前儿童的活动。以这种连续记录作为基础，他们抽取了样本，这种样本类似于人种学研究人员行为观察中所使用的样本。他们发现，较长时间观察(比如记录 1 小时内的所有行为，而非 1 小时以内多个小段时间的多次观察)得出的结果明显偏离了 32 个小时的连续记录。这项研究和其他研究都清楚地表明，为了产生一个随机样本，研究者必须能够在一天的任何时间、任何条件下进行观察，不管社会背景如何。更重要的是，研究人员可能没有意识到，对取样时间、地点、对象的选择可能导致取样偏差。如果研究人员出于配合程度或便利因素考虑去选择观察时间、地点、对象，就可能会造成偏差(Borgerhoff Mulder and Caro, 1985: 325)。很明显，没有一个人种学研究者可以自由、即时地接触到样本中的所有人，因而纯粹的随机观察是困难的。尽管如此，依然还有多种方法可供研究人员尽可能地去接近随机样本。

在一些小型社区里，一次取样调查便可以包括所有家庭，这使得瞬时观察法非常经济高效。但是，如果这些家庭之间相隔很远，那么路上耗时就会比较长，所以此时想要观察所有家庭的取样调查则效率很低。“整群抽样”最初由贝伦斯（Behrens，1981）提出，旨在克服这个问题。他将自己所在的希皮博社区分成几个相邻的家庭集群，彼此间隔几千米。他在每个集群停留 4 个小时，每 30 分钟对集群中的所有家庭进行一次取样（类似的过程见 Gurven and Kaplan，2006）。整群抽样在城市中显然是有用的，因为这里的观察对象可能非常分散。

所有研究人员在观察时都遇到过观察对象不在场的问题。解决方案之一是简单地要求知情者（如在场的家庭成员）报告观察对象的位置。这样的报告后来被视为一种“观察”，但实际上这是一份报告。如果是这样，研究者应该记录这个事实（Borgerhoff Mulder and Caro，1985）。这种二手信息是否可以使用，取决于报告的准确性以及这些报告是否足以解决问题并达到研究目标。报告与实际行为之间的相关性应在研究前确定，并在研究过程中进行监测。例如，有一天，我的一项研究将结束时，我找到了这些“被报告”的观察对象，询问他们那时（生成报告时）正在做什么（Hames，1979）。我发现其他人的报告和观察对象自己的回忆之间，95%以上的内容是一致的。因此，虽然我认为报告是可靠的，但还是会继续约谈当晚被报告的观察对象，定期检查报告的准确性。

无论是连续的还是瞬时的观察，通常都是在白天进行的，有时会延迟到傍晚，或安排在次日早晨。在许多地方，夜间取样要么危险，要么不受待见。在一项开创性的研究中，斯卡利恩（Scaglion，1986）对夜间（晚上 7：00 至次日早上 6：00）行为进行了采样，发现新几内亚人的观察对象中有 26%未眠，其中约 75%在参加宗教仪式活动。夜间观察延续到白天观察，再将此种观察与纯粹的白天观察对比时，我们发现白天观察可能低估或高估某些行为的现象显著（参见 Scaglion，1986）。研究人员必须对夜间活动的重要性做出判断，并相应地更改其观察时间。

编码问题

记录一个分类为“X”实例的行为，我们需要进行编码。编码有三个主要问题需要解决：(1) 同步性问题；(2) 编码的内容和方式；(3) 功能描述和结构描述。对于外行来说，似乎没有什么比描述另一个人的行为更容易的了。然而，若被要求快速描述一系列行为可能就不容易了。例如，在观察叶克瓦纳（Ye'kwana）的时候，我偶然发现一位妇女坐在木薯榨汁机的杠杆上（用果肉榨果汁），一边照顾孩子，一边和旁边的女士聊天，对我来说，这并不罕见。我应该怎么给她正在做的事情编码呢？约翰逊和萨基特（1998：327）称这是同步性问题，并描述了六种可能的解决方案的优点和缺点。所有的解决方案都是合理的，但我所偏爱的是将行为编码为一级、二级和三级，从而保证观察的丰富性。这就产生了另一个问题：哪种行为是主要的，等等。调查的背景有助于人们决策。在这个案例中，这名妇女是在榨汁机上榨果汁，所以准备某种特殊食物是一级活动；她带着她的孩子，照顾孩子就成了二级活动；另一个女人碰巧在那里，所以谈话就成了三级活动。维持这样复杂的编码可能会很麻烦，但我相信一切都值得。在上面的例子中，如果有人想知道谁照顾孩子，但母亲的第二级行为没有被记录下来，就会丢失一些宝贵的数据。

即使经济行为是研究人员唯一的兴趣，他们也应该仔细考虑行为编码问题。首先要认识到，任何代码都是对复杂行为的一种描述，这种描述不仅抽象而且作用有限。此外，研究人员不应忽视所谓"非经济行为"的类别，因为不同的研究问题对经济生产行为可能有更广泛的定义。李（Lee）对闪族人的初步衡量就是一个范例，李记录了他们每天的工作时间为 2.2～2.4 个小时，许多文献都引用了这一数据（Lee，1968，1969）。然而，李将劳动力的定义限制在直接食品生产（狩猎和采集）的范围内，而忽略了许多可能更为合理的经济活动，如食品加工、手工艺品生产以及燃料和水资源开发等。加上这些活动之后，李的报告（1979）更全面地显示，每个成年人的劳动时间增加到每天 6.4 个小时。解决这个问题的方法是对行为进行随机观察，这样观察主体的行为就被独立记录下来了。如果按照上述标准进行连续或瞬时记录，那么所有的行为都将被记录下来，而分析者可以根据自己的研究兴趣，决定包含或排除哪些有关的经济行为。

如何描述行为对跨文化比较研究至关重要。在编码时，无论是使用功能性描述还是结构性描述（Hames，1992），或者使用结果描述、物理描述（Borgerhoff Mulder and Caro，1985），都很关键。结构/物理代码常用来描述被观察者的身体行为、姿态、方向等，因为可能有人正在描述一种非常复杂的行为模式，这种描述就会很详尽。功能/结果代码关注行为的目的或意图，它非常简单，符合我们对行为的直观理解。例如，人们可能会从结构上将在地上用弯刀修砍植物、偶尔把植物扔成一堆称为蹲在地上；从功能层面来讲，这种行为被称作"除草"。结构性编码类似于写电报句子（如蹲、弯刀、砍、扔植物），这可能使分析变得困难。像"除草"这样的功能性代码更容易被人理解，但有时——尤其是在新文化环境中——我们对功能的直觉可能非常不准确。准确功能描述的前提是研究者对当时行为意图和变化有十足的把握，因此研究人员需要花时间询问受访者正在观察什么。博格霍夫·马尔德和卡罗（1985：327－328）对这个问题进行了全面的讨论，一个解决办法是对遵循结构规则和功能规则的行为进行双重编码，有意进行行为观察的研究人员都应该认真阅读此文献。

最后，进行编码的另一个维度是如何构建精细的代码。我相信，最好的步骤是使用分层方案，尽可能精细地进行行为编码。例如，在没有对食物类型或其准备步骤进行编码时，我们可以将一系列有关的行为称为“食物准备”。但是，缺乏细节会导致有价值的信息丢失和相应能力缺失，例如回答不上“准备什么食物需要的步骤最多”，或“哪一步最耗时”等简单问题。布克（Bock，2002）、古文和卡普兰（Gurven and Kaplan，2006）对这些细节进行了分析，评估生命历程中力量和技能在劳动活动分配中的作用。约翰逊和萨基特（1998）提出了一种灵活且被广泛使用的跨文化编码方案。

超越简单行为：时间、地点、互动和资源流动

许多人认为，行为观察主要是为了提供与基本活动相关的静态或动态信息，而这些基本活动通过社会属性（如基于性别的劳动分工）被划分。然而，行为观察的强度、灵活性和实用性都远远超越用简单的行为—时间坐标来记录一个人的行为。许多有趣的问题可以根据数据记录的构建方式以及特定文化背景下的时空含义来定量地回答。例如，菅原（Sugawara，1988）使用地点变量来记录闪族捕猎者在营地间拜访时的性别差异；大阪等（Ohtsuka et al.，2004）能够使用地点变量了解来理解基于性别的环境毒素暴露差异。温金等（Winking et al.，2009）使用地点变量来确定在哪种情况下丈夫会协助妻子照顾孩子。下面我将展示通过行为观察得到的地点和其他变量等详细信息是如何开辟新的研究领域的。

许多问题都关注行为是发生在家庭内部还是外部，或者是由个人完成还是协作完成，而地点变量对于解答这些问题都非常有用。地点变量的使用取决于该地点对特定群体的意义。例如，黑姆斯（1987）利用地点来确定某人在哪个花园里工作，以便叶克瓦纳制定衡量花园劳动力交换的指标。在叶克瓦纳的另一项研究（Hames and McCabe，2005）中，地点变量被用来衡量食物分享模式。在这两个案例中，当有人被观察到在一个不是他自己的花园中工作或在另一个家庭中吃饭时，就能得知这片领地或这个家庭的

主人了。这些案例分别被作为劳动和食品交换的指标。亚苏卡(Yasuoka)的研究成果(2006)是一个特别出色的例子，证明了如何利用与地点信息相关的行为观察来回答重要的生态学问题，例如俾格米人自学成为园艺家的能力。地点变量的许多其他用途与可用于表征社会组织和网络的基本方面的基本关联模式有关。以下是标准时间分配方式之外使用有关量化行为观察的其他例子。

瞬时记录被用来研究个人和家庭之间的食品资源流动情况，这是经济组织的基本方面。该方法由卡普兰等(1984)在一项关于阿赫河狩猎采集者资源共享的研究中首次提出，并在许多其他研究中被重复使用(参见Gurven, 2004)。研究食物交换的传统方法是让研究人员访问家庭成员，要求他们在特定的时间间隔内，回想从其他家庭收到的食物或给予其他家庭的食物(例如，Aspelin, 1979)，或直接观察食物的分配过程(Hames, 1990)。虽然这些技术有显著的优势(例如，能得到给予和接收物品的准确质量或体积信息)，但也有局限性。他们所依赖的回忆可能不准确，并不能确定每个家庭成员受到的影响程度，也会忽略很多社会中常见的偶然和自发的交换，例如食物共享(Hames and McCabe, 2007)。然而，当瞬时观察阿赫河营地时，每当观察到有人在吃食物时，研究人员(Kaplan et al., 1984)都会询问这个人，谁给了他食物，或者谁生产(通过狩猎或采集)这些食物。他们因此能够有效地衡量食物资源的流动，而这是传统方法往往捕捉不到的信息。由于进食是一种常见的活动，而且阿赫河营地会经常分享大量食物，所以样本量足够大，加之涉及一系列与测试不同交换理论相关的变量，因而研究人员可以进行广泛详细的分析。

估算生产

从生命历史的视角来看，时间分配技术最近被应用于调查人类达到自给自足(生产与消费相等)的年龄(存在性别差异)，必须具备什么样的品质(精力、技能和知识)才能成长为一个有生产能力的成年人，以及家庭在人口生命周期中满足其消费需求的程度。在调查这些问题时，研究人员开发了更多的技术来衡量生产力的变化，并将其分析对象扩展到了所有年龄组。

与衡量生产相关的问题在即时回报活动(觅食)与延迟回报活动(农业和畜牧业)之间有所不同。此外，准确地衡量生产是很困难的，因为它会因年龄和性别而有很大差异。因此，简单的时间分配措施通常不足以代表生产(Bird and Bliege Bird，2005；Bock，2002；Gurven and Kaplan，2006)。例如，早期的狩猎研究采用了访谈和直接测量生产相结合的方式[例如，李对闪族人的觅食生产力的著名研究(1968,1969)，用于计算经济绩效的指标]。当结束一天或一周的工作时，研究者会采访猎人，询问他们的狩猎时间和猎物情况，甚至询问在过去一年里他们猎到的大型动物的数目。另外，一些研究人员收集了所有活动的瞬时数据，并与日常访谈结合起来测量狩猎产量(Hames，1979)。虽然这些方法适合某些类型的活动，并且在数据收集的高效率方面可以产生大样本，然而也可能存在问题。猎人可能会高估或低估他们取得的成效，没有考虑他人的帮助和猎杀之后的分工，或者没有注意到狩猎与其他活动同时进行。

如今，越来越多地采用目标跟踪和权衡所获资源的方式以获得非常精确的输出/输入量度，尤其是当它涉及整个生命周期中效率的变化时。布莱格·伯德等(2005)使用目标跟踪和连续取样，能够收集所有梅里亚姆(Meriam)土著居民的觅食生产力数据，但收集这些精密的数据非常耗时。布莱格·伯德等(1997；2005：244)对75名年龄在4岁到75岁之间的个体进行了358次目标跟踪，进行了518个小时的觅食观察。在每次连续观察的目标跟踪中，他们都能搜集到大量数据，如所用的工具、猎物的质量、成功与不成功的资源获取，以及用于搜索、赶路和追踪的时间。这一令人惊叹的细致研究使他们能够回答关于儿童和成人生产力的关键问题：涉及提高成人生产力的力量、耐力或技能水平，以及儿童和成人之间不同的觅食选择。这将形成一个精密的饮食广度测试。

在园艺和畜牧业等延迟回报活动中，估量个人生产要困难得多。这是因为在很长一段时间内，生产投入总量代表了一系列相互关联的活动，往往以劳动分工为特征，每个生产阶段由多人负责，而最终的产出可能会在原始投入的几个月后出现。在园艺中，男人通常清理田野，女人种植。两者都会参与收割，女性将食物加工成即食食品或存储起来，而男女则以不同的效率来完成这些任务。此外，研究人员必须考虑工具生产和维护的成本，这有一定的难度，因为许多工具是多用途的(一种砍刀可以用来宰畜割肉、铲除杂草、砍伐灌木等)。克雷默(Kramer，2002：311)提出一个简化的解决方案，即使用折现系数来权衡农业所需的各种生产任务(另见 Kaplan，1994；Gurven and Kaplan，2006)。在连续观察中，克雷默(2005)测试了不同年龄段的儿童和成年人在各种基本生产任务中完成工作的效率。除了最简单的活动之外，儿童的效率都远远低于成年人。下一步是使用标准热量消耗参考值(例如，Durnin and Passmore，1967)估算一个家庭的总热量需求，然后将其与净效率(不同年龄/性别条件下单位时间生产的资源)和家庭成员每天分配给这些任务的时间进行对比。由于玛雅人之间几乎不分享食物或劳动力(Kramer，2005)，所以人们认为家庭成员消费的所有食物都是由家庭成员生产的。

在这一点上，这种估算程序似乎是为延迟生产系统量身打造的。克雷默(2002：310)指出，难以获得合理准确的产量估计是一个严重的问题。克雷默在自己的研究中指出，80%的劳动力是用于粮食生产，但是不包括打水和砍柴等必要的活动。尽管玛雅人很少进行家庭间的资源交换，但是如果这种交换是常态的话，那么她的估算程序可能会有问题，这可能是更传统的园艺系统的规则(Gurven，2004)。

这在很大程度上取决于对生产力的准确估计：经济独立年龄差异(该年龄的个体生产超过消费)是生命史理论中的一个关键问题，也是经济和发展人类学家的兴趣所在。例如，卡普兰(1994：781－783)指出，比罗(Piro)和马奇根加(Machiguenga)部落的个体直到20岁左右才获得经济独立。卡普兰的学生和同事采用类似的方法，为海威、阿赫河和亚马雅等地的人制作了与年龄相关的生产和消费曲线(Gurven and Kaplan，2006)。生产力指标对于那些无法通过自己努力来满足自身消费需求的家庭(那些有许多经济不独立子女的家庭)来说也至关重要(Gurven and Walker，2006；Hill and Hurtado，在编写中)。这些家庭似乎由共同住户提供补贴，这一发现代表了一个新的重要研究领域。同样重要的是，对生产和消费的行为测量有助于更好地理解代际"财富流动"。在发展经济学和人口学方面，公认的模式是：贫穷的农民渴望生养许多孩子，以便老有所养。相反，亲代投资的进化理论和使用行为观察研究表明，即使孩子具有经济生产力，资源流动主要是从父母向子女和孙辈流动(Turke，1989；Kaplan，1994)。最后，关于人类如何以及何时成为有能力的经济生产者的问题，已经催生了许多关于时间分配和生产的高质量研究，这些研究常常结合了连续调查和瞬时调查技术。《人性》[2002，13(2)]的一整期专门探讨了经济能力的发展。

在研究人类如何影响环境以及部落人口保护的有关问题上，行为观察至关重要。正如行为导向研究者(Hames，1991；Alvard，1998)之前对保护的主张，这种保护主要是通过对意识形态体系和实践的分析来获得支持，前提是信仰引导行为。然而各种研究表明，信念对保存猎物资源的影响不大(Aunger，1994)。更重要的是，实际保护取决于狩猎模式。通过利用行为观察来检验从食物广度、猎物选择性、区域开发模式和长期猎物产量方面推导出来的假设，研究人员最终发现，这种保护在曾经研究过的地方非常罕见（Alvard，1998；Hames，2007）。

结 论

本文旨在表明直接和间接的行为观察法对研究周边经济生产以及人类对环境影响等关键问题至关重要。上述回顾的行为观察方法最初用于简单测量时间分配模式。随着时间的推移，这些方法日益成熟，现在用以衡量商品和服务交换、生命周期中生产力发展、生产数据、地区开发模式和资源选择性。行为观察方法已经发展到假设检验阶段，这些假设来自觅食、生活史以及需要收集高质量实证数据的进化理论。在其他科学领域中，研究人员对观测方法进行了一系列的更新，以解决海洋使用权（Aswani，2002）、食品消费调查（Umezaki et al.，2002）以及高海拔地区的能源平衡问题（Panter-Brick，1996）。如果研究人员能够更仔细地描述其研究流程，这些行为观察方法就会得到全面评估并适用于其他领域，最终得以全面改进。从某种程度上来说，期刊的篇幅限制了此研究。话虽如此，因为我们开始越来越关心生态人类学的问题，所以我预计直接观测方法会得到广泛的使用。

参考文献

Altmann J.，1974. The observational study of behavior. *Behaviour* 48: 1 - 41.

Alvard M.，1998. Evolutionary ecology and resource conservation. *Evolutionary Anthropology* 7: 62 - 74.

Aspelin L.，1979. Food distribution and social bonding among the Mamainde of Mato Gross, Brazil. *Journal of Anthropological Research* 35: 309 - 327.

Aswani S.，1998. Patterns of marine harvest effort in southwestern New Georgia, Solomon Islands: resource management or optimal foraging. *Ocean and Coastal Management* 40: 207 - 235.

Aswani S.，2002. Assessing the effects of changing demographic and consumption patterns on sea tenure regimes in the Roviana Lagoon, Solomon Islands. *Ambio* 31: 272 - 284.

Augner R.，1994. Are food avoidances maladaptive in the Ituri Forest of Zaire? *Journal of Anthropological Research* 15: 54 - 72.

Behrens C. A.，1981. Time allocation and meat procurement among the Shipibo Indians of eastern Peru. *Human Ecology* 9: 189 - 220.

Betzig L. and P. Turke, 1985. Measuring time allocation: observation and intention. *Current Anthropology* 26: 647 – 650.
Bird D. W. and R. Bliege Bird, 1997. Contemporary shellfish gathering strategies among the Meriam of the Torres Strait Islands, Australia: testing predictions of a central place foraging model. *Journal of Archaeological Science* 24: 39 – 63.
Bird D. W. and R. Bliege Bird, 2005. Martu children's hunting strategies in the Western Desert, Australia. In B. Hewlett and M. Lamb (eds.), *Hunter-Gatherer Childhoods: Evolutionary, Developmental and Cultural Perspectives*. New Brunswick, NJ: Transaction Publishers, pp. 129 – 146.
Bliege Bird R. and D. Bird, 2002. Constraints of knowing or constraints of growing? *Human Nature* 13: 239 – 267.
Bliege Bird R. and E. A. Smith, 2005. Signaling theory, strategic interaction, and symbolic capital. *Current Anthropology* 46: 221 – 248.
Bock J., 2002. Learning, life history, and productivity. *Human Nature* 13: 161 – 197.
Borgerhoff Mulder M. and T. Caro, 1985. The use of quantitative observation techniques in anthropology. *Current Anthropology* 26: 232 – 262.
Durnin J. and G. Passmore, 1967. *Energy, Work, and Leisure*. London: Heinemann.
Erasmus C. J., 1955. Work patterns in a Mayo village. *American Anthropologist* 57: 322 – 333.
Flinn M., 1988. Parent-offspring interactions in a Caribbean village: daughter guarding. In L. Betzig, M. Borgerhoff Mulder, and P. Turke (eds.), *Human Reproductive Behaviour*. Cambridge, UK: Cambridge University Press, pp. 189 – 200.
Fouts H. N. and M. E. Lamb, 2005. Weanling emotional patterns among the Bofi foragers of Central Africa: the role of maternal availability and sensitivity. In B. Hewlett and M. Lamb (eds.), *Hunter-Gatherer Childhoods: Evolutionary, Developmental and Cultural Perspectives*. New Brunswick, NJ: Transaction Publishers, pp. 309 – 321.
Gross D. R., 1984. Time allocation: a tool for the study of cultural behavior. *Annual Review of Anthropology* 13: 519 – 558.
Gurven M., 2004. To give and to give not: the behavioral ecology of human food transfers. *Behavioral and Brain Sciences* 27: 120 – 155.
Gurven M. and H. Kaplan, 2006. Determinants of time allocation across the lifespan: a theoretical model and an application to the Machiguenga and Piro of Peru. *Human Nature* 17: 1 – 49.
Gurven M., H. Kaplan, and M. Gutierrez, 2006. How long does it take to become a proficient hunter? Implications for the evolution of extended development and long life span. *Journal of Human Evolution* 51: 454 – 470.
Gurven M. and R. Walker, 2006. Energetic demand of multiple dependents and the evolution of slow human growth. *Proceedings of the Royal Society, B* 273: 835 – 841.
Hames R., 1979. A comparison of the efficiencies of the shotgun and bow in neotropical forest hunting. *Human Ecology* 7: 219 – 252.

Hames R., 1987. Relatedness and garden labor exchange among the Ye'kwana. *Evolution and Human Behavior* 8: 354 – 392.

Hames R., 1988. the allocation of parental care among the Ye'kwana. In L. Betzig, M. Borgerhoff Mulder, and P. Turke (eds.), *Human Reproductive Behaviour*. Cambridge, UK: Cambridge University Press, pp. 237 – 254.

Hames R., 1990. Sharing among the Yanomamö. Part I: the effects of risk. In E. Cashdan, ed., *Risk and Reciprocity in Tribal and Peasant Economics*. Boulder, CO: Westview Press, pp. 89 – 106.

Hames R., 1991. Wildlife conservation in tribal societies. In M. Oldfield and J. Alcorn, eds., *Biodiversity: Culture, Conservation, and Ecodevelopment*. Denver, CO: Westview Press, pp. 172 – 199.

Hames R., 1992. Time allocation. In E. A. Smith and B. Winterhalder, eds., *Evolutionary Ecology and Human Behavior*. Chicago, IL: Aldine de Gruyter, pp. 203 – 236.

Hames R., 2007. The ecologically noble savage debate. *Annual Review of Anthropology* 36: 177 – 190.

Hames R. and C. McCabe, 2007. Meal sharing among the Ye'kwana. *Human Nature* 18: 1 – 21.

Hawkes K., K. Hill, H. Kaplan, and M. Hurtado, 1987. Some problems with instantaneous scan sampling. *Journal of Anthropological Research* 43: 239 – 247.

Hewlett B. S. and M. E. Lamb (eds.), 2005. *Hunter-Gatherer Childhoods: Evolutionary, Developmental, and Cultural Perspectives*. New Brunswick, NJ: Aldine de Gruyter.

Hill K. and A. Hurtado, In preparation. Cooperative breeding in South American hunter-gatherers. School of Human Evolution and Social Change, Arizona State University, Tempe, AZ.

Hipsley E. H. and N. E. Kirk, 1966. *Studies of dietary intake and the expenditure of energy by New Guineans*. Vol. 147. Noumea, New Caledonia: South Pacific Commission Technical paper no. 147.

Ivey P., 2000. Cooperative reproduction in Ituri forest hunter-gatherers: Who cares for Efe infants. *Current Anthropology* 41: 857 – 866.

Ivey Henry P. K., G. A. Morelli, and E. Z. Tronick, eds., 2005. Child caretakers among Efe foragers of the Ituri Forest. In B. S. Hewlett and M. E. Lamb (eds.), *Hunter-Gatherer Childhoods: Evolutionary, Developmental and Cultural Perspectives*. New Brunswick, NJ: Transaction Publishers.

Johnson A., 1975. Time allocation in a Machiguenga community. *Ethnology* 14: 301 – 310.

Johnson A., 1990. Time-allocation research: the costs and benefits of alternative methods. In B. L. Rogers and N. Schlossman, eds., *Intra-Household Resource Allocation: Issues and Methods for Development Policy and Planning*. Tokyo: United Nations University Press, pp. Chapter 10.

Johnson A. and R. Sackett, 1998. Direct systematic observation of behavior. In H. R. Bernard. Ed., *Handbook of Methods in Cultural Anthropology*. Walnut Creek, CA: Altamira Press, pp. 301 - 330.

Kaplan H., 1994. Evolutionary and wealth flows theories of fertility: empirical tests and new models. *Population and Development Review*, 20: 753 - 791.

Kaplan H., K. Hill, K. Hawkes, and A. Hurtado, 1984. Food sharing among Ache foragers of Eastern Paraguay. *Current Anthropology* 25: 113 - 115.

Konner M. J. and C. M. Worthman, 1980. Nursing frequency, gonadal function, and birth spacing among ! Kung hunter-gatherers. *Science*, 207: 788 - 791.

Kramer K., 2002. Variability in the duration of juvenile dependence: the benefits of Maya children's work to parents. *Human Nature* 13: 299 - 325.

Kramer K., 2005. Children's help and the pace of reproduction: cooperative breeding in humans. *Evolutionary Anthropology* 14: 224 - 237.

Lee R., 1968. What hunters do for a living: or how to make out on scarce resources. In R. Lee and I. DeVore (eds.), *Man the Hunter*. Chicago, IL: Aldine, pp. 30 - 45.

Lee R., 1969. ! Kung Bushman subsistence: an input-output analysis. In D. Damas (ed.), *Ecological Essays*, vol. 230. Ottawa: Nat. Museum of Canada.

Lee R., 1979. *The ! Kung San: Men, Women, and Work in a Foraging Society*. Cambridge, UK: Cambridge University Press.

Marlowe F. W., 2005. Who tends Hadza children?, In B. Hewlett and M. Lamb (eds.), *Hunter-Gatherer Childhoods: Evolutionary, Developmental and Cultural Perspectives*. New Brunswick, NJ: Transaction Publishers, pp. 177 - 190.

Martin P., and P. Bateson, 1993. *Measuring Behavior*. Cambridge, UK: Cambridge University Press.

Mitani J. C. and D. P. Watts, 2005. Correlates of territorial boundary patrol behaviour in wild chimpanzees. *Animal Behaviour* 70: 1079 - 1086.

Montgomery E. and A. Johnson, 1976. Machiguenga energy expenditure. *Ecology of Food and Nutrition* 6: 97 - 105.

Ohtsuka R., N. Sudo, M. Sekiyama, *et al*., 2004. Gender difference in daily time and space use among Bangladeshi villagers under arsenic hazard: application of the compact spot-check method. *Journal of Biosocial Science* 36: 317 - 332.

Panter-Brick C., 1996. Seasonal and sex variation in physical activity levels of agro-pastoralists in Nepal. *American Journal of Physical Anthropology* 100: 7 - 21.

Paolisso M. and R. Hames, in press. Methods for the systematic study of human behavior. *Field Methods*.

Peregrine P., D. R. Drews, M. North, and A. Slupe, 1993. Sampling techniques and sampling error in naturalistic observation: an empirical evaluation with implications for cross-cultural research. *Cross-Cultural Research* 27: 232 - 246.

Scaglion R., 1986. Importance of nighttime observations in time allocation studies. *American Ethnologist* 13: 537 - 545.

Stange K., S. Zyzanski, T. Fedirko Smith, R. Kelly *et al.*, 1998. How valid are medical records and patient questionnaires for physician profiling and health services research? A comparison with direct observation of patient visits. *Medical Care* 36: 851 - 867.

Sugawara K., 1988. Visiting relations and social interactions between residential groups of the Central Kalahari San: hunter-gatherer camp as a microterritory. *African Study Monographs* 8: 173 - 211.

Takada A., 2005. Mother-infant interactions among the !Xun: analysis of gymnastic and breastfeeding behaviors, In B. Hewlett and M. Lamb (eds.), *Hunter-Gatherer Childhoods: Evolutionary, Developmental and Cultural Perspectives*. New Brunswick, NJ: Transaction Publishers, pp. 123 - 144.

Turke P., 1989. Evolution and the demand for children. *Population and Development Review* 15: 61 - 90.

Umezaki M., T. Yamauchi, and R. Ohtsuka, 2002. Time allocation to subsistence activities among the Huli in rural and urban Papua New Guinea. *Journal of Biosocial Science* 34: 133 - 137.

Veblen T., 1899. *The Theory Of The Leisure Class. An Economic Study in the Evolution of Institutions*. New York: Macmillan.

Winking J., M. Gurven, H. Kaplan, and J. Stieglitz, 2009. The goals of direct paternal care among a South Amerindian population. *American Journal of Physical Anthropology* 139: 295 - 304.

Yasuoka H., 2006. Long-term foraging expeditions (*Molongo*) among the Baka hunter-gatherers in the northwestern Congo Basin, with special reference to the Wild Yam Question. *Human Ecology* 34: 275 - 295.

4　自然资源政治学分析：从产权理论到制度分析

埃米·R.波蒂特

制度和政治分析工具

社会经济和政治组织模式如何影响自然资源的获取、分配和可持续性？自然资源的获取和分配又是如何影响生计、造成不平等以及影响政治关系的？由谁分配自然资源？什么能解释自然资源合作与冲突的程度和形式？能否通过改变自然资源获取和分配模式来推动社会、经济、政治和生态发展？关注自然资源及有关问题的学者已经提出一些制度和政治分析方法，本章不对这些方法进行全面回顾，而是重点关注产权的经济理论、新制度主义以及涉及合作、争论与权力的政治分析形式。

产　权

产权界定了各种权利，例如获得、撤销、管理、排他和转让的权限，特定人群或者某类人群可以享有。多年来，学者们提出和修订各种产权的类型，区分了产权性质、产权所有者身份以及产权资源主体特征。产权研究旨在了解产权的产生和发展以及产权的不同配置对自然资源利用效率和可持续性的影响。

早期的经济学者把产权分为私有产权、国有产权或公共财产权(Alchian and Demsetz，1973；Demsetz，1967)。根据这种分类，私有财产是由个人或私人企业持有，国有财产是由代表公众的国家来控制，公共财产权是指所有潜在用户都享有获得权、撤销权，但不享有排他权。根据定义，资源使用者既无法从其对公有财产的投资中获得全部回报，也不承担其使用资源的全部成本。因此，除非对一种资源的需求很低，否则无效率地使用资源导致公共财产资源退化或枯竭的情况就不可避免。哈丁(Hardin，1968)将其称为著名的“公地悲剧”。

共同财产与过度开发的这种联系反映出共同财产与产权缺失的关联。奇里亚基-万鲁普和毕晓普(Ciriacy-Wantrup and Bishop，1975)认为，“共同财产”只能用于描述集体持有的排他权，而没有排他权的情况应被称为“开放获取”(见 Ostrom，1990；Bromley，1992)。实质上，共同财产是私人财产的一种形式，其中私有权或排他权是由集体持有，而不是由个人或家庭持有。在开放获取条件下，由于缺乏有效力的产权，资源利用不可持续，但由于享有集体持有权的人可以支配资源利用，因此共同财产也可以避免发生以上情形。

当对某种资源的需求增长时，其增加的价值会促使人们以一种更为明确和更具排他性的方式来定义产权。正如共同财产和开放获取之间的区分表明：私有化往往是指权利的个体化，但是私有化也需要(更确切地)界定与共同财产相关的权利要求标准。产权的转变冲突重重，因为对某些人更有保障的权利往往就意味着对他人权利的剥夺。有时制度变革会受阻，即使正式制度发生了变化，也难以实施更多的排他权。在这种情况下，资源利用可能变得不可持续，并且在维护投资水平或高效的资源生产技术方面可能会有所限制。

制度分析

早期产权经济理论将共同财产等同于产权缺失，因为其专注于依法建立的正式权利。然而，许多共同财产制度并没有政府参与，也没有正式生效。各种自然资源利用——包括渔业、森林、土地、野生动物和水资源[①]等——都存在非正式的产权制度。人们日益认识到非正式制度在各种社会互动中的普遍性和重要性，这促成了20世纪80年代新制度主义的产生。

由于受到体系制约，新制度主义是阐释人类行为的方式，此处的人类行为受到正式或者非正式制度(无论是否与政府有关)的制约(Hall and Taylor，1996；March and Olsen，1984)[②]。制度是指人们普遍理解的规则，其规定在特定情况下，人们必须、可以或不可以做的事情(Ostrom，1990)，或者如诺思(North，1990：1)所说，制度是“社会中的游戏规则”。制度影响社会产出，因为它们产生了与各种行为相关的预期成本和收益。由于人们

① 这方面的综述见 Baland and Platteau(2000，Part Ⅱ)，Poteete，Janssen，and Ostrom(2010)。关于非正式财产系统的其他类型见 De Sotu(2000)。

② 20世纪早期的“旧制度主义”关注正式的合法的制度安排。

普遍认可这些激励性结构，制度也会影响对他人行为的期望（North，1990）。在自然资源的利用过程中，制度分析是对产权理论的扩展和挑战。它认可正式产权的重要性，但不承担其优先权。该方法适用于效率和可持续性的评估，这是产权学派分析中最常见的因变量。但制度分析也可以解决各种其他问题，包括股权分置、风险管理和冲突管理。

对于制度分析家来说，产权就是一系列制度。例如，施加格和奥斯特罗姆（Schlager and Ostrom，1992）区分了获取权、撤销权、管理权、排他权和转让权，并根据所持权利范围提供一种产权类型。各种行动者和各类型行动者可能拥有不同权利，这些权利常常与共享资源和资源系统有关（例如，Edwards and Steins，1998；Schoonmaker Freudenberger，1993）。例如，即使国家主张除转让权之外的所有权利，社区的成员都可以行使获取和撤销的权利。越是认识到权利可能被更多行动者所拥有，越会带来新问题，即权利的不同组合对投资、效率、可持续性和其他成果的影响。虽然政策分析家经常将转让权描述得至关重要（De Soto，2000；Deininger and Binswanger，1999），但实证研究表明，可持续性取决于排他的能力（Agrawal and Ostrom，2001；Netting，1981）。

制度分析家将产权视为影响自然资源利用的各种制度的一个子集（Oakerson，1992）。其他有关制度包括界定群体边界，定义与管理相关的利益和成本分配标准，界定与集体决策和解决冲突相关的规则，定义与其他行动者、组织和政府的关系（Ostrom，1990）。恩斯明格（Ensminger，1996）对肯尼亚牧民社区制度变迁的研究表明，经济制度和政治制度均影响自然资源利用模式、市场交换、定居方式和社会经济平等。长途贸易的发展、定居村落的增加以及迁徙牧民的减少不仅仅是对相对价格变化的反映，它们还反映了政府在执行合同、规范度量衡、限制传统奥玛领导者的权力以及调节对立的游牧部落关系等方面不断变化的作用。与官僚主义有关的制度安排也影响着对自然资源的利用（Gibson，1999；Poteete，2003a，2003b）。

制度分析提供了一种工具来分析具体制度安排的影响以及影响制度稳定和变化的驱动力。例如，吉布森和马克斯（Gibson and Marks，1995）批评了以社区为基础的自然资源管理项目设计，因为这些项目虽然为社区整体提供了利益，但却未能激励社区中的个体成员支持保护社区措施。多层次治理的困难和机构间的相互制约是另一个关注点（Hooghe and Marks，2003）。有关生态系统动力以及跨地区交互的问题需要大型机构来解决，但往往不足以反映当地的情况和需求（Young，2002）。研究者对分散的自然资源的管理计划感到失望，原因在于其削弱了当地自由裁量权机构之间的制度牵制，并鼓励了向上问责制的推出（Ribot，2003）。同一规模组织机构间的互动也有影响。无论是涉及普通和特殊目的地方组织（Manor，2004），还是不同政策领域和有关部委（Poteete，2009b），竞争都比较常见。协调能力差或蓄意破坏会让人失望，解决集体行动中的问题会使有问题的制度得以改进。对集体行动的期许会受到所谓权利拥有者群体和自然资源性质的制约（Baland and Platteau，2000；Ostrom，1990）。

政治：合作、竞争和权力

虽然制度分析将注意力吸引到具有重大分配后果的问题上，但对激励措施和集体行动问题的关注可能会掩盖不和谐的根源。然而制度选择、再生产和变革都是充满冲突的过程（Knight，1992）。除了共同目标者为集体行动斗争之外，具有不同利益的行动者也相互竞争，政治分析强调了冲突中的物质利益、自然资源与身份政治之间的象征关系以及对权力的争夺。

如上所述，自然资源系统包含多种元素并且用途广泛。同一片土地可用于木材生产、非木材森林产品采集、放牧、野生动物栖息、娱乐等。同样，河流可发展渔业，通过季节性洪水滋润土壤，充当运输渠道，有助于灌溉、发电和饮用水供应。有些活动并不交叉甚至可以互补。例如，在收获后的田地上放牧涉及作物残渣转化成肥料的过程，这是互惠交换（例如，Agrawal，1999：Chapter 5）。其他形式的资源利用本质上不兼容。这里仅列举两个例子，种植作物的土地不再生产森林产品，用于灌溉和能源生产的水坝会影响渔业与滩地农业发展。这些冲突来自如何优先考虑不同的管理目标和有关资源使用形式：保护与生产、生存与商用、单一用途与多用途等。即使在具有共同管理目标的行动者之间也会出现分配冲突，例如沿着灌溉渠不同地点的农民之间存在矛盾，使用相同牧场的牧民之间也存在矛盾。

自然资源的获取和具体使用形式往往与共同体成员紧密相关（Berry，1993；Peters，1984；Schwartz，2006）。也就是说，成员身份与影响自然资源的制度相关联。产权和其他制度决定了谁参与决策、谁从自然资源中获益以及它们的依据是什么。这些制度选择是政治共同体之间或者其他共同体之间的一种政治选择（Boone，2007；Poteete，2009b；Ribot，Chhatre and Lankina，2008）。制度选择和自然资源利用之间的矛盾往往会使当地利益与国家利益对立，通常来讲，这些矛盾是指当地共同体成员的领地、住宅或语言冲突。

由于多种制度并存且相互竞争，因而冲突就更有可能发生。制度和法律多元化比较普遍(Berry，1993；Moore，2001)，特别是在后殖民时期和后社会主义背景下，国家内部的行动者试图巩固权力，并确保相对于其他组织(如传统权威机构、宗教组织和其他社会关系网)的优势地位(Migdal，1988；Sikor and Lund，2009)。其他行动者和组织机构力图维持和扩大自己的自治和管控领域，由此来抵制国家霸权(Lund，2006)。互相竞争的行动者和组织都力图支配自然资源，以此作为建立、维护或扩大其权力的方式。权力竞争不仅是为了能够支配自然资源，也是为了能控制自然资源获取和得到将自然资源转化为其他类型利益的机会(如通过加工、贸易或社会交换)(Ribot and Peluso，2003)。

政治分析家研究物质利益、政治组织与竞争以及自然资源利用和管理之间的相互影响。不同经济利益、政治组织和政治团体之间的竞争是如何影响制度安排、推动制度连续性或变革的？制度如何影响地方和国家层面的竞争形式与权威巩固？政治竞争和制度变迁如何影响身份政治？自然资源利用和管理的经济、政治和身份竞争的含义是什么？在这些问题中，包括产权在内的制度尤为重要，但产权和其他制度只是合作和竞争关系运作的许多机制之一。

总之，对产权、制度和政治的分析，直接引发人们对几个有关问题的关注。产权理论强调相对价格的变化在推动改变排他权和转让权方面的重要性。制度分析还关注非正式制度，并强调权利行使的难度，无论权利正式与否。排他权的困难可能是对可持续性的最大挑战，尽管这一挑战因自然资源而异。排他权的定义和行使不是一个简单的方法问题，而是需要采取集体行动以实现制度变革、维护共同的基础设施和捍卫集体资源。集体行动本身就是问题，在不能保证其他人也将为集体做出贡献之前，个人需要谨慎地参与集体行动。此外，个人和组织未必要有共同目标，也不一定要合作；他们经常竞相争夺自然资源的支配权。除了具有生计来源和可销售产品的物质价值之外，自然资源还可以象征身份。由于具有物质价值和象征价值，政治行动者可以利用对自然资源的控制来构建或加强权利。因此，与物质利益一样，政治利益、象征利益都会影响人们对自然资源的竞争。

方法论问题

从事与自然资源有关制度和政治分析的学者面临着许多方法论上的挑战。我重点分析如下有关问题：项目定义、对非正式和抽象现象的观察与测量、跨行动领域和组织规模的相互作用以及控制与混杂因素难度等。为了说明以上问题，我以自己的实地考察和大量定性研究为例，主要开展对博茨瓦纳三种自然资源即牧场、野生动物、矿产有关政策和政治的研究。本章不讨论基于大量观测统计数据分析的跨国研究。

在博茨瓦纳，政策争论主要围绕是个体还是集体享有资源以及公共权利是面向当地、地区还是国家层面社区展开。关于社区自然资源管理的体制安排也存在很大的争议。这些争议不仅源于制度安排，而且源于支配这些资源的部门：传统机构或国家当局、国家或地方行动者以及政府内部的几个部门。这些争议往往在乡村政治、官僚政治、法庭和选举活动中展开。因此，我能够面对与各种自然资源、制度安排以及政治争论场所和形式研究有关的各种挑战。我的研究重心非常明确，主要是对自然资源管理政治的研究，与更广泛的文献相比，这里对效率和可持续性问题的研究并不显著。

定义研究

研究从分析单元的定义或从用于观察的单元定义开始。它可能是个人、特定类型的团体、系统（例如生态、文化、政治），也可能是一个领域。例如，如果目标是分析制度安排的影响，那么分析单元应该是特定制度下的人、领域或资源。对于集体行动前景的研究，观察应侧重于可能采取集体行动的团体，例如政治管辖权、具有共同资源使用模式的个人组合，或者对资源系统感兴趣的所有群体。对于特定制度安排下与社会和经济影响相关的研究来说，个人资源使用者是合适的分析单元。在研究社会组织或政治争议的影响时，集中分析社会或政治单元将更有意义。我对博茨瓦纳自然资源政策的政治研究涉及三个分析单元：(1) 具体政策；(2) 地方政治管辖权；(3) 个体。对政策（或其他类型的制度变更）的长期比较有助于对全国性其他形式变革的影响进行评估。

如果可能的案例涉及一个国家的两三项政策或制度安排，就有可能收集全部人口的数据。例如，博茨瓦纳只采取了两项有关创建私人牧场的政策，有关研究并不具备挑战性（Poteete，2003a）。然而，对于许多类型的研究来说，往往由于人口众多而无法研究。我分析了一些地区在引入私人牧场方面的当地政治，以及每个地区落实的优先区域（Poteete，1999，2003b）。原则上，有关样本量大小的决策反映了内部效度和外部效度之间的权衡。通过增强对指标预期理论指代性、观测结果准确性以及推断关系存在性的信心，我们可以提高内部效度。如果观察结果能够代表更大的群体，减少将特殊现象误认为典型现象的可能性，大量观察的数据收集就能增加外部效度。由于在密集性和广泛性数据收集之间需要权衡，因而研究人员也面临着对内部效度和外部效度相对优先级的考量。

但研究优先项并不是唯一的考虑，关于样本的规模和选择也取决于数据收集所需的时间和精力。对于与自然资源相关的政治分析和制度分析来说，数据往往难以获取并且耗时较多。例如，分析单元可能难以被识别或定位。正式的政治管辖区或组织（如政府部门）很容易得到公认。除非有可靠、完整和最新的登记册，否则公共部门之外的正式组织往往不太显眼，小型组织很容易被忽视。[①] 对非正式组织的认知需要了解更多的当地知识。确定集体行动的潜在单元更具挑战性，特别是处于合作状态但尚未正式组织起来的群体或尚未形成集体行动的群体（Poteete and Ostrom, 2004）。

确定分析单元时的困难也会影响抽样策略。例如，随机抽样需要整个人口的完整清单。如果这种清单不存在或不可靠，特别是分析单元数量众多或不容易被识别时，就不能选择随机抽样。例如，我在博茨瓦纳农村实施的住户调查就是这种情况[②]，很难勾画居住模式，再加上未登记的居住点，这种流动性就不利于获得随机抽样所需要的人口清单。取而代之，我使用了配额样本。根据有关人口普查区的相对人口规模，我将每个研究区域的目标样本划分为居民点和农田。对于每个定居点和农业地区，我都根据人口普查报告的年龄和性别结构对受访者细分配额。我将这些配额均匀划分到村内的区域子单元，以防止受访者进行空间集聚和产生相关偏见[③]。

我将调查工作安排在一天中最可能有不同类型的受访者（包括正式工作的受访者）出现的时间。这种结构化方法提高了样本的代表性信度。

测　量

制度分析、政治分析需要观察正式与非正式的制度和组织，以及政治竞争、合作模式和政治话语。非正式的和无形的制度发挥的空间很大。有关

---

① 例如，根据官方注册的抽样车，参见 Landry and Shen（2005）关于中国城市家庭，Agrawal and Goyal（2001）、Agrawal and Yadama（1997）关于印度的 Van 村务委员会和 Dayton-Johnson（1999，2000）关于墨西哥的灌溉组织。

② 对于其他抽样策略，参见 Landry and Shen（2005）、Lindberg and Morrison（2008）以及 Meinzen-Dick，Raju，and Gulati（2002）。

③ 独立之前，块区与不同的家庭和文化团体有关。后殖民地时期，土地管理制度已经受到破坏，但并没有消除块区的社会政治意义。

实践并不总是公开承认，此外，有些话语通常具有多重含义。和非正式做法一样，人们对政治话语在历史和文化意义上的解释取决于其对当地知识的深刻理解。个人间的信任关系至关重要。信任可以增加与潜在受访者接触并进行观察的机会，增加人们向外界透露非正式领域内容的可能性。

正式制度通常在官方法律法规中记录。这些内容相对容易获取。在多大程度上执行和强制执行正式制度的评估，以及对非正式规则的识别预示着更大的挑战。根据定义，即使一个特定社区中的人们普遍理解非正式制度，但这个组织的成员可能不会公开承认它们。他们可能不愿讨论那些缺少正式认可甚至可能违法的制度。或者受访者可能会认为，不成文但是被普遍认知的规则并不值得讨论，局外人也不感兴趣。有时，人们会把社会中的非正式制度内化到非制度的程度。人们甚至不太可能讨论非制度化的做法，特别是当它们违反正式规范时。这些情况和挑战影响了对自然资源收益的调查。只有把定性观察和本地知识结合起来，才能认识和理解自然资源利用与身份或其他象征性问题之间的联系。

定性研究取决于阐述观察的机会和能力。对于与自然资源相关的制度和政治研究来说，找到对自然资源感兴趣的受访者很关键。此外，参与决策、管理、实施和执行的政治家、官僚、非政府组织(NGOs)代表和捐赠者也很关键。访谈或焦点小组将对利益、做法、合作与竞赛模式提供有价值的信息。档案研究有助于确定事件的时间和关键特征。会议纪要或听证会揭示了关于冲突和合作的一系列问题，并提供了一些互动模式；通讯稿、官方声明和报纸是特别有价值的话语来源。当然，这些文件常常比较片面，用于提出观点(包括通讯稿、声明、社论和读者来信)，而这些观点往往具有偏见和目的性。弄清楚哪些内容没有涉及是最大的挑战之一。直接观察采收加工、市场营销、正式会议和政治集会以及非正式交流，为观察不同类型行动者之间的日常互动提供了机会。虽然研究者的存在不可避免地影响到这些互动，但是人们也不会完全脱离模式化的互动。

不管研究什么主题、选择什么分析方法，敏锐的观察技能、对当地知识的了解以及深度信任是人类学研究的重要基础。对不同类型的观察资源——参与者观察、访谈、文献研究——进行三角互证，这种做法已经被普遍采用，可提高读取字里行间信息的可能性，增加分析可信度。尽管如此，研究人员需要灵活平衡多种方法，必须培养各种收集数据方法的技能，并寻求获取数据的机会。另外，研究人员必须根据实际场景和时间限定选择观察方法。在某种程度上，这种平衡的难度部分地取决于(如行动者和组织的数量或类型）观察目标是聚集的还是扩散的。对不同行动领域和组织规模相互作用的持续关注加大了平衡不同观察形式的难度。下一节我们将详细讨论有关不同领域和不同规模相互作用的方法论含义。

行动领域与组织规模之间的互动

因为需要一个大的研究框架来研究生态条件、经济活动、社会和政治组织以及文化和历史话语之间的相互关系，所以自然资源的制度和政治分析不同于其他形式的人种学研究。归根结底，观测结果阐述的质量取决于研究人员对实际环境中关系结构掌握的程度，这一点已广为人知。制度分析和政治分析框架强调了跨行动领域与组织规模进行互动的重要性。

制度行动领域是指与一组特定问题、关注点或组织相关联的互动领域。行动领域可能是指农业用地、渔业、林业、畜牧业、野生动植物、旅游等特定部门。机构行动领域可以参照特定组织来界定，如议会、法院、传统当局、地方政府、特定部门或机构、地方非政府组织或捐助者。而政治行动领域包括竞选、官僚政治以及涉及国家机构与非政府组织（传统的权威机构、合作社、宗教组织）之间竞争的法律多元化局面。

根据行动的特定领域定义研究项目已司空见惯。然而，作为人工构造，专注于单一行动领域可能会产生误导。土地和其他自然资源往往是国家和非政府部门之间的竞争点。例如，博茨瓦纳在获得独立后的几年里所颁布的若干政策减少了对自然资源的支配（Poteete，2009a，2009b）。新政府几乎立即剥夺了一些领导对地下资源的支配权，声称矿产资源应该惠及整个国家。尽管在独立后不久就成立了土地委员会来接管主要的土地管理权，但这种转让是逐渐完成的。那些领导们多年来一直担任土地委员会成员，即使他们失去了正式的职权，作为之前土地分配信息的来源，他们仍具有影响力。随着土地委员会记录的积累，原有土地权威机构的权力也逐渐消失。

农村土地可以用来从事许多现行或可能的重叠活动：作物生产、放牧、野生产品生产（如木柴、茅草、水果）、狩猎、旅游、野生动物栖息地、移民路线等等。研究人员、政策制定者以及对自然资源感兴趣的个人可以通过农业实践和政策、野生动植物栖息地和生物多样性保护或者基础设施建设的机会（如钻井、矿山勘探）来审视同一地区。事实上，政策制定者和利益相关方经常提出具有可替代性和竞争力的框架。在博茨瓦纳，其他部门和机构认为，推进围栏牧场政策是扩大农业部领土管辖范围的表现，并对其他形式的土地使用构成威胁。野生动物管理区的建立以及野生动物管理部门提出的社区化自然资源管理计划，不仅解决了之前与野生动物保护相关的问题，也阻止了农业部门的扩张(Poteete，2009b)。由此可见，不加批判地接受特定的框架会增加忽视这种竞争的风险。

如果重构问题对某些行动者有好处，那么彼此没有明显实际关系的领域之间也可能发生相互作用。在博茨瓦纳，政治家将有关社区化野生动物管理的争论与界定矿产资源收入权利的政策联系起来(Poteete，2009b)。官僚对土地管辖权的争夺鼓励了针对同一地区的栅栏式牧场和野生动物管理的竞争政策。但是，主要的采矿中心和野生动物保护中心位于全国的不同地区。这种联系不仅涉及与不同部门相关行动领域之间的互动，而且涉及选举竞争和自然资源管理领域之间的相互作用。这些交叉点将与管理战略有关的制度选择转化为关于分配与自然资源相关的收益的基础的选择，从而激发了地方、地区和国家层面政治共同体之间的竞争。

围绕博茨瓦纳野生动植物管理的论述揭示了地方、地区和国家范围内的相互作用。不同规模的组织之间的互动也常常扩展到国际舞台。尽管不完全是这样的，国际捐助者的优先事项在某种程度上反映了博茨瓦纳的政策选择。在20世纪60年代末和70年代初期，一项国际共识推动了土地私有化和资本密集型农业发展战略。1975年，博茨瓦纳的部落牧地政策(TGLP)以及为该政策辩护的话语(Poteete，2003a)体现了这一共识。世界银行为TGLP提供了大量财政支持，但从20世纪90年代以来，其对私有化作为农村发展机制的信心已经消退。1991年，博茨瓦纳的农业发展政策强调了干旱、半干旱土地权利流动性和灵活性的重要性，这与新国际共识背道而驰。在博茨瓦纳的官僚机构内部，反对扩大围栏牧场的做法明确提到了这一新共识(Poteete，2003a)。

国际上的关注点可能会与国家政策有共通之处，但一个国家内的事件和发展绝不由国际因素来决定。政策制定者从国际舞台上寻找机会，这种情况从1991年博茨瓦纳关于扩大围栏牧场的决策中可见一斑。尽管国际共识发生了转变，博茨瓦纳国内行动者所采取的政策似乎反映了国际优先性。当然，博茨瓦纳政府提出，将围栏牧场作为一种制止公地退化的私有化政策，并强调围栏在支持集约化生产战略中的作用。然而，“私有化”也包括地区土地委员会对农民租借土地给予长期大量的补贴。20世纪七八十年代，许多牧场主也从国家开发银行获得了大量补贴贷款，这些条件并不鼓励对牧场进行更可持续的管理，也不鼓励更集约化的牲畜生产形式。但它们确实是非常宝贵的资助机会。

同样，在美国国际开发署的敦促下，博茨瓦纳也通过了社区化野生动物管理项目。虽然社区化自然资源管理项目的支持者表达了对改善野生动物保护情况的期望，但这种做法也反映了自20世纪80年代以来，人们对市场化策略的广泛热情以及国家的有限性(Igoe and Brockington, 2007)。然而，国内行动者采用社区化管理有其自身理由。如上所述，它为野生动物管理部门提供了保护其领土管辖权免受农业部门干涉的机会。此外，与该计划相关的经济利益为拓宽赞助渠道(Blaikie, 2006)和支持本地竞争选区的选举提供了机会(Poteete, 2009b)。随着全国范围内的选举激烈程度的加剧，这些模式发生了改变。来自野生动物较少县区的政治人物，他们以前对野生动物管理不感兴趣，现在开始将分权式的野生动物管理视为对全国矿业收入分配的威胁——通常来讲，是对民族团结的威胁。2007年，这一说辞导致部分野生动物管理再度集权化(Poteete, 2009b)。

博茨瓦纳的例子表明，跨领域、跨规模的组织和行动普遍存在，或者更确切地说，这是政治竞争的中心地带。在某种程度上，跨领域、跨规模的互动在所难免，自然资源可以以多种方式界定，原因在于生态系统的多层次性。同样，不同规模的组织共存也使得跨规模的互动不可避免。然而，这些例子也提供了一些证据，证明有人有意重新界定问题，并为自身的利益而将行动联系起来。无论是有意行为还是投机行为，跨领域和跨规模行动的互动具有固有的政治性质，因为它们代表了不同的价值体系(优先性)和不同的内涵意义体系。因此，它们为行动者创造了机会，可以根据某个领域或某种规模证明行动合理，而不必引起对其他领域或其他规模优势的关注。这也意味着，只研究一个或少数几个行动领域或规模有可能错过大部分政治行动。不幸的是，宽泛的研究框架代表着巨大的实际挑战和分析挑战。如上所述，实际挑战是在不同研究活动中分配有限的资源。正如下文所讨论的，分析挑战来自不同领域和各种规模情况下的许多变量。

混合效应

与自然资源相关的产出受到许多因素(如生态、社会、政治和经济等)的影响。制度和政治的作用可能由于生态条件的空间变化，或横跨具有不同社会经济实践的群体，或与生态、社会和经济动态相关的时间变化而变得模糊。在具有大量观察数据的研究中，在某种程度上，统计管理解决了这个问题，尽管有关分析必须检查多种因果模式的可能性(Achen，2002；Rudel，2008)。然而，大多数与自然资源相关的制度和政治研究主要集中于一个或少数案例，更多地依赖主观选择的案例和过程追踪。目标是在限制或消除其他变异源的同时，选择具有特定分析兴趣点的案例。内部比较法提供了特别有吸引力的机会来限制制度安排、文化特征和宏观政治环境的变化。没有一种单一的比较形式能完全控制所有混合效应，但通过几种形式的比较可以进行三角检验来提高分析效率。

如上所述，我在博茨瓦纳的研究基于对不同社区、不同区域、不同时间段和不同类型自然资源的比较。相同的政府制度(机构、程序和政策)适用于所有地区，但在生态条件、社会经济组织、经济活动以及政治组织和竞争方面有诸多的变化。区域内也存在重要的空间变化。例如，西北部的奥卡万戈三角洲、中部和南部的干旱草原、东部较为潮湿的环境以及西部和西南部非常干燥环境之间的生态条件差别很大，但区域边界则不完全属于一个生态区，许多地区包括多个生态区。试点项目、捐助者赞助项目和阶段性执行政策的普及，为空间多样性提供了另一个研究层面。

我在对推动围栏牧场政策的研究中比较了地区层面的执行情况。虽然关于土地行政管理的决策发生在地区层面，但影响土地的政策通常会分阶段执行。因此，家庭调查和其他形式的社会经济与政治分析侧重于由区级官员优先实施的小规模地区。每个区域在生态和土地利用方面相对来说都是同质的。通过比较几个地区的牧场分区，人们对基于一个或几个地点进行研究评估的普适性提出了疑问。围栏牧场的建立及其对个人或小型合作者的分配，证明人们普遍接受最近开发且分布合理的供水点[①]。但是，牧民一向依赖地表水和水井网络，在现有供水点密集的地区，牧民断然拒绝(Poteete，1999，2003b)。政策或管理策略在某些地方也许非常奏效，但在其他许多地方可能完全不合适。

在我的研究中，案例比较研究以及跨时间周期和跨空间单位的研究这两种形式的结合特别有价值。区域或次区域层面的比较不能完全控制多层面空间的变化。20 世纪 90 年代，人们对围栏牧场提案的不同反应，与生态条件、经济专业化程度、经济活动的社会文化组织、民族—语言认同的政治动员和政治竞争等复杂差异相对应。基于单个时间点的空间比较，我们不可能评估这些条件的相对重要性。随着时间的推移，许多形式的空间变化

① 许多官员即使在公共舆论有利的地区也反对牧场。

是稳定的。生态条件的空间差异很重要，此外，尽管博茨瓦纳的牲畜和农业地位有所下降，但畜牧业生产和经济活动组织的空间差异依然存在。随着时间的推移，对政策部门的分析揭示了与国家官僚主义（Poteete，2003a）和政治竞争强度变化（Poteete，1999，2003b）相关发展的重要性。国家层面选举政治的变化促成了矿产收入在公共物品（如基础设施、教育）与特定利益（Poteete，2009a）投资上的转变、在集中式和分散式野生动物管理方式之间的选择（Poteete，2009b），导致了围栏牧场划定和分配的断断续续。

有关控制变量的分析策略是有价值的，但有一定的局限性。或许，它们对于单一行动领域或规模的分析最有价值。然而，如前一节所述，作为政治行动的场所，不同领域和规模之间的相互作用普遍存在且至关重要。此外，有关控制变量的案例将相关性作为一种关系指标，相关性不是表示因果关系的可依赖性指标，基于相关性的分析将错失结果导向的多种分析方法。即使多重因果关系没有问题，但解释仍需要过程识别和因果链接机制。过程跟踪通过观察事件和行为顺序，以及分析事件和行为如何相互关联来揭示其机制与流程。为了跟踪序列，过程跟踪需要超时分析。过程跟踪强化了跨领域和跨规模之间互动的意识。同时，关注具体过程有助于限制分析范围，使其易于管理。

结 论

制度分析和政治分析防止人们奢望政策干预可能性，但对如何实现政治转型没有提供任何指导。具有讽刺意味的是，虽然这些方法重点强调了创建制度和战略推进政治优势的机构，但是制度分析和政治分析指出，这些机构仍然在高度结构化的环境中运作。从事传统研究的学者将社会与政治活力以及活力与稳定共存视为重要的理论挑战。例如，在关于路径依赖性的争论中，我们可以看到当前方法的局限性以及制订更为令人满意的替代方案的难度。开发一种尽最大可能分析机构作用和创造力的分析工具，既能有效提高政治分析的实际价值，又能更好地理解动力来源与长期形式上稳定状况共存的情况。

制度分析和政治分析与叙事分析和关系网分析重叠，可能有助于解决这些理论难题。在理性选择的传统中，制度分析假设是一个高度个人主义的世界，个人根据自身利益进行决策，因为谈话没有约束力，所以谈话和叙事并不相关。对于这些学者来说，叙述和关系网并不相关。然而，有充分的证据表明，除了市场和其他高度竞争环境中的相互作用以外，这些假设并不准确。但制度分析绝对不需要狭隘的个人理性假设，许多学者将制度分析与更具社会基础的行为模式结合起来。这些观点指出了叙事和关系网在指导应对制度安排时的重要性以及采取行动创立或改变制度的可能性。

我们已经看到叙事和关系网是政治分析的核心。在某些方面，政治行动就是建立盟友关系网、挑战竞争对手的关系网。政治人物利用叙事以及安排获得物质利益的途径来扩大自己的关系网，构建关系网的驱动力是发展的动力源泉。聚焦于关系网建设中的竞争，政治分析希望动员能促进反动员。从这个角度来说，发展活力是恒定的。如果没有团体获得改变权力平衡所需的动力，动员和反动员往往会导致形式上的稳定，但持续的争论过程是变革压力的持续来源。

其他形式的分析，如生态学和人种生物学、民族学和历史学、家庭生产和政治经济学，都丰富了制度分析和政治分析。制度贯穿于社会、经济和政治之中，人们通过历史和文化知晓其象征价值。本章已经提到了生态学或者至少是人种生物学（自然资源的社会映射）的重要性，以及对生态过程的其他理解。事实上，跨行动领域的互动对制度和政治分析的重要性使得对其他形式分析的关注不可或缺。

制度分析和政治分析的主要方法论问题恰恰在于其对多种模式、多种方法、多学科和专业领域分析的依赖。期望每个研究人员都能够运用多种学科或各种方法（Poteete, Janssen, and Ostrom, 2010），去收集所有相关领域和行动范围内的观察数据，这并不合理。在扩大分析的范围时，其风险在于分析的深度和准确性将会丧失。合作研究为学者们聚在一起提供了机会，通过分工来克服这些挑战，但并没有彻底解决问题。也许学者们应该接受这种难以避免的零碎方法，从某种意义上来说，任何单一的研究都不可避免地是片面的，但是通过一系列文献研究可以进行多层面分析。

致 谢

感谢博茨瓦纳共和国的研究许可，感谢富布赖特基金会、社会科学研究理事会和新奥尔良大学的财政支持，感谢博茨瓦纳大学提供机构支持，感谢博茨瓦纳的受访者和朋友们。托马斯·西科（Thomas Sikor）、伊斯梅尔·瓦卡罗（Ismael Vaccaro）和匿名评审者的评论有助于提高本章的质量。我对研究的局限性负责。

参考文献

Achen C. H., 2002. Toward a new political methodology: microfoundations and ART. *Annual Review of Political Science* 5: 423 - 450.

Agrawal A., 1999. *Greener Pastures: Politics, Markets and Community Among A Pastoral Migrant People*. Durham, NC: Duke University Press.

Agrawal A. and S. Goyal, 2001. Group size and collective action: third party monitoring in common-pool resources. *Comparative Political Studies* 34: 63 - 93.

Agrawal A. and E. Ostrom, 2001. Collective action, property rights and decentralization in resource use in India and Nepal. *Politics and Society* 29: 485 - 514.

Agrawal A. and G. N. Yadama, 1997. How do local institutions mediate market and population pressures on resources? Forest panchayats in Kumaon, India. *Development and Change* 28: 435 - 465.

Alchian A. and H. Demsetz, 1973. The property rights paradigm. *Journal of Economic History* 33: 16 - 27.

Baland J.-M. and J.-P. Platteau, 2000. *Halting Degradation of Natural Resources: Is There a Role for Rural Communities?* New York: Oxford University Press.

Berry S., 1993. *No Condition is Permanent: The Social Dynamics of Agrarian Change In Sub-Saharan Africa*. Madison, WI: University of Wisconsin Press.

Blaikie P., 2006. Is small really beautiful? Community-based natural resource management in Malawi and Botswana. *World Development* 34: 1942 - 1957.

Boone C., 2007. Property and constitutional order: Land tenure reform and the future of the African state. *African Affairs* 106: 557 - 586.

Bromley D. W., 1992. The commons, property, and common-property regimes. In D. W. Bromley (ed.), *Making the Commons Work: Theory, Practice, and Policy*. San Francisco, CA: ICS Press, pp.3 - 15.

Ciriacy-Wantrup S. V. and R. C. Bishop, 1975. "Common property" as a concept in natural resources policy. *Natural Resources Journal* 15: 713 - 727.

Dayton-Johnson J., 1999. Irrigation organization in Mexican *unidades de riego*: Results of a field study. *Irrigation and Drainage Systems* 13: 55 - 74.

Dayton-Johnson J., 2000. Choosing rules to govern the commons: a model with evidence from Mexico. *Journal of Economic Behavior and Organization* 42: 19 - 41.

Deininger K. and H. Binswanger, 1999. The evolution of the World Bank's land policy: Principles, experience, and future challenges. *The World Bank Research Observer* 14: 247 - 276.

Demsetz H., 1967. Toward a theory of property rights. *American Economic Review* 57: 347 - 359.

De Soto H., 2000. *The Mystery of Capital: Why Capitalism Triumphs in the West and Fails Everywhere Else*. New York: Basic Books.

Edwards V. M. and N. A. Steins, 1998. Developing an analytical framework for multiple-use commons. *Journal of Theoretical Politics* 10:

347 - 383.
Ensminger J., 1996. *Making a Market: The Institutional Transformation of an African Society*. New York: Cambridge University Press.
Gibson C. C., 1999. *Politicians and Poachers: The Political Economy of Wildlife Policy in Africa*. New York: Cambridge University Press.
Gibson C. C. and S. A. Marks, 1995. Transforming rural hunters into conservationists: An assessment of community-based wildlife management programs in Africa. *World Development* 23: 941 - 957.
Hall P. A. and R. C. R. Taylor, 1996. Political science and the three new institutionalisms. *Political Studies* 44: 936 - 957.
Hardin G., 1968. The tragedy of the commons. *Science* 162: 1243 - 1248.
Hooghe L. and G. Marks, 2003. Unraveling the central state, but how? Types of multi-level governance. *American Political Science Review* 97: 233 - 243.
Igoe J. and D. Brockington, 2007. Neoliberal conservation: a brief introduction. *Conservation and Society* 5: 432 - 449.
Knight J., 1992. *Institutions and Social Conflict*. New York: Cambridge University Press.
Landry P. F. and M. Shen, 2005. Reaching migrants in survey research: The use of global positioning system to reduce coverage bias in China. *Political Analysis* 13: 1 - 22.
Lindberg S. I. and M. K. C. Morrison, 2008. Are African voters really ethnic or clientelistic? Survey evidence from Ghana. *Political Science Quarterly* 123: 95 - 122.
Lund C., 2006. Twilight institutions: public authority and local politics in Africa. *Development and Change* 37: 685 - 705.
Manor J., 2004. User committees: a potentially damaging second wave of decentralisation? *European Journal of Development Research* 16: 192 - 213.
March J. G. and J. P. Olsen, 1984. The new institutionalism: organizational factors in political life. *American Political Science Review* 78: 734 - 749.
Meinzen-Dick R., K. V. Raju, and A. Gulati, 2002. What affects organization and collective action for managing resources? Evidence from canal irrigation systems in India. *World Development* 30: 649 - 666.
Migdal J. S., 1988. *Strong Societies and Weak States: State Society Relations and State Capabilities in the Third World*. Princeton, NJ: Princeton University Press.
Moore S. F., 2001. Certainties undone: fifty turbulent years of legal anthropology, 1949 - 1999. *The Journal of the Royal Anthropological Institute* 7: 95 - 116.
Netting R. McC., 1981. *Balancing on an Alp: Ecological Change and Continuity in a Swiss Mountain Community*. New York: Cambridge University Press.
North D., 1990. *Institutions, Institutional Change and Economic Performance*. New York: Cambridge University Press.
Oakerson R. J., 1992. Analyzing the commons: a framework. In D. W. Bromley (ed.), *Making the Commons Work: Theory, Practice, and Policy*. San Francisco, CA: ICS Press, pp.41 - 59.
Ostrom E., 1990. *Governing the Commons: The Evolution of Institutions for*

Collective Action. New York: Cambridge University Press.

Peters P. E., 1984. Struggles over water, struggles over meaning: cattle, water and the state in Botswana. *Africa: Journal of the International African Institute* 54: 29 - 49, 127.

Poteete A. R., 1999. Disaggregating state and society: Accounting for patterns of tenure change in Botswana, 1975 - 1996. Doctoral dissertation, Duke University.

Poteete A. R., 2003a. Ideas, interests, and institutions: challenging the property rights paradigm in Botswana. *Governance* 16: 527 - 557.

Poteete A. R., 2003b. When professionalism clashes with local particularities: Ecology, elections, and procedural arrangements in Botswana. *Journal of Southern African Studies* 29: 461 - 485.

Poteete A. R., 2009a. Is development path dependent or political? A reinterpretation of mineral-dependent development in Botswana. *Journal of Development Studies* 45: 544 - 571.

Poteete A. R., 2009b. Defining political community and rights to natural resources in Botswana. *Development and Change* 40: 281 - 305.

Poteete A. R., M. Janssen, and E. Ostrom, 2010. *Working Together: Collective Action, the Commons, and Multiple Methods in Practice*. Princeton, NJ: Princeton University Press.

Poteete A. R. and E. Ostrom, 2004. In pursuit of comparable concepts and data about collective action. *Agricultural Systems* 82: 215 - 232.

Ribot J. C., 2003. Democratic decentralisation of natural resources: Institutional choice and discretionary power transfers in Sub-Saharan Africa. *Public Administration and Development* 23: 53 - 65.

Ribot J. C. and N. L. Peluso, 2003. A theory of access. *Rural Sociology* 68: 153 - 181.

Ribot J. C., A. Chhatre, and T. Lankina, 2010. Introduction: institutional choice and recognition in the formation and consolidation of local democracy. *Conservation and Society* 6: 1 - 11.

Rudel T. K., 2008. Meta-analyses of case studies: a method for studying regional and global environmental change. *Global Environmental Change* 18: 18 - 25.

Schlager E. and E. Ostrom, 1992. Property-rights regimes and natural resources: a conceptual analysis. *Land Economics* 68: 249 - 269.

Schoonmaker Freudenberger M., 1993. Regenerating the gum arabic economy: Local-level resource management in northern Senegal. In J. Friedmann and H. Rangan (eds.), *In Defense of Livelihood: Comparative Studies on Environmental Action*. West Hartford, CT: Kumarian Press, pp. 52 - 78.

Schwartz K. Z. S., 2006. *Nature and National Identity after Communism*. Pittsburgh, PA: University of Pittsburgh Press.

Sikor T. and Lund C., 2009. Access and property: a question of power and authority. *Development and Change* 40: 1 - 22.

Young O., 2002. Institutional interplay: the environmental consequences of cross-scale interactions. In E. Ostrom, T. Dietz, N. Dolsak, *et al*. (eds.), *The Drama of the Commons*. Washington, DC: National Academy Press, pp. 263 - 291.

5　极端事件、临界点及脆弱性：环境政治经济学方法

埃里克·C.琼斯

引　言

为了理解人类生态系统中的日常生活，对研究人员来说，经济和政治观点的综合化是一种特别的方法论上的挑战。任何一项研究中都可能存在多层次分析（如个体、群体和社会组织的其他层次）和多单元分析（如行为、策略、语言状态/等级标记）。此外，分析环境政治经济学的标准程序并不常见。生态经济学提供了许多标准分析方法，但并不涉及个人、家庭和社区的日常生活，也没有解释在生态背景下"社会为什么是现在这个样子"。无论是在微观层面上还是在宏观层面上回答"社会为什么是现在这个样子"，都需要增加对权力的分析。因此，这种用人类学方法来探讨经济和生态问题的方法就是环境政治经济学。

为了达到上述目的，政治经济学术语常被用于描述人类通过经济生产、政治声望和意识形态形成社会秩序的过程（Blanton et al., 1996）。具体来说，在很大程度上，这是一种自上而下的方法，通常是指那些大人物试图在任何政治组织层次中掌权。为此，他们聚焦于经济生产的某些方面，可以通过征税、储存、获取或生产来控制稀缺性和价值。这种稀缺性常常涉及环境因素，如开采宝石或储存粮食。与此经济重心相伴的应该是一种获得政治声望的连贯模式，如通过外国政要或神主预言。这种声望保证了政治连续性的进程（例如，即使国家领导人更新换代，仍然为外国势力所认可）。最后，普遍的或主流的意识形态也指明了拥护和虔诚的方向，比如拥护家族的部落或对神虔诚的国家。这些行为被融入平民的日常生活之中，转而也会得到进一步发展。这种拥护有助于获取土地和其他自然资源等生产资源。

在将这种方法应用于人类与环境的互动时，不同的方法都可以对生产、

声望和忠诚等进行核算。本章介绍的每一种方法都将尽力体现这三个组成部分的本质特征。本章讨论的方法如下：

- 环境灾害脆弱性的人类地理学模型；
- 对重大环境变化的社会政治经济对策；
- 自然资源依赖以及本地资源与外地资源的作用；
- 家庭生计策略；
- 事件质量；
- 技术乌托邦主义；
- 区域分析；
- 民众动力。

并不是只有这些方法才适用于环境政治经济学分析，但是考虑到本书的篇幅，这些内容已经十分充分并被成功地运用。在这个研究领域内，很少有系统和明确的传统方法被用来收集和分析数据，因此需要将这些方法加以系统化，而不是照搬其他研究者的方法。这里所介绍的方法，既非归功于总结出一般方法的传统知识，在某些情况下，也不归功于最初的数据收集和分析方法。然而，这一章确实引用了其他研究方法——从中我熟悉了这些通用方法，其中一些方法是基于《危害和灾害政治经济学》中比较完整的研究项目(Jones and Murphy, 2009)。

通常，为了更清楚地描述人与自然关系的政治经济学，在极端变化的情况下使用这些方法非常受用。在描述这些方法时，假定与经济和政治变量相比，大家更熟悉生态和环境变量的概念化与测量，然而我更关注政治经济问题而不是环境问题。

环境灾害脆弱性的人类地理学模型

本节介绍了人类地理学中两个非常全面的尝试，以整合和确立决定人类风险的已知因素与因果机制。两者都主要依赖于汇总的人口数据，比如来自政府的人口普查数据，但也都可以通过调查、观察或访谈汇总的数据得以完善，这些可以彰显出大人物、平民百姓理解和应对这些灾难的方式。

首先，威斯纳等(Wisner et al., 2004)、布莱基等(Blaikie et al., 1994)的强综合性模型已被许多灾难研究学者作为概念来使用。然而，这个模型似乎在最近才由安东尼·奥利弗-史密斯(Anthony Oliver-Smith, 2009)系统地应用于特定人种学案例中。表 5.1 列出的变量，是威斯纳及其同事为理解环境灾难和灾难脆弱性的政治经济因素而确定的。这里已经将概念上的“压力—释放模型”转化为表格模型，更加强调变量之间假设的特定关系。我没有删减和添加变量。我的目标是忠于重要变量所体现的洞察力，同时也使这些变量更好地应用于这些方法中。“压力—释放模型”基本表明，表 5.1 中的内容将导致脆弱性，但实际风险（对于灾难而言）也取决于现有的和/或可能的环境灾害。

表 5.1　环境灾害脆弱性的政治经济因素

根本原因	动态压力	不安全情况
权利限制（缺少言论和新闻自由，公众生活缺少道德标准）	—	—
结构限制（缺少本地市场和本地机构）	快速人口变动，快速城市化	缺乏本地机构，无保护的建筑物和基础设施
资源限制（缺少合适的技能和本地投资）	森林砍伐，土壤生产力下降	地方性疾病流行，低收入水平，生计风险
政治和经济体系的意识形态	军火支出，债务偿还计划	缺乏灾害防范意识，特殊群体风险，危险地区

注：改编自 Wisner et al.，2004：51。

简而言之，表 5.1 说明环境灾害脆弱性主要取决于地点、准备情况、不适当或不受保护的基础设施，以及很多不利于资源可用性的环境条件和压力。

奥利弗-史密斯（Oliver-Smith，2009）对该模型的运用具有启发意义。他比较了卡特里娜飓风对新奥尔良的影响和米奇飓风对洪都拉斯的影响。在表 5.2 中，基于斯托尼奇（Stonich，1992）和威诺格拉德（Winograd，2009）的研究，我用奥利弗-史密斯对米奇飓风叙述分析的二手数据填充前面的表格。由于篇幅限制，我将不引述他对新奥尔良的分析，但是我也赞同这种比较研究。

表 5.1 和表 5.2 中左列的根本原因是相同的。这些根本原因产生了动态压力，动态压力可能导致不安全的情况。奥利弗-史密斯对飓风米奇来临前的洪都拉斯脆弱性进行了事后分析，发现威斯纳及其同事的框架非常实用，导致理论（见表 5.1）和经验（见表 5.2）的内容非常接近。对非传统农产品出口（不像一般模型中用武器出口来偿还债务）的政治经济学分析，描绘了大人物的意识形态、声望和参与生产的具体活动。一般来说，土地退化和人口流离失所的压力、有限的地方政府权力、有限的国家政府活动透明度，贫穷、危险地区的生

活，再加上飓风或其他破坏性因素的存在，都可能造成灾难。奥利弗-史密斯建议，在遭受危险之前，可使用这种方法来了解与日俱增的沿海城市的脆弱性。他还建议设法找到一条将人类潜力融入这一方法的途径。

表 5.2 威斯纳等(2004)的灾害脆弱性分析法在飓风米奇来临前的洪都拉斯中的应用

根本原因	动态压力	不安全情况
权利限制（缺少言论和新闻自由，公众生活缺少道德标准）	—	政府缺少透明度
结构限制（缺少本地市场和本地机构）	居民流离失所，快速城市化	本地机构能力不足
资源限制（缺少合适的技能和本地投资）	土地过度使用导致退化（超过一半的在用土地有可能发生山体滑坡和干旱；一半的在用土地也面临洪涝灾害）	疟疾、腹泻和寄生虫病增加，70%的学龄前儿童营养不良，拉丁美洲GDP倒数第四，80%的人口在贫困线以下
政治经济体系的意识形态	非传统农产品出口	新落成山坡和低洼地区的危险地带

注：数据来自 Oliver-Smith，2009。

关于灾害脆弱性另一个相对全面的研究方法是区域脆弱模型(Cutter，1996)。该模型基本上将地理环境(海拔高度和邻近度)和社会结构(经验、感知和建筑环境)视为两个脆弱性方面。最近，卡特、博鲁夫和雪莉(Cutter，Boruff，and Shirley，2003)对42个有关变量进行了因子分析，对该模型的社会结构进行了量化。如表5.3所示，根据他们新版的社会脆弱性指数(SoVI)，在美国3141个县中，8个变量解释了76%的社会脆弱性的变化。使用这种方法收集的数据可能包括衡量广义变量的任一指标，如卡特及其同事在指标栏中所使用的度量。

表 5.3 研究环境灾害的社会脆弱性维度

变量	卡特等(2003)提出的指标	变量解释%*
个人财富	人均收入	12.4
年龄	中间年龄	11.9
建筑环境密度	每平方英里商业设施	11.2
单区经济依赖性	开采业雇用率(%)	8.6

续 表

变　量	卡特等(2003)提出的指标	变量解释%*
住宅和租赁	移动房屋比率(%)	7.0
族群或者种族	非裔美籍、西班牙裔、美洲原住民、亚裔人口比率(%)	19.1
职业	服务行业比率(%)	3.2
基础设施依赖性	在交通运输、通信和公用事业单位雇用比率(%)	2.9

注：*表示引自 Cutter et al.，2003。

这种模型的概念性方法与威斯纳及其同事的方法类似，它试图将与脆弱性相关的社会文化和生物物理变量结合起来①。在实际灾害环境中应用该模型的尝试已经被证实比想象的更加棘手和浅显(如 Azar and Rain，2007；Cutter et al.，2006；Piegorsch et al.，2007)，人种学研究工作是对此模型中当地环境因素的必要补充。然而很明显，有关住房密度、其他分区问题以及支持某些特定经济部门(如开采部门或公用事业部门)的政治决策与特定种族、职业、财富水平和年龄、个人的经济经历相结合，就会产生脆弱性。由于缺乏对政治因素和执政精英作用的重视，这种方法并不具有明显的政治经济意义，但是这些政治和经济因素确实是社会适应本地、区域和全球环境进程中的部分关键因素，正如下一种方法所指出的，这种适应是由执政精英指导的。

对重大环境变化的社会、政治、经济反应

在跨文化研究方面，布兰顿等(Blanton et al. 1996)使用类型学方法来研究一个社会基于其政治经济方向如何应对自然灾害。具体而言，这种方法研究社会精英如何通过改变政治努力、意识形态焦点和生产渠道来应对由灾害和危害(包括天气和气候变化)造成的稳定和不稳定。然而，为了维持政局长治久安，决策者(执政精英)和大众(平民)之间必须达成某种平衡，因为要生产商品、制定决策并使生活有意义。

基于他们的研究和文献综述，布兰顿等(1996)区分了两种综合但一致通用的政治经济战略——这些策略在中美洲古典时期统治精英的兴衰过程

① 应对人类地理学/人类学领域灾害的另一个整体性的政治经济学方法是 Whiteford and Tobin (2009)所使用的“影响级联模型”。

中构建了正式和非正式制度。这两种策略分别是排他性和共同性。虽然一个政治体系的精英追随者通常采用与其他社会类型相关的策略，但是比起现代社会，这两种策略的特性可能在前现代背景下更经得起考验。表 5.4 对这两种政治经济类型进行综合对比。

表 5.4 共同性和排他性政体的综合比较

社 会	精英控制下的经济焦点	拥护意识形态	政治风格	例 子
共同性	公共产品	宏大秩序	孤立的	印加
排他性	威望产品	尊重责任	国际的	早期阿兹特克

注：改编自 Blanton et al.，1996。

在有人种学信息的社会里，这种方法被用于对精英们的一般政治经济策略进行编码。这些策略无须应用于生态问题，但在某种情况下，它可用以考察人类系统与生物物理环境之间的长期相互作用，特别是政治经济取向与社会跨文化遭受灾害的程度之间有着怎样的关联。任何人种学资料——无论是论文还是书籍——都可以作为编码的基础。这类研究大多使用人种学手稿中的人类关系区域档案库以及有关的文化材料概要（OCM），该概要提供的数字代码有助于查找与研究问题相关的信息。例如，OCM 731 表明，在手稿中的某页上讨论了灾害。为了对有关材料进行编码，我们需要全面扫描手稿，因此有必要进行文字搜索和创造性地使用 OCM。

社会政治经济类型编码

(Blanton et al.，1996)

排他性策略

1. 通过一夫多妻制、性别秩序、多代同堂的家庭、宗族制度（排位世系或锥形宗族结构）、部落形成或其他的世袭形式来实现对劳动、物质和婚姻交换的控制。

2. 精英掌控生产、交换和贵重/知名产品消费体现在如下一些方面：

（1）难以在集体交换体系中获得外来商品、替代食品或其他物品，更容易垄断稀有商品；

（2）通过复杂技术生产产品；

（3）对知名产品而非生活必需品的生产进行技术革新；

（4）当家庭将外来商品纳入交换体系时，控制原材料以及知名产品生产的精英就和普通家庭的精英联系起来；

（5）流动性、竞争力、重视个人技能。

3. 国际风格体现在以下几点：

（1）群体之间存在跨国文化，竞争性的网络将加入跨文化交流之中，相对于他们自己的网络，将重申其立场（因为其他网络也有稀缺商品）；

（2）不断派遣任务和使者，使统治者的角色合法化；

（3）统治者的图标；

（4）战争、个人财富、高贵的葬礼（葬礼的等级区别）。

共同性策略

1. 精英控制家庭农产品生产或主要原料的生产：

（1）高度发达但没有知名产品体系的政治结构；

（2）征税的主要商品（主要财政）。

2. 团结和相互依存的认知取向：

（1）特别的、等级化的角色和地位降低竞争力和个人成就；

（2）相对平等主义，忽略等级或被定义的地位；

（3）形式上和集体表征方面的生育现象、社会和秩序的更新；

（4）社会和秩序更新的图标；

（5）社会中不同种族的子群体；

（6）废除有关世袭的言辞；

（7）公共墓地；

（8）令人印象深刻的公共工程。

编码标准

99－缺失（数据可获得，但没有编码）；

0－不能获得数据；

1－排他性的团体；

2－共同性的团体；

3－排他性和共同性混合团体。

编码质量

1. 关于排他性导向（世袭言辞、知名产品、国际风格）或共同性导向（公共产品、公共意识形态）直接相关的方面，作者做了清晰的分析；

2. 清晰地描述编码者眼中的排他性或共同性行为例子；

3. 案例描述的片面性。

数据格式

我在一个恰当的数据库/电子表格应用中，建立了一个数据文件/电子表格/数据库，参数如表 5.5 所示。样本中的所有社会，无论数据完整与否都被包含在内。我仅仅使用简单的交叉表和卡方检验，用其中的有关数据分析社会。

表 5.5 社会政治经济方向的样本数据采集表

社会和时期	A 作者/日期/页码	政治经济编码	编码质量	OCM 或使用的关键词	注释/引用
克拉马斯人	斯特恩 T. 1965：96	1	2	61*	“因此鹈鹕湾一带的成员有时分享食物”

注：* 表示此数字后面可以并列（0～9）所有可能的数字；这个案例中为 610～619。

在我的初步研究中，政治经济取向是因变量，灾害/危险是自变量。幸运的是，我从恩伯等（Ember et al.，1992）和贾斯汀格尔（Justinger，1978）[①]那里得到了灾难代码。然而，因为它已经完成编码，依靠他们的代码意味着我不能制定编码的具体标准。有两个编码来源非常有用，因为这两个来源在样本社会中几乎总是重复出现的。我把社会分成高度灾害组和低度灾害组。恩伯等进行编码的事件是近期破坏食物的自然灾害，贾斯汀格尔的编码是对灾难本身或者对已经发生灾难的恐惧。当编码不一致时，我查找了电子版的人类关系区域档案，以确定有限地理区域内的灾害暴露程度，这个区域就是我们的政治经济编码的来源地。在对一个群体进行编码之前，我查看了人类关系区域档案，有关人种学的摘要或者引文至少使用了五次。每个社会至少使用了三种意见一致的人种学。当然，这些社会并不是一成不变的，人种学是一种缩影。这个表格并不包含灾难编码，这样我和我的学生就不会事先知道哪个社会处于什么级别的灾难之中，从而避免在编码中出现偏差，这种编码可能试图确保预测的相关性。

共同性社会如何构建灾难脆弱性和复原能力呢？一般通过以下方式来构建灾难脆弱性和复原能力：（1）森严的角色和责任等级，但常常表现为相

① 在编写自然灾害风险的编码程序时应参考这些来源。

对平均主义；(2) 对社会中所有人的意识形态的承诺；(3) 利用粮食生产来维持这种等级和承诺。东非的阿姆哈拉(埃塞俄比亚)符合这种模式；这里的人们面临的灾难很少，因此也不会被迫通过地理位置、资源获取等使某一类人受到灾难的伤害。也许正是这种稳定性使得共同性社会蓬勃发展。

排他性社会如何建立灾难脆弱性和复原能力呢？他们一般通过以下方式来实现这一目标：(1) 鼓励与有权力的人建立联系，包括通过外交手段使内部权力合法化；(2) 鼓励在意识形态方面忠诚于家庭/家族中的每一个人；(3) 利用知名产品确立社会地位。在大洋洲/美拉尼西亚西部的巴布亚新几内亚的特洛布尼恩德岛人(Trobrianders)就是一个经常遭受灾难和粮食来源不稳定的排他性社会。他们依据排他性的政治经济取向来处理灾难和不安全因素，如通过送礼(包括食品和仪式在内的贸易)使邻居受惠。排他性社会通常不注重在青年人的技能和教育方面进行投资，而是希望年轻人通过试错来学习贸易和外交策略。在很多情况下，共同性社会和排他性社会面临着类似的挑战，但由于组织生产方式差异和对社区生活意义的解读方式不同，也各自面临着独特的挑战。

自然资源依赖性与本地资源和外地资源的作用对比

应对不安全生态和环境变化时，通常需要把当地资源和外地资源结合起来。面临干旱、自然资源市场衰竭等困境，面对这种生态干扰或变化，为了维持人口数量和生存方式，既需要当地人的不屈不挠和灵活适应，也需要外部资源供给。这种方法旨在证明如何利用当地资源和外地资源来维持那些依赖自然资源生存的家庭和社区。

戴尔(Dyer, 2009)讨论了应对环境灾害和灾难的一系列连续性反应。灾害从一个极端——恶性循环(以自然资源为基础的社区得不到外部支持，而且内部财政资源相对较少)——到另一个极端——一个重要自然资源没有受到破坏的社区；而且在这种极端情况下，这个社区在重建时期确实获得了很多外部支持(见图 5.1)。

以这种连续体为分析框架，这种方法论旨在确定当地对自然资源的依赖程度以及获得外部支持(如联邦援助、大量私人捐助)的可能性程度。这种方法论不仅应用于灾难或灾害，也可以用来理解任何一个部门的重大变化对当地社区的影响程度，或者为什么会在环境变化和社区依赖自然资源的情况下，事情会以这种方式发展。表 5.6 所列项目是对这种方法有用的数据种类。

依赖自然资源； 可用外部支持 **中等脆弱性**	不依赖自然资源； 可用外部支持 **最小脆弱性**
依赖自然资源； 外部支持不可用 **最大的脆弱性**	不依赖自然资源； 外部支持不可用 **中等脆弱性**

图 5.1　依赖自然资源和可获得外界帮助矩阵

（资料来源：Dyer，2009）

表 5.6　依赖自然资源方法论的数据收集

变　　量	测　量　实　例
依赖自然资源	(%)在采掘/自然资源/农业中雇用者比例
	(%)采掘业经济产品的价值
	(%)来自采矿产品附加价值的经济产品价值
	＃采掘业的数量、就业分布和这些行业的经济活动
	依赖某个特定采掘业或一般采掘业的选择性质
外部帮助的可用性	地区/国家/国际非营利性组织/机构(如天主教教堂、联合之道、国家鱼类及野生动物管理局、保护狮子俱乐部)的人均地方分支机构数量
	社区/公民活动的分支机构和外部组织的性质，特别是那些涉及环境(如植树、水土流失防治)或就业(如工作培训计划、工会支持)的机构

纳尔逊和菲南(Nelson and Finan，2009)对巴西东北部干旱的研究提供了另外一种有效方法，或许可以与戴尔的方法一起使用，从而获得关于自然资源依赖型社区生存潜力的更精确结果。他们在开展研究的两个社区中，把每个家庭的非农收入定义为气候无关性收入(如在政府、商业部门和非农劳动部门的工作)、气候敏感性收入(如农活)，或来自社会转移(例如，养老金)，不包括相对依赖农作物和牲畜销售的收入。

衡量家庭对干旱脆弱性的标准是：最脆弱的是那些收入将因此处于巴西贫穷线以下的家庭；中等脆弱的是收入低于贫困线的家庭；而最不脆弱的是那些即使失去了所有气候敏感性收入，其收入仍将高于贫困线的家庭。在短期内，对许多家庭来说，出售农作物和牲畜是一种缓冲，但对农场土地的过度开发和/或畜群规模的大量消耗会导致更大的脆弱性(下一次缓冲将变弱）。他们的研究是纵向的，因此随着时间变化，对脆弱性程度和巴西政府为避免灾难（这些灾难对家庭和生计有着不可逆转的负面影响）而采取的措施进行了比较研究。当巴西政府和各州政府尽力避免灾难（一般是为了避免干旱）时，这种方法有助于评估出某些经济部门对环境波动的脆弱程度。不仅仅是干旱，任何对气候敏感、对天气敏感或对环境敏感的收入来源都可以用以评估脆弱性程度。接下来的方法不仅同样聚焦于测定家庭对于环境的脆弱性，而且也关注可能的环境行为。

家庭生计策略

理解家庭脆弱性的另一种政治经济学方法是描述家庭在当地经济中的作用。这种一般性方法由沃勒斯坦和史密斯（Wallerstein and Smith，1992）提出。他们提出了一种动态类型学，类似于上文纳尔逊和菲南（2009）的研究，描述家庭基于世界经济和区域经济变化时的起起伏伏①。这些家庭在面对具体的限制和机会时会采取可预测的策略（见表 5.7）。确切地说，除了最富裕的精英家庭（用工资来支付所有开销的无产阶级），工资不足以满足所有家庭的支出需求，因此工人家庭依靠自给自足/维持生计活动（如打造家庭式花园、自制衣服等），或通过转移支付（如社会保障、福利）、自己动手的（DIY）活动（例如，用自己的洗衣机和烘干机洗衣服、自己安装灯具），以及经营小型市场（例如，制作、销售圣诞装饰品，出售违禁品）。

表 5.7　经济扩张和经济收缩阶段的核心与外围家庭活动

	基本的家庭收入/维持生活的活动	经济扩张情况下的活动	经济收缩情况下的活动
核心家庭	工资加上自己动手做的（DIY）活动	工资增加，减少 DIY 产品及活动	短期内更依赖转移性支付、DIY 活动（长期来看，丧失工具/工作的能力）
外围家庭	工资加上经营小市场、维持生存的活动；通常没有足够的资源来获得 DIY 设备（例如，工具、器具）	工资增加；维持生存的活动转化为经营小市场（如销售农作物）；偶尔获得 DIY 资源	工资减少，更依赖经营非农小市场以及在可能的情况下，增加维持生存活动的时间

资料来源：Wallerstein and Smith，1992。

① 沃勒斯坦和史密斯（1992）认为，在某些情况下（特别是在前资本主义和原始资本主义时期），家庭的作用可能被高估。相反，那些大家族、社区承担着生产和再生产的大部分活动。

这种政治经济类型学在人类环境研究中的作用体现在：它揭示了不同人口小团体在经济扩张和收缩情况下的行为改变，以及在生物物理环境中所施加压力的性质。例如，对来自 DIY 家居装修商店非可持续生产的木材资源的主要需求，或者不知道如何用非化学手段来防治害虫的新家园丁就会增加农药采购量。表 5.8 列出了这种方法论的潜在指标，并强调了可能有用的环境因素。

表 5.8 扩张/收缩经济情景下的家庭生计战略指标

家庭收入/维持生存	案例指标	潜在的相关环境背景，包括多个家庭策略之间的相互作用
工资	年收入；月收入；周收入；薪水为主流，计时、计件模式	收入下降可能会导致通过经营小市场而增加开发，并可能浪费 DIY 的精力；工资类型表示提取/开采类型的集中化/分散化程度
经营小市场	人均二手商品销售额；开放市场中小规模蔬菜销售的变化；在拍卖网站销售的自制尿布	增加/减少当地农业生产；因为大公司不会进入这个市场，小型市场经营者采购可能含有毒素或不可持续生产的廉价材料以及有机和无化学物质
维持生存活动/自给自足	零售用作自制服装的面料；家庭花园百分比或人均数；减少餐厅就餐次数	家庭菜园过度使用杀虫剂和化肥；使用受污染的土壤种植食物；有机零售面料需求增加；减少特种作物/动物的种植/养殖
自己动手做	人均装修商店数量的增长；减少使用承包商、水管工等	增加采购不可持续生产的木材；旧房屋/谷仓/建筑物的木材或砖块的再利用
转移支付	福利；养老金；慈善机构	要求提高养老金的经济回报，导致一些旨在谋利的不可持续行为增加；增加福利金；提高经济水平，从环境角度来看，使购买行为更加合理；当需要更多的社会慈善时，对环境慈善机构存在潜在偏见

事件质量

这种方法让人想起，社会对重大环境变化做出反应的技术所依据的基本概念是，每一种非人类现象都可以用持续时间、强度和规律性来衡量。换句话说，干旱、龙卷风或鱼类种群数量的下降或短暂或长期，或强烈或温和，或可预测或不可预测。因此，我们预计人类与这种现象的相互作用会呈现出不同模式。

在社会学中，事件质量被视为一种相对定性的方法（Kroll-Smith and Couch, 1991）。然而，从概念上讲，这种研究一般环境条件的方法以生态学中的定量研究方法[①]为基础（Colwell, 1974）。后面的一个例子来自科恩（Cohen, 1999）的研究，他在分析了几十个靠雨水灌溉的农业社区后指出，降雨量的可预测性和变化性与利用垂直信息转换模式向年轻人传授农业生产实践的程度有关。科恩的研究并没有讨论政治经济学，而是把食品生产的文化行为与环境稳定性和偶然性联系在一起。

科尔韦尔（Colwell, 1974）检验稳定性和偶然性的公式推导如下：时间必须被分成相等的增量（例如，科恩将一年分成 12 个月），并且必须详述状态的数量和范围值。例如，科恩利用哈格里斯和萨马尼（Hargreaves and Samani, 1982）的方法计算蒸散率，此方法要求记录每年下雨的天数、纬度和温度；科恩划定了三种蒸发状态：降雨量不足；降雨量足够植物生长，但达不到土壤需要的湿度；降雨量足够植物生长并达到土壤要求的湿度。表 5.9 以一种样本格式（频率矩阵或列联表）呈现数据，这些数据可以被用到下面的公式中，其中 t 是列数（一个周期内的次数），s 是行数（观察到的现象状态）。前三个公式推导出的结果，用于导出在接下来三个方程中的不确定性指标，该不确定性指标在后三个方程中产生可预测性、稳定性和偶然性指标（Colwell, 1974）。

列总数为 $X_j = \sum_{i=1}^{t} N_{ij}$，

行总数为 $Y_i = \sum_{j=1}^{t} N_{ij}$，

总和为 $Z = \sum_i \sum_j N_{ij} = \sum_j Y_j = \sum_i Y_i$，

因此，时间的不确定性为 $H(X) = -\sum_{j=1}^{t} X \frac{X_j}{Z} \log \frac{X_j}{Z}$，

状态的不确定性为 $H(Y) = -\sum_{i=1}^{s} Y \frac{Y_j}{Z} \log \frac{Y_j}{Z}$，

时间和状态相互作用的不确定性为 $H(XY) = -\sum_i \sum_j \frac{N_{ij}}{Z} \log \frac{N_{ij}}{Z}$。

① 我要指出，这种方法在概念上与 Steward（1955）的文化核心相似。然而，与其讨论环境决定论的效用，重要的是要清晰地说明前进所需的假设和概念：在这种情况下，一种假设是，人类对任何给定的环境参数都有有限数量的、足够有效的/可持续的和与文化相关的适应措施；必要的概念是偶然性、稳定性和可预测性。

最后，预测性 $(P=C+M)$ 是 $P=1-\frac{Hx(Y)}{\log s}=1-\frac{H(XY)-H(X)}{\log s}$，

稳定性为 $C=1-\frac{H(Y)}{\log s}$，

偶然性为 $M=\frac{H(X)+H(Y)-H(XY)}{\log s}$。

表 5.9 10 年期间可预测性、稳定性和偶然性的样本计算表 *

降雨量	一月	二月	三月	四月	五月	六月	七月	八月	九月	十月	十一月	十二月
1(不足)	2					1	1	1	1			
2(足够植物生长，但不足以保持土壤湿度)						1	1	2	1		1	
3(充足)	8	10	10	10	10	8	8	7	8	10	9	10

注：* 来自 Cohen(1999)。稳定性=0.19；偶然性=0.26；可预测性=0.45。
资料来源：原始数据为 1951—1960 年发生在位于 8°S、38°E 点的卢古鲁文化的世界气候记录数据月份；坦桑尼亚达累斯萨拉姆站(美国气象局，华盛顿特区)。

如上所示，科恩(1999)使用降雨量和温度来计算蒸散率，但是指标的其他例子可能包括：

- 灌溉农业情况下，灌溉用水的日常可用性。灌溉管理的有效性和生产效率是灌溉可用性的规律与变化函数。
- 不同河流每月鱼类的数量，可能与鱼类可用性的规律和变化相关，或许还与捕获的鱼类种类和数量相关。不同的河流可能因为一个区域或一个组织内互惠、馈赠等传统而有所差异。
- 如果管理使用的规则与对资源的其他压力相关联，那么害虫的侵害程度就会降低。

这种方法的许多非政治经济用途可以想象，但应用这种方法的挑战在于，因变量要包含对生产的控制、拥护谁以及人类生态系统中获取声誉的传统模式。

技术乌托邦

在过去的几十年里，关于环境政治经济学最重要的著作也许是霍恩堡

(Hornborg, 2001)的《机器的力量》。尽管所有章节都曾以同行评议文章的形式发表的，但该书详细分析了马克思和 H. T.奥德姆(H. T. Odum)在阐述人类情景时的观点，即他们坚持认为"商品的价值/价格反映了生产这些商品所需的实际劳动力和环境成本"是一种标准理论，并不能预测人们的行为。霍恩堡提出，人类对科技的迷恋与万能货币有关(拜金或马克思商品交换的 D 形式，如美元钞票、金属合金硬币或信用卡)，这些货币助力经济增长。但由于人类消费限制以及支撑开采和防止污染的生物物理环境能力有限，因此在某种程度上，与经济大环境和生物物理环境相关的经济增长不可持续。霍恩堡认为，如果没有万能货币的普遍存在，工业资本主义的发展和随之而来的财富积累就不可能持续。

暂且把《机器的力量》中关于产业资本主义的论述放在一边，本文旨在了解，除了用万能货币支付工资之外，还有哪些补偿形式。基于这一目标，我们可以调查当地互惠形式得到支持的程度，以及当地人与环境的相互作用依靠外部力量得到缓冲的程度，甚至是不可持续的迅速局部重组。然而，由于工业资本主义必须与其他交换形式共存——为了获得盈余并利用征收盈余的机会，因此有必要研究资本主义倾向与本土商品交换、互惠模式之间的关系。

与此相关，这种方法的第二个目标是确保人们保有对这类工具和新技术的热情，即"机器控"。人类是工具的制造者和崇拜者。工具形成集中性的生产活动，从而可能实现财富的集聚，甚至可能实现社会各部门之间的财富转移。当然，这种财富集中又会促进更多工具的出现，而财富从社会的一部分转移到另一部分，通常会削弱当地开发的自主性，此外，为满足当地需求，会违背适当性开发的原则。

从本质上来说，经济发展的过程通常是：相对于社区内部资源的流动来说，外部因素对经济发展的影响更大。由于不重视当地关于互惠、交换、声誉和社会制裁的传统，经济发展过程通常使社区之间和社区内部意见不一致，迫使社区团体在寻求外部资源(如慈善、发展资金、宣传、投资)时意见不一。社区间争夺资源的过程也是大卫・哈维(David Harvey, 1985)的"空间修复"理论中的一个因素。这一理论认为，企业(或开发或慈善)的最低成本是按地理位置来寻求的。

社会部门的财富净转移量由人们对具体汇率的评估来确保。那些累积盈余以及那些因他人累积生产过剩的人，都具有支持积累过程的信念。与积累相关的信念体系(以及其他一些信念体系)都有一个共同特征，那就是都希望或热切期望用机器的力量来解决社会面临的各种问题。富人和穷人并不认为他们会使用相同的工具，尽管他们经常那样做。例如，产业资本家和大多数农民（即使在发展中国家），甚至许多农场工人都认为拖拉机是稳定高产农业的重要组成部分。然而，在另一个例子中，当印度尼西亚那些非法采伐的伐木公司（以及他们的投资者）希望有更好的集材机、打枝机和收割机时，监管机构则希望对森林和木材进行DNA测试来明示哪些树曾被非法砍伐过。因此，当地村庄陷入了一场有关技术前景的外部力量之争。

我对这项技术应用进行了概述。在研究发展特别是保护和发展研究中，应该注意以下几点：

- 关于技术前景，信仰体系的主要原则由社会各个阶层撰写（无论是富裕阶层还是贫困阶层），这些原则有重叠的地方，也有不重叠的地方。
- 非货币性补偿、交易和互惠存在的程度，以及与外部力量相比，它们能落实的方式。
- 重寻发展、慈善和宣传效益影响群体间紧张的关系。

区域分析和本地—全球动态

虽然区域分析的思路来自调查考古学和景观考古学，但其存在着许多学术传统。我介绍这种方法论旨在阐述各区域的政治经济动态，以及阐述家庭/社区活动和有关粮食生产、资源开采方面的外部压力。对外部压力的关注与先前的技术乌托邦理论相呼应。区域分析的大多数想法都源于一个理论框架，该框架认为当开展复杂而广泛的集约型农业实践（Perez Rodriguez, 2008）时，或者在因地区性盈余积累而产生相当大的地位差异（Hakansson, 2008）的情况下，并不一定需要国家或王国的中央集权。

从某种意义上来说，这种自下而上的方法，最初假定国家不对财富积累的初始发展阶段负责，也不对考古学和民族历史学记载中的密集生产实践负责。尽管如此，通过研究全球或区域外进程来吸纳和改变当地、区域实践的方式——自上而下的研究——是很有用的。方法论的应用不必只针对历史和史前案例，描述地方和区域累积、声誉和拥护动态，然后把它们应用在更广泛的背景下，这种方法也可以被应用到由于外力而正在发生变化（或可能会发生变化）的当代社会和人口中。这种方法的基本构成如下：

- 当地领导者接触当地劳动力的程度。
- 获取当地可靠劳动力的机制（例如，声誉、办事处、用金钱或礼物支付、土地、水，以及其他资源的获取、婚姻）。

- 区域内专业化的程度使得多种职业(例如，放牧、作物种植、金属加工、制盐，参见 Hakansson，2008)可以通过交换/贸易获得盈余。根据霍坎松(Hakansson)对18世纪坦桑尼亚的案例研究，为了获得声誉、生产力以及拥护(与婚姻、其他仪式和拥护导向活动相关的家族关系)，以上种种职业最终都是通过牲畜贸易来增加财富的。
- 与技术乌托邦主义方法论一样，注重研究外部力量对交换同质化的牵引程度——霍坎松的例子是发生在坦桑尼亚前殖民地晚期和殖民地时期的象牙贸易。
- 家庭在不受国家胁迫或无外部需求的情况下实际生产可观测到的产品的程度。
- 如果一个领域(如畜牧业)可开采的途径减少，可以通过联合离开此领域的人去发展另一个开采领域(如农业)。
- 当地威望建立、互惠和交换过程适应区域经济体系的方式。
- 区域性积累模式(如贡品、掠夺、交换、作为礼物交换的知名产品)被纳入更广泛或全球性积累过程的方式。

公共资源动态

就本研究方法论的目的而言，特拉威克(Trawick，2008)对秘鲁灌溉管理的研究提出了一组非常容易理解的变量。在公共资源研究方面有许多非常好的项目，我必定会有所遗漏，其中就包括埃莉诺·奥斯特罗姆(Elinor Ostrom)的各项研究。表5.10列出了主要变量及其解释和示例指标。

这些变量应该被放在一个更大的包括因果关系的框架中，例如琼斯(Jones，2003)所提供的那样(见图5.2)。图5.2显示了公共池塘资源使用的图形模型，但不能只使用上述变量。相反，图5.2模型展示了奥斯特罗姆(1992)提供的一个更大背景和一系列因果关系，非常简明易懂地展示了公共资源的动态和成果，尤其是公共池塘资源管理活动的起源、性能和存活情况。因此，除了从表5.10中的公共资源变量之间寻找更清楚的联系之外，仔细描绘图5.2中的三个主要板块也会使研究者受益，这三个板块包括资源使用者、资源管理机构(无论是正式的还是非正式的)和外部因素。

我也使用网络分析研究环境公共资源，以确定公共资源管理中的潜在风险(Jones，2004)。如何使用网络法来研究人类与环境的相互作用，约翰逊(参见本书)提供了方法论指导。

表 5.10 获悉公共资源的机会和限制的变量

变 量	对有效管理公共资源理想条件的阐述	案例：条件变化后的结果
稀缺性	人均资源或者商品丰富度较低	更大的稀缺性提高了遵从性和透明度的重要性以及分配效率
自治	本地使用者控制资源获得和维护	更大的自治权使其与当地习俗一致以及提供系统适应当地需要的能力
获取等级程度	社会地位不能赋予更大的获取权限	资源获取社会特权的缺失降低滥用特权的可能，增加履行职责的可能性，并由于公平感而增加普遍认可
权利和义务的均衡性/平等性	一个人/团体的投入越多，获取的资源就越多	如果一个人拥有更多资源，他对公共资源的贡献就越大，随之获取公共资源的机会就越多，那么他就会感受到最大的公平。此外，因为对公共资源做贡献的可能性增加了，所以可以提高效率
获取公共资源频率均匀性	所有使用者都希望以固定的频率获得资源	如果使用频率混乱，或者用户没有按常规轮流使用，那么对管理的投入就会减少，冲突也会增加
边界的规律性和稳定性	用户群、资源和规则都被明确定义，不会频繁变化	变化的用户群导致很难使用非正式的控制机制；界定不清的边界使不合规行为难以被察觉和制裁
透明度	所有使用者的使用频率和使用量都高度透明	低透明度使得难以察觉欺骗行为
制裁的正义性、等级性和执行力	执行制裁的现象和意愿是公正的，并随着犯罪的严重性增强而增加	执法力度不够可能会降低合规性；不公平的制裁通常会惩罚那些没有权力的人，从而造成背叛

资料来源：改编自 Trawick，2008 研究中的变量和解释。

人与环境研究中的政治经济学方法总结

在反映日常生活的环境问题的研究中，衡量和分析政治经济因素的各种方法旨在彰显精英对于生产的关注、预期的拥护模式和政治风格之间的关系。综合来看，无论是团体还是个体，无论是处于正常时期还是处于危机之中，或者在众多外部诱发变化的情况下，这些因素都让人们深刻了解精英和平民与生物物理环境相互作用的方式。

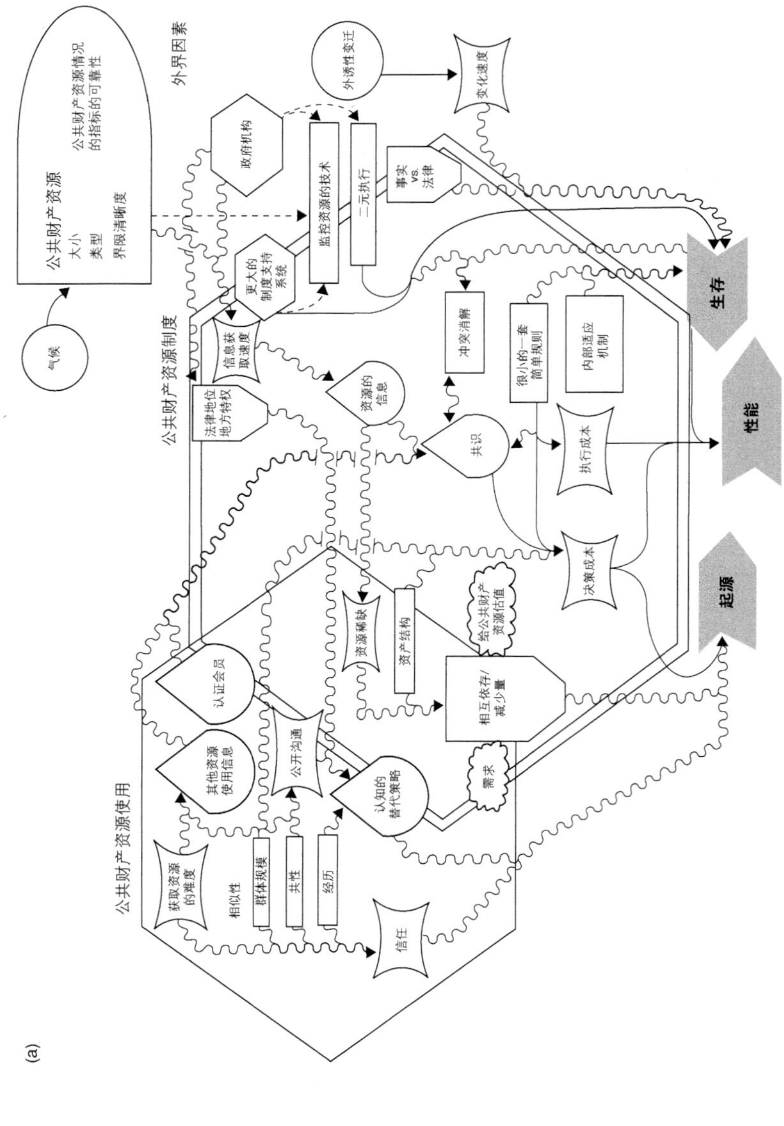

图 5.2(a) 奥斯特罗姆(1992)的图形模型

[资料来源：关于共同财产制度的起源、生存和绩效(Jones，2003)。转载得到了《生态人类学杂志》许可]

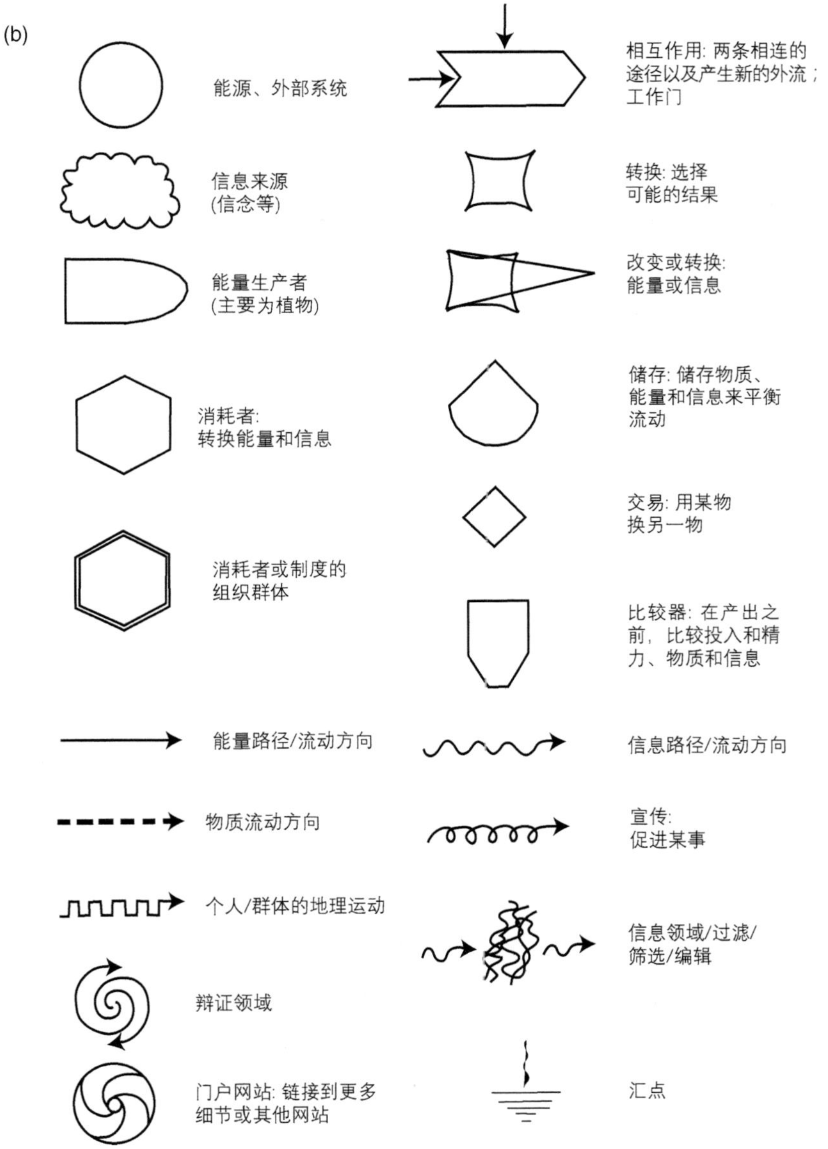

图 5.2(b) 奥斯特罗姆(1992)的图形模型

[资料来源：人类生态系统模式的关键信息(关键信息的原始出版物为1998年《佐治亚生态人类学杂志》)根据 H.T.Dodum(1983)的成果和格鲁吉亚大学人类学系信息生态学团队的约定构建]

作为一套侧重于人类生态系统的人种学方面或人类对生物物理环境的体验的方法的一部分，政治经济学方法的目标是理解获取和使用生物物理环境中元素的社会结构。此外，系统化的分析方法应该有助于解决可持续性、自然资源管理和发展问题。

参考文献

Azar D. and D. Rain, 2007. Identifying population vulnerable to hydrological hazards in San Juan, Puerto Rico. *GeoJournal* 69(1/2): 23－43.

Blaikie P. T., I. D. Cannon, and B. Wisner, 1994. *At Risk: Natural Hazards, People's Vulnerability, and Disasters*. London: Routledge.

Blanton R. E., G. M. Feinman, S. A. Kowaleski, and P. N. Peregrine, 1996. A dual-processual theory for the evolution of Mesoamerican civilization. *Current Anthropology* 37: 1－14.

Cohen M., 1999. Evaluating cross-cultural patterns in the transmission of information: an evolutionary approach. Unpublished MA thesis, University of California at Davis.

Colwell R. K., 1974. Predictability, constancy and contingency of periodic phenomena. *Ecology* 55: 1148－1153.

Cutter S. L., 1996. Vulnerability to environmental hazards. *Progress in Human Geography* 20(4): 529－539.

Cutter S. L., B. J. Boruff, and W. L. Shirley, 2003. Social vulnerability to environmental hazards. *Social Science Quarterly* 84(2): 242－260.

Cutter S. L., C. T. Emrich, J. T. Mitchell, *et al*., 2006. The long road home: race, class, and recovery from Hurricane Katrina. *Environment* 48(2): 8－20.

Dyer C. L., 2009. From the phoenix effect to punctuated entropy: the culture of response as a unifying paradigm of disaster mitigation and recovery. In E. C. Jones and A. D. Murphy (eds.), *The Political Economy of Hazards and Disasters*. Lanham, MD: AltaMira Press, pp. 313－336.

Ember C. R. and M. Ember, 1992. Warfare, aggression, and resource problems: cross-cultural codes. *Cross-Cultural Research* 26(1－4): 169－226.

Georgia Journal of Ecological Anthropology, 1998. Key to ecosystem models. *Georgia Journal of Ecological Anthropology* 2(1): 5.

Håansson N. T., 2008. The decentralized landscape: regional wealth and the expansion of production in Northern Tanzania before the eve of colonialism. In L. Cliggett and C. A. Pool (eds.), *Economies and Transformation of Landscape*. Lanham, MD: AltaMira Press, pp. 239－265.

Hargreaves G. H. and Z. A. Samani, 1982. Estimating potential evapotranspiration. *Journal of Irrigation and Drainage Engineering* 108 (3): 225－230.

Harvey D., 1985. The geopolitics of capitalism. In D. Gregory and J. Urry (eds.), *Social Relations and Spatial Structures*. New York: St.

Martin's Press, pp. 128 – 163.

Hornborg A., 2001. *The Power of the Machine: Global Inequalities of Economy, Technology, and Environment*. Lanham, MD: AltaMira Press.

Jones E. C., 2003. Building on Ostrom's "The rudiments of a theory of the origins, survival, and performance of common-property institutions." *Journal of Ecological Anthropology* 7: 65 – 72.

Jones E. C., 2004. Wealth-based trust and the development of collective action. *World Development* 32(4): 691 – 711.

Jones E. C., and A. D. Murphy (eds.), 2009. *The Political Economy of Hazards and Disasters*. Lanham, MD: AltaMira Press.

Justinger J. M., 1978. Reaction to change: a holocultural test of some theories of religious movements. Ann Arbor, University Microfilms, no 7817047. State University of New York at Buffalo, Dissertation, Anthropology.

Kroll-Smith J. S. and S. R. Couch, 1991. What is a disaster? An ecological-symbolic approach to resolving the definitional debate. *International Journal of Mass Emergencies and Disasters* 9(3): 355 – 366.

Nelson D. R. and T. J. Finan, 2009. Weak winters: dynamic decision-making in the face of extended drought in Ceará, Northeast Brazil. In E. C. Jones and A. D. Murphy (eds.), *The Political Economy of Hazards and Disasters*. Lanham, MD: AltaMira Press, pp. 107 – 132.

Odum H. T., 1983. *Systems Ecology*. New York: John Wiley and Sons.

Oliver-Smith A., 2009. Anthropology and the political economy of disasters. In E. C. Jones and A. D. Murphy (eds.), *The Political Economy of Hazards and Disasters*. Lanham, MD: AltaMira Press, pp. 11 – 28.

Ostrom E., 1992. The rudiments of a theory of the origins, survival, and performance of common-property institutions. In D. W. Bromley, D. Feeny, M. A. McKean, *et al*. (eds.), *Making the Commons Work: Theory, Practice, and Policy*. San Francisco, CA: Institute for Contemporary Studies Press, pp. 293 – 318.

Pérez Rodríguez V., 2008. Household labor and landscape transformation in Ancient Mixteca Alta, Oaxaca, Mexico. In L. Cliggett and C. A. Pool (eds.), *Economies and Transformation of Landscape*. Lanham, MD. AltaMira Press, pp. 77 – 102.

Piegorsch W. W., S. L. Cutter, and F. Hardisty, 2007. Benchmark analysis for quantifying urban vulnerability to terrorist incidents. *Risk Analysis* 27(6): 1411 – 1425.

Steward J. H., 1955. *Theory of Culture Change: The Methodology of Multilinear Evolution*. Urbana, IL: University of Illinois Press.

Stonich S. C., 1992. *I Am Destroying the Land: The Political Ecology of Poverty and Environmental Destruction in Honduras*. Boulder, CO: Westview.

Trawick P., 2008. Reading history in an irrigated landscape: the drama of the commons in the Andes. In L. Cliggett and C. A. Pool (eds.), *Economies and Transformation of Landscape*. Lanham, MD: AltaMira Press, pp. 47 – 76.

Wallerstein I. and J. Smith, 1992. Core-periphery and household structures. In J. Smith and I. Wallerstein (eds.), *Creating and Transforming Households*. Cambridge, UK: Cambridge University Press, pp. 253 - 262.

Whiteford L. M. and G. A. Tobin, 2009. If the pyroclastic flow doesn't kill you, the recovery will: cascading effects of Mt. Tungurahua's Eruptions in rural Ecuador. In E. C. Jones and A. D. Murphy (eds.), *The Political Economy of Hazards and Disasters*. Lanham, MD: AltaMira Press, pp. 155 - 176.

Winograd M., 2009. From natural events to "natural" disasters: assessing environmental vulnerability in Honduras. In O. Ensor (ed.), *The Legacy of Mitch: Lessons from Post-Disaster Reconstruction in Honduras*. Marisa Tempe, AZ: University of Arizona Press.

Wisner B., P. Blaikie, T. Cannon, and I. Davis, 2004. *At Risk: Natural Hazards, People's Vulnerability and Disasters, 2nd edn.* London: Routledge.

6 当地社区和自然资源：实践中的人种生物学

劳拉·扎诺蒂
丹尼斯·M.格洛弗
珍妮弗·塞佩兹

引 言

本章重点介绍了人种生物学领域的研究方法。从字面上来看，人种生物学是对一群人的生活逻辑的研究(Glover，2005：24)。为了解释自然世界，社会和文化团体已经提出了一套知识系统，人种生物学家对其进行了审查。人种生物学也是一个多学科领域，这意味着人种生物学家会使用各种跨学科的方法论和理论，此外，还经常担任社会科学家和自然科学家等多重角色。人种生物学同时涉及实证主义和解释学方法论的研究领域，研究人种生物学的学者会采用各种定量和定性技术。

纵观其发展史，该领域被分成几个阶段用以阐述多年来主导人种生物学的不同学派(Ellen，2006；Nazarea，2006；Hunn，2007)。初始阶段是研究人员进行“拯救”的人种生物学阶段，试图记录当地有益于经济发展和医学研究的植物物种生物学知识(Ellen，2006：S2；Hunn，2007)。第二阶段开始于20世纪50年代，认知人类学兴起，在20世纪60年代和70年代达到顶峰。受布拉格学派(大约在20世纪20年代)语言学研究的启发，认知人类学家试图对民间生物学知识进行记录和分类，以了解不同文化群体如何定义其环境(Nazarea，2006)。在这一进程中，人种生物学家主要关注能够对当地类别进行分类，同时也能定位非本地、跨文化网格内容(用以对比不同文化群体)的方法论。从理论角度来看，这个阶段多数研究的重点在于论述“文盲对自然知之甚深”这一说法值得关注的原因(Berlin，1992：5)。康克林(Conklin，1954)对哈努诺(Hanunóo，菲律宾)的农业生态学研究，胡恩(Hunn，1977)以及伯林、布里德洛夫和雷文(Berlin，Breedlove，and Raven，1974)对策尔塔尔玛雅人的分类研究等，都是这个时期的典范。

20世纪70年代末和80年代，人种生物学家将之前关于经济植物学和分类学的研究内容纳入传统生态知识体系和当地研究管理实践中(Alcorn，1990；Denevan，1992；Nazarea，2006)。对本土知识和管理的研究兴趣反映出其不受制于现代化(Appadurai，1996)和国家政策(Dove，2006：195)的影响。人种生物学家讨论了地方分类系统的复杂性，观察到性别、种族、亲缘关系和其他等级概念在收集和传播人种生物学知识时所发挥的作用(Ellen，2006)。人种生物学研究方法也转向以过程为导向的方法。例如，人种生物学家"现在研究的是培育和驯化的过程，有用动植物种群的管理，传统知识获取与组织的过程"等(Salick et al.，2003：2)。此外，研究人种生物学时，实用激进的方法将人种生物学研究引入有关土著权利、知识产权和社区保护问题国际讨论的前沿。

自早期阶段开始，人种生物学得以蓬勃发展。目前，人种生物学涵盖从传统分类到更多解释性方法的不同领域研究。本章详细介绍人种生物学家为考察当代社会中的人种生物学以及与之相关的环境问题提出的解决方法。人种生物学研究中的理论转变与方法论延伸相对应。本章概述了人种生物学家从一开始就使用的一些经典方法，以及一些最近的发展，包括参与性策略。本章旨在让研究人员对人种生物学家使用的方法有一个整体认知，以及如何辨别哪种方法适合于哪些研究设计。对这些方法的讨论或多或少地是按照它们发展的历史顺序进行的。

方　法

凭证样本的收集

在人种生物学研究中，植物区系和动物区系的鉴定和样本的保存是记录和建立参照点的人种生物学研究的主要内容。这种文件为科学修正和重新定义提供了可能性。此外，通常会形成一个永久客观的材料档案，可以在未来工作中使用(Bye，1986：v)。为了达到这些目的，我们有必要收集和构建凭证样本。样本的适当处理需要前瞻性的规划和准备工作，包括仔细选择采集地点，适当处理和加工样本，并且要合法地收集和传输材料(Martin，2004：28－65)。在获取标本时，田野笔记是记录数据、收集信息的必要条件，例如位置坐标、当地生活环境、有机生物描述，众所周知的文化、收集样本的条件（如季节）以及其他有关信息。拜伊（Bye，1986）强调，鉴别要素（如植物的花序）必须被包含在任何一个样品中。如果在最初没有收集到这些要素，就需要继续收集，直到这些要素出现。除了野外采集数据外，每个样本都应该附有物种鉴定、当地名称注释以及收集者的姓名和编号（Bye，1986；Martin，2004）。为了保存生物资料，适当的加工必不可少，参见马丁（2004：28－65）对植物保存的详细描述。标本应被保存在研究场所和研究人员居住国（如不同）的适当机构中，这些机构通常根据标准协议处理资料或进一步保存。如果您是在国际环境中工作，就需要与研究人员（最好是来自信誉良好的机构的）进行协调，以获取如何在不同国家之间收集和转移样本的权利。

动植物的鉴定和分类

物种鉴定建立了一个参照点，必须包括一个凭证样本。一般来说，人种生物学家依靠林奈的分类，因为这是全世界科学界的通用语言并且可以用于跨文化比较。物种鉴定通常由有经验的生物学家来确定，这可以在现场与当地生物学家一起完成，也可以把样本运送到分类学专家那里进行鉴定。另外，人种生物学家对当地的鉴定体系颇有兴趣，这在很大程度是因为它们可以揭示当地关于自然界的概念化问题。

物种鉴定比较困难的一个方面在于搞清受访者所在社区（以及邻近社区之间）使用的各种术语。在某些情况下，语言分析对于判断术语是否为语音变体、语言借用或有关同源词（共享语言遗产）很有必要。如果你没有接受过区分这些差异所需的技能训练，那么你可以征求语言学家的专业意见。在任何情况下，当询问实际生物与其名称之间的对应关系时，研究标本（活的、干的或填充的）或照片很重要，因为在没有客观参照点的情况下，鉴定假设可能出错。

在某些情况下，社会语言学群体的人种分类学可能不符合西方科学所承认的分类学。与西方分类学相比，当部分人种分类学存在更多的差别时，术语外在差异就用来描述这种差别；反之，则用内在差异来描述（Berlin，1973：267－268；Berlin，1992）。一般来说，外在差异往往出现在功利主义或认知文化意义的生物体之间（虽然规模大小可能增加动物类群之间的文化显著性，参见 Hunn，1999）。伯林（1992）指出，对于民间体系和西方科学所认可的分类标准，特别是民俗共性的层面，已经达成显著共识（高达 60%）。

然而，很大程度上，侧重于分类的人种生物学研究依赖于各种词汇引申方法（以及对所收集的词汇数据进行分析）。应用分类模式的一种有效方法是结构语言学中的框架和填空方法，这种方法基于“人们可以通过物品在不同的（语言）环境（或框架）中分布的方式来理解其概念”（D'Andrade，1995：59）这一想法。这个“框架”通常由几乎完整的短语构成（只差一个“插槽”位置缺口），需要受访者填入一个词来使短语成立。因此，在“____是一种蔬菜”这种结构里，人们可以用各种蔬菜（西兰花、豆类等）的名称来填空，使该短语/句子具有真实的文化意义。我们可以使用该技术来生成文化领域的项目列表，以检验这些集合所包含的分类关系。梅茨格和威廉斯（Metzger and Williams，1966）开创性地扩展了这种技术，现在被称为自由列表（下面将要描述），即研究人员只是简单地询问：“有什么种类的蔬菜?”研究人员也可使用类似直接询问的方式来得出术语列表。

文化共识分析

20世纪80年代，认知人类学家开展了文化共识分析，以确定共同的文化信念，并分析受访者共享知识的数量（Romney and Weller，1984；Romney，Weller，and Batchelder，1986；Romney，Batchelder，and Weller，1987；Reyes-Garcia et al.，2004；Weller，2007：339）。罗姆尼（Romney）、韦勒（Weller）、巴彻尔德（Batchelder）和其他共事者提出了文化共识理论（CCT）、文化共识模型（CCM）以及人类学家和其他学者如今使用的其他综合分析方法（Romney and Weller，1984；Romney，1999；Reyes-Garcia et al.，2004）。在人种生物学研究中，文化共识分析特别有用，因为它“评估正确的文化答案和受访者的文化涵养或者准确性”（Weller，2007：340），这使研究者能够收集“最佳文化意义”应答，从文化意义上选择正确答案，并确定个人在某个领域或主题中的文化素养（Dressler，2005：335；Weller，2007）。在确定共同的文化信念以及判断某个文化领域或主题的受访者信度方面，文化共识分析是一种很好的方法，被用于人种生物学研究。

文化共识分析最好采用系统的数据收集方法进行分析，例如包括单选、是非选择、多项选择以及填空题的开放式问卷（见 Bernard，2002：280－9；Miller et al.，2004；Reyes-García et al.，2004；Weller，2007）。文化共识分析可以采用正式和非正式的方法来分析数据（见 Weller，2007：343－348）。非正式的方法采用可靠性分析，正式的方法需要依据 ANTHROPAC 和 UCINET 软件中建立的数学模型。文化共识模型是一系列正式导出的数学模型，既评估了每个受访者的文化能力或知识，又评估了每个问题的正确答案（Romney et al.，1996：4701）。

在正式和非正式的方法中，研究人员应该收集基于个人观点的信息（而不是焦点小组），从而保证个体的回答不受其他受访者回答的影响（Weller，2007：341）。另外，这些问题一次只能涵盖一个主题或领域（Weller，2007：341）。当回答高度一致时分析才有效，因此我们可以根据“共识”检验受访者的能力（Weller，2007：341）。在数据收集过程中，尽管总是有例外（Weller，2007：355），但最好至少对 30 人进行抽样以得到可靠的结果。

文化共识分析可用于分析有关植物、动物和人之间关系的任何问题。对于经常引用的文化共识分析的例子，参见博斯特（Boster，1986）对木薯品种的研究，米勒等（Miller et al.，2004）对黄鳍金枪鱼渔业的分析，雷耶斯-加西亚等（Reyes-Garcia et al.，2004，2005）对茨米纳内（Tsminane）植物知识的研究，阿特兰等（Atran et al.，1999）对植物分类的检验，加罗（Garro，1986）在墨西哥关于民间医学方面的工作以及罗姆尼（Romney）等的其他出版物。另外，请参阅韦勒（Weller，2007）对文化共识的精彩概述以及与文化共识理论和模型相关的常见问题。

人种语义学

人种语义学研究文化群体中的意义类别，重点是进行词汇对比，尤其是在分类系统中。这种研究类型从人类亲属关系研究（以及之前的语言学）开始，迅速蔓延到其他人种科学研究领域。人种语义学研究的关键在于确定一个文化领域，从该领域中得出鉴定和分类术语，然后找出每个术语的显著特征。术语是通过使用自由列表以及仔细观察对话和社会互动而得出的。除了定性研究之外，研究人员可以直接询问类别的各种特征（例如，询问阿姨和叔叔之间的区别），可以使用更多的定量方法。这些技术包括接下来将解释的项目分类和三角检验，还包括多维缩放（MDS）、PROFIT 分析、QAP（矩阵相关分析）和聚类分析等工具。以下小节详细介绍人种语义学常见的数据收集方法。

自由列表

正如前面强调的那样，通过词汇引出明确的文化信息是人种生物学工作方法的核心。自由列表要求受访者自由地列出（没有特定的列表顺序）文化领域的术语。格式是依据这种形式——“告诉我，所有____的名称清单”[①]，需要指定范围。根据环境和时间的限制，自由列表可以以口头或书面形式列出。一般来说，如果一个人想要了解更多的文化倾向，那么尽可能广泛取样并且尽可能多地提供自由列表是明智之举。连续的自由列表可进一步强化项目、受访者与有关文化领域之间的联系，而这些领域并不在最初的自由列表任务中（Ryan，Nolan，and Yoder，2000）。例如，在要求受访者列出当地出现的所有药用植物名称后，我们还可以进一步询问其用途、可使用的部位以及所列植物的疗效。

在获得列表之后，研究人员可以用统计方法来分析受访者之间的文化共识（Weller and Romney，1988）以及所列项目的显著水平（Smith，1993）；依据这些显著水平计算出所列项目的排名顺序（那些首先列出的项目排名更高，受访者首先记住），以及这些项目在受访者列表上出现的频率。

自由列表的潜在弊端包括可能忽视实质性信息的词汇项目（见 Ellen，1999）。与此相关的是，昆兰（Quinlan，2005）指出，实际上，延伸访谈的其他方法与自由列表相比，可能会得到更详细和更全面的目录。尽管对自由列表统计的可靠性存在疑问（Weller and Romney，1988），但它有助于量化。此外，米兰达等（Miranda et al.，2007）认为，自由列表形成过程中的可视化刺激因子可能影响所获项目的清单。

项目分类和三角检验

项目分类和三角检验在人种生物学和认知人类学研究方面有很长的历史。虽然在操作上有很大不同，但是在文化领域的项目之间，在评价范畴关系或语义关系的共同目标中，这些方法之间存在潜在的相似性。在这两个过程中，项目可以事先通过自由列表任务或通过人种志学者和信息提供者做出的明智决定来获得。这两种技术都使用了类似的统计分析方法，例如将项目之间的关系投射到欧几里得空间的 MDS 技术。为了有效地处理通过项目分类和三角检验所获得的数据，人们通常需要应用统计软件。由史蒂夫·博加蒂（Steve Borgatti）开发并由分析技术公司生产的 ANTHROPAC 和 UCINET 软件是最受人种生物学家青睐的软件包（关于这些产品的更多信息，请参见 www.analytictech.com）。

---

① 注意，自由列表并不限制回答者的时间，尽管有时可能会使用这种限制（如限制在 3～4 分钟）。在这种情况下，用于描述这种方法的术语被称为限制性列表任务（Sutrop，2001：264）。

项目分类

在项目分类中，基本理念是根据受访者的有关标准，要求受访者将一组物品（实物标本、标本照片或记录下来的名字）进行分类，由此每类中的物品就“属于一个整体”。基于约束性的项目分类，研究人员会要求每一类中须保证一定的数量。在没有限制的任务中，受访者可以根据自己的意愿做出尽可能多或尽可能少的（不能少于一个）分类。在基本的项目分类任务中，可能有许多变化，包括允许将项目分拣成多个类别（这需要具有可用的“副本”），并且进行连续的项目分类。人种志学者可以记录信息（哪些项目被分到哪类中——甚至在分类过程中），随后使用 MDS 技术或其他技术来辨别受访者认知取向中似乎很重要的方面。人种志学者通常也会要求受访者解释，为什么他们做出这样的分类（通常在所有分类工作完成以后），因而在人种志学者和受访者之间常常进行着公开和直接的讨论。

韦勒和罗姆尼（1988）指出，所谓的“单一排序”和“多重排序”任务之间可能存在着显著差异。对于单一排序任务，受访者只需排序一次，而多重排序则要求受访者进行多次排序和选择，且每次的标准都不同。另外，受访者可以使用连续的项目分类来得出分类标准。在这个过程中，受访者首先要进行分类，然后尽可能多地进行合并或拆分（或者两者都有，但不是同时）。这种方法旨在生成分类树，以显示项目分组之间的集合关系。

项目分类的优点包括能够同时处理多个项目（一次超过 100 个），能够更轻松地理解任务，以及能够使用非文字科目。项目分类的缺点包括：很难在受访者之间进行比较，以及需要采访 20～30 名受访者（除非你项目多，在这种情况下，需要的受访者较少）；此外，在连续项目分类中，可能对正在审议的项目实行了不适当的分类制度（参见 Berlin，1992）。

三角检验

用于比较/对比的方法被称为三角检验，项目以三个一组的形式呈现给受访者，要求他们或者选择“最不同”的一个项目，或者根据某个特征由多到少地进行排序。一般来说，随机生成的迭代（最方便的是使用计算机）用以比较三个项目一组的项目列表（N＜12）。这种方法的基本思想是，在对给定项目进行相似性判断时，特别是在将数据提交给分析工具之后，可以识别出显著的方面。例如，通过 MDS 运行结果，受访者可以发现哪些项目聚集在一起，以及感知项目之间关系的“亲疏”。

在项目和受访者少的情况下，三角检验最为有用。项目越多，就会产生越多的三角检验。例如，21 个项目的清单将产生 1330 个三角检验（Weller and Romney, 1988）。项目超过 10 个或 12 个以上并要减少相应三角检验数量的一种方法是使用均衡、不完整的区块（BIB）设计（Weller and Romney, 1988; Ross, Barrientos, and Esquit-Choy, 2005），这一设计消除了三角检验比较中“项目对”出现的次数，并且显著减少了受访者必须比较的三元组的总数。如果采用 BIB 设计，为了获得稳定的结果，可能需要增加受访者的数量。

一般来说，三角检验便于解释和管理，另外，可以使用口头或书面形式，缺点包括无法比较长列表的项目清单、无聊的重复性任务以及可能出现缺失或不完整数据（受访者没有将三个项目中的任何一个标记为不同）。最后这个问题可以通过允许“不判断”的选项来解决（引自 Ross, Barrientos, and Esquit-Choy, 2005），但是太多这样的选择可能会对整体比较结果产生不利影响（参见案例研究）。

情境知识：访谈、调查和问卷

几种不同类型的定性和定量访谈方法都将传统和当地环境知识置于社会文化背景之下，范围包括从结构化到非结构化的数据收集方法。因此，本节简要概述人种生物学家可能采用的方法。

访谈分为三类：非结构化、半结构化和结构化。非结构化访谈可以在任何地方进行，而且是不定期、开放式的访谈——研究人员与受访者进行非正式对话（Bernard, 2002: 204）。这些类型的访谈在项目开始时是有用的，以便获得融洽关系、建立友谊并了解社区生活的复杂性（Johnson, 1992; Bernard, 2002: 206）。非正式访谈也很有效，是用以探索人与环境关系、自然资源管理方法以及人种生物学家感兴趣的其他主题的主要方法。

半结构化访谈有着“非结构化访谈自由发挥的优势，需要相同的技巧”，但这基于“访谈指南”（Bernard, 2002: 205）。例如，胡恩等（2003）使用非正式的指导性访谈与林吉特人讨论海鸥蛋产量情况，以记录当地在阿拉斯加州冰海湾国家公园和保护区有关鸥鸟种群的抓捕技术和知识。研究人员“鼓励受访者详细介绍他们的经历、看法和观点”（Hunn et al., 2003: S85），最终得到了来自 43 个社区成员的丰富数据集，这些数据有利于冰川海湾国家公园及保护区实现可持续的资源管理。

结构化访谈则使用标准化的问题清单，以“控制触发人们反应的输入信息，以便他们的输出比较可靠”(Bernard, 2002: 24)。结构式访谈包括调查问卷等工具。当研究者具有“明确而有界限”的目标时，这些方法是最有效的(Johannes, Freeman, and Hamilton, 2000: 266)。结构式访谈包含开放式问题和强迫选择式(固定回答)问题，以及这两类问题的组合等(Bernard, 2002: 254)。强迫选择式问卷在文化共识分析中非常普遍。例如，雷耶斯-加西亚等(2004)使用了三种不同类型的强迫选择式问卷，并结合前面提到的自由列表来测试茨米纳内成人群体的人种植物学知识。在他们的调查问卷的多项选择题部分，雷耶斯-加西亚等(2004: 140)列出了一份植物清单，向茨米纳内的每位受访者询问多项选择题目中的每一个问题。例如：“你能告诉我 X(植物名称)是否可以当柴火?”(是/否)；“是否可用于盖房子?”(是/否)；“是否可食用?”(是/否)；“是否可治病?”(是/否)；“是否可做独木舟?”(是/否)，以及“是否可制作工具?”(是/否)。为了减少错误的回答，研究者应该非常注意词的选择和最适合研究主题的问卷调查类型(Bernard, 2002: 256)。参见贝纳德(Bernard, 2002: 256 - 265)和福勒(Fowler, 2002)对编写问卷的精彩论述。

每种非结构化和结构化的方法都有其优缺点。例如，弗格森和梅西尔(Ferguson and Messier, 1997)设计了一份问卷，并在巴芬岛因纽特一个社区的初步研究中使用了这份问卷。研究人员记录了有关本地驯鹿种群的知识，他们起初认为调查问卷是最好的访谈方法。然而，预先测试后，这份“支持标准而灵活访谈规则”的调查问卷不再被使用(Ferguson and Messier, 1997: 18)，因为测试表明这不是最恰当的调查工具。此外，问卷调查对于文化共识分析和收集特定类型的标准化定量人种生物学是不可或缺的，这些数据只能以这种方式进行收集。许多研究者选择同时采用结构化和非结构化方法来增强受访者的可靠性、完善抽样方法和提高数据集的质量。

照片引谈和解释

照片引谈是一种非常特别的访谈形式。哈珀(Harper, 2002: 14)将照片引谈定义为“在研究访谈中加入照片的一种简单思路”。这种研究方法的前提是可视图像(如照片、图画、图形等)会引发各种不同于口头信息的记忆、感觉和信息(Whyte, 1984; Johnson and Griffith, 1998; Harper, 2002: 14; Stewart, Liebert, and Larkin, 2004)。照片引谈可以显著减少长时间非照片式访谈带来的疲劳，并且能从受访者那里得到更真实更全面的信息（Collier，1967；Collier and Collier，1986；Ziller，1990：36），这种方法在视觉社会学、休闲研究、认知心理学和认知人类学中很常见（Taylor et al.，1995；Banks，2001；Stewart，Liebert，and Larkin，2004）。照片引谈也是一种用于分析视觉媒介中人与环境关系的方法，也可用于对没有文化或者整体文化水平低的社区成员进行共识分析（Johnson and Griffith，1998：215；Atran et al.，2002：428）。

照片引谈方法为人种生物学家提供了“具有很多文化差异世界之间的桥梁”（Harper，2002：21），这种方法有助于确定当地的生物物理环境类别，确定对景观的不同态度和价值观，可以引出关于景观的事件。照片引谈的第一步是选择最适合研究目的的照片。依据手头的研究任务，研究人员可以携带来自研究现场的照片，比如历史照片、航拍照片、生物材料扫描照片或其他类型的图像资料。例如，阿斯瓦尼和劳尔（Aswani and Lauer，2006：267）使用航拍照片来感知所罗门群岛当地人们对“海景的层次认知”。

另外，研究人员还可以把照相机分发给受访者，并要求社区成员记录自己的独特任务或经历，并将这些照片带到访谈现场，或要求受访者带上已有的照片。以上流程也适用于视频拍摄（Worth and Adair，1972）。由于访问员会提供访谈内容，所以这种照片引谈方式可以授权访问员（Clark-Ibanez，2004：1512）。在照片引谈过程中，一旦展示照片，“访谈指南方法”（Stewart，Liebert，and Larkin，2004：319）将有助于引导受访者。如果与人种生物学研究中具有较长历史的其他方法相结合，那么照片引谈方法效果将会最佳。

参与式绘图和植物轨迹

参与式绘图是研究人员与当地社区积极合作、绘制社区景观不同部分的方法（Brody，1981；Feld and Basso，1996）。这种方法是有效的分析工具：(1) 分析基于资源管理实践的社区；(2) 记录社区内部和周边的主要特征、生态环境和生活区域；(3) 记录文化遗址（Chapin and Threlkeld，2001）；(4) 将故事、名字、情感和记忆归因于当代、历史和祖先的地点；(5) 记载土地所有权的政治主张；(6) “重申历史和文化联系”（Smith et al.，2003：357）。这种方法对分析一个区域内的社区成员如何感知、思考和互动特别有用。此外，制图经历是一种特殊访谈，它征集社区成员生活记忆中使用或知晓的植物信息（Freeman，1976；Berkes et al.，1995）。研究者可以在参与式绘图之前、之中或之后采用这种访谈方法。

可以采取多种参与式绘图形式。例如，根据社区需求，社区确定研究背景和内容，指导研究人员收集信息（Herlihy and Knapp，2003：303）。当社区出于法律原因对绘制其土地蓝图感兴趣时，这是一种惯例，而且也适用于其他情况（Chapin，Lamb，and Threlkeld，2005）。研究人员和社区共同选择社区成员作为区域助理，并对他们进行特定绘图技术培训（Smith，2003：334）。此外，社区内的个人可以自愿担任拟议项目的顾问。每种情况下，研究人员都应该咨询当地社区，以确定社区希望参与的程度。

存在几种不同绘图方法"将认知空间知识转换成地图和可描述的形式"（Herlihy and Knapp，2003：303），这些方法有简单型的，也有高技术型的。手绘或绘制草图是简单的活动，研究人员可以利用这些活动来获取知识或生成认知地图，以揭示社区最显著的特征和对社会的重要性（例如，见Brody，1981；D'Antona，Cak，and Vanwey，2008）。这种方法往往是确定使用其他绘图程序的第一步，但也可以单独作为一种方法来使用（Chapin and Threlkeld，2001：9）。遥感数据，如航空摄影和卫星传感图像则是其他绘图选择（Aplin，2003：295）。如果可以获取不同时间段拍摄的航拍照片，就会得到此地段的变化历程。卫星图像、数字地形图、三维地图和地理信息系统技术都是较新的空间分析工具，其中一部分已经成为普遍使用的参与式绘图技术（Chapin，Lamb，and Threlkeld，2005；Fox et al.，2008；Rhoades and Nazarea，2009）。在这种情况下，研究人员和顾问使用手持 GPS 设备来标记指定区域的关键特征和兴趣点，以创建参与性社区地图。

最后，植物轨迹也是一种绘图方法，研究者在村庄的预定路线上标记特定的植物。他们用村子里具有代表性的植物样本作为标记轨迹，衡量一个人的人种生物学知识（Stross，1970；Zarger and Stepp，2004；Wyndham，2004；Voeks，2007；Hunn，2008）。在研究轨迹上，研究人员谨慎地标注社区中具有"文化意义和丰富性"的植物（Zarger and Stepp，2004：415），但植物轨迹的组成和重点则根据手头的研究问题来确定（例如，Voeks，2007：9）。许多咨询人员需要辨认轨迹上有标记的植物，并且经常讨论与被鉴定植物相关的其他知识（Zarger and Stepp，2004），对于植物轨迹方法论的其他应用，请参阅有关家庭园艺调查及有关方法的大量文献（Stoler，1975；Boster，1986；Vogl，Vogl Lukasser，and Purl，2004）。

在任何情况下，绘图都可能存在危险并包含敏感的文化信息，所以一定要考虑作品的意义（Fox，2008：204）。

实践中的人种生物学：三个案例研究

本节介绍了三个研究案例，在每个案例中，研究人员在项目设计中采用了人种生物学研究的一种或多种方法。

药用植物分类和藏医

格洛佛(2005)对分类和人种语义学的关注强调了中国云南省某地的医生为各种不同目的而使用的各种分类模式，其中一些图式保存了重要的文本资料，这使得格洛佛研究了各种医学文献中的本草分类与更大范围的当地医药体系的关系(Glover，2005；Glover，in press)。格洛佛使用了各种访谈技巧(开放式、半结构化和结构化)以及自由列表和项目分类方法(有一些修改)。半结构式访谈通常侧重于解释一个特定主题——例如，在医生的整个教育过程中学习药用植物名称和特征的方式。在时间有限的情况下，带有预先准备问题列表的结构性访谈会特别有帮助。

自由列表任务中也有限制，格洛佛请五个地区的医生列出他们行医过程中最有用或最重要的 30 种植物。接下来，她利用照片向每位医生确认列表中所有植物的名字。然后，格洛佛选出所有列表上(N=19)的植物，无论受访者会以什么形式分组，她要求受访者将这些植物名称进行分类并用当地文字写在纸上。格洛佛解释说，多种分类是必需的，名字可以分为多组，并提供空白纸条，以便在需要时重复写下植物的名字。一名医生成功地进行了项目分类，而其他医生则没有完成。从统计学意义上来讲，尽管用于共识分析的样本规模太小，但确实很容易从项目分类中发现模式。每个类别的布局都有一些变化，突出了分类的不同方面，最常见的分类方法是根据他们所治疗的疾病将植物进行分组。对于医生来说，自由列表和项目分类似乎并不是一项艰巨的任务，尽管起初看起来有点儿奇怪。事实上，使用纸张的选取(而不是实际样本)可能是这项任务中最奇怪的部分，但这似乎并不是什么特殊问题。

最后，格洛佛将她在田野研究中获得的样本存放在中国昆明植物研究所、华盛顿大学和密苏里植物园里。

玛卡、人种生物学和当代生存实践

玛卡(Makah)部落是美国西北部的一个土著部落，位于华盛顿州尼亚湾的玛卡保护区。玛卡部落有长期依靠当地陆地和海洋资源生存的传统，社区成员对尼亚湾附近的生态环境有着强烈的地域依赖性(Sepez，2001：1)。从1997年到1999年，塞佩兹(2001)对玛卡地区目前的生存实践进行了分析，重点讨论了政治历史对玛卡人觅食策略的影响，讨论了与这些实践相关的传统环境知识以及归因于生存情结的社会文化和经济价值。塞佩兹决定将自己的研究限定在狩猎、捕鱼和贝类捕捞等生计实践中，并记录与捕猎动物资源相关的当地人种生物学知识。她采用了惯常定性的人种学方法，同时对15%的家庭进行随机抽样的统计分析。

在这种情况下，定性方法和定量方法相辅相成，互相交叉检查数据，并生成了狩猎、捕鱼和采贝实践的画像。例如，参与观察给塞佩兹(2001：35)提供了机会，使她"参与并观察与生计有关的河流和海洋捕捞、挖蛤蜊及其他拾贝活动……我最喜欢的活动是捉章鱼"以及其他维持生计的活动。与这些观察和事件相一致，塞佩兹还收集了有关生计收成的统计数据。这项调查采用的是一种结构化的访谈方法，最初由玛卡文化研究中心测试和批准。调查包括家庭成员组成、特定动物资源的生计收成、资源共享实践以及其他与当地自然资源管理和使用相关的问题。

在进行研究时，99%的受访家庭参加了生计调查活动。我们发现，尽管可以获得非本地食物，但玛卡人对维持生计的食物仍然具有强烈的关注和偏好(Sepez，2001：327)。此外，由于生存活动而产生的社会和文化互动使得觅食活动几乎超越了饮食需要。在这种情况下，如果没有对人种生物学知识研究采取定量和定性相结合的方法，就很难记录当地人对生存活动的看法和偏好。

场所创造、人种生态学和卡亚波

卡亚波(Kayapó)人是巴西中部的一个土著群体，居住在巴西马托格罗索州和帕拉州的一系列法定的保护区内。20世纪下半叶，卡亚波人成功保留了大部分领土，21世纪的保护区网络得以进一步巩固。在2007年的研究中，扎诺蒂检查了保护区地位对奥克(Aukre)村卡亚波人生计的影响。扎诺蒂在研究设计中加入了人种生态学元素，以研究奥克村场所创造战略、土地依赖性和对当地与本地区的理解。在这个案例中，人种生态学方法为收集和分析当地知识与土地依赖性提供了分析框架。

扎诺蒂在她的人种生态学研究中采用了两种方法论。第一，她利用参与式绘图技术和绘制传记来更好地了解当地使用土地资源的情况。扎诺蒂要求顾问带领她去那些对于他们与社区来说都很重要的地方，社区成员或者步行，或者乘独木舟，指出了捕鱼点、老黄蜂仪式区、狩猎小径、果树、季节性桥梁和其他有趣的区域。扎诺蒂边走边做记录，用GPS设备和手绘地图记录了这些区域。第二，她开展了非正式的参与式走访，并与多个顾问进行了半结构化访谈。在这些采访中，扎诺蒂对社区成员向她指出的景观的不同部分感到疑惑，为什么它们对受访者很重要以及他们对整个社区有什么意义。这些方法的组合提供了一套制图数据、视觉材料和口头信息。为了完成这项研究，扎诺蒂(2008)分析了数据，以确定对卡亚波人来说至关重要的景观的显著方面。

结　论

本章概述研究人员在进行人种生物学研究时可以采用的方法。由于人种生物学是多学科交叉学科，人种生物学家使用的方法包括定性和定量两种方法。人种生物学已经成为人类学和有争议的环境科学中一个复杂的研究领域，它足以回答几种不同类型的研究问题。人种生物学提供了几种有价值的方法来分析自然资源管理中人类的作用(Ellen，2006)，并有潜力来评估社会环境系统中快速变化的影响。最后，本章只是初步地介绍了人种生物学家可用的几种方法的第一步。我们敦促那些对人种生物学研究感兴趣的人士参考我们引用的文献，继续设计他们的研究方案。

参考文献

Alcorn J. B., 1990. Indigenous agroforestry systems in the Latin American tropics. In M. A. Altieri and S. B. Hecht (eds.), *Agroecology and Small Farm Development*. Boca Raton, FL: CRC Press, pp. 203 – 213.

Aplin P., 2003. Using remotely sensed data. In N. J. Clifford and G. Valentine (eds.), *Key Methods in Geography*. Thousand Oaks, CA: Sage Publications, pp. 291 – 308.

Appadurai A., 1996. *Modernity at Large: Cultural Dimensions of Globalization*. Minneapolis, MN: University of Minnesota Press.

Aswani S. and M. Lauer, 2006. Benthic mapping using local aerial photo interpretation and resident taxa inventories for designing marine protected areas. *Environmental Conservation* 33(3): 263 – 273.

Atran S., D. Medin, N. Ross, *et al*., 1999. Folkecology and commons management in the Maya Lowlands. *PNAS* 96: 7598 – 7603.

Atran S., D. Medin, N. Ross, *et al.*, 2002. Folkecology, cultural epidemiology, and the spirit of the commons. *Current Anthropology* 43 (3): 421 - 450.

Banks M., 2001. *Visual Methods in Social Research*. London: Sage Publications.

Berkes F., A. Hughes, P. J. George, *et al.*, 1995. The persistence of Aboriginal land use: fish and wildlife harvest areas in the Hudson and James Bay Lowland, Ontario. *Arctic* 48(1): 81 - 93.

Berlin B., 1973. Folk systematics in relation to biological classification and nomenclature. *Annual Review of Ecology and Systematics* 4: 259 - 271.

Berlin B., 1992. *Ethnobiological Classification: Principles of Categorization of Plants and Animals in Traditional Societies*. Princeton, NJ: Princeton University Press.

Berlin B., D. E. Breedlove, and P. H. Raven., 1974. *Principles of Tzeltal Plant Classification: An Introduction to The Botanical Ethnography of a Mayan-speaking People of the Highlands of Chiapas*. New York: Academic Press.

Bernard H. R., 2002. *Research Methods in Anthropology: Qualitative and Quantitative Approaches*. 3rd edn. Walnut Creek, CA: Altamira Press.

Boster J. S., 1986. Exchange of varieties and information between Aruaruna manioc cultivators. *American Anthropologist* 88: 429 - 436.

Brody H., 1981. *Maps and Dreams: Indians and the British Columbian Frontier*. London: J. Norman and Hobhouse.

Bye R., 1986. Voucher specimens in ethnobiological studies and publications. *Journal of Ethnobiology* 6(1): 1 - 8.

Chapin M., Z. Lamb, and B. Threlkeld, 2005. Mapping indigenous lands. *Annual Review of Anthropology* 34: 619 - 638.

Chapin M. and B. Threlkeld, 2001. *Indigenous Landscapes: A Study of Ethnocartography*. Arlington, VA: Center for the Support of Native Lands.

Clark-Ibáñez M., 2004. Framing the social world with photo-elicitation interviews. *American Behavioral Scientist* 47: 1507 - 1527.

Collier J., 1967. *Visual Anthropology: Photography as a Research Method*. Austin, TX: Holt, Rinehart and Winston.

Collier J. and M. Collier, 1986. *Visual Anthropology: Photography as a Research Method*. Albuquerque, NM: University of Mexico Press.

Conklin H., 1954. The relation of Hanunóo culture to the plant world. Ph. D. dissertation. Yale University, New Haven.

D'Andrade R., 1995. *The Development of Cognitive Anthropology*. Cambridge, UK: Cambridge University Press.

D'Antona Á. de O., Cak D. A., L. K. VanWey, *et al.*, 2008. Collecting sketch maps to understand property land use and land cover in large surveys. *Field Methods*, 20: 66 - 84.

Denevan W., 1992. The pristine myth: the landscape of the Americas in 1492. *Annals of the Association of American Geographers* 82(3): 369 - 385.

Dove M. R., 2006. Indigenous people and environmental politics. *Annual Review of Anthropology* 35: 191 - 208.

Dressler W. W., C. D. Borges, M. C. Balieiro, *et al*., 2005. Measuring cultural consonance: Examples with special reference to measurement theory in anthropology. *Field Methods* 17: 331 - 355.

Ellen R., 1999. Modes of subsistence and ethnobiological knowledge: Between extraction and cultivation in Southeast Asia. In D. Medin and S. Atran (eds.), *Folkbiology*. Cambridge, MA: MIT Press, pp. 91 - 118.

Ellen R., 2006. Introduction. *Journal of the Royal Anthropological Institute* N. S.: S1 - S22.

Feld S. and K. H. Basso (eds.), 1996. *Sense of Place*. Santa Fe, NM: School of American Research Press.

Ferguson M. A. D. and F. Messier, 1997. Collection and analysis of traditional ecological knowledge about a population of arctic tundra caribou. *Arctic* 50(1): 17 - 28.

Fowler F., 2002. *Survey Research Methods*, 3rd edn. Thousand Oaks, CA: Sage Publications.

Fox J., K. Suryanata, P. Hershock, and A. H. Pramono, 2008. Mapping boundaries, shifting power: the socio-ethical dimensions of participatory mapping. In M. K. Goodman, M. Boykoff, and K. Evered (eds.), *Contentious Geographies: Environmental Knowledge, Meaning, Scale*. Burlington, VT: Ashgate Publishing, pp. 203 - 218.

Freeman M. M. R. (ed.), 1976. *Report on the Inuit Land Use and Occupancy Project*. Ottawa: Department of Indian and Northern Affairs.

Garro L. C., 1986. Intracultural variation in folk medical knowledge: a comparison between curers and noncurers. *American Anthropologist* 88 (2): 351 - 370.

Glover D. M., 2005. *Up from the roots: Contextualizing medicinal plant classifications of Tibetan doctors in Rgyalthang, PRC*. Ph. D. Dissertation, University of Washington.

Glover D. M., Forthcoming. Classes in the classics: Historical changes in plant classifications in two Tibetan medical texts. In M. Schrempf, S. Craig, F. Garrett, and M. Tsomo (eds.), *Medicine, Health, and Modernity: Proceedings from the XIth International Association for Tibetan Studies Meetings*. Bonn: International Institute for Tibetan and Buddhist Studies, Contributions to Research on Central Asia Series.

Harper D., 2002. Talking about pictures: a case for photo elicitation. *Visual Studies* 17(1): 13 - 26.

Herlihy P. H. and G. Knapp, 2003. Maps of, by, and for the Peoples of Latin America. *Human Organization* 62(4): 303 - 314.

Hunn E. S., 1977. *Tzeltal Folk Zoology: The Classification of Discontinuities in Nature*. New York: Academic Press.

Hunn E. S., 1999. Size as limiting the recognition of biodiversity in folkbiological classifications: One of four factors governing the cultural recognition of biological taxa. In D. Medin and S. Atran (eds.), *Folkbiology*. Cambridge: MIT Press, pp. 47 - 69.

Hunn E. S., 2007. Four phases of ethnobiology. *Journal of Ethnobiology* 27 (1): 1 - 10.

Hunn E. S., 2008. *A Zapotec Natural History: Trees, Herbs, and Flowers, Birds, Beasts, and Bugs in the Life of San Juan Gbëë*. Tucson, AZ: University of Arizona Press.

Hunn E., D. R. Johnson, P. N. Russell, *et al*., 2003. Huna Tlingit traditional environmental knowledge, conservation, and the management of a "wilderness" park. *Current Anthropology* 44: S79 - S103.

Johannes R. E., M. M. R. Freeman, and R. J. Hamilton, 2000. Ignore fishers' knowledge and miss the boat. *Fish and Fisheries* 1: 257 - 271.

Johnson J. and D. C. Griffith, 1998. Visual data: collection, analysis and representation. In V. C. de Munck and E. J. Sobo (eds.), *Using Methods in the Field: A Practical Introduction and Casebook*. Walnut Creek, CA: AltaMira, pp. 211 - 228.

Johnson M., ed., 1992. *Lore: Capturing Traditional Environmental Knowledge*. Ottawa: Dene Cultural Institute and International Development Research Centre.

Martin G. J., 2004. *Ethnobotany: A Methods Manual*. Sterling, VA: Earthscan.

Metzger D. and G. Williams., 1966. Some procedures and results in the study of native categories: Tzeltal "Firewood." *American Anthropologist* 68: 389 - 407.

Miller M., J. Kaneko, P. Bartram, *et al*., 2004. Cultural consensus analysis and environmental anthropology: yellowfin tuna fishery management in Hawaii. *Cross-Cultural Research* 38(3): 289 - 314.

Miranda T. M., M. Christina de Mello Amorozo, J. Sílvio Govone, *et al*., 2007. The influence of visual stimuli in ethnobotanical data collection using the listing task method. *Field Methods*, 19: 76 - 86.

Nazarea V., 2006. Local knowledge and memory in biodiversity conservation. *Annual Review of Anthropology* 35: 317 - 335.

Quinlan M., 2005. Considerations for collecting freelists in the field: examples from ethnobotany. *Field Methods* 17: 219 - 234.

Reyes-García V., E. Byron, V. Vadez, *et al*., 2004. Measuring culture as shared knowledge: do data collection formats matter? Cultural knowledge of plant uses among Tsimane' Amerindians, Bolivia. *Field Methods* 16(2): 135 - 156.

Reyes-García V., V. Vadez, E. Byron, *et al*., 2005. Market economy and the loss of folk knowledge of plant uses: estimates from the Tsimane' of the Bolivian Amazon. *Current Anthropology* 46: 651 - 656.

Rhoades R. E., and V. Nazarea, 2009. Forgotten futures: scientific models vs. local visions of land use change. In P. Sillitoe (ed.), *Local Science Versus Global Science*. New York: Berghahn Books, pp. 231 - 256.

Romney A. K., 1999. Cultural consensus as a statistical model. *Current Anthropology* 40: S103 - 115.

Romney A. K., and S. Weller, 1984. Predicting informant accuracy from patterns of recall among informants. *Social Networks* 6(1): 59 - 77.

Romney A. K., W. Batchelder, and S. Weller, 1987. Recent applications of cultural consensus theory. *American Behavioral Scientist* 31(2): 163 - 177.

Romney A. K., J. P. Boyd, C. C. Moore, *et al.*, 1996. Culture as shared cognitive representations. *PNAS* 93(10): 4699 - 4705.

Romney A. K., S. Weller, and W. Batchelder, 1986. Culture as consensus: a theory of culture and informant accuracy. *American Anthropologist* 88(2): 313 - 338.

Ross N., T. Barrientos, and A. Esquit-Choy, 2005. Triad tasks, a multipurpose tool to elicit similarity judgments: the case of Tzotzil Maya plant taxonomy. *Field Methods* 17: 269 - 282.

Ryan G. W., J. M. Nolan, and P. S. Yoder, 2000. Successive free listing: using multiple free lists to generate explanatory models. *Field Methods* 12: 83 - 107.

Salick J., J. Alcorn, E. Anderson, *et al.*, 2003. Intellectual Imperatives in Ethnobiology NSF Biocomplexity Workshop Report. St. Louis, Missouri Botanical Garden.

Sepez J., 2001. *Political and social ecology of contemporary Makah subsistence: hunting, fishing, and shellfish collecting practices*. Ph. D. Dissertation, University of Washington.

Smith D. A., 2003. Participatory mapping of community lands and hunting yields among the Buglé of Western Panama. *Human Organization* 62(4): 332 - 343.

Smith J. J., 1993. Using ANTHROPAC 3. 5 and a spreadsheet to compute a free-list salience index. *Cultural Anthropology Methods Journal* 5(3): 1 - 3.

Smith R. C., M. Benavides, M. Pariona, and E. Tuesta, 2003. Mapping the past and the future: geomatics and indigenous territories in the Peruvian Amazon. *Human Organization* 62(4): 357 - 368.

Stewart W. R., D. Liebert, and K. W. Larkin, 2004. Community identities as visions for landscape change. *Landscape and Urban Planning* 69: 315 - 334.

Stoler A., 1975. Garden use and household consumption pattern in a Javanese village. Ph. D. dissertation, Columbia University, New York.

Stross B., 1970. Aspects of language acquisition by Tzeltal children. Ph. D. dissertation. University of California, Berkeley, California.

Sutrop U., 2001. List task and a cognitive salience index. *Field Methods* 13 (3): 263 - 276.

Taylor J., K. Czarnowski, N. Sexton, *et al.*, 1995. The importance of water to Rocky Mountain National Park visitors: an adaptation of visitor-employed photography to natural resources management. *Journal of Applied Recreation Research* 20: 61 - 85.

Voeks R. A., 2007. Are women reservoirs of traditional plant knowledge? Gender, ethnobotany and globalization in northeast Brazil. *Singapore Journal of Tropical Geography* 28: 7 - 20.

Vogl C. R., B. Vogl-Lukasser, R. K. Purl, 2004. Tools and methods for data collection in ethnobotanical studies of homegardens. *Field Methods* 16(3): 285 - 306.

Weller S. C., 2007. Cultural consensus theory: applications and frequently asked questions. *Field Methods* 19: 339 - 368.

Weller S. C. and A. K. Romney, 1988. *Systematic Data Collection*. Qualitative Research Methods Series (Vol. 10). Newbury Park, CA: Sage Publications.

Whyte W. F., 1984. *Learning From the Field: A Guide from Experience*. Beverly Hills, CA: Sage Publications.

Worth S. and J. Adair, 1972. *Through Navajo Eyes: An Exploration in Film Communication and Anthropology*. Bloomington, IN: Indiana University Press.

Wyndham F. S., 2004. Learning ecology: ethnobotany in the Sierra Tarahumara, Mexico. Ph. D. dissertation, University of Georgia, Athens.

Zanotti L., 2008. *Re-envisioning indigenous territoriality: nature, place, and space in the Kayapó reserve*. Ph. D. Dissertation, University of Washington, Seattle.

Zarger R. K. and J. R. Stepp, 2004. Persistence of botanical knowledge among Tzeltal Maya children. *Current Anthropology* 45: 413 - 418.

Ziller R., 1990. *Photographing the Self: Methods for Observing Personal Orientations*. London: Sage Publications.

7　勾画历史：人文景观和徒步方法

维罗妮卡·斯特朗

前　言

本章指出，作为人种学研究的一种方法，“文化绘图”和许多人类学思想（实际上是“文化”本身的概念）一样得到广泛应用。联合国教科文组织（2009）常采用这种方法，许多当地社区项目也是如此。现在不仅有文化绘图“工具包”，还有帮助人们使用这些工具的时事通信和网站。但是，本章主要将文化绘图视为科学、系统的社会数据收集方法。

文化绘图探究过去和现在人们与当地环境的关系，和受访者在研究重地“徒步”，并收集当地的社会、历史和生态数据。它指出，地点不仅能体现文化信仰和价值观的物质化特征，还是信息的储存库和实用的信息助记手段。因此，这一流程同时也是一种收集基本场域和特定区域数据的方式，一场关注人与场域相互作用的参与式观察活动，一种启发受访者清晰阐述自然地形中人文景观和与有关的地域民族史的过程，以及一种形成该地区各种文化表象的协作过程。现场访谈涉及经验与抽象知识，“徒步”方法使访谈气氛轻松且成效显著。

这个过程是系统的、全面的，可以同时收集视觉材料和文本材料。地点实际上是“映射”的，有时是非正式的，人们会使用和修改现有的地图与草图，或者会很正式地使用 GIS 技术、卫星图像技术及相关技术。访谈通常是非正式和更结构化方法的结合。人们可以得到一系列数据集，例如地貌和生态信息、当地历史、社会空间信息、所有权和使用权、当地生态知识、对环境的宗教与世俗理解、经济行为以及资源的使用与管理。其主要目的是深入、全面地了解人们与其居住地之间的关系，并阐明特定的文化和民族史概况。除了可以为人与环境相互作用研究提供比较数据，此方法还有助于解决土地和资源的冲突，也有助于对环境管理（和共同管理）问题进行考量（见 Sillitoe，1998）。"文化绘图"经常与"逆向绘图"和"参与式行动研究"（PAR）[①]等方法交叉使用。

任何人种学或民族史研究都可以从这些方法中获益，但是本章表明文化绘图是环境人类学研究中一种特别有价值的方法。为什么会这样呢？显然，空间导向的方法很适用于人类与环境相互作用的研究领域，但文化绘图还可以阐明一些核心理论问题：比如，人们如何居住和了解居住地；人们的感官体验和认知过程如何与所遇到的物质环境相联系；以及人们如何表达空间和时间的概念。

文化绘图是人与环境关系的基础。对世界的认识和感知过程需要一个创造性的"绘图"过程。居住在特定的生态环境中，从空间意义上来讲，人类群体面临着规划构架、绘制资源地图以及管理资源经济用途的现实需要。人们创造性地改造周边环境，形成由思想、类别、知识和价值观组成的文化体系，形成社会和空间布局，提供经济与政治活动，形成宗教和科学的宇宙论。正如本杰明（Benjamin）影响深远的著作（1970）所述，空间、历史和文化认同之间存在着复杂的联系（见 Carter，1987）。

这表明，对于文化绘图，我们要考虑人与环境关系的三个主要方面。第一，参与的基本过程。在这个过程中，绘图和讲故事是人们"理解"自己在世界中的地位/位置的核心能力。第二，物质文化景观与观念文化景观的相互制约——由充满记忆、意义和特性的人类活动和空间形成的场所。第三，表达与地点特定关系的表现形式。后者也是递归的：福柯（Foucault）观察到，文字、故事、叙事、话语和文本"构成了它们所说的对象"（1972：54），通过叙述和图示能很好地用于场所构建。

文化景观也反映政治关系。科斯格罗夫（Cosgrove，1989）注意到它们再现了主流群体的规范和价值观。基思和派尔（Keith and Pile，1993：38）认为，"所有的空间都是政治性的，因为它们是不对等权力关系的（隐蔽的）媒介和（变相的）表达"。在世界各地，对社会、经济、政治主导权以及对土地和资源所有权与控制权的争夺由来已久。人们对其特定文化景观的展示是竞争的核心，并成为政治谈判中的关键话题（见 Bender，1998；Orlove，1991，1993）。

① 这些术语有时合并为参与性行动研究绘图（PARM）（见 Herlihy and Knapp，2003；McIntyre，2008）。

绘图可以用很多方法组成：一幅点画，一首歌曲，一个故事，一支舞蹈，一连串的结，一幅沙画，当然还有制图技术。所有这些功能都将复杂的空间信息简化为一种可管理、可交流的形式，并且许多功能是通过叙述来体现时间元素的。事实上，在分析地图时，最好抛弃图像和叙述形式之间的常见区别，因为它们大体上相互关联。甚至当空间意象出现在线性叙述中时——尽管解释起来更具挑战性，时间变化包含在所谓的空间表征中。

某些形式的绘图在表达时间信息方面的作用尤为显著，这些可以为以民族历史问题为重点的文化绘图项目的设计提供信息。例如，描述早期欧洲旅行的"行程图"，探险家的"日记地图"，澳大利亚土著的歌谱，它们将地貌信息与对祖先旅程及其创造性活动的叙述结合起来。除了提供包含时间在内的代表性模型，我们还将自然场景看作一个记忆储存库（见 Kuchler，1993；Morphy，1993；Schama，1996；Stewart and Strathern，2003）。在不识字的社会中，这种利用自然环境定位社会数据的记忆方式尤为常见。赫尼格（Henige，1982）提出，"记忆"是一项重要的技能[①]，但是很显然，所有的人类社会都把记忆和意义定位在适当的位置。

文化绘图可以通过多种方式表现出来，我们也可以将其看成一种自发的协作过程。从这个意义上来说，它可能包括班克斯和莫菲（Banks and Morphy，1997：14）称为"视觉研究方法"的三项活动：制作视觉表征、分析现有表征、协同制作视觉表征。视觉媒体已经成为人种学研究中越来越重要的一部分（Pink，2001，2006）。和空间表征形成一样，文化绘图通常会辅以摄影、视频和电影、GIS 数据库、数字和超媒体等形式。

由于绘图能够具体地代表文化观点，因此常常被用于参与式行动研究（PAR）或"逆向绘图"中。在这一过程中，为了保护或重新获得土地所有权和资源，为了防止环境恶化和社会混乱，或者只是为了维护某种特定的文化身份，研究人员会协助社区共同努力（见 Reason and Bradbury，2008）。这种更为平等的合作方式形成于 20 世纪六七十年代女权主义学者的反思批判，通常涉及直接倡导，一些作者认为这是长期人种学关系的可预测结果（见 Ramos，2004）。即使情况并非如此，当代人种学研究的道德准则也鼓

① 正如他所指出的：文化社会中的成员在保留记忆方面或精心选择，或粗枝大叶，但仍然能够无限期地找回他们已经忘记的一些东西，因为口述社团的成员没有这样的机会，所以过去的时光对他们来讲意义非凡。模糊的集体记忆被形式化、系统化、细节化，并一次又一次地形成规范……没有有效的记忆手段，遗忘是一种无法治愈的疾病（Henige，1982：5）。

励研究人员更密切地关注与受访者之间的平等关系以及他们的研究对所有相关人员的益处。

因此，研究项目往往与东道主社区共同设计，共同收集数据，共享研究成果（文本和图像）。通常情况下，这会让项目更符合社区需要（见 Durington，2004）。研究人员在制作文化绘图时，直接与社区成员合作，或者向社区成员提供方法以及培训、技术和咨询等支持。

这样的合作造就了弗洛里斯（Flores，2004）所描述的“混合产品”[①]。研究者还提出了一系列关于所有权的道德问题：谁负责研究过程，谁决定研究目标与方法，最重要的是，谁拥有这项研究成果。所有这些问题都需要考虑和协商。由于对土地和资源的需求越来越牵涉对抗性的法律之争，地图可能是一种特别敏感的表现形式，因此我们需要认真考虑在法律程序中所有当事方使用地图可能产生的后果。我下面介绍一段逸事。几年前，澳大利亚土著产权法庭的负责人参观了牛津的皮特利弗斯博物馆（Pitt Rivers Museum），作为澳大利亚本地人，我被派去和他见面。“哦，是的。”他说，“我知道你的名字，你的书最近作为第 11 号证据被放在了我的桌子上。”

第 11 号证据是一种比较人种志，它考察了昆士兰州北部米切尔河地区土著群体和牧场主[②]完全不同的文化景观（Strang，1997）。随后，我为科瓦尼阿玛（Kowanyama）的土著社区编写了几份文化绘图报告。以上这些以及随后在布里斯班河流域的小组研究为我们探索文化绘图的过程提供了研究案例。

沿着米切尔河流域绘图，科瓦尼阿玛的原住民社区位于约克角西海岸，靠近米切尔河入海口，约有 1200 人，分属于昆延语（Kunjen）、科科布拉语（Kokobera）和耶尔约鲁蒙特语（Yir Yoront）三个语族[③]。前官方保护区包括上述各群体的一些传统土地，并且延伸到邻近的牲畜场和米切尔-艾丽斯河国家公园。由于所处位置偏远，直到 20 世纪初，欧洲人才偶尔来到此地。早期与土著居民举行的探索性会议一般都会受到暴力的影响，即使到了欧

① 正如我在别处所论证的那样（Strang，2006），综合的概念表明，人类学知识本身是跨越文化界限的长期的知识交流的产物。在此基础上，有人认为，所有人种学的表现都是混合产品（Arce and Fisher，2003；Clifford and Marcus，1986；Lassiter，2005），尽管在建立与受访者的工作关系、平等程度以及东道主社区参与研究的程度方面等存在很大的差异。

② 这个术语在澳大利亚被用于描述牧场主。

③ 昆延群体也被描述为 Olkol 语言使用者。20 世纪 30 年代，劳里斯顿·夏普对耶尔约鲁蒙特群体进行了出色的研究。夏普编制了详细的地图、人种志和家谱，这些都是社区的宝贵历史资源。

洲人在该地区定居的初期，这种情况仍在延续。到了 20 世纪中期，土著人要么生活在 1903 年建立的圣公会教会保护区，要么在邻近的牲畜场里提供无偿劳动，以便停留在他们传统的“国家”中。20 世纪 60 年代的一项立法要求为这项工作支付工资，这将他们从牲畜场驱逐到 1964 年大飓风之后被交给国家的区域。1987 年的《信托契约》要求将保护区交付给社区进行管理，并且随着土著理事会——显然这是一个管理土著土地和资源的办事处——的成立，实现了一定程度的自治。

20 世纪 90 年代初，土著长老让我帮助他们绘制米切尔-艾丽斯河国家公园的传统“故事地点”图①，他们希望新的立法可以帮助他们恢复自己的传统国家，或者至少在管理和运用这项新法案时能获得一些发言权②。他们同样关心的是，在当代社会、经济和教育压力下，传统知识无法被有效地传递给年青的一代。社区中许多知识渊博的成员正在老去并日益虚弱，他们希望将这些知识系统地记录下来，“供子孙后代使用”。此外，这项工作迫切而繁重，正如一位昆延长老所说，“不断游历的这一年，你会更加了解这个国家”(Paddy Yam，1992)③。

因此，我与土地局和土著护林员合作，组织了几次同重要团体到国家公园的旅行。这些计划根据社区的优先次序制订，即我们应该去哪些地点——他们渴望尽可能系统而全面地涵盖公园内所有重要的文化地点，特别是那些“故事地点”。这与制作文化绘图的科学方法一致。在这种方法中，我们通常需要收集所有相关地点的信息，同时要了解哪些信息特别有意义。

考虑到定居点的距离以及后勤的现实，因此有必要协商谁应该参与这一研究进程。这里有更多的目标分歧。总的来说，人种学家希望与任何一个文化群体中不同层面的知情者交流每一代的性别、阶级等代表性样本。然而，土著社会是长老统治的社会，人们(不论男女)在人生每个阶段获得的

---

① 在北昆士兰州，圣地被称为故事地点，而从那里继承了《土著法》的祖先时代被称为故事时间。在澳大利亚的其他地区，被称为“梦想时光”。

② 不久之后通过了《土著产权法案》(1993)。这是一个具有里程碑意义的法案，在 200 年的否决后，澳大利亚终于承认土著人拥有土地所有权的制度，并可在土地所有权尚未失效的情况下认领土地。随后发生的政治风波导致基廷政府垮台，约翰·霍华德当选，他着手“修改”该法案。

③ 在这方面，科瓦尼阿玛的所有语言群体都热衷于与人类学家和考古学家合作：20 世纪 70 年代，约翰·泰勒在邻近的波姆鲁威土著社区(Taylor，1975)进行了有益的绘图工作，在 20 世纪 90 年代初期，科瓦尼阿玛社区还说服布鲁诺·大卫和约翰·科德尔协助他们进行此类工作(David and Cordel，1993)。我和布鲁诺·大卫合作完成了一些工作。

知识都是有限的(通常是神圣的)。社区长老作为权威的文化信息持有者，在文化绘图的过程中被视为“合适的”专家，对文化信息以及对协作研究本身的管控都体现并维护了他们的政治权威。

在组织文化绘图探险活动时，其后勤保障颇具挑战性，因此我们采用了有效的折中方法。当时需要配备几辆可靠的车辆(因为这个地方经常有车陷入泥潭，所以有必要配备几辆车)，配备足够的野营装备和设备，并确保我们有足够的录音设备、胶片和磁带(后者必须从凯恩斯送来)。除此之外，我们也遇到了一些实际问题：比如，将一些老人带到远离定居点的地方以及给他们提供必要的设施；运送足够的食物和燃料；在那些被沦为“驮马之地”[①]的区域绕行。在第一次进行地图绘制时，我一个人给所有营员做饭，这不仅不利于数据收集，而且无疑会对整个组织成员的健康造成不利影响。在随后的旅行中，土地局的官员被说服，聘请了几位“阿姨”作为营地的厨师。这不仅有利于管理(食物也会更可口)，而且可以让更多的妇女参与项目，从而保持群体中的性别平衡。由于同时需要几名司机，土地局的护林员及其家属也有可能参与进来，这使得一些年轻人也参与了这个过程。然而，每个地点正规的文化信息依然主要由老年人来提供，相比较而言，从年轻人那里得到的信息并不正规，甚至还要使用一些交际手段，因为他们认为老年人才是谈论文化的适当人选。

在数据收集的过程中，我们还要迎接其他后勤保障方面的挑战。GPS设备是当时相对较新的技术，但在该地区接收的信号并不总是那么可靠。不过，我们随后还可以使用地形测量图和航拍照片标记我们的地点从而进行三角检验，这有助于消除读数中的一些异常情况。我采用了一系列数据收集方法，无论走到哪里，我都会拍下照片，并在每个地点记录与老年人(偶尔还有其他人)的视频访谈。我还对一些较长的访谈进行了录音，从一系列正式问题开始，然后用更多的开放性问题展开讨论。我还趁机开展了多次非正式访谈，采用标准的参与观察者技术观察人们如何入乡随俗，并且做了大量的笔记，画了大量的草图(见图 7.1)。随着时间的推移，我也发现，将这些照片和草图作为启发性的工具与更多的人讨论文化景观是很有用的。

① 这个地区的大部分区域在雨季无法通行，涉水过大河与小溪、经过干涸的河床、穿过密集的灌木丛都是不可避免的，即使是在旱季，道路也会很崎岖。我的土著合作者显然认为，只要能把马带到任何地方，就能把车带到任何地方。因此，随着时间的推移，我们的探险队冒险进入一个没有公路、没有路轨的“驮马之地”。

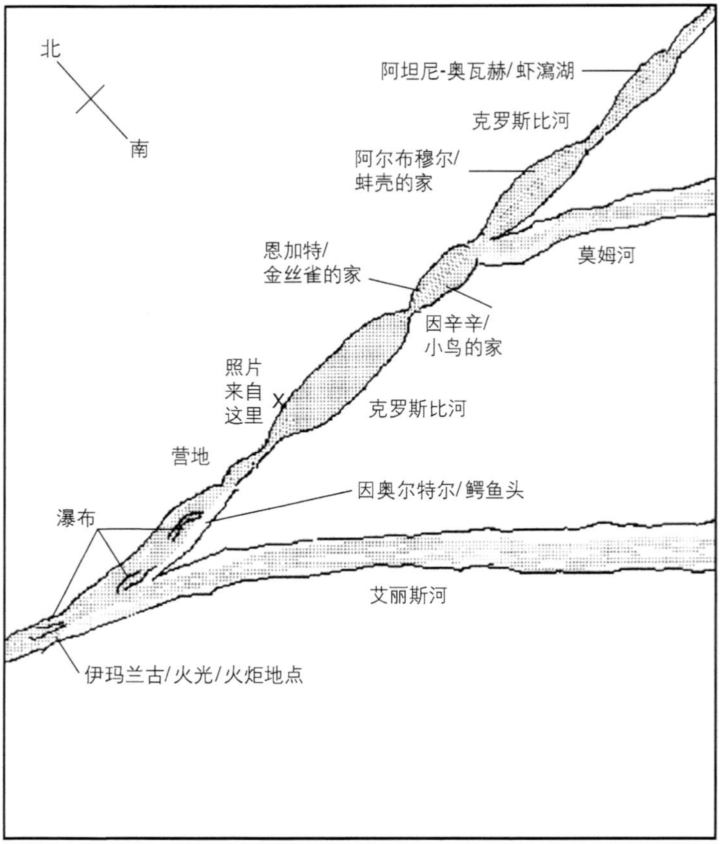

图 7.1　图说的故事发生在艾丽斯河与约克角克罗斯比河的交界处

（资料来源：该图由昆延老人制成）

澳大利亚北部炎热、尘土飞扬的环境可能对录音设备相当不利，这就需要人们不时地借助笔记和草图。然而，这种方法也能使其得到一些弥补：关于草图漫无边际的谈话总是富有成效的，特别是当说服受访者去制作他们自己的草图时①。正如阿丰索（Afonso，2004：87）所说，这通常会得到有用的迭代资料，即“通过告知当地受访者积极参与制作草图和纠正的可能性，让他们进一步构建自己的话语体系，并重新诠释他们的记忆内容”。

正式和非正式记录方法的结合得出各式各样的信息。例如，通过录像可以鼓励一些年长者对每个地方的祖先故事进行丰富的表演，复原图腾中祖先的声音和动作、鸟叫声和戏剧人物的表演，这进一步丰富了社区档案的

① 其中很多是用一根尖锐的棍子在地面上完成的——昆士兰州土著人和牧场主绘制地图的经典方法。

信息。但是，非正式的面谈允许信息和提问随意一些，使询问的范围更广泛，因此当设备受到环境压力时，采用各种数据记录技术的绘图过程，不仅提供了一种实用的“B计划”，还增加了数据收集形式和内容的多样性。

那么，在一个文化绘图项目中应该收集哪些数据呢？我们可以考虑情境性与特殊性两个层次。从人种学或人种历史学的角度来看，文化绘图数据与任何社会数据一样，最好结合全面涵盖文化生活所有关键要素的背景情况来考虑，包括历史信息、社会和空间组织、经济活动、宇宙观、政治安排以及法律和道德原则。人类生活的不同层面提供了一系列关于场所的基本问题：例如，谁拥有、居住或使用这个地方？他们如何使用它？他们如何理解和思考这个问题？他们如何做出决定？随着时间的推移，哪些事件决定了人们与地点的互动？这个地方的特色对他们意味着什么？社会数据还需要一个物质环境，这将引发有关地点一些思考，这地方在哪里？它是什么样子的？它有什么特点和资源？随着时间的推移发生了怎样的变化？当地存在哪些生态机遇和制约因素？

但是，每一个文化绘图项目都有其目标，正是这些目标锁定了更深入的调查领域。在这种情况下，土著居民世界观的整体性意味着长老的目标与“情境化”人种学研究过程完全一致，他们热衷于记录每个地方的一切。然而，他们特别强调了记录“故事”的重要性：流传于这片土地中的祖先神话，以及界定谁拥有和使用土地及其资源权利的方式。这同样清楚地表明，他们希望记录该地区的土著历史，而这早已被载入欧洲历史记录中。

因为我的研究主要集中在文化景观和环境价值观上，所以我认为上述重点都很有意义。此外，无论是从学术角度还是从政治角度，我都为此感到高兴，按照昆延合作者的想法来设计项目很关键。显然，接受他们的指导是彰显其特定价值的有效方法。这里我提出了一个有用的观点：在需要正式为提案拨款并要求研究人员不断接受审计的学术环境中，人种学家和历史学家通常会带着一份明确的清单进入这一领域，清单上列出了回答某个特定研究问题所必需的各种数据。研究由此会变得很规范，同时也会具有约束力。然而，要想得到良好的人种学或人种历史学研究（有效地表现出主位观点），至关重要的是要确保提供信息者有足够的机会去发现他们认为重要的事情，这不仅体现在研究的共同设计阶段，而且贯穿于整个研究过程之中。

考虑到这一点，我和一些重要的团体召开了多次会议。这些人主要是由昆延氏族组成，对他们来说，公园区域即为“国家”。在这样一个小社区里，哪些家庭可以“代表这个国家”是显而易见的，但是在更大的研究背景下，我利用了焦点小组和专业网络。同样，就在科瓦尼阿玛展开的项目上达成共识也是没有问题的，不需要进行共识分析，也不需要在不太协调的背景下谈判设计各种步骤。在讨论了所需数据的种类之后，我准备了一份清单，用于绘制这些站点的地图，包括以下资料信息：

- 实地访问日期；
- 音频和/或录像带数量；
- 胶卷数量（用一组数字来表示照片的子集）；
- GPS 坐标；
- 网站语言名称和翻译；
- 宗族语言的名称及翻译；
- 关于语言的注释（公园区里的一些地址也有非昆延语/Olkol 语，或是使用“令人尊敬的”Uw-Ilbmbanhdhiy 语）；
- 地址的非土著名称；
- 地址的物理特征；
- 地址的图腾集；
- 相关祖先故事梗概；
- 任何有关仪式和禁令的描述；
- 这个地址过去和现在的用途；
- 这个地方的“掌权人”；
- 有关氏族名称；
- 有关姓氏；
- 历史数据；
- 其他资料。

显然，这份清单既是数据管理系统又是关键问题和调查领域的清单，由于每次旅行的时间有限，绘图过程也相当紧张，因此有效的信息管理至关重要。当时，我利用了在调查之前曾设计的一个计算机数据库——一个自定义的（可以说是非标准的）超级卡片索引系统，其中涉及与表单信息相关的关键领域。现在有很多“现成”且非常优秀的数据管理系统，其中任何一个系统都可用：关键在于研究人员要能够制作出一幅数据详图，并能够轻松地获取研究路径。但这一基本要求提醒我们，数据收集本身就是制作虚拟地图的过程。

许多研究人员用一组关键词或代码为基本索引类别添加更多详细信息，在收集数据或做笔记时使用这些关键词或代码，就可以很容易地搜索、查找和提取子主题。我的研究中也多采用这种方法，例如添加一些与“价值”或

“身份”等概念相关的材料，这些都是我的研究重点；或者添加人们关心的“法律”或“经济”等特定话题。此外，我还收集了语言术语并对它们进行编码[①]。

毫无疑问，在调查之前设计一个组织数据库和一套关键词是不错的尝试，在很大程度上是因为它需要对研究目标和所需数据种类进行彻底评估，从而有助于阐明研究项目。然而，在实际研究中，往往需要反复调整和简化这一系统，最好提前想到这一点[②]。如上所述，我承认东道主社区认为重要的东西也至关重要。

在米切尔-艾丽斯地区，实际的绘图过程很简单，老人们脑海中有一幅全面而精确的公园地图，指引我们从一个关键地点到另一个关键地点，其中大部分是水源——小溪、水潭和池塘。每到一处，该地区的“掌门人”都会“讲故事”。虽然我们在规划科瓦尼阿玛之行时就已经讨论过这些地点，但在实地考察过程中又得到了一系列数据，就深度和细节而言，这是一项巨大的突破，显然这会调动我们记忆中有关此景观的大量信息。祖先故事、历史、宗谱、关键事件、使用模式、仪式、禁忌以及一系列与人物和地点相关的联系都涌现出来。老人们指出，每个地点的主要资源，给树木和植物命名，讨论它们的用途，并回忆能找到的鱼和猎物的种类[③]。他们指出祖先留下的许多痕迹：树上的盾牌、回旋镖或树皮被砍下时留下的瘢痕；曾筑起鱼塘的小溪；用于收集长矛或者囤积制作绳子的棕榈树叶的木架子；以及常规营地周围的居民文化。

关于“早期”的历史资料不断涌现：对当地部族屠杀和毒害事件的叙述，抓捕妇女并强迫纳妾，以及早期殖民时代的其他事件。老人们提到了建在附近的库勒塔定居点以及各地居住点的利弊。大部分人都是定居点的劳工，因此这些地方见证了这段时间发生的故事，比如有人从马背上摔下来受伤，一只公牛冲出围栏不得不被射杀，劳工们已经有了自己的“晚餐宿营地”。

最重要的材料是关于祖先故事的发生地，以及与他们在园区内外活动的踪迹(或歌词)。这些地方也被称为“毒窟”，指的是它们蕴藏着强大的祖先权力。老人们系统地讲述了每个地址的祖先故事并记录了相关的足迹。每到一个地方，他们都会呼唤祖先。和其他初来乍到者一样，我在进入该地之前也要被正式“受洗”，这样他们的祖先才会“认识”我，知道我并无恶意

① 科瓦尼阿玛的通用语言是土著英语，但当时仍有一些人能说一口流利的昆延语，我尽力记录其拼写体系。

② 我怀疑我们中的大多数人，由于职业生涯初期的热情，一开始倾向于设计过于复杂的数据库管理系统，后来发现这些系统太难操作或限制太多，于是转而采取更简单、更灵活的方法。

③ 在许多地方，人们几乎在我关掉卡车引擎之前就在水里架起钓鱼线，而这和其他食物采集方式使我们进一步推迟了离开定居点的时间。

（非入侵者）。即便如此，在每个地点，老人们都要向祖先禀明来意："我们和龙尼（Ronnie）一起来到这里，她要为我们拍照，并把我们的事记录下来。"一些更强权的地方在传统上要求非常恭敬的仪式。因此，在曾发生过集体"鱼中毒"事件的风暴鸟故事地[①]，男孩需要用钩棒把树枝从悬垂的树上拉下来，但不能抬头，只能从地上的树影旁走过。

> 看这里，我也得这样走。我不能抬头，故事就发生在这里。折断枝干，一个一个过来。头朝下，我不能抬头……砍断树枝，把它们绑成一捆，对，就这样。继续走吧……这里是真正的故事发源地……他是一个很好的伐木工。（Lefty Yam and Kunjen elder）

另一些地方有严格的禁忌。例如，黑暗故事地将几个重要的创世神话联系在一起，其中包括造雨和给人类带来火种。尽管老人们指出，和其他故事的发生地一样，由于祖先权力的集中，这里有着非常高大而多产的果树，但人们不能在那里宿营，也不能采集任何灌木药物、食物或材料，或在那里狩猎。这是危险之地，任何越轨行为都会招致疾病或伤害，人们认为此地会试图带走一些东西，包括马。

> 就是在这里，我们丢了一匹马。就在这儿，我们看到那棵大树——他们（祖先）抓住了它，他们不会放过它。很多人试图抓住它，你知道，把它赶回院子里……它站在那里，它没有死……"来吧，跟我们来。"我们向祖先大声呼喊："哎呀，别牵走那匹马！我想回家！"（Lefty Yam, Ronnie Smiler, and Victor Highbury, 1992）

祖先的故事提供了一个丰富的叙事创作场所。在故事中，图腾生物——通常以鸟类和动物的形象表现——狩猎、采集、烹饪、捕鱼、打仗、私通等，但最重要的是形成了景观特征。他们带来了雨、火、风、洪水和风暴；他们堆起沙脊；他们像蛇一样蜿蜒穿过陆地，所到之处形成河流和小溪；他们把长矛插在地上栽树，或把木头砍成四处飞溅的碎片来创造植物；他们把所有物种都带到世上。他们定义道德和社会行为；详细介绍成功采猎经济

① 这需要在水坑周围举行一次大型社交聚会。"鱼中毒"是指使用一捆来自特种树的树枝，其汁液会把鱼击晕，使它们浮到水面上。收集完成后，这些鱼将被制成"鱼饼"储存起来。

所必需的生态知识；实施贸易和交换制度。他们还组织各种仪式和研究巫术；培养“灵童”，并提出一套关于生死、空间和时间的完整宇宙论。在创意时代末期，他们就把土地分配给氏族祖先，从而实现社会和空间上的分工，并在每个个体及其“家庭”所在地之间建立永久联系①。它们被视为景观的独特特征：例如，在“两个女孩故事馆”中的两棵椰枣树“代表”两个被该地彩虹鲶鱼吞食的妇女形象。在“鸸鹋故事发生地”，一只鸸鹋在与澳洲鹤的打斗中从天上坠落，从而形成了鸸鹋状的小溪。然而，一般来讲，人类祖先作为一种内在、有知觉的力量仍存于世，和他们的子孙一起承担起保护这片土地的责任。

因此，祖先的故事不仅是反映土著生活的知识体系，而且是土著人对文化景观形成过程的一种本土叙述。从这个意义上来说，昆延老人所提供的地点故事本身就是一种本土的绘图过程，证明人们一直都在这样做，以此作为一种“存在于世界”的方式。例如，人种历史资料充分证明了这一点，这些材料与他们最近参与的劳动有关。一张关于晚餐营地、集会场所和社区历史的地图表达了祖先故事发生地的一切。通过正式地阐述和表达这些信息，我们的绘图项目使得这一过程以及文化特殊性变得更加清晰，毕竟这是人种学研究的主要目的。事实上，老人们是在为我“解读国家”，描绘出其中蕴含的知识和历史，并指出每个地方特征的含义——这就是文化绘图的功能，它使人类学家和历史学家都能够理解人类与地区之间的联系。

文化绘图的数据收集工作完成后，我在社区的任务是撰写一份报告，连贯地陈述这些信息②。在介绍了一些人种学研究背景并解释所用研究方法混杂性的引言之后，这份报告主要包括详细的调查地点说明（根据表单）和祖先遗址地图以及该区域现有的军械测量地图。口头材料被转录并逐字记录，但是由于土著人的叙述往往非常拗口，在书面表达形式上也很混乱，所以我总结了一个更具可读性的按时间线索安排的故事。这突出了表现形式自身限制或直接叙事风格的方式。这些书面报告附有照片、录像带和录音带，不仅记录了公园地区的故事和现场访问，还记录了在田野工作期间表演的与之相关的歌曲和舞蹈。

我的研究针对不同的需求，需要对数据进行分析并阐明研究结果。此时，考虑班克斯对视觉材料分析的评论会有帮助。

① 这是一个人灵魂出现的地方，在他们死后也必须按照仪式归还。

② 1994年至2002年，我按照这种格式写了几份报告。这些资料须对社会保密，只有在昆延老人同意后方可查阅。

> 从广义上讲，关于图片的社会研究涉及三组问题：(1) 图像是什么，包含哪些内容？(2) 谁是拍摄者或制作者，何时以及为何而拍？(3) 其他人是如何得到它的，他们怎么阅读它，他们要用它做什么？(Banks，2001：7)

因此，我们在规划地图（协作或其他）时，需要考虑：人们选择包括或排除哪些要素，什么要素要优先考虑，图像如何表达事物之间的关系，以及如何规范描述地点、人物和事件。研究人员应考虑社区中的哪些成员负责绘制地图（以及为什么选择这些人），以及社区中的其他人如何参与进来。

但是文化绘图不仅仅是视觉图像。从个案研究中可以明显看出，它采用无层次的表达形式，引出口述历史和对地点与事件的叙述。在早期研究的基础上，人们提出了各种方法来理解和分析叙事表达，例如巴特斯(Barthes，1977)的叙事结构分析。德里达(Derrida)的解构主义方法也很有影响力，博耶(Boje，2001)建议采取措施去思考叙事中的二分法或两极性、等级制度及其不受重视或被排斥的声音和问题。

> 叙事分析以故事本身为研究对象……因为叙事是表象，所以解释必不可少……人类的能动性和想象力决定了对叙事内容的选择、策划事件的方式以及它们的含义。个体在个人叙述中建构过去的事件和行动，以获得身份认可和建构生命。(Huberman and Miles，2002：218)

这种分析可以非常严密，特别是逐字记录和转录访谈内容后的分析。正如范·马南(van Maanen)所说："处理文本首先需要文本以可处理的形式出现。"(1988：13)"处理"越来越需要批判性的话语分析，即考虑语言、意识形态和权力之间的关系："权力的概念化既体现在话语事件参与者之间的不对等上，也体现在对文本制作、分发和使用的不均等控制能力上。"(Fairclough，1995：1)

这些叙事方法和班克斯对视觉媒介的评论之间有明显的共通之处。考虑到它们的符号和象征性结构以及它们所包含的社会与政治关系，视觉和文本媒体都可以用以分析。地图采用特定的图形形式，从土著民点画的多价符号（见 Morphy，1991）到更普遍、更具体的军械图和测绘图的"通用"符号。从这个意义上讲，他们拥有高度揭示其特有文化世界观的视觉语言。

因此，他们运用国家公园收集数据的各种方法，得到了可以用多种方式查询的材料。除了能对信息进行交叉核对和三角检验获得一致的事实外①，它还允许对文本和视觉材料进行细致的分析，以揭示反复出现的主题和模式。这为人种学分析提供了坚实的基础，同时也成为社区档案的一部分。

因此，正如弗洛里斯(2004)所描述的那样，研究结果就是若干个混合产品实现了各方的目标。对老年人来说，它创造了一种资源，被广泛用于教育社区里的年轻人，并为社区收回传统土地所有权的努力提供了法律证据。它协助社区与昆士兰公园和野生动物局进行谈判，获得了社区对公园的特别使用权，并对米切尔-艾丽斯国家公园发挥着共同管理者的作用。它为向外来者教授土著文化提供了翻译材料，并支持了社区争取自决权的努力，以及在米切尔河流域发挥着更广泛的管理作用。这也使我本人参与了进一步的合作绘图活动，随着时间的推移，这些活动已扩展为针对年轻人的培训活动，目的是在社区内开展更加独立的文化绘图研究。

这项研究工作极大地增进了我对土著文化景观的了解。它为此方法在其他领域内的运用提供了经验，我在研究米切尔河地区的牧牛者时也使用了类似的方法：询问他们认为重要的放牧地点，并记录大量有关他们放牧地点的数据、他们对当地生态和景观的看法、他们的历史记录，以及他们目前与地方的联系。通常来说，由于原住居民和非原住居民用地都需要可靠的水源，这些地点与我和土著长者访问过的地点相同，但正如我之前(1997)所提到的，它们有着完全不同的文化景观。

近年来，我大量使用了文化绘图技术。例如，我在英国多塞特河沿岸开展了用水户研究，该研究涉及与一个名为“共同立场”的艺术与环境团体的合作，其“合并”计划绘制了一幅对欧洲民众来说非同寻常的文化绘图(尽管为土著居民所熟知)——一系列关于河流沿岸地区的故事和音乐作品。在澳大利亚，我继续在米切尔河和布里斯班河流域进行文化绘图工作，探讨了环境因素，也探讨了原住居民和放牧人以及当地农民、采矿者、工业、水流域管理组织和生活用水者的地域历史(Strang, 2009)。

我还仔细研究了受访者在日常生活中使用的地图。例如，澳大利亚的牧场主通常使用标准的 OS 地图，但在地图上标注了他们认为至关重要的

① 随着时间的推移，它揭示了祖先故事与其空间位置之间的巨大一致性。大约 10 年后，我在公园附近的一个地区做了一些文化绘图，那里也有一些穿过公园的祖先留下的足迹。接受采访的老人讲述了每处踪迹的完整故事，包括公园里的各个路段。我把它与我在早期绘图探险中录制的录音进行了比较，结果与当时录制的版本几乎一致。我特别提到这一点，是因为在澳大利亚日益激烈的土地所有权争夺中，反对原住居民权利主张的人往往指责原住居民“捏造事实”。因此，这种一致性的证据在法律领域至关重要，它强调了文化绘图的潜在法律效用(和风险)。

东西，包括道路、围栏、水坝、自流井和他们修建的牧场。他们用地图来描述和组建畜牧工人、马、牛和维修活动的年度循环周期。同样，矿工地图提供了一个完全不同的视角，在这种视角下，人们可以从土壤和矿物沉积的时空层观察各种景观。对于生活用水者来说，重点在于鱼类或野生动物的分布以及地方的审美和感官体验(Strang，1996)。因此，每个绘图过程都说明了每个群体与其土地的特定参与关系。

结　论

我已经在上面描述了一个相当详细和正式的文化绘图过程——它使研究过程具有实质性深度，但这种方法也可以在非正式的情况下使用。也许文化绘图最重要的特征是它需要在不同的地方移动。这种移动方式创造了一种截然不同的人种学访谈法。即使是与农民在其土地上散步，这种最简单的移动也比在厨房里进行静态采访时所提供的信息要多得多。漫步在田野里，我们观察胡萝卜或甜瓜的生长方式，就会引发一场关于水源获取以及农村生活变化的讨论。漫步在花园里，我们可以感受到人们在干旱国家中打造绿洲所做的努力。在走动中，人们变得更放松、更坦诚，我所参加的一些富有成效的访谈，都是骑在马背上与受访者进行长时间交谈的结果(见图 7.2)。在这种情况下，本来沉默寡言的访谈对象也愿意敞开心扉。当然，这种方法也带来了一些技术挑战——这使得录音变得困难(虽然不是不可能实现)，而且对人员和设备进行摄影也都有一定的风险。同样，与生活用水者的独木舟旅行，虽然精彩地展现了他们的漂流体验，但确实对昂贵的设备存在一些风险。

然而，即使考虑到不太理想的录音质量(有时甚至是失败的录音)，我还是相信，文化绘图和现场访谈在保障数据质量方面有显著优势。文化绘图除了提供利用自然景观的助记价值以获取广泛数据的机会之外，还提供参与和观察的机会，以考虑地点本身以及人们与地点之间的日常接触。作为一项协作和积极的工作，文化绘图使研究人员和受访者建立了有效的联系。文化绘图为进一步分析查询提供了代表性目标，这对东道主社区具有多种使用价值。因此，我认为，作为一种收集与分析人种学和人种历史学数据的方法，文化绘图为研究人员提供了一种最有用和信息量最丰富的方法。

将文化绘图扩展到更广泛的表现形式具有很大的潜力。平克(Pink，2006：19)指出，“视觉技术和数字技术变得越来越经济实用和‘用户友好’”。计算机程序的交互性越来越强，能够实现包含时空变化的高度动态

图 7.2 移动中的测绘：长时间的赶牛运动为访谈提供了有利机会

形式："除了能在眨眼间绘制出新地图之外，计算机还能够动态地显示时间……这些功能很容易生成'地图电影'，而制图已经成为一种交互式工具。"(Peuquet，2002：155)

研究人员目前制作的文化绘图将数字摄影、视频、音频记录与卫星图像、GPS 数据和其他空间表现相结合。他们还利用了其他数据集，如人口信息、土地所有权和使用权数据以及生态信息(见 Vassilopoulos et al.，2008)。这类项目往往旨在扩大研究范围，因此，瓦克雷、威尔斯和莱恩(Vanclay，Wills，and Lane，2008)报告了一个博物馆推广方案，该方案利用基于网络的技术，并将数码相机提供给墨累-达令河流域的参与社区。该方案指出："'盆地字节'是一个数码摄影、故事讲述和收集信息项目，该项目要求该区域、社区的一批批参与者通过图像和故事来反映当地的景观与地域感。"

澳大利亚国立大学研究和信息推广中心(CRIO)制作了一系列互动网站，利用各种数字媒体来解释和进一步开发跨文化研究项目。这一部分工作强调了更灵活的表现形式的效用，通过动态地涵盖时空信息的多个维度，有助于人类学的理论和分析方法发展。它们在跨学科研究中也有潜在的应用价值，汇集了水文、生态和社会数据等多种数据集。近年来，我一直与联合国教科文组织的一些同事合作，将文化绘图技术纳入跨学科的水资源管理领域。这一工作具有巨大的技术和认识论上的挑战，但在跨学科领域的概念整合方面大有可为。

还有一些方面需要谨慎地考虑。每一种表现形式都有其生命周期，研究人员需要考虑合作对混合表现形式的文化影响。正如安德鲁·拉塔斯（Andrew Lattas，2009）所言，“景观被映射到人身上”，因此所产生的表象对他们有着重要意义。即使采用了更灵活的随时间动态变化的技术方法，文化绘图往往也有确定的界限和生活方式，这可能既有积极的影响，也有消极的影响。它有助于保护文化知识，协助人们保持连续性；但也抑制了流动，忽视了文化进程和环境变化的流动性。为了创建易于理解的地图而做的必要信息删减，可能会掩盖一些问题，如空间竞争、跨区域交往中的代际差异和底层视角等。而且，即使在最没有争议的社会环境中，地图制作也总是要慎重考虑政治因素的。尽管如此，从伦理和科学严谨性的角度来看，文化绘图为研究人员和他们所工作的社区提供了大量的帮助。

致　谢

本章从不同研究阶段的同事那里得到了许多有用的信息。我要特别感谢我在奥克兰的同事们，以及在奥斯陆、卑尔根、贝尔法斯特和达勒姆人类学系的同事们。感谢本书编辑的建议，感谢科瓦尼阿玛的昆延民众和其他许多参与了这项研究的各位朋友。此外，感谢给本章所述研究提供基金资助的达勒姆大学高级研究所。

参考文献

Afonso A., 2004. New graphics for old stories: representation of local memories through drawings. In S. Pink, L. Kurti, and A. Afonso (eds.), *Working Images: Visual Research and Representation in Ethnography*. London and New York: Routledge, pp. 72 - 89.

Arce A. and E. Fisher, 2003. Knowledge interfaces and practices of negotiation: cases from a women's group in Bolivia and an oil refinery in Wales. In J. Pottier, A. Bicker, and P. Sillitoe (eds.), *Negotiating Local Knowledge: Power and Identity in Development*. London, Sterling, and Virginia: Pluto Press, pp. 74 - 97.

Banks M., 2001. *Visual Methods in Social Research*, London: Sage.

Banks M. and H. Morphy, 1997. *Rethinking Visual Anthropology*. New Haven, CT: Yale University Press.

Barthes R., 1977. Introduction to the structural analysis of narratives. In

R. Barthes *Image-Music-Text*. London: Fontana Collins, pp. 79 – 124.
Bender B., 1998. Subverting the Western gaze: mapping alternative worlds. In R. Layton and P. Ucko (eds.), *The Archaeology and Anthropology of Landscape: Shaping your Landscape*. London: Routledge, pp. 31 – 45.
Benjamin W., 1979. *One Way Street and Other Essays*, London and New York: Verso.
Boje D., 2001. *Narrative Methods for Organizational and Communication Research*. London: Sage.
Carter P., 1987. *The Road to Botany Bay: An Essay in Spatial History*. Boston, MA: Faber and Faber.
Clifford J. and G. Marcus, 1986. *Writing Culture: The Poetics and the Politics of Ethnography*. Berkeley, CA: University of California Press.
Cosgrove D., 1989. Geography is everywhere: culture and symbolism in human landscapes. In D. Gregory and R. Walford (eds.), *Horizons in Human Geography*. Basingstoke: Palgrave, pp. 118 – 135.
David B. and J. Cordell, 1993. Cultural site mapping in the Mitchell River Delta. Unpublished report to the Kowanyama Aboriginal Land and Resources Management Office, Kowanyama.
Durington M., 2004. The hunters redux: participatory and applied visual anthropology with the Botswana San. In S. Pink, L. Kurti, and A. Afonso (eds.), *Working Images: Visual Research and Representation in Ethnography*. London and New York: Routledge, pp. 191 – 208.
Fairclough N., 1995. *Discourse Analysis: The Critical Study of Language*. London and New York: Longman.
Flores C., 2004. Sharing anthropology: collaborative video experiences among Maya film-makers in post-war Guatemala. In S. Pink, L. Kurti and A. Afonso (eds.), *Working Images: Visual Research and Representation in Ethnography*. London and New York: Routledge, pp. 209 – 224.
Foucault M., 1972. *The Archaeology of Knowledge*. transl. A. Sheridan Smith. New York: Pantheon Books.
Henige D., 1982. *Oral Historiography*. New York: Longman.
Herlihy P. and G. Knapp, 2003. Maps of, by, and for the peoples of Latin America. In P. Herlihy and G. Knapp (eds.), Participatory Mapping of Indigenous Lands in Latin America, Special Issue. *Human Organization* 62(4): 303 – 314.
Huberman M. and M. Miles (eds.), 2002. *The Qualitative Researcher's Companion*, Thousand Oaks, CA: Sage Publications.
Keith M. and S. Pile, eds., 1993. *Place and the Politics of Identity*, London and New York: Routledge.
Kuchler S., 1993. Landscape as memory: the mapping of process and its representation in a Melanesian society. In B. Bender (ed.), *Landscape, Politics and Perspectives*. Oxford, UK: Berg, pp. 85 – 106.
Lassiter L., 2005. Collaborative ethnography and public anthropology. *Current Anthropology* 46(1): 83 – 106.
McIntyre A., 2008. *Participatory Action Research*, Los Angeles, CA: Sage Publications.
Morphy H., 1991. *Ancestral Connections: Art and an Aboriginal System of*

Knowledge. Chicago, IL: Chicago University Press.
Morphy H., 1993. Colonialism, history and the construction of place: the politics of landscape in Northern Australia. In B. Bender (ed.), *Landscape, Politics and Perspectives*. Oxford, UK: Berg, pp. 205 - 243.
Orlove B., 1991. Mapping reeds and reading maps: the politics of representation in Lake Titicaca. *American Ethnologist*, 18(1): 3 - 40.
Orlove B., 1993. The ethnography of maps: cultural and social contexts of cartographic representation in Peru. *Cartographica* 30(1): 29 - 46.
Peuquet D., 2002. *Representations of Space and Time*. London: The Guilford Press.
Pink S., 2001. *Doing Visual Ethnography: Images, Media and Representation in Research*. Thousand Oaks, CA: Sage Publications.
Pink S., 2006. *The Future of Visual Anthropology: Engaging the Senses*. New York: Routledge.
Ramos A., 2004. Advocacy rhymes with anthropology. In B. Morris and R. Bastin (eds.), *Expert Knowledge: First World Peoples, Consultancy, and Anthropology*. New York: Berghahn Books, pp. 56 - 66.
Reason P. and H. Bradbury (eds.), 2008. *The SAGE Handbook of Action Research: Participative Inquiry and Practice*. Los Angeles, CA: SAGE.
Schama S., 1996. *Landscape and Memory*. London: Fontana Press.
Sillitoe P., 1998. The development of indigenous knowledge: a new applied anthropology. *Current Anthropology*, 39(2): 223 - 252.
Stewart P. and A. Strathern (eds.), 2003. *Landscape, Memory and History*. Cambridge, UK: Cambridge University Press.
Strang V., 1996. Sustaining tourism in far north Queensland. In M. Price (ed.), *People and Tourism in Fragile Environments*. London: John Wiley, pp. 51 - 67.
Strang V., 1997. *Uncommon Ground: Cultural Landscapes and Environmental Values*. New York: Berg.
Strang V., 2006. A happy coincidence? Symbiosis and synthesis in anthropological and indigenous knowledges. *Current Anthropology* 47(6): 981 - 1008.
Strang V., 2009. *Gardening the World: Agency, Identity, and the Ownership of Water*. New York: Berghahn Publishers.
Taylor J., 1975. Mapping techniques and the reconstruction of aspects of traditional Aboriginal culture. Unpublished m.s., AIATSIS.
UNESCO web site http: //www. unescobkk. org/culture/our-projects/protection-of-endangered-and-minority-cultures/cultural-mapping/. Accessed April, 20, 2009.
Vanclay F., J. Wills, and R. Lane, 2008. Museum outreach programs promoting a sense of place. In F. Vanclay, M. Higgins and A. Blackshaw (eds.), *Making Sense of Place: Exploring Concepts and Expressions of Place Through Different Senses and Lenses*. Canberra: National Museum of Australia Press, pp. 278 - 287.
Van Maanen J., 1988. *Tales of the Field: On Writing Ethnography*. Chicago, IL: University of Chicago Press.
Vassilopoulos A., N. Evelpidou, O. Bender, and A. Krek (eds.), 2008. *Geoinformation Technologies for Geo-Cultural Landscapes: European Perspectives*. London: Taylor and Francis.

8 亚马孙“遗世部落”新闻报道中的隐喻和神话：社会、环境和文学分析

坎迪斯·斯莱特

前 言

2008年5月末，有关亚马孙“遗世部落”的惊人照片及其相关故事成为国际新闻报道的素材。令人特别瞩目的一幅照片在世界各地传播，照片上是这个之前“与世隔绝”的群体——涂了红黑彩绘的三个土著人手持箭头上捆绑着燃烧物的长弓，射向低空盘旋的飞机（见图8.1）[①]。然而，6月底，许多新闻机构将有关“遗世部落”的报道说成是骗局。尽管还有人乐观地认为这件事情是真实的——现在可以明确的是，这个有争议的群体早在一个世纪前就和外界有联系，摄影团队的领队早就意识到这个“遗世部落”的存在了。

团队的领队声称，他拍摄这些是为了让全世界人们团结起来反对非法登陆巴西秘鲁边界，这使得一些新闻报道很容易把这个故事写下来，作为对渴望新闻素材的记者和对容易动摇的群众的一种警示。然而，也有可能将这个案例看作对长期存在的隐喻和神话的一种证明，而这些隐喻和神话在当代政治经济环境中被赋予新的含义。所谓神话，不是指谬论，而是指集体信仰的一种象征性表达，这将影响人们对事实的一些看法和关注。不同环境下的群体往往以不同的方式使用这些比喻来达到不同的目的，这既是本章的重点，也是“非完全遗世部落”故事的真正寓意。

---

① 见国际生存组织最初的新闻报道《在巴西和秘鲁边界附近拍摄的神秘部落》，国际生存组织，2008年5月29日，http://www.survivalinternational.org/news/3340。文中明确地提到其他未和外界接触的部落，“他们的家园是从空中拍摄的”，但并不是所有的新闻来源都如此。这张拍摄到的沙万提人拉着箭射向低空飞行的飞机的照片最初发表在1944年的《克鲁塞罗》杂志上，并在《科英布拉》中再次被提到（2002：76）。

注：完整的照片保存在 www.survivalinternational.org 上。

图 8.1 广为人知的“遗世部落”人物照片

无论大家对“遗世部落”的最终理解是什么，其分析始于人们认识到这些显而易见的故事对自然和社会具有重要意义。这些叙述——总是使复杂的文化和环境问题更加简化，从而促成有关政策和行动的出台。作为学者和政治行动者，我们的任务是弄清楚在这个既有人类又有非人类的世界中，哪些东西被扭曲或被忽视了，如果不理解这些故事是如何运作的话，上述任务是不可能完成的，因此本章为这种重要分析形式提供了一个初始框架。

叙事分析需要利用一套文学和语言学工具，通常是在艺术作品（小说、诗歌、戏剧、数字表达的新形式）中使用。然而，它们的修辞可能远远超出了“创造性写作”的范围，允许对那些更大的隐喻和神话进行识别和解释，这些神话则被隐藏在一小部分亚马孙河土著人看似直接报道的新闻表象下。尽管这个解释过程并没有直接指出哪些政策有利于改善土著人的环境问题，但毫无疑问，这种文化愿景和多方面的叙事角度，即使是最细心的读者也倾向于记述与世隔绝的土著人。这些知识对环境问题做出了更清晰合理的回答。

应用于环境研究的文学分析

20 世纪最后 40 年，与社会话语理论相关的新文学方法得到了发展[①]。在当代文学分析中，很难高估女性主义、精神分析学、符号学、后殖民主义等各种后结构潮流的重要性[②]。生态批评——"主要是从事文学研究的学者用以描述自然、环境和文化跨学科研究方法的术语"——对环境领域的研究者来说特别有意义（Levin，2002：171）[③]。但是，这些观点在某种程度上取决于情节、观点和言语意象等文学探究的基本要素[④]。因此，下面的分析本身并不是一个结果；相反，它代表了一个必要的开端，能够引发一系列具有大量参考文献的文学和社会问题。

在过去的 20 年里，研究有关环境问题的学者越来越多地关注叙述问题，有些人还提供了他们所使用的典范[⑤]。然而，作为一个整体，该领域往往将叙述视为一个或多或少公开的沟通工具，而不是一种必然有助于形成想法和塑造行为的力量。在此，我的目标是进一步鼓励更多领域的学者阅读非文学文本。由于它们是一个更大的文化框架中的一部分，所有这些文本——甚至看似最"真实"和最简单的文本，都会引发这种分析[⑥]。

受过文学批评训练的人，受益于更广阔的语境和更多的对他们的文字感兴趣的读者。他们可以通过增加自己的关注点，比如将叙述对象扩展到联合国全球变暖的研究报告，以及通过与我相关的各种大众媒体演讲来实现他们的目标[⑦]。同样，社会和环境科学研究人员的工作也只能得益于更系统地关注词汇在大量文本中的作用方式。

对一些读者来说，这些"文学"读物的好处显而易见。在人类学中，自从

---

① 在文学批评和理论方面有大量的参考书目，其中有用的包括 Bressler(2003)、Culler(1997)以及 Seldon，Widdowson，and Brooker(1997)、Waugh(2006)。关于文学和社会叙述理论之间明确的联系，请见 Hawkes(2003)。

② 这些方法的定义，请见 Groden，Kreiswirth，and Szeman(2005)以及 Waugh(2006)的相关记录。经典的著作包括 Culler(2003)、Eagleton(2006)、Elliott(1994)、Moi(1985)、Said(1978)。

③ 见 Buell(2001，2005)、Glotfelty and Fromm(1996)、Levin(2002)。

④ 这些策略的经典介绍包括 Strunk and White(2007)，Wellek and Warren(1947)。

⑤ 多个例子来源于历史(Cronon，1996)、社会学(Guha，2000)、经济学(Guha and Martinez-Alier，1998)、地理学(Kosek，2006)、人类学(Lutz and Collins，1993)、政治科学(Dryzek，1997)和文学(Handley，2007；Heise，2008；Outka，2008)领域。可在 Cronon(1996)中找到大量文章。Mcbeth(2007)等提供了一个将叙事政策分析应用于一个具体案例(黄石联盟)的著名尝试。

⑥ Roman Jakobson 指出，在 Jakobson(1960：351)的研究中，没有纯信息的东西，所有的言语行为都是以目标为导向的。

⑦ 例如，参见 David Mazel(2000)关于国家公园服务的话语权制度研究。

克利福德·格尔茨(Clifford Geertz)将人种学实践与破译手稿进行比较以来，"文本"中的隐喻一直是解释各种传统的核心①。然而，当代研究者经常强调批判性话语分析，强调政治经济史和历史差异，从而往往淡化了文化人类学与文本分析基本方法之间的长期联系。

重申这些联系可以大大缓解主要以政策为导向和对环境问题采取更具解释性的方法之间仍然存在的明显分歧。关于政策性/解释性分歧的例子包括有关有毒废物或荒漠化等话题的电视连续纪录片，这些纪录片以一首诗或一篇经典自然文章中的片段开始，然后迅速转向大量的统计数据。另一个例子是学术会议，在一个讨论文学文本或类似艺术形式的专题研讨会中，会夹杂着讨论一系列有关气候变化或土著权利的论文，这是因为这些都被包含在环境法中。

将文学分析和各种艺术表现形式结合起来去考量紧急而具体的问题大有裨益。然而，在很大程度上，人们单独地使用这两种分析方法，这表明解决问题时仍然存在潜在障碍。当今环境领域的研究人员所面临的问题非常复杂，因此我们必须运用一切方法明确问题并制定更高效的政策，基本的文学分析就是这样一种方法。

文学方法的简要介绍

那么如何进行与环境问题相关的文本分析呢？本文从叙述视角概括了与环境和社会息息相关的八个基本问题。没有一成不变的准则，其实施步骤的相关性和顺序会因特定的研究框架而有所差异。这些问题始终是变化的，旨在提醒研究人员，即使是对环境及其相关问题的最客观描述，也绝非完全真实的——虽然它们的透明度可能会有所不同，但它们始终是文化文本。

第一个问题是，分析过程始于认识到自然和社会的图像与故事是多重的，这反映了更广泛的文化关注。例如，我们会看到，"遗世部落"的故事与其说是关于土著人的，不如说是关于当代文明视为苦海的损失。"部落"一词(与"土著群体"或"土著社区"相反)让人联想到一种在全球化世界中很难找到的亲密关系。

第二个问题涉及收集有关叙事材料的决定。例如，在一种特定的情况下，需要多少份报纸才能构成一个有代表性的样本？哪种视觉资源很重要？

① Geertz(1973：10)。

信息收集过程通常也需要弄清图像和故事的多重来源。在“遗世部落”这个案例中，这些起源往往是古老文学的源头。

第三个问题是列举对故事最重要的社会、政治和经济利益及其支撑形象。影响“遗世部落”故事阐述的主要是巴西政府、印第安人国家基金会和英国的一个非政府组织。

第四个问题是随着时间的推移，新型发展模式和利害关系发生转变。这个问题可以从词汇的变化、叙述焦点的选择(人物的年龄或事件)，以及大众传媒中展现的故事情节中找到部分答案。有关“遗世部落”故事的发展，之后一系列的指控将原本故事重塑成一个骗局。

第五个关键问题是对变化的关注，是指用于描述土地和民众的重要神话与隐喻。这些重要的比喻——例如“遗世部落”中叙述的“濒危天堂”与“野蛮荒野”的对比 ——不仅多样，而且往往是矛盾的。

第六个问题是如何在故事中表现这些神话和隐喻之间的紧张关系。对“遗世部落”的描述充满了不完全吻合的口头声明和图像。比如，“遗世部落”的照片具有强有力的象征性意义，至少使人们对一个完全不懂文明的孩子般的民族产生些许怀疑。

第七个问题主要在于故事中的想法，这些想法似乎会让人质疑有关这个地方和人们的主流话语。比如，将“遗世部落”描述为科学家所熟知的团体，会让人们质疑其奇异特点所在。

第八个问题也是最后一个问题，涉及这些变化的观念与影响整个人类和环境的当代社会、政治、经济问题的关系。就“遗世部落”而言，我们必须问的是，在这个更广泛的现代世界中，作为一个特殊角色的群体，其新愿景会产生什么样的政策影响？对未接触社会的印第安人的宣传将如何影响特定地区土地使用以及所有权方面的法律地位？在这个具有代表性的项目中，谁是参与者的主要利益相关方，特定的图像如何推进这些项目而不是其他项目？

当然，所有这些问题都表明了理论对分析的重要性。这些问题本身就构成了一个必要的开端，根据特定的叙事材料确立研究方向。以“遗世部落”为例，一条线索可能是对“平滑对象”的详细分析。在这类分析中，以某一种方式修饰人类和非人类环境之间的复杂关系，这种方式消除了人们所看到的缺陷[①]。另一种可能性是对各种“集合”或故事中不同元素之间互动

① 关于“平滑对象”概念的定义，见 Latour(2004：22)。

(印第安人、石油、关于雨林的想法)的认同①。然而，另一条线索需要详细研究在不同时代和不同地点围绕特定环境的各种需求②。

发现“遗世部落”：背景和研究问题

巴西政府的国家印第安基金会(Fundacao National do indio, FUNAI)最早拍摄到偏远的亚马孙部落，而后由总部设在英国的非政府组织即国际生存组织迅速传播开来。这个组织致力于确保世界各地部族、民族的可持续生存发展。这份报告也被包括美联社、英国广播公司、半岛电视台和路透社在内的全球新闻机构所采用。通过个别的报社和广播公司，以及巴西的互联网博客，该报告被继续传播到全球的其他角落。尽管最重大的报道从 2008 年 5 月下旬开始持续到整个 6 月份，但对“遗世部落”的报道一直持续到当年的 8 月。

从一开始，巴西国内对未接触部落的报道存在疑问。尽管“未接触”一词在某些情况下可能意味着“与世隔绝”，但一些人认为这个部落已经存在一段时间了。人们将 FUNAI 视为对土著民族负有监护责任的巴西国家政府机构，以上质疑也普遍反映出人们看待 FUNAI 的谨慎态度③。然而，FUNAI 已经不再实行“和解”政策，或者与给土著民族带来灾难的政府机构解除关系。相比之下，大众媒体仍然无法理解“孤立”“未接触”“未发现”等看似同义的术语所代表的实际意义。

这个故事在国际化背景下会产生较少的问题，“未接触”一般被解释为以前没有接触过一个更大的世界。我们将会看到，FUNAI 员工乔斯·卡洛斯·多斯雷斯·梅雷莱斯·米尼尔(Jose Carlos DosReis Meirelles Junior)在许多新闻报道中发挥了核心作用。尽管随后他澄清了自己早就知道这个部落，依然引发了民众愤怒的谴责，但这并不意味着这个故事已经完结。事实上，这常常赋予这个故事新的转机。

此简短报告提出了一些有前景的研究问题，其中有两点看起来特别重要。第一，从何种意义上讲，这个部落最初处于“遗世”状态，以及在这个群落的“文明”早已为人所知后，这个故事为何如此吸引读者呢？第二，这个故

① 集合的基本思想是通过交互获得新的身份。例如，“骑车人”显然不仅仅是骑在摩托车上的人。有关集合的更多信息，请参见 Deleuze and Guattari(1987：3－4)。

② 这里，我想到的是 21 世纪版的 Stephen Greenblatt(1992)对发现时代奇迹的沉思。

③ 监护权的法律依据是捍卫那些不能自卫的人的权利。关于巴西土著民族近代史的介绍，见 Hemming(2003)。在早期的印第安人保护局(SPI)中，FUNAI 的根源见 Diacon(2004：101－130)。

事在巴西内外是如何被解读的呢？与其他“遗世部落”相比有什么相似之处，其中谁又会受益呢？

这些问题都要求对这个故事的古老含义（更大的文学基础）以及对特定的社会和环境背景有新的理解，从而使得新闻报道吸引大量的受众群体。我认为，大大小小报社中纸质版和网页版上的内容以及世界各地的新闻博客有上百种故事叙述，但都是借鉴了三个历史悠久的神话或更多的故事元素。

第一个神话将亚马孙的自然环境描述为“丛林”和“雨林”，这是热带自然界中两个常常相互竞争的概念（我在这里和其他地方用大写字母来表示这个神话结构）。第二个神话把土著人描绘成“高尚的野蛮人”或者文明的弱点。第三个神话讲的是一个名为埃尔多拉多（字面意义为“黄金王国”）的富饶而神秘的王国，表明了人类与非人类在本性上的一致。目前任务之一就是在描述“遗世部落”时体现这些故事，然而真正的目标是确定这些历史悠久的故事中哪些部分能通过改编适应当今社会背景，以及改编的方式和原因。通过使用修辞和与文学分析相关的工具，人们可以梳理当代描述这些问题的神话叙事结构，了解这些虚构叙事结构“客观”解释力的大小，使研究人员能够警惕那些可能不会注意到的潜在偏见。

研究设计

我所关注的三个影响深远的故事是关于新世界自然和土著人的最广为流传的神话——这个神话已经被定义为集体信仰的象征性表达的术语①。但是，它们不是唯一的此类叙述。我并非在已掌握的新闻报道中寻找特定的比喻，而是从对基本文学特征的初步分析开始。

事实上，这些对“遗世部落”看似简单的叙述令人惊讶，报道强调亚马孙土著人对他们濒危的森林家园的保护，这让我意识到了理想化的高贵野蛮人和雨林。但是，我并没有做好进入危险的丛林的准备。

同样，虽然有些故事提到淘金者和伐木者会威胁到“遗世部落”，但他们绝不是故事中的主角。因此，许多新闻报道提到埃尔多拉多的势力非常强大，着实有些令人吃惊。虽然对科尔特斯和哥伦布（Cortez and Columbus）来说如此重要的贵重矿物在这里供不应求，但是对这些物质的渴望而又难以捉摸的想法却成了主流。描述有关富裕地方人们的概念——埃尔多拉多

① 有关这些神话的更多信息，可见 Slater(2002)和 Stepan(2001)。

故事的雏形——在当代叙事报道中同样完备。这些神话渊源不仅有助于解释部落应该被描述为“遗世”的原因，还解释了一些记者了解到之前的发现后愤怒的原因。

我的分析首先通过仔细阅读“遗世部落”报道，探讨三个神话和隐喻出现的方式，在展示了这些反复出现的故事如何被写成新闻报道之后，我反思了他们应对当代社会压力的方式。这些神话故事不仅使“遗世部落”的故事易于叙述，而且可以揭示许多当代社会的关注点，包括在全球化、高科技时代对奇迹事物的不断渴望①。归根结底，“遗世部落”的故事与其说是关于土著人的，不如说是在一个不可思议的非人类世界里重寻奇迹的探索，这种探索或者失败，或者变得平淡无奇（曾令人惊讶的风暴——热点新闻——现在成了电视天气预报的素材）。

丛林与雨林：词汇和相关文学意象

亚马孙作为一个噩梦般的丛林和它作为一个伊甸园般的自然界（后来被称为“雨林”）的形象之间对立程度较大，这种对立在文学和非文学资料中得以体现，如从多项科学研究到果汁容器②，虽然以上两种叫法经常是指同一个地区，但“丛林”是一个更古老的词，具有野蛮、曲折幽深以及冒险的内涵。相比之下，雨林则是一个更新潮、更科学的名称，指的是“年降雨量至少2540 毫米的林地”③。这个词受到环保人士的青睐，它代表着神秘、脆弱和神奇，描述更科学但有时会令人不安。

这两个概念之间的分歧在当代根深蒂固④。在关于新世界森林的描述中，人间天堂与地狱之间的左右纠结从未间断，像第一部殖民史一样由来已久。例如，16 世纪卡斯珀·德·卡瓦亚的著作 *Descubrimiento del Rio de Las Amazonas*（字面意义为“发现亚马孙河”），主要描述的是令人望而生畏的植被地带与其他能称得上人间天堂的地方⑤。

虽然“遗世部落”的一些叙述倾向于其中一个形象，但这两种形象经常

---

① 有关这种失落感和重新魅惑的积极探索，请参见 Landy and Saler(2009)。

② 虽然 20 世纪八九十年代的雨林广告中强调了对生物多样性的需求，但在更新的版本中，如 2009 年夏季在纯果乐果汁容器上的“拯救雨林”广告，将雨林的消失与气候变化联系起来。

③ Webster 的第三版新国际词典（1986 年版）中关于“雨林”定义，并不是所有的作者都认同是 2540 毫米的标准。

④ 关于详细的讨论，参见 Slater(1996)。

⑤ 英文解释参见 Carvajal(1934)。

并存。“丛林”和“雨林”词汇的使用，表明了它们的普遍性，这些词汇可以被分成六个主题组，即使是最粗略的新闻报道也能明显看出这些主题。

传达强烈感觉的词汇和短语尤为明显。关于“遗世部落”的照片及与之相关故事一遍又一遍地被描述为“戏剧性的”“非凡的”“引人注目的”和“非同寻常的”——这些修饰语不仅是一种理智的判断，也代表了内心的反应①。如果这个部落的出现就像“印第安纳·琼斯大片”中的一幕，那么也是一个令人惊叹甚至是激动人心的发现，令人兴奋不已②。这种惊讶反映了数字化和高科技世界突然遇到这样一个民族时的兴奋，对于这个民族来说，与神奇大自然的直接关系是他们生活的写照。

这种意外的感觉继而影响到第二组词语集，涉及冒险和激荡人心的危险。提及穿过几乎无法穿越的森林小路，以及描述“气势汹汹”的土著人身体上的“生动”彩绘，这些都属于这个词语集。“皮肤被涂成鲜红色，头发被剃光，拉紧长弓上的箭矢，瞄准在头顶上嗡嗡作响的飞机。”《每日邮报》表示，这个姿态显然在表示：“离我远点儿。”③美国广播公司新闻报道称：“几乎全裸的印第安人从头到脚都画着彩绘，挥舞着弓箭。”④

通常，这些行为导向的术语与一长串不熟悉的内容相结合，有助于打造异域风情。很难发音的水果(acai、uxi、patoa)和棕榈油(copaiba、andiroba)就是很好的例子⑤。第三组词语集还包括一些动物(懒洋洋的河龟、色彩斑斓的鸟，还有可怕的昆虫)，它们让人们想起一个与圣保罗或曼哈顿完全不同的世界。

第四组词语集包括“栖息地”“动物群”等与科学和环境相关的术语，提到“环境异质性”“孤立独特的生态系统”“温室气体引发的灰岩坑造成的人为迁移”，标志着语篇的转换⑥。与前三组通俗易懂的表述相比，第四组更倾向于象征着权威的正式和学术性语言。

这些更科学的参考文献，可能会与其他如 GPS 系统、侦察机、摄像机和

---

① 例如，路透社的斯图亚特·格鲁丁 2008 年 5 月 30 日发表《亚马孙部落陷入困境》，http://www.reuters.com/article/scienceNews/idUSN2938303320080530。

② 2008 年 6 月 1 日，Jeremy Watson 在《苏格兰周日报》上发表《巴西雨林的空地上发现的一个部落：我们应该让他们独处还是为 21 世纪做好准备?》，http://news.scotsman.com/opinion/A-tribe-is-discovered-in.4139868.jp。

③ Michael Hanlon 于 2008 年 5 月 30 日在《英国每日邮报》上发表《地球上最后一个接触弓箭部落的令人难以置信的照片》，http://www.dailymail.co.uk/sciencetech/article-1022822。

④ 美国广播公司的 Ashley Phillips 于 2008 年 6 月 24 日发表《保护组织了解遗失的部落》，http://abcnews.go.com/Technology/story? Id=5233627&page=1。

⑤ 根据句意要求，本句中的英文单词不译为中文词语。——编者注

⑥ JB在线 2008 年 6 月 6 日报道“Governo anuncia novas medidas de protecao ao meio ambiente”，见 http://jbonline.terra.eom.br/extra/2008/06/06/e06062769.html。

热传感设备等现代技术术语相关。这些词组成了第四组词语集的一个特殊子集，并且与其他一些术语相并列，表达一种更基本的生活方式。虽然提到茅草屋和碎种子制成的染料可能暗示着一种异国情调，但更重要的是，它们与机器、文件或监视技术的世界形成了鲜明对比。

这种现代与原始对抗主题仅仅强化了第五组词语集和图像所代表的斗争感，这些词和图像集中表现出不平等力量之间的冲突。记者一次又一次地提到“遗世部落”参与的“战斗”(有时是“batalha perdida”或失败的原因)。如果其成员是“好战分子”，这是因为他们别无选择，只能与强大的力量——联邦发展计划、非法伐木者和石油天然气公司的勘探者——进行抗争，同时又没有什么防御能力。

与脆弱性和濒临灭绝危险有关的最后一组词语集突出强调了土著人的脆弱性。正如他们的免疫系统无法与输入性的疾病抗衡一样，森林砍伐的影响也威胁着他们的健康①。显然，随着珍稀动物物种的灭绝，“遗世部落”也即将消失——实际上，它通常被描述为一个表明其物种身份的术语(例如，栖息地)。同时，当地人的脆弱性和积极捍卫自然的天性，也让人对其感到惊奇，“惊奇”“神秘”“奇迹”等词语将其表达出来。

乍一看，前三组词语集与“丛林”有关，后三组词语集与“雨林”有关，因此可将文献分为两大组。在关于热带地区的早期新闻报道中，这种划分很常见。它也出现在经典的文学作品中，例如哈德逊(W.H.Hudson，1904)所著的《绿色大厦》中写道，“鸟女孩”利玛(Rima)代表雨林，而追求她的野蛮土著人则代表丛林。

丛林和雨林的差异在当今大众电影(例如《巨蟒》和《热带雨林》②)中也有体现。然而，这六组词语集在整个“遗世部落”故事中的划分表明，这些报道中的热带自然的概念更加复杂。尽管有些新闻报道倾向于一种对热带自然的描述，但绝大多数报道都是将两者结合起来。因此，这些报道中出现的世界既不是一个不可思议的丛林，也不是一个现代的伊甸园，而是两者的结合。读者很少能意识到这是一个缺陷，但是在关于“遗世部落”的报道中，这些不和谐部分的结合实际上有助于增强故事的吸引力。

---

① 丹尼尔·豪登于2008年5月30日在《独立报》发表《在世界其他地方隐藏起来的亚马孙部落——一直到现在》，http://www.independent.eo.uk/news/world/americas/the-amazonia-tribe-that-hid-from-the-rest-of-the-world-ndash-until-now-836774.html。

② 路易斯·洛萨于1997年执导的《巨蟒》是一部关于一系列猛蛇怪物的惊悚片。约翰·布曼于1985年执导的《热带雨林》讲述了一群在原始森林里的奇妙群体。

高贵的"野蛮人"：情节、特征分析和观点

在很大程度上，对词汇和原始图像的研究揭示了"遗世部落"的丛林和雨林之间潜在的对立关系。从另一个重要的文学手段来看，我们就会发现第二个神话元素——高贵的"野蛮人"。人们通常把这个词与启蒙运动时期哲学家卢梭(Rousseau)以及那些浪漫主义艺术家错误地联系在一起，他们把崇尚自由人性的理想同自然、自然法则和谐地结合起来。然而，高贵的"野蛮人"最初出现在16世纪作家的作品中，如米歇尔·德·蒙田(Michel de Montaigne)，利用社会上聪慧、平和野蛮人的形象来讽刺现代文明中更野蛮的一面[①]。

尽管高贵的"野蛮人"这个标签今天经常被视为种族主义和贬义词，但在对"遗世部落"的描述中，很难忽视这一概念。问题的关键并不在于土著人必然会被描述为"野蛮人"(虽然在一些报道中他们会被描述为这一刻板印象)，而是他们不可避免地成为现代世界的一种陪衬。

高贵的"野蛮人"在许多"遗世部落"叙事中挥之不去，通过研究人员对这些故事情节、人物发展及其观点的考察而显现出来。几乎所有故事最初的情节都是向抵制文明的亚马孙土著人发起的文明入侵。特征分析倾向于将重点放在梅雷莱斯这个主要人物身上，而不是土著人身上，因为土著人往往被描绘为纯真、没有任何复杂动机的人群，这颇具启发性。对于一种疲乏的文明来说，人们关心的重点也是如此。这些报道几乎总是从文明的观点出发。

我们已经看到，在有关"遗世部落"的报道中，土著人可能表现出与丛林习惯相关的特征：攻击性、挑衅性和狂野性。尽管如此，基本的故事情节却揭示了文明才是真正的侵略者。从一开始就很明显——梅雷莱斯宣称"秘鲁这个地区发生的事情是对自然界、部落和动物犯下的滔天罪行"，并且进一步证明了我们这些文明人在非理性地对待世界[②]。他为保护一个长期与周围环境和谐相处的团体所做的努力，凸显了该故事对亚马孙印第安人在与潜在破坏者的斗争中作为自然保护者所做的长篇铺垫描述。

---

① 蒙田(1948)的《食人族》一文是一篇极具讽刺意味的文章，有时被看作对8年前为期三天残酷的圣巴塞洛缪大屠杀的部分回应。"野蛮人"这个词似乎是由约翰·德莱登在1672年的诗中创造出来的，关于这个概念的历史，请参阅 Ellingson(2001)。

② 这句话曾出现在美联社的各种报道中。

如今，“野蛮人”通常是表示粗鲁和野蛮的贬义词，然而在某种程度上，这个词保留了最初的拉丁语含义，即“与森林有关，远离人类住所和耕地，处于原始状态下的荒野”，出现在这些报道中的大多数印第安人绝对是“野蛮人”①。

“遗世部落”本质的差异性表现在对特征分析通用方法的抵制上。这些报道中的“亚马孙土著人”并不是个体行动者，他们的动机让人琢磨不透。更确切地说，他们是流动性的化身（一会儿在丛林中，一会儿在雨林中），这本身就是一个理想化的人物。

作为对自然的体现，部落成员通过交流提供的信息不多。因此，记者必须找出能为他们发声的人。这些人包括独立的 FUNAI 印第安部门负责人、国际生存组织的部长、秘鲁国家自然资源研究所（INRENA）负责人以及巴西和秘鲁的各类人类学家及环境人士。然而正如一开始我们指出的那样，梅雷莱斯主宰了许多国际报道。

梅雷莱斯是“遗世部落”故事的最初目击者，同时也是 FUNAI 环境保护部门的负责人，这使他成为一个重要人物。他对地理区域的了解以及与类似部落的接触使得他提供出一系列生动的细节。他还定期提供各种统计数据，使得新闻报道更具权威性，而这些报道并不是原始素材，而主要是从网站和常规新闻中收集的信息②。最初他在行动中的关键角色和他丰富的语录使他成为两个世界之间完美的中间人或文化经纪人，因此他在许多新闻报道中担任主角也就不足为奇了。

新媒体注意到梅雷莱斯早已知道印第安人的存在，这使得原本单一的情节有了三种不同的解读。第一种观点是因其对此部落错误解读而表示愤怒。第二种观点是将事件扩大到破坏环境行为的全面报道中。第三种观点是将焦点从发现“遗世部落”转移到考察梅雷莱斯的动机上。然而，以上三种观点都允许记者从文明的角度讲述一个以自然为中心的部落故事。

我们有必要研究一下这些变化，看看它们是如何证实这些观点的。第一种观点是，对梅雷莱斯所言印第安人与世隔离这一错误说法进行谴责，这既容易理解，但又有些过分。虽然没有一位新闻记者喜欢被灌输错误的信息，但是梅雷莱斯试图引起公众注意的举动，并不能完全解释这些“欺骗”报道所引发的愤怒情绪。尽管梅雷莱斯似乎允许人们（如果不鼓励的话）模糊

① 韦氏第三版新国际词典（1986），“野蛮人”，源于拉丁语中“silvaticus”。

② 例子参见美联社，2008 年 5 月 30 日 CBC 广播公司报道《巴西发现了一个“未接触”的部落》，http://www.cbc.ca/world/story/2008/05/30/brazil-tribe.html。

理解“与世隔绝”这个词(许多记者认为这个词的意思是“没有被发现”，而不仅仅是“与文明隔绝”)，但他并不是像撰写“大脚怪”那样凭空创造出这种说法[①]。因此，尽管人们很容易对他的行为和观点提出疑问，但用“欺诈”“骗局”“欺骗”“公关笑话”等词语形容似乎就有点儿苛刻了。

这些反应的激烈程度说明这些故事是从文明的角度讲述的，这种文明相信与自然不可分割的人类群体的持续存在。梅雷莱斯的爆料不仅是对记者职业自豪感的公然冒犯，更是对土著人作为保护自然法则担保人观念的侮辱。尽管有些记者对“遗世部落”的命运表示担忧，但是这个部落显然是对不完美现代世界的修正，这是读者真正关心的问题。

第二种观点是，梅雷莱斯澄清之后，人们对“遗世部落”的关注减少，通过将故事的焦点从接触部落转移到自然盟友与驱逐者之间的全面战争，主张文明为导向的观点。这种做法通常是比较秘鲁和巴西的土著政策，其中秘鲁对破坏环境行为视而不见，而巴西则有效地保护土著人的权利。这些对比导致各种指控和反指控，可以理解为 19 世纪末和 20 世纪初两国之间关于亚马孙河流域领土争夺斗争的延续[②]。然而，从某种程度上来说，巴西成为“遗世部落”的守护者，这个部落与被人类破坏的大自然密不可分，这个故事由历史转向神话。

第三种观点是，梅雷莱斯从富有同情心的官僚转变为复杂的“部落守护者”，表面上看起来与前两种可能性有很大不同，然而最终它清晰表明了文明为导向的观点。这是因为这种转变使梅雷莱斯产生强烈的兴趣，而“遗世部落”的成员则或多或少地成为配角。

我们有可能对报纸上关于这位塞尔塔尼斯塔(Sertanista)或“荒野探险家”报道中的文学比喻做一个全面研究，将其视为一种更具种族敏感性、随身携带 GPS 的 Davy Crockett[③]。然而，就我们的目的而言，重点不在于记者们对梅雷莱斯心理的不懈探索，而在于他们对待“遗世部落”的行为完全公开透明。

梅雷莱斯提到，故意安排一架阿克里州的飞机飞越土著人定居点时，记

① 实际上有几个消息来源比较了“原始部落”和尼斯湖的怪物。例如，参见 Cedric Gouverneur, Les Incliscrets: La triou perclue d'Amazonie n'etait pas vraiment, VSD, 2008 年 6 月 25 日, http://www. vscl. fr/contenu-eclitorial/l-actualite/les-incliscrets/652-la-tribu-perdue-ne-l-etait-pas-vraiment。

② 这些冲突是著名作家欧几里得·达库尼亚在“橡胶热潮”时期的一系列散文的主题，见 da Cunha(1986)。

③ 关于塞尔塔尼斯塔的更多信息参见 Hemming(2003)。

者们迅速锁定了这个“骗局”的细节[①]。然而，我所接触的所有新闻来源，很少能解释飞机在不同的时间飞过这些地区的原因，从而使印第安人有时间对此做出反应[②]。所有其他报道让读者得出这样的结论：部落的一些成员经常处于备战状态，在飞机出现的那一刻，他们正好组装了长弓。

我的意思并不是说“遗世部落”在某种程度上愿意与宣传媒体进行合作。相反，各媒体认为这个部落很可能选择充分利用梅雷莱斯提供的机会，媒体几乎对此保持沉默。飞机在村庄上空不断飞行，土著人明显地选择了展现自己，而不是隐藏在森林中，这给了他们向世界传递信息的机会。

然而，大多数报道认为，印第安人的行为旨在吓跑飞机，而不是充分利用飞机。因此，这些故事揭示了土著人的清白，这最终将他们与其他人类区分开来，使他们成为剧中的次要角色，而他们理应在剧中扮演主角。

为什么记者似乎对土著人与梅雷莱斯极小可能性的即兴合作毫不感兴趣？一种可能是，新闻机构强烈感觉到，这个“遗世部落”与世界其他地方之间存在着巨大的物理距离。这种感觉的产生部分是因为其物质条件，包括恶劣的地形和茂密的植被。然而，它也有一定的象征意义，强调的是“高贵”而不是“野蛮”。可以肯定的是，这个部落的自发行为(而不是有意行为)不仅体现与文明的物理距离感知，也体现与文明的心理距离感知。哪怕轻微表露出“遗世部落”可能参与了宣传活动，也会让人们对它最初的新闻价值产生怀疑。这会让人怀疑他们是否真的只是现代社会的一种陪衬，现代社会对部落纯洁性感兴趣，这表明现代社会需要在纯净的大自然中寻找慰藉[③]。

埃尔多拉多：自然环境和更广泛的社会与环境背景

人们一直把“遗世部落”描述为一群对当代文明入侵“感到恐慌”的高贵

① 对于最初的“恶作剧”故事，见 Peter Beaumont：“‘原始部落’的秘密，不是吗?”，《观察家报》，2008 年 6 月 22 日。后来国际生存组织向英国报业投诉委员会提交了一份申诉书，并做出了有利于该组织的决定。关于道歉，请参阅 Stephen Pritchard：“一个部落的慈善是如何被歪曲的”，《观察家报》，2008 年 8 月 31 日，http://www.guardian.co.uk/commentisfree/2008/aug/31/voluntarysector。尽管如此，《观察家报》的报道还是引发了更多的令人愤怒的报道。

② 为数不多的描述各种飞机通行的文章一般都会引自 CNN。例如，“亚马孙见到的‘未接触的部落’”，《现代加纳新闻》，2008 年 5 月 30 日，http://www.modernghana.com/news/167637/1/uncontacts-tribes sighted-in-amazon.html。

③ 这将把他们归类为被“出卖”给政治老手等文明的部落，在康克林和格雷厄姆(1995)的研究中分析了备受批评的卡亚波。

野蛮人(但尚未被文明腐蚀)，并难以将部落的领地描绘成最后一片神秘而脆弱的原始雨林。然而，仔细审查新闻报道中的物理环境可知，这个世界不仅存在作为“雨林”代名词的令人眼花缭乱的珍稀和奇妙的动植物，还是埃尔多拉多(黄金城)殖民时期的现代变体。

“遗世部落”报道中描述的土地和亚马孙自然界蕴藏的资源一样丰富，其中包含许多可销售的商品(天然气和石油，以及那些招致伐木者入侵的热带硬木)。它们也是那些经常与雨林有关的分散性资源(物种多样性、制药潜力、缓解全球变暖的保水生物)的家园。虽然这些资源毫无疑问地提升了“遗世部落”的土地对外来者的吸引力，但在埃尔多拉多，最吸引人的是它令人难以捉摸。尽管标志性的雨林往往与城市对立，但它缺乏这座黄金城有别于其他区域的那种坚定的距离感。因此，虽然埃尔多拉多一直处于隐匿状态，但即使是最原始的热带雨林也需要科学研究。

正如我们在“遗世部落”故事中对高贵的“野蛮人”的形象描述，躲避意味着要保持一种身心距离。读者和记者很关注土著人与世隔绝的状态，这表明该部落与当代生活领域的密切联系足以庇护所有未被发现的民族。虽然土著人的土地被描述为雨林和丛林，但他们自己视其为黄金城。

埃尔多拉多(黄金城)是探索新世界最久远的神话之一。对于许多第一批探险者来说，黄金不仅仅是珍贵物品，而且往往是有生命的东西。它让人联想到中世纪的炼金术和传统的黄金种族或黄金时代，在那个时代，人类与广阔的自然和谐共处。这个故事常与其他“无邪之地”故事有共通之处[①]。在有关富裕国王的故事中，我们常常能感受到这种财富，富裕的国王每天晚上都会到湖中洗去黎明时涂在身上的一层厚厚的黄金[②]。随着时间的流逝，人们对已然活生生的金色装饰品、在未知大陆中心拥有一片金闪闪湖泊的君主的信仰减弱。然而，珍贵大自然的概念依旧难以企及，并通过多种形式表达出来。

在拉丁美洲，埃尔多拉多的宝库与“遗世部落”有着千丝万缕的联系，他们讲述了亚马孙人——经典神话中的女战士——以金银武器而闻名(以及后来的银眼泪)。这些女战士在新世界部落中可以找到的信念与印第安人和美洲人最初的概念联系很大。实际上，一些伊比利亚探险家的合同中包括这样一个条款，要求他们去寻找亚马孙人，因为这些女战士所在的地方必

① 克拉斯特(1975)详细描述了这个“无邪恶的瓜拉尼之地”。

② 有关埃尔多拉多神话的介绍，请参阅 Ainsa(1992)，这个故事的一些版本，金王在木筏上放置了一个能将金子、珍珠、祖母绿和其他贵重金属的物品存入湖中心的装置。

然会有大量的财宝。因此，人们到埃尔多拉多从来不只是寻找黄金，更是渴望目睹过去的神奇秘密①。这种令人向往的吸引力在现代地理名称“亚马孙”中体现得最为明显，它不只是指一条巨大的河流，更是指一个辽阔的地区。

有关“遗世部落”的故事描述了埃尔多拉多的古老思想令人难以捉摸（因此，对于一个疲倦的文明来说，这是一种永恒的新奇）的特点，有助于解释叙事中其他令人困惑的方面。其中最主要的是一种开放性和多孔性，这使得“遗世部落”的故事反而变得陌生，因为它坚持认为土著人有些怪异。

在互联网上快速搜索“遗世部落”，你会发现，很多这个部落和其他部落在不同时间、地点的联系可以追溯到 20 世纪初。其中一些故事包含了与其他族群相区别的独特细节。然而，很多细节都很相似以至于可以互换。有一次，我发现自己对故事中的一个方面感到困惑，我一直苦思冥想，直到我看到一篇关于 2007 年“与世隔绝”部落的文章②。2001 年也有同样的案例出现③。此外，2009 年 10 月的一篇报道清晰阐述了即使不是真正的“未接触”部落，也会极度“孤立”。这一系列类似的报道表明，一个内容丰富但结局令人难以捉摸的故事可能有多个开始和中间部分，但没有明确的结局。值得注意的是，当梅雷莱斯发现的“遗世部落”被证实已经与外界有接触的时候，更偏远地方的其他更孤立的部落迅速将其取代④。这些部落的人数激增再次表明，外界担心的不是部落的安宁，而是想要保护自己不可抗拒的幻想。这种幻想涉及一群人的持续生存问题，这群人无视自身灭绝，旨在能像恐龙一样大摇大摆地走进这个世界。

埃尔多拉多故事的另一个核心方面——黄金君主与其光辉王国——一直延续到最近关于“遗世部落”的叙述中。我们已经注意到，土著人和自然界之间的密切联系有时只是自然界的一种延伸。从某种程度上来说，这个自然世界似乎是一个遥远的、难以捉摸的埃尔多拉多，那么根据这个说法，

---

① 甘迪亚（1929：71－101），有关“新世界亚马孙”的学术文献的经典描述。多米尼加修道士描述了西班牙探险家在 1541 年至 1542 年间与这些女战士之间的战斗。

② 2007 年关于秘鲁非常相似的马什科・皮罗部落新闻。见《“未知”秘鲁亚马孙部落的发现》，BBC 新闻，2007 年 10 月 4 日，http://news. bbc.co.uk/2/hi/americas/7027254.stm。

③ 2001 年的文章涉及与乔洪・贾帕的相遇。请参阅《发现巴西遗失的部落》，BBC 新闻，2001 年 4 月 9 日，http://news.bbc.co.uk/2/hi/americas/1267845.stm。

④ 富奈认为，在巴西其他地区有多达 68 个“未接触的”部落，这是许多新闻报道引用的一个事实。例如美联社，《巴西揭示未接触的亚马孙部落》，“世界在线”，2008 年 5 月 31 日，http://www.welt. de/english-news/article2052327/Brazil_reveals_ uncontacted_Amazon _Tribe.html。

这里的土著居民之前不可能与外界有接触。

在葡萄牙语中，“遗世”这个词具有“以前不知道”或者“还没有联系过”的意思，乍一看似乎很奇怪（在新闻报道中从来没有使用过“Perdido”的直接翻译，部分原因可能是它在葡萄牙语中具有负面意义）。如果这个词总是意味着先占权或控制权，那么这些物或人怎么会“遗世”呢？如果在梅雷莱斯的“发现”之前，这个部落是“未知文明的”，那么人们怎么会认为它是“不能被发现或被恢复”的呢？“遗世部落”是通过报道而闻名的，“未被发现”这个观点与埃尔多拉多逃避被占有的故事联系在一起，由于流传甚广，人们认为它是真实的。

之前无数次寻找黄金城的尝试证明了它的存在。虽然 17 世纪初期沃尔特·罗利（Walter Ralegh）爵士寻找马诺亚黄金王国的探索可能最著名，但并不稀奇[1]。早期的欧洲探险家一次又一次地出发去寻找其他人在传说中所描述的那个湖泊、国王和城市。这个诱人的目的地曾经在某处被人们所知晓，使得其他人认为这个王国只是暂时“遗世”，等待着他们这样的人去找寻。20 世纪中后期的著名文献，如 1973 年出版的克洛德·列维-斯特劳斯（Claude Levi-Strauss）的《忧郁的热带》和 1956 年出版的阿莱约·卡彭铁尔（Alejo Carpentier）的《消失的足迹》，就写有令人惊叹、转瞬即逝的避难所。尽管这些叙述（一篇是学术旅行作品，另一篇是小说）带有殖民作品所不具备的可悲的讽刺意味，但它们同样追求丰富而坚定不移的本性。因此，它们为描绘这些殖民地和报道 21 世纪“遗世部落”提供了一座桥梁。

我已经提出，人们对一个无法描述的富足的未知世界的珍视，以及对奇迹的更为普遍的向往和失落，有助于解释人们对“遗世部落”早已闻名于世的消息的愤怒反应。对梅雷莱斯感到愤怒的根源在于，他的报道有悖于人们之前的畅想——一个远离文明而持续存在的原始自然。尽管“遗世部落”有消亡的危险，但对尚未被发现或未被重寻的伊甸园般的避难所的持久希望，以及对大自然魅力的渴望，才是全球各大报纸头条明显流露出失望的真正根源。有人忧郁地说：“‘遗世’亚马孙部落的照片是假的。”[2]另一个人愤怒地哀叹道：“一个野蛮的骗局：从未存在过的洞穴人。”[3]

---

① 见 Ralegh(1997)。

② 加雷斯·多德：《摄影师：遗失的亚马孙部落照片是假的》，新华网，2008 年 6 月 24 日，http://news.xinhuanet.com/english/2008-06/24/content_8429135.htm。

③ 本杰明·拉德福德：《一个野蛮的骗局：从未存在过的洞穴人》，《生活科学》，2008 年 6 月 25 日，http://www.livescience.com/strangenews/080625-tasaclay-hoax.html。

巴西国内外解读部落故事的差异

虽然许多新闻将“遗世部落”的土地描绘成黄金城，但主要是通过表明不同的社会和政治背景以及转换对关键环境问题和争论的看法达成。巴西报道与国际报道之间的严格划分可能会产生误导，尽管如此，比较这两种类型的报道，就它们对几个世纪以来神话的改写而言，可能又有益。

总体而言，关于“遗世部落”的国际报道最终关心的是更重大的问题，如物种灭绝，尤其是气候变化。他们尤其可能对既包含丛林成分又包含雨林成分的热带自然环境感到矛盾。他们也习惯性地关注文明的弊端，比如记者，通过一群从未见过手机、爆满的电子邮件收件箱或纳税申报单的人的幻想来逃避现实。

尽管巴西的一些文章揭示了类似的倾向，但他们更倾向于解决国家的具体问题。大多数故事关注的是经济发展与环境保护之间的关系。尽管他们经常依赖同一信息来源，但巴西的报道比国际同行更有可能揭露实际问题。例如，他们通常比国外报道更关心如何处理非法砍伐。因此，这些报道受到当代政治事件和经济利益的强烈影响。

与巴西新闻中许多事件导向的报道相比而言，“遗世部落”故事的国际版本倾向于表达更为广泛的环境恐惧。将热带雨林作为对抗全球变暖的屏障，这强调了“遗世部落”作为抵御气候变化的脆弱堡垒的重要性，读者和记者都对气候变化有所担忧。

如果濒危热带雨林在“遗世部落”的国际新闻报道中持续出现，那么丛林问题也会激起人们持续的矛盾心理。后来关于“遗世部落”的文章与前法国裔哥伦比亚总统候选人英格丽德·贝坦库(Ingrid Betancourt)的经历有关的新闻报道出现在同一版面中，游击队将她在亚马孙河内陆关押了六年之久。

很难证明，贝坦库对她被囚禁在传统的恐怖丛林中的描述，直接影响了“遗世部落”故事中伐木工人和印第安人之间的斗争。尽管如此，在贝坦库2008年7月2日发布消息后，一些描述中确实使用了在有关“遗世部落”的报道中不时出现的关于热带自然更可怕的图像[①]。这些报道表明，曾经为土

---

① “丛林里的每一样东西都会咬人，每次你试着抓东西以免摔倒，你的手放在狼蛛上，你的手放在荆棘上，也会被一片叶子伤着，这是一个绝对敌对的世界，有危险的动物，但最危险的是人类，那些用大枪支顶在我身后的人。”贝坦库在史蒂文·厄兰格和艾伦·考威尔的一份报告中说，“贝坦库在愉快地返回法国时，详细描述了在哥伦比亚的痛苦经历”。见《纽约时报》2008年7月5日。

著人和野生动物保留的森林中存在着新型怪物(游击队员、不法分子、国际恐怖分子)。然而,这些令人恐惧的因素可能与人们对丛林的担忧并存,最终丛林的脆弱程度不亚于亮闪闪的雨林。

在经济担忧开始笼罩世界的背景下,国际文章也倾向于表现出强烈的失望感。网上评论多次表达了这种愿望,即“遗世部落”可以免受这些帖子的作者们在自己的生活中承受的各种压力。

巴西的文章通常比较实际,特别是具有全国性的观点,在我上文提到的关于秘鲁与本国土著人和环境政策的辩论中已经很清楚地表现出来。其中一些文章公开宣称,巴西比秘鲁更关心土著人。其他文章尖锐地批评了FUNAI对待“遗世部落”的行为。通常来讲,有关执政的工人党和时任总统卢拉支持的环境政策的辩论,经常被用于描述这个部落。

人们几乎不可能从2008年5月到6月间的巴西新闻报道中找到“遗世部落”和当时环境事务部部长玛丽娜·达·席尔瓦(Marina da Silva)公开辞职之间的任何联系。玛丽娜·达·席尔瓦最初是因为与著名的橡胶制鞋商奇尔科·蒙德斯(Chico Mendes)合作而声名鹊起,同时国际组织依然高度尊重她①。她的辞职时间非常不合适,人们将其解读为对卢拉环境政策的批判。巴西不仅接待了来访的德国总理安格拉·默克尔,还有一大群英国广播公司(BBC)的记者,他们正在忙于拍摄关于亚马孙的纪录片。这两个事件让此地受到欧洲公众的关注。

没有任何证据表明,因巴西缺乏对环境问题的承诺带来的一系列愤怒评论直接导致了FUNAI被视为土著人的守护者。尽管如此,我们不难发现这个故事出现在玛丽娜·达·席尔瓦退出政治舞台之后,具有重要的政治意义。因此,尽管巴西的一些报道与其他国家的报道非常相似,但在“遗世部落”报道出现后的那段时间,其他许多报道显然受到了它的影响。

最后,虽然很少有文章论述“遗世部落”对亚马孙外向型经济的影响,但几乎可以肯定的是影响了对这个土著群体的描绘。就像美国的开发商害怕在公共土地上发现考古遗址或濒危物种一样,巴西在巨大的经济利益驱使下,几乎不可能同情土著人,因为他们的出现把原来的“自由空间”变成了受保护的联邦土地。在这种情况下,工人党政府别无选择,只能支持印第安

---

① 例子见达·席尔瓦的评论《欢迎来到缩水的雨林》,《经济学人》2008年6月5日,http://www.economist.com/displayStory.cfm?Story_id=11496950。也可见Kennedy Alencar, Acao de Dilma junto a Lula foi decisive para queda de Marina, FolhaOnline, 2008年5月18日,http://www1.folha.uol.com.br/folha/colunas/brasiliaonline/ult2307u402986.shtml。

人，而那些潜在开发者——通常与媒体勾结在一起——一定会为媒体对恶作剧的指责感到高兴。在“遗世部落”案例中，象征意义与土地使用之间的联系是对神话和隐喻力量的警醒。

“遗世部落”：总结

以上分析围绕着本章开头概述的八个基本问题展开。贯穿于整个故事的更为广泛的文化偏见表明，新闻对部落成员的关注往往反映在对“遗世”缘由和对“原始自然”的关注上，现代消费社会成员深深相信这种惊人而奇妙的存在。因此，有关叙述材料不仅包括这些新闻素材，而且包括写有“遗世天堂”和高贵“野蛮人”的长篇文学作品，许多当代素材中都引用了这些文本。

作为故事的核心内容，社会、政治和经济利益成为全球化世界的关键。它们包括国家政府（巴西和秘鲁）及其机构（不仅包括 FUNAI，也包括环境部）和非政府组织（尤其是国际生存组织），还包括各种信息机构、新闻出版社、互联网网站、电视台和广播电台——每个机构都有自己特定的视角和需求。我们已经看到其他社会角色的加入以及对这个故事是“骗局”的指责，改变着“遗世部落”感知世界的方式。

在我们所研究的叙述材料中，寻找用来描述土地和人的主要神话与隐喻，不仅揭示了相当多的主题多元性，而且还揭示了其基本矛盾。报纸和电视台记者希望看到“遗世部落”成员的野蛮以及他们与自然的和谐相处，这种希冀对故事基本要素的构成发挥了作用。在描述亚马孙时出现了不和谐的声音，例如，有人认为这是一片无边无际的森林，而有人认为这是一片不断缩小、越发荒凉的土地。

如果某些解释忽视了这些基本要素（神话与隐喻），这对特定民族和地方的主流叙事构成了挑战。从故事发生的那一刻起，就存在对“遗世部落”的历史本质和人性的坚持——与其所谓的新奇性和非人类的身份相反。这些另类解读的结果是使一个非常古老且高度公式化的叙述更加复杂化。

最后，这些新思想与当代、社会、政治和经济的关系体现了重要的政策问题。随着达·席尔瓦辞去环境部部长一职，这些问题作为对发展导向利益的强烈抗议而变得更加紧迫。“遗世部落”的成员应该被视为当代国家的公民，有义务捍卫自己的权利及其所居住的土地，这就给重新审视传统比喻和现有政策带来了压力。

社会、环境和文学分析：更广泛的含义和结论

这里我们提及的基本文本分析在具有多个变化主题的情况下的讨论效果最好。一系列生动的图像也有助于分析。然而这种方法可以用于任何有文字或有关表现形式(电影、建筑、仪式)的场合。

如前所述，这类考察是一个非常有效的起点。它不仅可以与其他方法结合使用，而且可以单独地使用这些方法。“遗世部落”的案例为世界各地讨论土著人的环境政策提供了有用的参考。同时，它还提供了一个平台，使人们更详细地考虑亚马孙在国际环保运动中的角色。

一般来讲，人类学家和环境研究者不必远离学术领域，就能明白为什么这种分析方法很重要。我们在对“遗世部落”考察中所碰到的各种神话和隐喻，是 2000 年至 2001 年间影响有关人种学争论的核心内容，而且对这个学科仍然有着巨大的影响[①]。这场争论紧随着调查记者帕特里克·蒂尔尼(Patrick Tierney, 2000)在书中对职业道德的指控而来，他的一本书——《黄金城的黑暗：科学家和记者如何摧毁了亚马孙》——被宣传为“一个关于无情的记者、自私的人类学家和执迷的科学家将亚马孙盆地中最古老部落置于灭绝边缘的故事”[②]。

蒂尔尼的主要目标是人类学家拿破仑·查格农(Napoleon Chagnon)和遗传学家詹姆斯·V.尼尔(James V. Neel)。拿破仑·查格农是广受欢迎的《亚诺马莫：凶狠的人》[1983(1968)]的作者，几部人种学电影曾以这部电影为基础[③]。在这里没有机会讲述实际的文本，但应指出的是，蒂尔尼对查格农和尼尔的指控已经引发了多次争论。然而，不可否认的是，蒂尔尼和查格农都选择了这些标题，突出了那些渗透在“遗世部落”叙述中的各种神话与隐喻[④]。在这场至关重要且激烈的争论中，这些当今已为世人所熟悉的文学手段，突显了我们所叙述的各种问题的重要性。虽然人们可以在短暂的大众媒体资源中找到这些神话与隐喻，但它们也可能在学术界扮演着极

① 关于辩论的介绍，详见道格拉斯·休谟的《黄金国的黑暗》，http://www/nku.edu/～humed1/index.php/darkness-in-el-dorado。也可见 Borofsky(2005)、Coronil(2001)。

② 引自《新书和文章指侵坏雅诺马米部落的科学家》，CNN，2002 年 10 月 2 日，http://archives.cnn.com/2000/books/news/10/02/anthro。

③ 其中最著名的是《斧之战》，蒂莫西·阿什和拿破仑·查格农 1975 年制作，CD-ROM 可看。

④ 在科罗尼尔等(2001)的著作中，有几位作者——彼得·佩尔斯、查尔斯·L.布里格斯、克拉拉·曼蒂尼布里格斯和阿尔西达·丽塔·拉莫斯——没有提出比喻的问题。

其重要的角色。

对黄金城的争议使人们毫不怀疑文学分析与叙事的相关性，这些叙述通常被看作相当透明的纪实作品。这样它重申了隐喻在与环境相关问题研究中的基础地位，这是本章的一个核心观点。为了弄明白文本的组合方式——尽管可以将文本简单拆分，我们所概述的基本考察方法仍具有决定性的实际意义。

例如，“遗世部落”故事引发的“愤怒”，清楚地阐述了由于“不接触”词义模糊或矛盾而引发许多问题。这种“愤怒”表明了定义关键术语的重要性，不仅为了人们快速理解其在报纸报道中的含义，更重要的是官方政策能对其进行详解，并使其在学校、社区组织以及政府机构中散播。

然而，明确的定义仅仅是开端。我们的考察还表明，有必要把土著人描绘成拥有丰富知识的人，其独特的文化不会在所谓的探索时刻消失或贬值。例如，黄金城神话可以从一个不可能的、极其简单的、未受影响的自然之梦转变成一个行动纲领，表达人类在一个极其复杂的世界里对奇迹的持续渴望。仔细规划可以帮助黄金城内的每个成员在“发现”之后以自己的方式生活，这为思考环境保护问题提供了一个比单一的、遥不可及的破坏解决方案的更有用的出发点。

没有人能完全摆脱本文中出现的各种形象，它们是语言的基石，为了达到积极的效果，应该得到有意识的应用。环境研究人员没有义务从事文学杂技，但是他们确实需要警惕自己最珍视的故事以及他人的评价。

致　谢

感谢劳伦斯·比尔(Lawrence Buell)、凯瑟琳·弗雷塔斯-塞茨(Kathryn Freitas-Seitz)、劳拉·格雷厄姆(Laura Graham)、丹尼尔·霍夫曼(Daniel Hoffmann)和劳拉·奥格登(Laura Ogden)，他们对这篇文章的起草提出了颇为有益的意见，也感谢凯瑟琳·弗雷塔斯-塞茨协助我对文本进行了编辑。

参考文献

Ainsa F., 1992. *De la edad de oro a El Dorado: génesis del discurso utópico americano*. Mexico: Fondo de Cultura Económica.

Borofsky R., 2005. *Yanomami: The Fierce Controversy and What We Can Learn From It*. Berkeley, CA: University of California Press.
Bressler C. E., 2003. *Literary Criticism: An Introduction to Theory and Practice*. Upper Saddle River, NJ: Prentice Hall.
Buell L., 2001. *Writing for an Endangered World: Literature, Culture, and Environment in the US and Beyond*. Cambridge, MA: Belknap Press of Harvard University Press.
Buell L., 2005. *The Future of Environmental Criticism: Environmental Crisis and Literary Imagination*. Malden, MA: Blackwell Publishing.
Carpentier A., 1956. *The Lost Steps*. Trans. H. de Onís. New York: Knopf.
Carvajal G. de, 1934. *The Discovery of the Amazon According to the Account of Friar Gaspar de Carvajal and Other Documents*. Trans. E. L. Bertram, H.C. Heaton, ed. New York: American Geographical Society.
Chagnon N. A., 1983. *Yanomamö: The Fierce People*, 3rd edn. New York: Holt, Rinehart, and Winston.
Clastres H., 1975. *La terre sans mal: le prophetisme tupi-guarani*. Paris: Éditions du Seuil.
Coimbra C. E. A. Jr., N. M. Flowers, F. M. Salzano, and R. V. Santos, 2002. *The Xavánte in Transition: Health, Ecology, and Bioanthropology in Central Brazil*. Ann Arbor, MI: University of Michigan Press.
Conklin B. A., and L. R. Graham. The shifting middle ground: Amazonian Indians and eco-politics. *American Anthropologist* 97(4): 695 - 710.
Coronil F., A. Fix, P. Pels, *et al*., 2001. Current Anthropology forum on anthropology in public: perspectives on Tierney's Darkness in El Dorado. *Current Anthropology* 42(2): 265 - 276.
Cronon W., ed., 1996. *Uncommon Ground: Rethinking the Human Place in Nature*. New York: W. W. Norton & Co.
Culler J. D., 1997. *Literary Theory: A Very Short Introduction*. New York: Oxford University Press.
Culler J. D (ed.), 2003. *Deconstruction: Critical Concepts in Literary and Cultural Studies*. New York: Routledge.
da Cunha E., 1986. *Um paraiso perdido*. Leandro Tocantins (ed.), Rio de Janeiro: J. Olympia Editora.
Deleuze G and F. Guattari, 1987. *A Thousand Plateaus: Capitalism and Schizophrenia*. Trans. and Foreword by B. Massumi. Minneapolis, MN: U. of Minnesota Press.
Diacon T. A., 2004. *Stringing Together a Nation: Candido Mariano da Silva Rondon and the Construction of a Modern Brazil, 1906 - 1930*. Durham, NC: Duke University Press.
Dryzek J. S., 1997. *The Politics of the Earth: Environmental Discourses*. New York: Oxford University Press.
Eagleton T., 2006. *Criticism and Ideology: A Study in Marxist Literary Theory*. New York: Verso.
Ellingson T. J., 2001. *The Myth of the Noble Savage*. Berkeley, CA:

University of California Press.
Elliott A., 1994. *Psychoanalytic Theory: An Introduction*. Cambridge, MA: Blackwell.
Gandía E. de, 1929. *Historia crítica de los mitos de la conquista americana*. Madrid: Juan Roldán y Compañía.
Geertz C., 1973. Thick description: toward an interpretive theory of culture. In *The Interpretation of Cultures: Selected Essays*. New York: Basic Books, pp.3 - 30.
Glotfelty C. and H. Fromm (eds.), 1996. *The Ecocriticism Reader: Landmarks in Literary Ecology*. Athens, GA: University of Georgia Press.
Greenblatt S., 1992. *Marvelous Possessions: The Wonder of the New World*. Chicago, IL: University of Chicago Press.
Groden M., M. Kreiswirth, and I. Szeman (eds.), 2005. *The Johns Hopkins Guide to Literary Theory and Criticism*. Baltimore, MD: Johns Hopkins University Press.
Guha R., 2000. *Environmentalism: A Global History*. New York: Longman.
Guha R. and J. Martínez Alier (eds.), 1998. *Varieties of Environmentalism: Essays North and South*. New York: Oxford University Press.
Handley G., 2007. *New World Poetics: Nature and the Academic Imagination of Whitman, Neruda, and Walcott*. Athens, GA: University of Georgia Press.
Hawkes T., 2003. *Structuralism and Semiotics*. New York: Routledge.
Heise U. K., 2008. *Sense of Place and Sense of Planet: The Environmental Imagination of the Global*. New York: Oxford University Press.
Hemming J., 2003. *Die If You Must: Brazilian Indians in the Twentieth Century*. London: Macmillan.
Hudson W. H., 1904. *Green Mansions: A Romance of the Tropical Forest*. London: Duckworth and Company.
Jakobson R., 1960. Closing statement. In T. A. Sebeok, ed., *Linguistics and Poetics in Style in Language*. Cambridge, MA: Technology Press of MIT and John Wiley and Sons, pp.350 - 377.
Kosek J., 2006. *Understories: The Political Life of Forests in New Mexico*. Durham, NC: Duke University Press.
Landy J. and M. T. Saler, 2009. *The Re-enchantment of the World: Secular Magic in a Rational Age*. J. Landy and M. Saler (eds.). Stanford, CA: Stanford University Press.
Latour B., 2004. *Politics of Nature: How to Bring the Sciences into Democracy*. Trans. C. Porter. Cambridge, MA: Harvard University Press.
Levin J., 2002. Beyond nature? Recent work in ecocriticism. *Contemporary Literature* 43(1): 171 - 186.
Lévi-Strauss C., 1973 [1955]. *Tristes tropiques*. Trans. D. Weightman and J. Weightman. New York: Modern Library.
Lutz C. A. and J. L. Collins, 1993. *Reading National Geographic*. Chicago, IL: University of Chicago Press.

Mazel D., 2000. *American Literary Environmentalism*. Athens, GA: University of Georgia Press.

McBeth M. K., E. A. Shanahan, R. J. Arnell, and P. L. Hathaway, 2007. The intersection of narrative policy analysis and policy change theory. *The Policy Studies Journal* 35(1): 87 - 108.

Moi T., 1985. *Sexual/Textual Politics: Feminist Literary Theory*. New York: Methuen.

Montaigne M. de, 1948. *On Cannibals. Essays*. Trans F. Carmody. Hillsborough, CA: L-D Allen Press.

Outka P., 2008. *Race and Nature From Transcendentalism to the Harlem Renaissance*. New York: Palgrave-Macmillan.

Ralegh W., 1997. *The Discoverie of the Large, Rich, and Bewtiful Empyre of Guiana*. Trans. N. Whitehead, ed. Norman, OK: University of Oklahoma Press.

Said E. W., 1978. *Orientalism*. New York: Pantheon Books.

Selden R., P. Widdowson, and P. Brooker, 1997. *A Reader's Guide to Contemporary Literary Theory*. London and New York: Prentice Hall/Harvester Wheatsheaf.

Slater C., 1996. Amazonia as Edenic narrative. In W. Cronon (ed.), *Uncommon Ground: Rethinking the Human Place in Nature*. New York: W. W. Norton and Company, pp. 114 - 131.

Slater C., 2002. *Entangled Edens: Visions of the Amazon*. Berkeley, CA: University of California Press.

Stepan N. L., 2001. *Picturing Tropical Nature*. Ithaca, NY: Cornell University Press.

Strunk Jr., W. and E. B. White, 2007. *The Elements of Style*. New York: Penguin Press.

Tierney P., 2000. *Darkness in El Dorado: How Scientists and Journalists Devastated the Amazon*. New York: W. W. Norton & Co.

Waugh P. (ed.), 2006. *Literary Theory and Criticism: an Oxford Guide*. New York: Oxford University Press.

Wellek R. and A. Warren, 1949. *Theory of Literature*. New York: Harvest Books.

9　沙漠城市的水资源决策者：文本分析和环境社会科学

安伯·伍蒂斯
克拉伦斯·C.格雷夫利

前　言

文本分析有多种方法。对于许多研究人员来说，文本分析可能意味着对以文字形式而不是数字形式出现的资料进行详细解读。然而，在本章中，我们认为文本分析是一种具有兼容性的方法：在分析文本时，它体现出在单词和数字之间交替迭代的优点。我们认为，文本分析中，定性和定量方法属于完整的方法论体系。我们没有将文本分析设想为定性—定量分析的一部分，而是将其视为一套用于从探索到验证的系列研究方法。

探索性研究问题用于理解新现象——揭示新现象的运转方式并研究新模型来描述现象。我们接下来会更详细地讨论环境社会科学探索性研究的例子，包括保利索和马洛泥(Paolisso and Maloney, 2000)对切萨皮克湾环境知识的探索，以及阿波斯托洛普卢和潘蒂斯(Apostolopoulou and Pantis, 2009)对希腊保护政策失败的调查。验证性研究问题用于验证现有的理论、假设或模型如何描述感兴趣的现象。下文讨论的验证性研究例子包括德里斯科瓦、乔达诺和菲施亨德勒(Drieschova, Giordanoand, and Fischhendler, 2008)对于国际水域条约中流量变化规律的研究，以及劳里安(Laurian, 2005)对于毒性修复过程中公民投入机制的效力研究。

正如格雷夫利(2010)所指出的，从探索性到验证性连续地研究问题，大体上与方法论连续性相似，即从非结构化到结构化的研究方法。探索性问题往往采用非结构化方法进行调查，例如参与者观察和焦点小组。验证性问题通常采用结构化数据收集方法进行调查(例如调查和时间分配研究)。然而，非结构化和结构化方法之间的区别并不能完全反映出定性和定量方法之间的区别。例如，语义网络分析是一种定量方法，但从研究者没有强加先验框架的意义上来说，也是一种非结构化方法。因此，使用文本来解释探索性研究问题是恰当的。

伯纳德和瑞安(Bernard and Ryan，2010)提供了一种有用的类型学方法，用于支持文本分析中常用的数据收集方法和数据类型。文本分析通常使用档案、行为跟踪研究、直接观察、自我报告数据或混合方法收集数据。档案可用于从法律和政策、报纸文章或家庭电影胶片中收集数据。行为跟踪法检查物证数据(如交通模式或考古文物)或文本数据(如网站和通信)。直接观察可以使用连续监测、抽样或时间分配研究。自我报告的数据收集方法可能会采用诸如调查、访谈、焦点小组和日记等方法。混合方法可以包括案例研究、参与者观察或上述各种方法的组合。

文本分析通常用于分析书面文字，然而这些技术也可用于检查静态图像、视频、声音和实物。静态图像数据包括照片、绘画和图纸等。视频包括焦点小组录音、仪式活动电影和好莱坞电影等数据。声音数据可以是录音对话、音乐、歌曲或有历史意义的广播演讲。实物可能包括陶器、植物标本或工业废物容器。在本章中，我们将介绍亚利桑那州水资源决策者进行案例研究的数据，该案例采用自我管理的开放式访谈，形成了一个打印文本。这种分析方法可以被广泛应用于定性数据。

案例研究：沙漠城市中的水文、气候模式和决策

案例研究地点选在大都会凤凰城，这是亚利桑那州索诺兰沙漠的中心城市，拥有420万居民。最近的气候预测表明，这个地区将变得更温暖、更干燥，从而使维持目前的供水水平日益困难(Ellis et al.，2008)。凤凰城水资源决策者面临的主要挑战是气候不确定性、经济增长和水资源保护之间的紧张关系(Gober，2006)。到目前为止，未来气候变化的规模和经济影响的不确定性阻碍了凤凰城水资源保护政策的进展。

为了协助在不确定情况下进行决策，亚利桑那州立大学(ASU)的研究人员创建了 WaterSim 模拟——一个交互式的水供需模拟模型。像 WaterSim 这样的模拟模型已经成为科学家为水资源决策者、规划者及其他决策者收集和展示气候信息的常用方式。然而有些学者提出，决策者可能不使用模拟模型，因为他们认为模型缺乏科学有效性，不能满足他们的需求和目标，并偏向某些政策结果(Cash et al.，2003)。WaterSim 模拟旨在研究决

策者关于气候模型的论述，以确定：(1) 这种批评是否在亚利桑那州水资源决策者中比较常见；(2) 是否可以通过迭代、协作模式的建立来缓解这些担忧(White, Wutich, and Lant, 2010)。该研究是在亚利桑那州立大学的沙漠城市决策中心(DCDC)进行的，它由国家科学基金会"不确定性决策"项目资助。

2006年，DCDC的一个研究团队进行了第一阶段的WaterSim模型研究。我们从参加亚利桑那大学水资源研究中心年度会议的308名与会者中挑选了62名决策者。我们按照身份将参与者的科学家、决策者/策划者、律师/顾问分为若干组，并邀请他们参加WaterSim的演讲。我们在亚利桑那州立大学决策剧院里进行了WaterSim模型的演示和数据采集，这是一个360度沉浸式环境中的决策实验室。

决策者参与了WaterSim模型的交互式演示，探讨了气候变化、人口增长、城市化和政策变化将如何影响亚利桑那州中部的水供应。在介绍项目之后，主持人要求参与者回答以下开放式问题：(1) 模型与决策者需求的相关性；(2) 技术证据的质量；(3) 所提供的信息是否公开、公正和尊重利益相关方的价值观。参与者将他们的回答写成一个可自我管理的计算机格式，便于计算机专业人士提供匿名回答。

生成的数据集已被用于测试一系列假设。伍蒂斯等(2010)使用内容分析来评估决策者是否愿意讨论敏感的政策话题。怀特等(2010)也使用内容分析来确定决策者是否认为WaterSim模型是显著、可信和合法的。在下面的分析中，我们使用数据集进行演示，如何使用一系列分析方法对同一组文本提出探索性和验证性研究问题。

基础：使用单词和代码调查文本

我们区分了两大类系统的文本分析方法。首先是分析原始文本中的单词，其次是着重分析研究人员分配给文本段落的代码，以总结文本的含义。在本节中，我们将描述这两种类型分析的构成要素。

基于单词的文本分析构成要素

清理和准备文本

基于单词的分析方法是将文本转化为基本组件——单词，以检测使用模式或意义。对单词的关注非常重要，它是清理、校准文本的第一步，以避免错误理解和误导结果。如果文本是档案材料，关键是产生一个可由文本管理软件处理的精确的数字副本。如果文本是访谈或焦点小组的记录，那么可能需要重新审视原始记录，以验证抄本是否准确地表达了受访者的意思。如果是使用自我填空的问卷收集的文本，就必须评估对受访者陈述的更改是否更有可能曲解其原始意思或更忠实地表达了原意。

例如，亚利桑那州水资源决策者的文本中，有一位受访者提到增长"moratoiums"。这显然属于打字错误，我们更正了这一错误，以确保准确计算人们提到的暂停频率。相比之下，我们选择了不修正"maf"，我们的拼写检查器认为这是不正确的，但我们认识到这是对百万英亩英尺（水资源管理中使用的水量的测量标准）的有意义的参考。

结合上下文构建单词字数和关键词矩阵

基于单词分析的关键在于，所有分析的背后，事实上是数据矩阵。最熟悉的类型是变带状矩阵。通常，变带状矩阵的行包含案例（对应于分析单位）；而列包含案例的属性（变量）。如果您曾在 Excel ® 等软件中使用过电子表格，那么意味着使用了一个变带状矩阵。另一种类型的数据矩阵是相似矩阵（a.k.a.接近矩阵）。在相似矩阵中，行和列指的是相同类型的事物，单元格包含彼此之间相互关系的度量。

虽然研究人员习惯于将定量数据和数据矩阵联系起来，但该概念也适用于定性数据。图 9.1 显示了基于单词的分析如何将词转换为矩阵。我们先从亚利桑那州水资源决策者文本（A）的一小部分回答开始。然后，文本中单词的频率可以逐个通过变带状矩阵（B）来表示，矩阵中单元格显示每个单词在文本中出现的次数。该矩阵可以采用二分法（C）表示文本中每个单词的存在或不存在。我们可以从二分法轮廓矩阵导出两个不同的相似性矩阵：第一个矩阵（D）衡量受访者使用相同词语的频率，第二个矩阵（E）测量每一对单词在同一文本中出现的频率。将流畅的文本转换为这些数据矩阵，为我们开辟了一个新的分析领域。

（A）原始文本

受访者 1：我关心的是农业用地面积。我真不敢相信马里科帕县还有 1600 多平方千米的农业土地，农业用地也不会在保留地上使用 S&V 水。Tje 的农用面积也将随着 SRP 和非保留地一起消失。在 MC 已经不多了，从现在到 2030 年将开发的土地都是沙漠地，这依赖于 CAGRD 土地退化评估项目（CAP 和再生水）。这是否与印第安人从那里抽水有关呢？

受访者 2：增长预测似乎过于保守。根据实地经验，我们在大多数城市中都发现，数据加密标准和人口普查数据有误。水的成本是一个比之前想象的还要大的需求因素。

受访者 3：我质疑人均需求预测。由于增加了低流量装置和节水型设置的使用，我们看到了下降的趋势。来自 MAG 的开发预测密度的使用（我们称之为“红点”模型）将有助于农业的退出和划分开发密度。您可能还想联系 ADWR，了解州内共享短缺的设想，以便更好地了解马里科帕县在各种干旱情况下 CAP 的减少情况……

受访者 4：这似乎非常恰当，当然很容易理解。虽然我不是技术专家，但似乎利用历史趋势来预测人口增长和改变土地用途是不错的选择。我也喜欢选择 DES 作为对人口增长预测的一种方法。我们的社区正在经历增长阶段，而事实证明，这将使人们过于低估当前 DES 的人口数据。

(B) 单词–受访者变带状矩阵

单词	受访者 1	受访者 2	受访者 3	受访者 4
是	2	1	0	2
预测	0	1	3	0
将	3	0	1	0
农业	3	0	1	0
人口	0	0	1	3
增长	0	1	0	2
也	1	0	1	1
需求(待查)	0	1	0	2
土地	2	0	0	1
水	2	1	0	0

(C) 二分法变带状矩阵

单词	受访者 1	受访者 2	受访者 3	受访者 4
是	1	1	0	1
预测	0	1	1	0
将	1	0	1	0
农业	1	0	1	0
人口	0	0	1	1
增长	0	1	0	1
也	1	0	1	1
需求(待查)	0	1	0	1
土地	1	0	0	1
水	1	1	0	0

(D) 受访者–受访者相似性矩阵

	受访者 1	受访者 2	受访者 3	受访者 4
受访者 1	1.00	0.20	0.20	0.30
受访者 2	0.20	1.00	0.10	0.30
受访者 3	0.20	0.10	1.00	0.20
受访者 4	0.30	0.30	0.00	1.00

(E) 单词–单词相似性矩阵

	是	预测	将	农业	人口	...
是	1.00	0.25	0.25	0.25	0.25	...
预测	0.25	1.00	0.25	0.25	0.25	...
将	0.25	0.25	1.00	0.50	0.25	...
农业	0.25	0.25	0.50	1.00	0.25	...
人口	0.25	0.25	0.25	0.25	1.00	...
...	...	...	...	...	...	...

图 9.1　将文本转换为变带状矩阵和相似性矩阵

探索基于单词的数据集

准备好矩阵后，您可以选择不同的基于单词的处理方法，例如词频统计和基于上下文的关键词。词频统计是最简单的方法。在这里，您只需计算每个单词在所有文本中出现的次数。各种软件包——包括通用文本管理软件包(如 MAXQPAplus、QDAMiner 和 NVivo)都可以使这个统计过程变得简单。这些软件包对分析无意义的重复词，例如“the”“an”和“to”，具有消除“连接词”的功能。软件还可以报告每个文本中的单词频率或比较文本组之间的频率。词频统计在早期分析阶段可能有用，可以作为确定研究主题的方式，以便进一步探索(Ryan and Bernard，2003)，或作为研究目的(Ryan and Weisner，1996)。图 9.2 显示了亚利桑那州水资源决策者对 WaterSim 技术证据质量问题的回答中最常见单词的使用频率统计。我们使用词频统计主要为了帮助识别主题和改进代码的定义。例如，经常使用诸如“信息”“来源”和“预测”这样的词语表明，决策者认为数据集对于评估技术证据的质量至关重要。然后，我们将这些描述合并到“数据”代码的初步定义中。

词频统计分析假设这个单词是有用的意义单位，但明显的局限是文本的意义不能被简化成单词，单词的意义往往取决于上下文。上下文关键词(KWIC)方法解决了这个难题。KWIC 是一种显示在上下文中每个单词的方法(参见 Weber，1990)。当我们进行图 9.2 所示的词频统计时，我们注意到“假设”出现了 23 次。然后，KWIC 分析让我们注意到受访者讨论模型有效性的假设。受访者使用“假设”一词来讨论用于构建模型的计算和参数方式，猜测未来可利用的水资源和气候变化，推测人们在水资源稀缺时的行为以及其他用途。正如我们在“扎根理论”部分所讨论的那样，担心模型假设是否合理、是否足够透明，对受访者的模型偏见认知很重要。

基于代码的文本分析构成要素

与基于单词的方法不同，基于代码的方法始于研究人员对文本含义的判断。有各种基于代码的分析方法，但是它们都共享一组通用的构成要素。两个最重要的组成部分包括：(1) 确定主题；(2) 构建和应用代码本。

确定主题

基于代码分析的第一步是确定主题。我们将一个主题定义为贯穿于各种表达中的潜在(维度的)意义。主题可以根据理论进行演绎，也可以根据数据中出现的模式进行归纳。在实践中，大多数研究人员使用归纳和演绎两种方法来确定主题。例如，在亚利桑那水资源决策者的研究中，我们根据

词汇	频率
水	60
模型	52
不	41
将(would)	33
数据	28
信息	26
有	24
假设	23
来源	19
用过的	19
那里	19
使用	18
人口	18
知道	16
可能	16
是(was)	15
将(should)	15
河	15
预测	14
具有	14
县	14
科罗拉多	14
应该	13
能够	13
干旱	13
需求	13
年份	13
马里科帕	12
发展	12
看到	12
是(were)	11
技术	11
题	11
非常	11
是(been)	11
基于	11
充值	10
科学	10
可得到	9
每	9
耗材	9
呈现	9
土地	9
地下水	9
流动	9

图 9.2　来自亚利桑那州水资源决策者叙述结果的词频统计

文献推断了两个主题：供给侧和需求侧的水资源政策。基于对文本的仔细阅读，我们也归纳出一些意想不到的主题。下面，作为分析的一部分，我们将详细讨论如何分析两种类型的主题。

许多研究者凭直觉确定主题，很难解释这一过程。然而，瑞安和伯纳德(2003)列出了12种确定主题的方法，并认为明确这些方法可以增加文本分析的透明度和有效性(见图9.3)。一些方法需要对文本进行物理或电子处理(如字数统计、剪切和排序)，但大多数方法的焦点在于研究者可以在文本中寻找的内容上(如隐喻、重复、本土分类)。

观察方法

重复：重复使用某些单词或短语可能表示其重要性。
本土类别：对文化群体具有特殊意义的独特术语。
隐喻和类比：使用可能传达潜在意义的象征意义。
转换：主题转换可以表示一个主题开始而另一个主题结束。
相似和不同：发现相似点与不同点，有助于对主题进行分组和细分。
语言连接器：可以指向基础模式，如因果关系和时间顺序。
缺失数据：没有说出来的可能表示耻辱或根深蒂固的文化知识。
与理论相关的材料：先前的理论知识常常暗示重要主题。

处理方法

切割和排序：堆排序文本片段可能提示元主题和子主题。
词列表和KWIC：协助使用重复和相似性/差异性技术。
单词共现：有助于识别涉及多个关键词的更复杂的主题。
元编码：分组主题或子主题是确定广泛元主题的一种方式。

图9.3 瑞安和伯纳德确定主题的12种方法

我们利用多种技术来确定亚利桑那州水资源决策者研究中的主题。如上所述，我们的词频和KWIC分析让我们注意到“假设”一词，这使我们认识到“模型构建”是我们分析的重要主题。我们根据“纸水”的本土概念确定了另一个重要主题即法律上的水资源分配，但可能与实际可得的地表水和地下水的数量不符。我们还寻找显示概念之间的相似性或差异性的共现现象。例如，我们注意到，水资源决策者经常将“纸水”与实际存在于地下和水道中的“湿水”进行对比。

这种对比提出了关于水文的不确定性、环境风险和失败的水资源政策几个可能的主题。切割和排序方法在我们的研究中也很有效。我们将这些文本和五名团队成员进行了划分，他们分别是WaterSim开发人员、会议主持人、人类学家和两名学生助理，将他们分成不同的组，分别归类为“末日观点”和“选择未来”等主题小组。这个过程是一个很好的机会，让我们一起为新的主题集思广益。

开发代码本

一旦确定了主题，下一个主要步骤就是开发一个代码本。代码本提供了每个主题的概念和操作定义，以指出它的含义，以及何时应用何种文本。我们建议一种用于开发代码本定义的格式，其中包括定义、内涵标准、排除标准和范例(MacQueen et al.，1998)。表9.1显示了“水资源决策者研究”代码本格式的一个例子。完整的代码本还指定了要编码的分析单元(如单词、句子或段落)，代码是否可以重叠，以及代码是否存在(如存在/不存在)或程度(如高/中/低)编码。

表9.1 亚利桑那州水资源决策者研究中使用的两种代码本定义

	代码1 水开发的供给侧方法	代码2 水开发的需求侧方法
变量名	供应方	需求方
理论领域	开发途径：宏观层面(政策)	开发途径：宏观层面(政策)
详细说明	表达我们需要供给更多的水的想法(制造更多的水，购买更多的水，创造更多的水，等等)；需要找到未来的水源 (必须提到水)	表达我们需要拥有持久用水的想法(我们需要节约用水)；保留现有供水的需要；表达增长导致过度消费的想法 (必须提到水)
入选标准	关于获取更多的水或获取水的能力，或在获取更多的水的过程中的讨论	关于控制人类行为使水持续存在的必要性的讨论
排除标准	关于改变水的使用或消耗的需要或能力的讨论	关于制造更多水的需要或能力的讨论
典型范例	淡化海水，购买水，获得科罗拉多河的用水权	定价结构、新法律、用水教育、改变价值观的讨论
非典型范例	地下水补给、云播种、复垦	无
很接近但没有	节水型园艺，谈论中没有提到水增长	无

开发代码本是一个迭代过程。早期定义可能反映出解释主题意义的理论和初步看法，然后通过与文本的反复对照来完善这些定义。为了确定代码本的有效性和可靠性，多个编码员应该对文本进行独立编码(Ryan，1999)，然后可以使用Kappa或Cronbach的α度量来评估评分者信度。如果评分者之间的一致性很低，应该确定是什么因素使主题定义令人困惑或不清楚，改进代码本定义，并根据需要进行重新测试。在某些情况下，无法

以有效和可靠的方式明确主题。在亚利桑那州的水资源决策者研究中，即使修改、迭代了十次代码，我们也无法达到可接受的“稳健”的评估者信度要求。因此，我们从代码本和分析中排除了这个主题。

至于代码本中应包含多少主题，指导原则各不相同。但一个很好的经验法则是，最好不超过三个层次的子主题和总共不超过 50 个代码（Miles and Huberman, 1994）。包含更多主题通常很有诱惑力，但是较长的代码本会增加编码人员的疲劳度和编码错误。最成功的代码本专注于可实现、理论驱动的研究目标上。

文本分析：三种方法

本章提出了三种不同的文本分析方法：第一种是语义网络分析，这是一种探索性的方法；第二种是扎根理论，可进行探索性和解释性研究；第三种是内容分析，主要用于实证研究。

语义网络分析

语义网络分析起源于语言学，用于描述概念之间的语义关系。这些分析与因子分析相似，因为它们被用来识别跨类别意义中所隐含的维度。所有分析都从总结单词或代码之间关系的矩阵开始（如图 9.1 所示）。这些关系可以使用分类（如存在/不存在）、顺序（如没有/一些/许多）或连续数据（如单字频数）来描述。当数据集包含许多类别或变量时，结果往往更具启发性，可以对捕捉到的潜在意义的复杂性进行分析。与因子分析一样，这些分析可以在 SAS 或 SPSS 等统计软件包中进行。此外，研究人员还可以使用专门设计的软件进行语义网络分析，例如用于文化领域分析的 ANTHROPAC（Borgatti, 1992）或用于社交网络分析的 UCINET（Borgatti, Everett, and Freeman, 2004）。语义网络一般用于分析的探索阶段，并且重点关注未被很好理解或基于实证发现的语义关系。可视化输出结果有助于理解假设关系和识别模型，随后可以采用验证性方法进行检验。我们讨论创建语义网络分析的三种方法：一致性分析、多维标度和分层聚类。

一致性分析用于分析变带状矩阵，比如逐字响应矩阵或代码响应矩阵。例如，数据集可能包含有关受访者类型及其使用单词或代码的信息。然后，一致性分析用以计算矩阵的行和列之间的关系。分析产生一个一致性图，就像定量输出的结果一样，其中那些相似的项目被更紧密地分在一个组里。通常，研究人员通过寻找维度(轴)和意义簇来解释这张图。

保利索和马洛尼(2000)演示了一致性分析与文本分析相结合的方式。他们采用非正式的人类学访谈、自由列表和三角验证，以探索农民和环境学家对切萨皮克湾的营养流失和普菲斯特里亚(Pfiesteria)污染知识的了解。然后，作者使用一致性分析后发现：(1) 农民和环保主义者对营养径流和普菲斯特里亚的知识了解非常相似；(2) 农民和环保主义者彼此之间的看法却差异很大。一致性分析为研究者在其文本中想验证的趋势提供了直观佐证。

多维标度(MDS)用于分析相似矩阵，比如逐字矩阵或逐代码矩阵。例如，数据集可能包含有关单词或代码在一组叙述中同时出现的频次信息。MDS 也可以用来分析差异性，例如区分不同单词或代码的单词、句子或段落的数量。MDS 可以对顺序数据进行非度量分析，或对连续数据进行度量分析。MDS 分析从统计上计算各个项目之间的差异，并提出最能代表这些项目差异的解决方案。像一致性分析一样，MDS 会生成一个地图以及总结结果的定量输出，同样，该地图可以基于维度和意义簇进行解释。

切特里、阿罗史密斯和杰克逊(Chhetri, Arrowslnith, and Jackson, 2004)提供了 MDS 如何加强文本分析的一个例子。研究人员从澳大利亚的徒步旅行者那里收集了开放式和封闭式数据，这些数据基于他们在自然旅游方面的经验。自然景观诱发的情感多维标度分析(MDS)揭示了与内在和外在特性相对应的正、负情绪维度。这些结果与其他发现一起被用于开发自然旅游体验式景观模型。

分层聚类和 MDS 一样，使用相似性或差异性来分析相似性矩阵。该方法迭代创建集群，将项目分配给新集群，并将小型集群合并成较大的集群。与 MDS 不同的是，分层聚类为研究人员提供了更多的控制来确定项目聚类的方法。集群的解散可以依据单链接法(基于两个集群最近成员之间的距离)、完全链接方法(基于两个集群最远成员之间的距离)或者两个集群的平均值来执行。分层聚类产生树形可视化图和定量输出结果。树形图可以通过识别集群、集群内项目的相似性以及集群间的分化程度来加以解释。

蒂卡宁等(Tikkanen et al., 2006)在关于芬兰森林所有者研究中使用了分层聚类。森林所有者通过概念图、自由列表和开放式问题提供了森林利用目标的数据。分层聚类分析产生了三组目标：收入、未来投资和休闲活动。作者认为，这种分析得到了新的发现，对以往的研究结果进行补充。

对于亚利桑那州水资源决策者的数据集，我们对单词进行了探索性分析，以确定主题和可能的假设。这里，我们从以下问题引出的文本开始："作为一个决策者，这个模型与你的需求（或在工作中决策者的需要）有多大的相关性?"如前所述，首先，我们清除了基于单词分析的文本。其次，我们决定只分析提到10次及以上的单词，并创建一个包含单词共现相关的逐字矩阵。最后，利用平均链接方法，使用UCINET程序对相似点进行分层聚类。结果如图9.4所示。我们的分析确定了37个集群，但是这里只关注其中的一个集群来说明这个分析的效用。我们从树状图中确定两个最相似的词："马里科帕"和"郡县"。因为WaterSim模型模拟了亚利桑那州马里科帕县的用水情景，这些单词会频繁出现。在这个集群中，下一个联系最紧密的词是"不"。接下来，"信息"和"区域"联系在一起。最后，"我们的"这个词与这个集群联系更少。基于这些词汇的共现性，我们假设WaterSim的分析程度——特别是对马里科帕县的关注——与受访者地理区域的信息需求相关性较小。随后怀特、伍蒂斯和兰特（White, Wutich, and Lant, 2010）对编码数据的内容分析证实了这一观点。

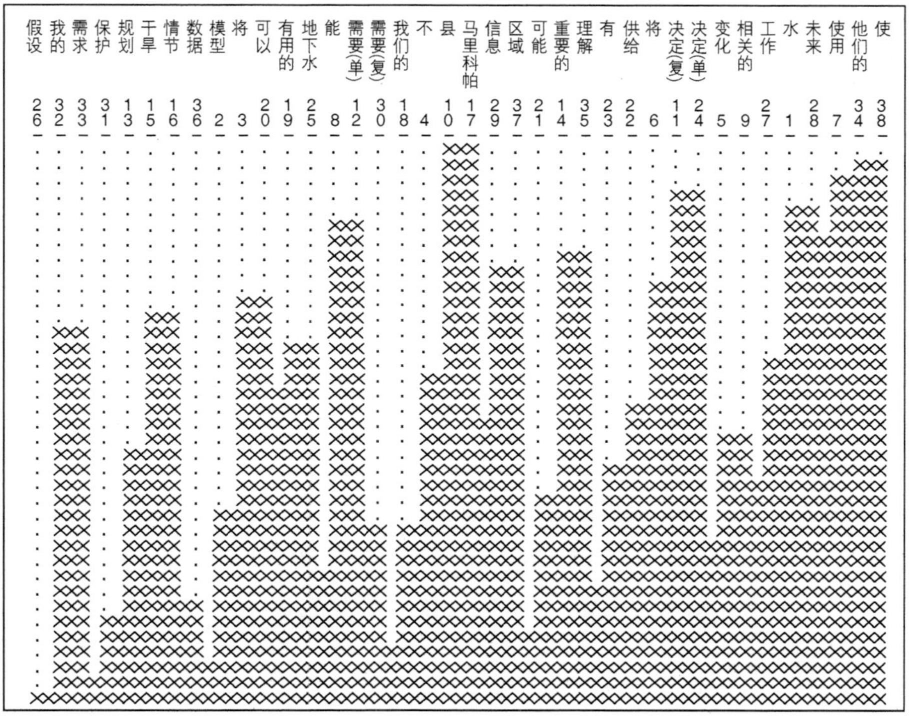

图9.4 亚利桑那州水资源决策者文本中使用单词的分层聚类

扎根理论

扎根理论是一种针对问题、过程或结果生成解释性理论的方法。作为一种现象学方法，扎根理论也越来越多地被用来描述生活经历（参见Bernard and Ryan，2010）。在实践中，这种方法被用于检验从探索性到验证性研究连续体中不同点上的问题。扎根理论来源于格拉泽和斯特劳斯（Glaser and Strauss，1967）经典之作《扎根理论的探索》。从那时起，该方法已经被分为归纳（Glaser，1992）、演绎（Strauss and Corbin，1990）和建构主义（Charmaz，2000）版本。虽然扎根理论不断发展和变化，但所有这些方法都共享了一些核心原则。

扎根理论分析始于一个有趣的话题。研究人员不需要做概率样本，而是采用受访者理论样本（或其他数据来源），就有趣的话题提供不同观点。一旦汇集完文本库，研究人员就开始进行开放性编码。研究人员对文本逐行编码，或命名概念，或根据受访者的话语进行见实编码，在整个过程中，他们还撰写了备忘录，以便记录他们对文本的理解。

下一阶段是选择性编码，研究人员将开放式代码划分为更多类别。他们也可以通过寻找这些类别之间的关系进行主轴向编码。在整个研究中，研究人员会寻找更多的受访者，他们可以对现有数据库进行补充。理论抽样、选择性编码和主轴向编码的迭代过程一直持续着，直到再也没有新的观点出现。当数据收集不再有新信息出现时，则达到了理论饱和。在最后阶段，研究人员将所有信息与一个概括理论化现象的核心类别结合起来。

阿波斯托洛普卢和潘蒂斯（2009）对希腊保护政策失败的研究为扎根理论提供了一个很好的例子。在希腊保护政策下，研究人员对政府组织、非政府组织、地方机构和科研机构中的 91 人进行了访谈，在撰写完访谈内容后，他们对其逐行编码，明确了代码之间的关系，并确定了核心类别。他们得出结论，核心类别（缺乏希腊保护战略）可以被以下因素所解释：缺乏希腊保护政策的历史，缺乏国家实施保护政策的能力，缺乏公众参与，以及缺乏保护生物学家的参与。其他涉及环境问题的扎根理论应用包括奥利辛（Oreszczyn，2000）对英国灌木篱墙的价值分配研究，以及法默-鲍尔斯和莱恩（Farmar-Bowers and Lane，2009）对澳大利亚农田本土生物多样性保护的研究。

在亚利桑那州的水资源决策研究中，我们对 WaterSim 模型的合法性感兴趣。据卡什等（Cash et al.，2003）的研究，环境模型必须被看作合法的

（不为任何选区或团体的利益服务），才能被决策者接受。我们从上述在科学、政策/规划和法律/咨询领域中工作的水资源决策者的样本开始。我们认为，这个多元化的群体将能够提供一系列关于模型合法性的观点。然后，我们询问他们，这种模式的哪些方面促进了它的合法性，哪些方面削弱了它的合法性。

我们从开放式编码开始分析——逐行阅读文本，以识别潜在的重要概念。我们使用受访者的语言（基于扎根理论的语言"见实编码"）来命名一些主题，使概念的表达方式有意义。此类主题的例子包括"插件""假设情景"和"无用输入，无用输出"。我们创建了备忘录来记录我们对文本的理解。其中一份备忘录指出，许多决策者设想理想模型不受利益相关者或偏见信息的影响。这种模型被描述为"事实的""科学的"或"纯数据驱动的"。这对我们是一个启示，因为它与我们对模型构建的理解有所不同。建模者创建了一种程式化的现实描述，它必然排除了一些信息，因此不能仅仅由数据驱动。

下一步是将通过开放编码识别的初始概念聚合成更大、更抽象的类别。这个过程被称为选择性编码，共有 15 个类别。然后，我们专注于理解和描述这 15 个类别之间的关系，扎根理论学家称之为主轴向编码。随着这个过程的继续，各种类别开始出现。我们发现有 3 个主要类别，其中所有的子代码都是相互连接的。我们称这些类别为"数据与现实之间的契合""科学的质量"和"与利益相关者和受众的互动"。基于我们对这一现象理解的不断深化，我们确定所有这些代码和类别都是核心类别"模型中适当信息的整合"中的一部分。

我们发现，为了创建一个没有偏差的水资源模拟模型，亚利桑那州的水资源决策者认为必须在模型中加入适当的信息。首先，这意味着通过使用既定的数据源、正确的变量，允许用户操作这些变量，并将重点放在适当的分析规模上，以确保数据和现实之间的最佳拟合。其次，模式应采用严谨的科学方法，包括透明和合理的假设、历史趋势模型、正确计算和科学有效性检查。最后，该模型应该适当地吸引利益相关者和受众——征求利益相关者的反馈意见，包括模型中代表性不足的群体的需求，将模型用于非政治目的的情况和受众，并且注意不要为了得到特定的结论而弄虚作假。虽然我们的扎根理论与卡什等(2003)的研究结果相似，但我们的分析表明，这种建模方法与亚利桑那州水资源决策者的合法性认知密切相关，比之前研究预测出的相关性还要强。

内容分析

20世纪初，内容分析在政治学和传播学研究中就有其应用基础（Diefenbach，2001）。今天，该方法被用于跨学科研究，测试有关环境主题的假设。这种假设涉及：(1) 文本中存在或流行的代码或单词；(2) 文本或回答者的类型与代码或单词之间的关系；(3) 不同单词或代码之间的关系。因为该方法可以检验现有的理论和假设，因此正好处于探索性—验证性研究连续统一体的验证末端。

对假设检验的关注意味着经典的内容分析通常倾向于演绎推理，并依赖于系统的编码和分析方法。在内容分析中，可以采用不同的形式开发代码本。在某些情况下，这种做法可能完全是演绎的。主题的选择基于理论或先前的经验研究，并且代码本的定义也具有先验性。但是，也可以使用我们上面所描述的技术统计归纳的方法来识别主题。在这种情况下，理想的情况是在另一个数据集上使用一组数据和测试假设来开发代码本。当研究人员只有一个数据集可用时，他们通常将原始的数据分成两部分，用于代码开发和假设检验。

内容分析中的其他抽样考虑因素包括抽样的文本类型、样本大小和概括性。研究人员还必须指定一个分析单元——整篇文章、一个问题的回答、一个段落或一个单词——以便来检验假设。在内容分析中，代码通常互斥和不重叠。按照惯例，文本的编码由人类编码者完成。另一种方法是使用内容字典，其中计算机根据研究者建立的算法分配代码。然后，编码的文本产生一个代码应答矩阵或单词应答矩阵。诸如MAXQDA和QDAMiner之类的文本分析包将自动从编码文本生成一个矩阵。这些矩阵可以被导出来，在标准统计软件如SAS或SPSS中进行相关性统计检验。

内容分析被用以测试环境文献中的各种假设。在这里，我们展示几个最近的例子来说明研究设计的不同方法。一种常见的方法是审视新闻报道，以检测与环境问题相关的公众言论的假设。刘、维斯利茨和奥尔斯顿（Liu，Veslitz，and Alston，2008）纵向分析了《休斯敦纪事报》(1992—2005)上关于气候变化的文章。他们找到报纸上关于应对气候变化、全球变暖或温室气体的文章。然后，他们对文章进行编码，以确定气候变化的显著性、讨论的方式（如威胁级别）以及有关参与者。结果表明，气候变化日益显著且后果严重，已经成为国际问题。近期媒体有关环境报道中用到内容分析的包括约翰斯顿、比罗和麦肯德里克（Johnston，Biro，and MacKendrick，

2009)关于有机产品企业网站语言使用研究，以及郑和帕拉西奥(Cheng and Palacio, 2009)在西班牙国家报纸中关于水资源问题的45年纵向研究。

内容分析也用于通过审查法律、法规或条约的文本来检测有关环境制度的假设。德里斯科瓦、乔达诺和菲斯亨德勒(2008)对国际水条约的研究考察了调节流量变化的方式。研究人员分析了从1980年至2002年签署的50项有关水资源短缺的条约，并符合其他排除标准。然后，他们对建立分配机制、适应机制、正式沟通以及与流量变化相关合作的文本条例进行编码，结果表明，水资源条约的灵活性与执行力之间存在对立关系。采用制度方法进行内容分析的其他例子包括科斯基(Koski, 2007)对于限制美国大规模畜牧业经营对环境污染的法规研究，以及帕洛尼米和蒂卡(Paloneimi and Tikka, 2008)对于影响芬兰森林所有者的保护政策研究。

内容分析也适用于分析在访谈、焦点小组、会议和其他谈话环境中记录的文字，以测试有关受访者信仰和行为的假设。一个例子是劳里安(2005)对亚利桑那州图森市社区顾问委员会(CABs)的评估，旨在促进市民参与有毒物质的补救工作。劳里安利用内容分析研究了81次CAB会议和27个CAB成员的访谈记录，她得出的结论是，尽管CAB确实实现了通知和收集CAB成员反馈的目标，但未能有效地向有关机构提供反馈，未能吸引更广泛的社区参与。其他例子包括卡普洛维茨(Kaplowitz, 2001)研究社区成员对墨西哥的布拉沃潟湖红树林产品和服务的看法研究，以及尚德斯、格雷比尔和瑞安(Shandas, Graybill, and Ryan, 2008)对华盛顿西部城市规划者如何将生态系统管理原则纳入环境政策的研究。

对于亚利桑那州水资源决策者的数据集，我们进行了内容分析，以测试受访者群体在亚利桑那州讨论水资源供需方法上的差异。水资源的供给侧方法是寻找或获取新的水源。相比之下，解决水资源需求侧方法则是通过减少消耗来节省当前的水资源供应。从历史上看，亚利桑那州的水资源决策者一直专注于水资源供给侧方法；人们认为需求侧方法具有政治风险，对该州经济发展构成威胁，可能对当地经济产生不利影响。最近，学者和环保人士使人们认识到应该实施保护政策，以确保亚利桑那州不断增长人口的供水充足。我们假设，决策者最有可能讨论供给侧方法，而最不可能讨论需求侧方法。相比之下，我们预计科学家将最有可能讨论需求侧方法，最不可能的是讨论供给侧方法。我们预计律师和咨询顾问在这两种情况下都是中立者。

我们开发并测试了供给侧和需求侧开发方法的代码，如表9.1所示。

我们确定两者都达到可接受的代码间协议水平（供给侧 kappa＝1.00；需求侧 kappa＝0.67）。一旦对数据进行编码，我们就创建变量来表示每个调查者使用相应编码陈述的次数。然后，我们使用方差分析比较决策者、律师/咨询专家和科学家讨论供给侧与需求侧水资源开发方法的频率。结果表明，三组有关供给侧方法的讨论没有统计学上的显著差异[sci＝0.93；pol/pla＝0.57；con/law＝0.53；F(2,57)＝0.826；p＝0.44]。然而，我们确实发现，更愿意讨论需求侧方法的首先是科学家，其次是顾问/律师，最后是决策者/规划者[sci＝0.80；polf/pla＝0.18；con/law＝0.24；F(2,57)＝4.553；p＝0.15]。我们得出结论，尽管这三组都讨论的是供给侧方法，但科学家比其他两个小组更有可能讨论需求侧方法。这个发现对那些试图改变亚利桑那州水政策的人来说具有重要意义。

结　论

在本章中，我们首先介绍了可用于分析文本的各种方法。从基础开始，我们解释了初步进行单词和代码分析的步骤。其次，我们深入讨论了如何进行语义网络分析、扎根理论和内容分析三种文本分析。最后，以亚利桑那州水资源决策者为例，我们演示了每种方法的工作原理。

作为一套方法，文本分析主要有三个方面的优势（Ryan，2005）。第一，文本分析有助于研究人员了解被研究者的语言和经历。数据的这种可接近性可以帮助研究人员深入理解并洞察感兴趣的现象。第二，许多文本分析方法特别适合于探索和发现。因此，文本分析通常用于建立新的理论、模型和假设。第三，文本分析易于捕捉复杂、有争议或可变的现象，因为文本分析是如此灵活，它允许研究人员跟踪复杂过程，拥有多个视角以及倾听边缘化的声音。

尽管文本分析有很多优点，但它的主要缺点是需要花费大量的时间。单独的转录——通常是文本分析项目的第一步，也是最简单的一个步骤——1 个小时的录音大约需要花 6 个小时转成文字。除此之外，文本分析项目的某些阶段，如代码本开发和逐行编码，没有明确的终点，可以无限期地进行下去。避免这个陷阱的最好办法是明确和执行清晰的研究目标，即便是在探索性项目中也是如此。通过关注一系列有限的现象、主题或关系，研究人员可以确保他们的项目涉及有限的范围和可行的工作量。

文本分析的灵活性有助于解释为什么它经常被用于“多方法”研究。如本章所述，文本分析可以与一系列方法相结合。例如，蒂卡宁和他的同事(2006)对芬兰森林所有者的研究，切特里、阿罗史密斯和杰克逊(2004)对澳大利亚“远足者”的研究都表明，文本分析可以与概念图、自由列表和调查结果相结合。我们认为，定性和定量相结合的混合研究方法很有效。我们观察到，生物和物理科学的学者越来越多地将文本数据纳入他们的分析中，因为他们对理解环境变化中人的因素越来越感兴趣。我们预计，在未来的几年里，采用混合研究方法的受众人数将会显著增加，其中文本分析将发挥重要作用。

我们在文首提出，可以使用不同的文本分析方法来回答探索性—验证性连续体的问题。然而，到目前为止，环境社会科学很少使用文本分析来推导出新的理论，然后在验证性研究中检验这些理论。如何弥补这一差距仍然是环境社会科学文本分析进一步发展的主要挑战。阿波斯托洛普卢和潘蒂斯(2009)的研究可用来说明文本分析的运用原理。作者使用扎根理论推导出一个框架来解释希腊保护政策失败的原因。他们的探索性分析产生了一种新的保护失效理论，但是没有检验这种理论是否适用于其他情况。阿波斯托洛普卢和潘蒂斯的研究提出了重要的验证性问题，即他们的理论在多大程度上有助于解释其他国家保护政策的失败。我们期待着新一代的多方法文本分析技术推动环境社会科学重要的探索性和验证性研究。

参考文献

Apostolopoulou E. and J. D. Pantis, 2009. Conceptual gaps in the national strategy for the implementation of the European Natura 2000 conservation policy in Greece. *Biological Conservation* 142: 221 - 237.

Bernard H. R. and G. W. Ryan, 2010. *Analyzing Qualitative Data: Systematic Approaches*. Los Angeles: Sage Publications.

Borgatti S., 1992. *Anthropac 4.8*. Colombia, SC: Analytic Technologies.

Borgatti S., M. G. Everett, and L. C. Freeman, 2004. *UCINET 6.69*. Harvard, MA: Analytic Technologies.

Cash D. W., W. C. Clark, and F. Alcock, *et al*., 2003. Knowledge systems for sustainable development. *Proceedings of the National Academy of Sciences* 100(14): 8086 - 8091.

Charmaz K., 2000. Grounded theory: Objectivist and constructivist methods. In N. K. Denzin and Y. Lincoln (eds.), *The Handbook of Qualitative Research*. pp. 507 - 535. Thousand Oaks, CA: Sage Publications.

Cheng L. and E. Palacio, 2009. ¿El ciclo hidrológico o el ciclo de atención mediática? Estudio empírico de los encuadres noticiosos del AGUA en la prensa española. *Comunicación y Sociedad* 22(2): 197 - 221.

Chhetria P., C. Arrowsmith, and M. Jackson, 2004. Determining hiking experiences in nature-based tourist destinations. *Tourism Management* 25: 31 - 43.

Diefenbach D. L., 2001. Historical foundations of computer-assisted content analysis (ed.), M. D. West. New directions in computer content analysis: theory, method, and practice. New York: Ablex Publishing.

Drieschova A., M. Giordano, and I. Fischhendler, 2008. Governance mechanisms to address flow variability in water treaties. *Global Environmental Change* 18: 285 - 295.

Ellis A. W., T. W. Hawkins, R. C. Balling, and P. Gober, 2008. Estimating future runoff levels for a semi-arid fluvial system in central Arizona. *Climate Research* 35(3): 227 - 239.

Farmar-Bowers Q. and R. Lane, 2009. Understanding farmers' strategic decision-making processes and the implications for biodiversity conservation policy. *Journal of Environmental Management* 90: 1135 - 1144.

Glaser B., 1992. *Basics of Grounded Theory*. Mill Valley, CA: Sociology Press.

Glaser B. G. and A. Strauss, 1967. *The Discovery of Grounded Theory: Strategies for Qualitative Research*. Chicago: Aldine.

Gober P., 2006. *Metropolitan Phoenix: Place Making and Community Building in the Desert*. Philadelphia: University of Pennsylvania Press.

Gravlee C. C., 2010. Research Design and Methods in Medical Anthropology. In M. Singer and P. Erickson (eds.), *A Companion to Medical Anthropology*. Malden, MA: Blackwell Publishing.

Johnston J., A. Biro, and N. MacKendrick, 2009. Lost in the supermarket: the corporate-organic foodscape and the struggle for food democracy. *Antipode* 41(3): 509 - 532.

Kaplowitz M. D., 2001. Assessing mangrove products and services at the local level: the use of focus groups and individual interviews. *Landscape & Urban Planning* 56: 53 - 60.

Koski C., 2007. Examining state environmental regulatory policy design. *Journal of Environmental Planning and Management* 50(4): 483 - 502.

Laurian L., 2005. Public input in toxic site cleanup decisions: the strengths and limitations of Community Advisory Boards. *Environment and Planning B: Planning and Design* 32: 445 - 467.

Liu X., A. Vedlitz, and L. Alston, 2008. Regional news portrayals of global warming and climate change. *Environmental Science & Policy* 11: 379 - 393.

MacQueen K. M., E. McLellan, K. Kay, and B. Milstein, 1998. Codebook development for team-based qualitative analysis. *Cultural Anthropology Methods* 10(2): 31 - 36.

Miles M. B. and A. M. Huberman, 1994. *Qualitative Data Analysis: An Expanded Sourcebook*. Thousand Oaks, CA: Sage Publications.

Oreszczyn S., 2000. A systems approach to the research of people's relationships with English hedgerows. *Landscape and Urban Planning* 50: 107 - 117.

Paloniemi R. and P. M. Tikka, 2008. Ecological and social aspects of biodiversity conservation on private lands. *Environmental Science & Policy* 11: 336 - 346.

Paolisso M. and R. S. Maloney, 2000. Recognizing farmer environmentalism: nutrient runoff and toxic dinoflagellate blooms in the Chesapeake Bay region. *Human Organization* 59(2): 209 - 221.

Ryan G. W., 1999. Measuring the typicality of text: using multiple coders for more than just reliability and validity checks. *Human Organization* 58: 313 - 322.

Ryan G. W., 2005. *Qualitative Data Analysis*. Beaufort, NC: National Science Foundation Short Courses in Research Methods.

Ryan G. W. and H. R. Bernard, 2003. Techniques to identify themes. *Field Methods* 15: 85 - 109.

Ryan G. W. and T. Weisner, 1996. Analyzing words in brief descriptions: fathers and mothers describe their children. *Cultural Anthropology Methods Journal* 8: 13 - 16.

Shandas V., J. K. Graybill, and C. M. Ryan, 2001. Incorporating ecosystembased management into urban environmental policy: a case study from western Washington. *Journal of Environmental Planning and Management* 51(5): 647 - 662.

Strauss A. and J. Corbin, 1990. *Basics of Qualitative Research: Grounded Theory Procedures and Techniques*. Newbury Park, CA: Sage Publications, Inc.

Tikkanen J., T. Isokaanta, J. Pykalainen, and P. Leskinen, 2006. Applying cognitive mapping approach to explore the objective-structure of forest owners in a Northern Finnish case area. *Forest Policy and Economics* 9: 139 - 152.

Weber R. P., 1990. *Basic Content Analysis*, 2nd edn. Newbury Park, CA: Sage.

White D., A. Wutich, T. Lant, *et al*., 2010. Credibility, salience, and legitimacy of boundary objects for environmental decision making: water managers' assessment of WaterSim: a dynamic simulation model in an immersive decision theater. *Science and Public Policy* 37(3): 219 - 232.

Wutich A., T. Lant, D. White, K. Larson, and M. Gartin, 2010. Comparing focus group and individual responses on sensitive topics: a study of water decision-makers in a desert city. *Field Methods* 22(1): 88 - 110.

10 人与自然系统的联系：社会网络、环境和生态学

杰弗里·C.约翰逊
大卫·C.格里菲斯

引 言

本章探讨了研究人类关系系统或社会网络之间的关系，以及人与自然生态系统各种要素之间的相互作用的方法。社会网络是理解包括资源共享的文化系统的基础：在狩猎、捕鱼和农业生产中的合作，技术创新的推广，生态和环境知识的共享，人类应对各种规模的剧烈生态变化的适应性反应中，从飓风等严重的生态破坏到全球气候变化等重大的环境变化，都很重要。此外，人类行为和生态网络以某些形式相互关联，这些形式可以通过直接和间接的网络关系与系统级联对这种关联产生影响。因此，生态系统结构和功能在一定程度上（如气候变化）可以影响人类行为系统的结构；相反，影响人类行为系统结构变化的因素（例如，因为价格或者监管而产生的捕鱼行为变化）最终会影响生态系统功能的要素（例如，自上而下的营养级联）。

一些有趣的社会网络理论原理可以把人类和自然系统联系起来，有助于理解与模拟人类环境和生态行为。这些特征包括同质性（例如，物以类聚，人以群分）、择优依附（如富者更富）以及生态和社会网络的各种拓扑结构或特点（如小世界、聚类、传递性、内聚性）。另外，作为目前社会科学研究热点的社会资本，通常是用社会网络术语来概念化的（Burt，1992；Lin，2002）。

本章将简要介绍几个案例研究，涉及社会网络和文化知识分布之间的关系，社会资源在应对自然灾害时的作用，以及人类社会网络和生态系统要素之间的联系。我们的讨论将包括网络研究中抽样的本质，以及收集、分析社会网络数据时独特的方法论挑战。这些例子也呈现了不同类型网络方法

的范围，包括整体网或称完全社会网络（社会中心论），其中涉及单模网络（人与人）和二模网络（人与事件），还包括自我中心网络或称个人网络分析（自我中心论）。这一章将强调网络视角在更好地理解系统结构和功能以及更全面地理解人与自然系统互动方面的重要性。

社会网络分析

社会网络的基本建构模块是一个二元体或者两个实体之间的联结。这些实体可以是人、组织或者国家等，它们之间的联结可以包括流动、沟通、情感关系、情绪和互动等。联结或存在或缺失，就像人与人之间的相识与否；也可以评估价值，就像人们给出或者接受建议的程度。被某种方式限制（例如，一间教室里所有的孩子）的二元体的集合构成了一个整体网或者完全社会网络，对于单个人的二分体集合构成了一个自我中心网——例如，在一个班级里，一个孩子和其他孩子（术语为他者）的联结以及他者之间可能的联结。

大量关于社会网络方法和应用的专著和文章会使每一个对社会网络感兴趣的人受益（Johnson，1994；Scott，1991；Wasserman and Faust，1994）。然而，这一章并未详细介绍社交网络的方法和措施，而是提供一些例子来说明社会网络分析是如何用于有关生态和环境方面社会研究进程的。我们希望阐述社会网络如何帮助解释一些有趣的现象（如农业创新的推广），以及非网络因素如何帮助解释网络结构的形成（如村庄合作网络的演变）。在这两种情况下，社会实体之间的社会联系比如规范的形成、社会资本的发展、知识和创新的推广、文化知识的变化、态度的形成等等，对于理解有趣的社会现象至关重要。

案例 1

自我中心网络和自然灾难

很显然，人们知道自然灾害，如卡特里娜飓风或者弗洛伊德飓风，引发洪水造成的巨大财产损失。然而，人们对环境灾难所带来的心理影响却知之甚少。在早期灾难研究中，人们已经清楚地观察到破坏、破裂、流离失所以及心理压力和创伤之间的联系，例如自杀事件的增加

(Fullilove，1996；Peacock Morrow and Gladwin，1997；Provenzo and Fradd，1995)。另外，灾难社会学的研究发现，不管是在受灾期间还是受灾后，灾难受害者所面对的经济、社会和心理问题因种族、阶级和性别不同而有所差异(Dash，Peacock，and Morrow，1997；Gladwin and Peacock，1997；Peacock and Ragsdale，1997)。

人们对于一些有助于缓解和减轻灾难造成的心理压力的社会因素还不太了解。每个人可以获得的个人资源(如个人储蓄)、社会资源(如亲属和朋友)和制度资源(如保险)不同(Morrow，1997)。偶尔被看作社会资本的形式(Lin，2002)，这些资源转而有助于降低社会、心理和经济的不确定性，以及减少损失与破坏所带来的影响(Fullilove，1996)。例如，许多受难者的亲属或朋友可以提供临时住所、清扫服务或者可能的经济援助，然而另外一些人获得的社会支持却很有限，因为他们刚刚搬到这个地区或者缺乏语言沟通技能。在这个例子里，我们问了一个重要而相关的问题：什么形式的社会资源与其他资源可以有助于减轻自然灾害所造成的社会和心理影响？从某种意义上来说，该案例考察了社会网络中的社会资源是如何影响个人处理和适应环境破坏能力的。这个案例深度调查这些资源的不同形式(就像个人的自我中心网所体现的那样)以帮助缓解社会和心理压力。另外，该案例旨在说明自我中心网或者个人网络方法的效用。

数据收集和研究设计

这里呈现的数据来源于一项初步研究，该研究考察了飓风弗洛伊德的长期影响。样本包括灾难发生长达一年(2000—2001)后仍无住所的受难者，对在灾难发生一年后仍旧居住在联邦紧急事务管理局(FEMA)设在北卡罗来纳州东部地区临时住房的居民进行随机抽样。因此，应该注意到的是，研究中的大部分受访者都遭受了巨大的财产损失。在这部分研究中，我们使用的调查工具包含自我中心网络量表，以便了解获取的社会资源(例如，在撤离财产时得到的帮助，在寻找避难所时获得的帮助，等等)(Mueller，Wellman，and Marin，1999)和制度资源(如红十字会、联邦紧急事务管理局等等)的程度及质量。对于心理健康问题，我们使用情绪状态分析工具(POMS)来确定，该工具可靠地测量了抑郁、焦虑和活力等状态(Palinkas, Johnson, and Boster, 2004)。

网络背景

区分社会网络中的强关系和弱关系非常重要,对于这个案例来说尤其如此。强关系是指个人(自我)与亲密朋友和/或亲属(他者)之间的社会关系。这些关系往往紧密而持久,并且高度互动。这种情况很可能发生：自我紧密关系中的人们也相互认识,从而带来高度的网络冗余。弱关系是指自我与更多偶尔结识的人之间的社会关系,例如在工作、娱乐或者其他非正式场合结识而形成的社会关系。这些联系往往是多样的,人们之间可能互不认识(非冗余)。这种联系更具工具性而非情感性,但对于获得新信息或资源非常关键(Grannovettor, 1973)。通常情况下,相对于强关系来说,行动者会有更多的弱关系。

图 10.1 是自我中心网的例子。在这个网络中,自我(处于中心位置)与两个明显互不联系的他者聚类相连接,网络的成分显示出他者特征中的网络同质性要素。左边的聚类大部分是与直系亲属(母亲、父亲、女儿)和一些朋友的强关系,而右边的聚类大部分是与朋友和同事的联系。因此,对每个

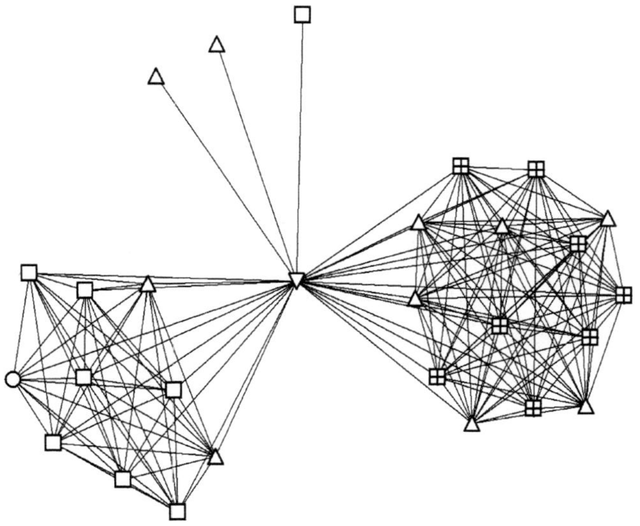

注：▽指自我；○指直系亲属；□指大家庭；△指朋友；⊞指同事。

图 10.1 自我中心网的例子

“自我”来说，各种关系很容易显现出来。

变　量

分析所使用的变量(见表 10.1)既反映出个人社会网络，也反映了假设中影响因变量的其他因素。本质上，大部分网络导向的变量是复合的，也就是说，它们反映了自我中心网络由具有假设兴趣特征或属性的他者组成的范围。因为这里的主要焦点是获得社会资源和制度资源。我们感兴趣的是，由不同程度的社会邻近性(弱关系、强关系)和地理邻近性(州内、州外)的他者所形成的自我中心网络的范围。虽然这个例子关注社会资源和制度资源的获取，但其他自我中心网的研究可能关注社会资本、传导或者行为的扩散(如吸烟)等(见 Lin，2002；McCarty，2002)。根据对自我中心网的关注，研究不同成分和典型网络测量(如中心性、密度)可能会更有趣。

表 10.1　自变量和因变量列表

因变量[来自情绪状态量表(POMS)]
紧张/焦虑、抑郁、愤怒、活力、疲劳和困惑
自变量(人口学和社会邻近性、地理邻近性)
受教育程度、*年龄*、*家庭规模*、*获得帮助的数量*、从他者那里获得帮助天数的中位数、*作为直系亲属的他者的对数百分比*、*作为扩展亲属的他者的对数百分比*、*作为朋友的他者的对数百分比*、*作为邻居的他者的对数百分比*、位于本地的他者的对数百分比、来自当地(地方性)以外的他者的对数百分比、来自本州以外的他者的对数百分比、*提供帮助的组织数量*

注释：斜体字所代表的变量被用于多重回归模型。

这些模型考虑了几个可能解释个人心理状态变化的要素。这些要素包括：(1) 社会邻近性，即社会资源的类型；(2) 地理邻近性，即社会资源的地理距离；(3) 网络规模，即社会资源的数量；(4) 制度资源，即正式机构的支持。我们特别感兴趣的是网络导向变量对情绪状态的影响，这些变量控制着一些标准的人口统计变量。这些模型采用标准的最小二乘法(OLS)回归分析，对其中一些变量进行对数转换以提高正态分布性。

表 10.2 显示的是表 10.1 中的变量之间的双变量相关分析。显然，在这种双变量的情况下，心理状态与网络或其他变量之间的显著关系主要取决于自我中心网络被直系亲属或者较强关系所支配的程度。更多的中等强度关系和弱关系(如邻居)与更积极的心理状态有关。

表 10.2 多种自变量和心理导向因变量之间的双变量相关分析

	紧张/焦虑	抑 郁	愤 怒	活 力	疲 劳	困 惑
直系家庭	0.339** (0.023)	0.350** (0.027)	0.358** (0.016)	−0.237* (0.116)	0.457** (0.002)	0.415*** (0.005)
扩展家庭	−0.205 (0.177)	−0.012 (0.942)	−0.276* (0.067)	−0.021 (0.892)	−0.122 (0.431)	−0.181 (0.240)
朋友/熟人	0.040 (0.796)	−0.147 (0.366)	0.102 (0.505)	0.171 (0.260)	−0.154 (0.319)	−0.043 (0.780)
同事	−0.204 (0.179)	−0.146 (0.370)	−0.035 (0.822)	0.011 (0.942)	−0.143 (0.355)	−0.219 (0.153)
邻居	−0.109 (0.476)	−0.327** (0.039)	−0.174 (0.253)	0.252* (0.096)	−0.249* (0.103)	−0.322** (0.033)
本地	0.003 (0.966)	−0.004 (0.980)	−0.033 (0.827)	−0.067 (0.633)	0.145 (0.349)	0.054 (0.726)
本地之外	0.248* (0.100)	0.293* (0.067)	0.206 (0.175)	−0.181 (0.234)	0.264* (0.084)	0.391*** (0.009)
外州	−0.278* (0.064)	−0.083 (0.611)	−0.043 (0.777)	0.060 (0.694)	−0.289* (0.057)	−0.255* (0.095)
提供帮助的他者的数量	−0.094 (0.528)	−0.118 (0.458)	−0.062 (0.679)	0.266 (0.071)	−0.119 (0.430)	0.013 (0.931)
组织	−0.076 (0.614)	−0.038 (0.813)	−0.148 (0.327)	0.166 (0.269)	−0.119 (0.437)	−0.120 (0.431)

注：1. 括号里是双尾检验的概率。
2. * 表示 $p<0.1$；** 表示 $p<0.05$；*** 表示 $p<0.01$。

表 10.3 显示的是一系列多重回归分析的结果：当控制更少的人口学变量时，不同成分的自我中心网络变量对抑郁的影响。模型之所以采用更少假设的自变量，是因为小规模样本情况下统计能力存在潜在的问题。为了观察每种组合自我中心网变量的独立影响，也为了避免潜在的多重共线性问题，我们根据因变量测试了 4 个模型。不同模型的结果与以上二元回归的结果一致，即在这些困难情境中，过度依赖强关系以及缺乏中等强度关系和弱关系会影响个体的情绪状态。以抑郁为例，像邻居这种中等强度关系可以缓解抑郁的影响，尽管影响微弱，但是无法缓解疲劳（结果没有在这里显示）。应该指出的是，针对他者的地理邻近性所运行的一系列类似模型，地理邻近性变量（来自州外、州内和本地他者的百分比）对情绪状态没有明显的影响。

表 10.3　控制人口学变量后，比较不同成分网络变量对因变量抑郁影响的回归模型

影　响	模型 1	模型 2	模型 3	模型 4
受教育程度	−0.284* (−1.86)	−0.299* (−1.64)	−0.235 (−1.25)	−0.224 (−1.41)
组织	−0.037 (−0.24)	−0.120 (−0.71)	−0.089 (−0.52)	−0.094 (−0.60)
年龄	0.042 (0.24)	−0.030 (−0.18)	−0.014 (−0.09)	0.056 (0.35)
直系家庭	0.412*** (2.66)	—	—	—
扩展家庭	—	−0.131 (−0.71)	—	—
朋友	—	—	−0.019 (−0.10)	—
邻居	—	—	—	−0.320* (−2.00)
常量	0.000 (2.58)	0.000 (2.74)	0.000 (2.67)	0.000 (2.75)
复合相关系数的平方	0.226	0.079	0.066	0.163

注：1. 括号中是包含 t 值的标准化系数。
　　2. * 表示 $p<0.1$，** 表示 $p<0.05$，*** 表示 $p<0.01$。

对较强家庭关系的过度依赖（缺乏弱关系）与长期康复期间的一系列心理问题之间存在二元相关关系。在长期恢复期间，区域外的他者数量和一系列心理问题之间存在着二元关系。当控制许多人口学变量时，弱关系的缺乏和心理健康之间的关系仍然存在，然而与地理邻近性之间的关系消失了。

案例讨论与总结

在这个案例中，对从自然灾害中长期恢复的最大影响不是弱关系的强弱，而是弱关系的缺乏。不仅是某人自我中心网的规模很重要，而且网络的结构也很重要，强关系和弱关系的结合有助于缓解自然灾害后的消极心理状态。理解飓风受难者或者任何自然灾害的受难者所使用的正式和非正式的社会资源和机制，有助于减少社会和心理创伤及紊乱，这将有助于我们更

好地理解灾后重建的社会因素和其他因素。第一，知道对受难者最有帮助的正式资源（如联邦紧急事务管理局津贴）的类别，有助于进一步评估正式服务的有效程度。第二，认识并理解重要的非正式社会资源的形式和种类，可以帮助我们更好地理解个人层面的恢复（例如，从社区中重要的非正式渠道比如当地教堂获得信息），特别是关于长期恢复和适应的问题。第三，了解各种资源的获取和使用情况，将有助于为那些受潜在灾害影响最严重的人提供信息，帮助他们更好地应对不可避免的自然灾害。

这个例子说明了社会网络因素在个人和组织适应不同层面的环境与生态变化方面的重要性，这被称为社会资本或社会资源。但如何接触人和制度对于理解一个个体行动者不断适应环境、生态、经济和社会条件变化的能力相当关键。这个例子强调的自我中心网方法有一些明显的优势。自我中心网的数据可以很容易地被纳入任何标准的调查。它不像整体网或完全网络那样需要同网络中的每个人（如给定城区里的所有行动者）交谈。如果在访谈期间从自我出发引出固定或者无限制的他者，就需要处理自我层面的界限规范问题。然而，任何启发式方法的优点和缺点都超出了本章讨论的范围。关于这个问题的更好的解释请见麦卡蒂（McCarty，2002）的论述。

案例 2

社会网络和不同文化差异

我们常常对人们所拥有的知识感兴趣，包括文化的、技术的、环境的、生物的等等，以及这些知识作为各种社会因素和文化因素（如性别、阶层）的变化。对于文化内变异的研究由来已久，特别是认知人类学家对于各种人种生物学问题（如人们关于植物、鸟类、动物、鱼类的知识等）或环境议题的研究（Boster and Johnson，1989；Johnson and Griffith，1985；Kempton，Boster，and Hartley，1994）。斯蒂夫勒（Stefflre，1985）在他的大量研究工作中试图把各种关于认知解释的领域结合起来。因此，他所谓"头脑"（认知）的任何变化都与物质条件（他称之为技术和资源）与社会结构和组织（如社会网络）有关，决策和最终行为都发生在这个框架中。因为这些观点把认知及其差异与文化的各个层面（个人的或文化的）联系起来，所以具有重要的意义。影响认知的相互作用范围本身与社会组织的概念(如社会分层和社会阶级)联系较广,而这些又进一步与物质条件和环境条件联系在一起。

在这个案例中,我们研究了社会网络位置和个人对各种肉类及其加工过程的感知差异之间的关系。尽管本文所研究的文化领域以食品为导向,但是这种方法适用于研究任何环境或者生态文化领域,包括环境问题产生的原因以及人种生物学知识(Johnson and Griffith, 1996; Boster and Johnson, 1989)。由此,我们问了两个基本问题:互动的社会网络是否影响个人认知?如果有影响,是互动领域的什么内容导致了人们以完全不同的方式看待世界?

本例中的数据取自美国一项大规模的海产品研究(Griffith et al., 1988)。这项研究的一个方面与内陆中西部地区的海鲜消费有关。研究人员采用滚雪球方式抽取样本,从美国中西部一个小镇的上层和中产阶级下层居民中挑选了一组受访者,收集他们对海产品相对于其他蛋白质来源(如牛肉、家禽和猪肉)的看法,以及海产品如何呈现和加工的数据。以这种方式收集的数据可以检验感知中的差异,因为这涉及一个特定社会阶层内的个人互动范围。为了说明这种方法,这里将检验两个研究假设:

H1:感知(认知任务的方法)会因网络位置的不同而有所不同(例如子群体成员)。

H2:在日常社会事务中,食物的重要性在网络子群体之间存在差异(区别),这将反映在分类所使用的标准中。

背景和数据收集

这项研究的背景是在美国密苏里州中部的一个城镇,研究期间,该城镇大约有13000人。尽管是一个乡村地区,但是这个城镇有着很多小型工业,其中雇用的工人多达1700名。非农岗位就业大约有8 500个(占就业总数的81%),这反映了更多工业的出现,对理解此社区中社会阶层的特征非常重要。与市政官员和房地产代理商进行一系列深度访谈之后,我们发现,这个城市中的社区主要由中低阶层和中高阶层构成。为了得到两个网络子样本的最初起点,我们在每一类阶层中挑选一个社区,从每个社区中随机选出一个街区，再从每两个街区中随机选出一个家庭，开始滚雪球抽样(Johnson，1990)。每个家庭的负责人需要指出和他们讨论食物问题的其他三个家庭的负责人。被提名的这三个家庭的负责人再各自指出讨论问题的三个对象，以此类推，直到每个起点发展出 15 个家庭，然后对总共 30 个家庭进行访谈。有趣的是，这两个分散的起点家庭在三步之内把两个子样本连接起来，从而形成了单一成分的网络。在这个网络中，无论多久，每个行动者都能通过某种路径联系到其他行动者。

对家庭中所谓的"厨房关键人物"或者主要负责购买食品杂货和烹饪食物的人进行访谈。收集数据有两个主要来源：第一，对所提到的三个家庭的一系列网络和人口信息进行提问，比如这个焦点家庭中的任一成员最后一次与提到的三个其他家庭中任一成员一起吃饭的时间。第二，要求每个受访者完成一个无约束的分类排序任务(这里也指认知任务)。在这项任务中，根据他们对每类肉与其他肉相似性的认知，在每一类中放置一些刺激物，在这里指采用不同的加工方式(如新鲜、冷冻以及罐装)加工的不同肉类(如牛肉、家禽、猪肉、海鲜)的照片。

这些刺激物是在和"厨房关键人物"关于产品商标知名度的一系列深度访谈中产生的。对在食品杂货店里找到的所有肉类产品清单(例如，Oscar Mayer、Wieners、Starkist Tuna)进行编码。这份清单会展示给"厨房关键人物"，并且要求每人勾选出他们所熟悉的物品。研究者会去商店购买常被选出的物品并对这些物品进行拍照。肉类照片的背后会写一个识别号码，然后塑封，总共做成 30 个刺激物的卡片。

结　果

为了检验假设 1(H1)，即各子群体在执行任务时采用了两种根本不同的模型，我们采用了文化共识模型(Romney, Weller, and Batchelder, 1986)。这个模型把共识看作分享文化知识的指标，其中共识取决于最小剩余因素分析中单因素解决方案的程度。把这 30 位受访者的分类排序数据转换为一个矩阵，矩阵的列是受访者，矩阵的行是任何两项之间有无认定的相似性(例如，在 Starkist、Chunk Light Tuna、Oscar Mayer Wieners 之间)。列是相互关联的，进而产生一个展现受访者之间共识的相关性矩阵。然后，对这一矩阵进行最小剩余因素分析，以检验共识性，并采用多维尺度分析方法，直观地显示调查对象之间的共识。

包含两个子样本的因素分析违背了文化共识模型的期望(第一个特征值对第二个特征值的比率应该大于 3)，可是在这个案例中，第一个特征值对第二个特征值的比率仅仅为 2.1。这表示存在两种或者更多的亚文化，包括可能的竞争认知模型。

群体共识

对两个网络子样本分别进行分析，每组都会得到有关的矩阵，并进行最小剩余因素分析。每一种情况都有对模型的更好拟合，这至少为两个竞争性模型的存在进一步提供了支持。

尽管对这一点的分析似乎指向了根据子群成员而使用的替代性模型，但是我们对这些最终影响认知任务的模型的确切性质尚不清楚。然而，在访谈期间，我们要求受访者在一个给定的项目类型中根据共享成员的推论来解释排序行为。这些访谈记录揭示了排序的两个主要标准：最明显的标准是基于简单的肉类分组，比如牛肉、家禽、猪肉和鱼类；另一个不太明确的标准涉及加工的各个方面，包括新鲜的、冷冻的、罐装的等等。基于受访者提供的解释，为了在受访者之间进行比较，我们构建了两个假设“模型”。这些理论模型包含基于肉类类型分组的自由分类排序，下文称为肉类标准或模型；或者根据加工类型的自由堆排序，下文称为加工标准或模型。

理论模型

根据肉类的种类和加工状态(如冷冻、罐装)对肉类进行分类，构建了两种理论分类排序模型。这些有意构造的分类排序呈现了刺激物方面的理论模型。每种理论模型都参与分析，似乎它们就是附加的受访者。因此，理论模型可以采用共识分析来检验，或者可以根据组间到每种模型平均距离(平均相关性)的平均差异进行比较，并使用多维标度可视化。

图 10.2 显示了包括两种理论模型受访者共识矩阵的多维标度结果。很明显，上层中产阶级组位于布局右侧，靠近加工模型，而大量下层中产阶级组则位于左边，靠近肉类模型。图 10.3 是受访者间网络关系的一个可视化网络，节点的尺寸与肉类模型的相关性的大小成比例。这证明了上面的结果，即在认知任务的过程中，下层中产阶级的受访者明显倾向于使用肉类模型。在关于肉类模型相关性群体间差异的非参数统计检验

中，在预期方向上存在明显差异以及统计上的显著差异[曼-惠特尼 U 检验统计量＝164.000，在 99％置信水平下 P 值的蒙地卡罗精确估计值＝(0.0157，0.0161)]。

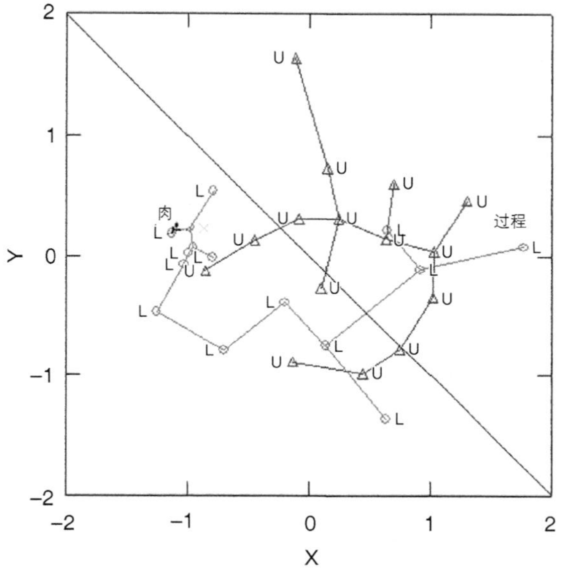

注：U 代表中高阶层，L 代表中低阶层，包括两个理论模型和连接每个子群成员的生成树。

图 10.2　从两个起始样本发出的多维标度的受访者共识矩阵

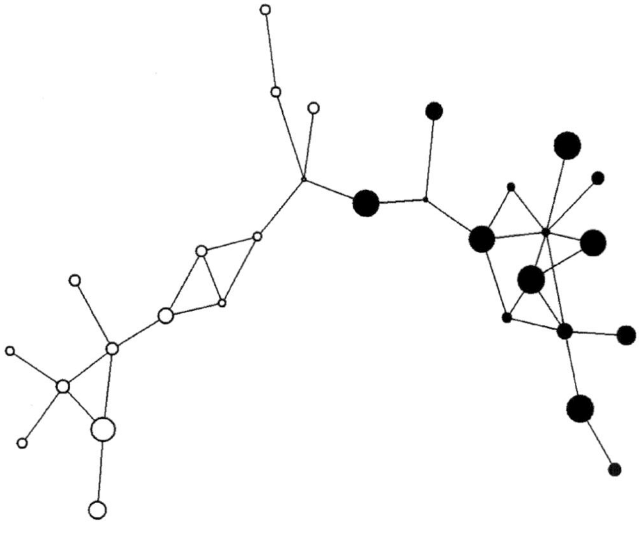

注：节点的大小与每个行动者和肉类模型的相关性大小成比例。

图 10.3　研究中低阶层(实心黑色)和中高阶层(白色)群体的受访者网络

根据对感兴趣文化领域的认知，两个子样本之间存在着差异。因此，互动范围似乎会影响个人看待世界的方式。虽然我们还没有讨论造成这些差异的潜在原因，但是它可能是食物对各自群体的重要性差异（H2）。在访谈过程中，受访者被问到他们与哪些家庭互动，以及他们与家庭成员互动的各个方面，其中一个比较有说服力的问题是焦点家庭成员与所引出家庭成员最近一次共进晚餐的时间和社交场合（例如晚宴、餐厅）。对于上层中产阶级的样本，食物是与其他家庭成员互动的重要部分。因此，互动往往发生在晚餐派对或者乡村俱乐部的午餐时。相比之下，来自不同家庭网络的下层中产阶级成员很少一起吃饭。互动主要是教堂聚会以及每周的《圣经》学习。这可能导致人们使用不同的认知模型，因为他们可能对食物的原始需求不同——比如根据实用主义或者形式主义原则（Boster and Johnson, 1989）。同其他家庭吃最后一顿饭的天数和肉类模型相关系数之间的相关性是中等强度和中等显著（$r=0.407$，$p<0.03$），这支持了这样一个推论，即那些社会交往中很少涉及食物甚至不涉及食物的人对这个领域有更实用的看法。对于上层中产阶级群体来说，食物是社会互动的一个重要组成部分，此外，一个关于食物加工处理的精细分类体系对积累文化资本很重要（Bourdieu, 1984）。对于下层中产阶层群体而言，食物不在他们社会互动的范围里，因此食物更具有工具性。

案例讨论与总结

布尔迪厄看到了内化文化准则的差异，比如对肉的感知差异，这导致了对文化资本的不平等获取，并且这些资本可能获得“差异性利益”（Bourdieu, 1984：562）。关于“差异性”，在他的脚注中进行了特别讨论，他认为：

> 事实上，通过他们假设的经济和社会条件，保持或近或远的距离或者分离，对待现实和虚幻世界的不同方式，即对虚幻世界的信仰和对现实世界的模拟，都与社会空间中所处的不同位置紧密相关，并因此与不同阶层和阶层派系的习性特征系统相关。品位分类，成为一种分类方法。社会主体通过在美与丑、高尚与庸俗之间所做的区别来区分他们自己的身份，在这种客观分类中，他们的地位或体现出来或被掩盖。而统计分析确实表明，结构上的矛盾与文化实践中发现的相似，也出现在

饮食习惯中。质与量、本质与形式的对立与不同的需要相关联。对于那些必然的需求，他们则偏爱最廉价和最经济的食物。对于自由（或者奢侈）的需求来看，重点在于方式（如提供方式、服务方式和就餐方式等），往往倾向于追求一种程式化的外在形式，却忽视其实际功能（Bourdieu，1984：6）。

因此，我们所处的社会网络反映了阶层的要素，并最终反映了品位之类的东西。这些又会反过来影响我们的世界观，影响我们对周围世界如何分类。

这个例子的重点在于，通过行动者之间真实的二元关系，即他们的社会网络，我们可以研究关系与其他社会属性（如社会阶层）对有关因变量的影响。这与包含随机样本的标准调查方法形成鲜明对比，因为尽管我们可能通过使用这些标准方法发现类似的社会阶层对认知的影响，但我们将无法理解网络背景对兴趣结果的影响，从而不能得到一个更加全面的理解。因此，我们不仅可以理解各种传统属性（如年龄、受教育程度）是如何影响结果的，我们还能判断实际社会关系对这种结果的影响。

案例 3

2-模行为网络和生态系统联结

尽管最近人们对涉及自然和人类系统整合的模型（如基于生态系统的管理）感兴趣，但是很少会有关于这种整合的实证案例。以生态系统为基础的管理主要集中于生物学层面，关注物种种群模型或者可能的食物网模型。然而资源攫取者（如渔民）的行为也可以考虑用网络术语来表示。事实上，为了更好地理解系统的全部动态，我们可以同时建立行为网络与生态网络，或者其他生态系统模型。因此，约翰逊和奥巴赫（Johnson and Orbach，1996）表明，渔民所用鱼种/渔具组合（捕鱼行为）的相互依存关系形成了一个网络，这个网络揭示出一个特定渔业复杂性的很多重要方面（如一组相互联系的物种与工具）。像任何系统一样，这些行为网络形成了具有各种性能的结构，因此就像生态学中传统的食物网一样，这些行为网络的稳健性、稳定性、可持续性和脆弱性存在差异。就像在食物网中一样，理解行为网络结构的本质（如关联性、图密度、度分布、关键机制）可以帮助人们理解潜在的有直接或间接影响的环境变化（如全球气候变化），因为渔业法规的变化影响渔民及其社区的行为网络结构，影响其经济状况和社会生活。

把人类捕鱼活动视为一个网络的另一个好处在于，它促进了人类行为与生态系统性质的直接联系（如食物网），有助于我们进一步理解两者之间复杂的相互依赖关系。生态网络的变化（如食物网中某个区域生物量的减少）可能直接影响行为网络，因为渔民为了适应新的生态现状而调整他们的捕鱼行为。针对大西洋中部和东北部的渔业，格里菲斯（1999）、格里菲斯和戴尔（1996）的研究指出，渔民通常会通过改变行为或在已有的网络行为路径上更加努力地应对生态或调节变化。在食物网系统中，捕鱼行为得到重新分配，这些适应性行为将反过来对生态网络产生影响。

行为网络构建

人类的行为网络可以用多种方式来构建，这些方式包括各种各样的第一手和第二手数据来源（如访谈、政府记录）。图 10.4 显示了一个为美国北卡罗来纳州帕姆利科湾构建的人类行为网络的例子，这是从与渔民的交谈中得出的（Johnson and Orbach，1996）。

用年度渔民报告里提到的工具/鱼类组合构建了一个 2 -模网络。2 -模矩阵的行代表个体捕鱼单位（如船长），列代表研究时间内使用的工具和目标鱼种的类型。图 10.4 显示了根据个体渔民捕鱼工具种类的 2 -模网络，并且可以更好地理解工具、鱼类与使用它们的渔民之间的相互关系。这些行为网络可以按照工具/鱼类组合之间的关系，或渔民自身之间的关系来研究。依据个体捕鱼单元的工具/鱼类组合的 2 -模网络，可以转换成渔民和他们使用的工具/鱼类组合之间的关系，或工具/鱼类组合与使用它们的捕鱼单位之间关系的附属网络。这就可以界定捕鱼策略的聚类、基于年度行为的渔民间的相似性、工具/鱼类组合间的相互依赖，以及在维持行为网络的完整性中工具/鱼类组合的重要性。另外，理解工具/鱼类组合之间的相互依赖，有助于掌控管理、价格以及生态环境的变化对渔业活动整体行为网络的影响。

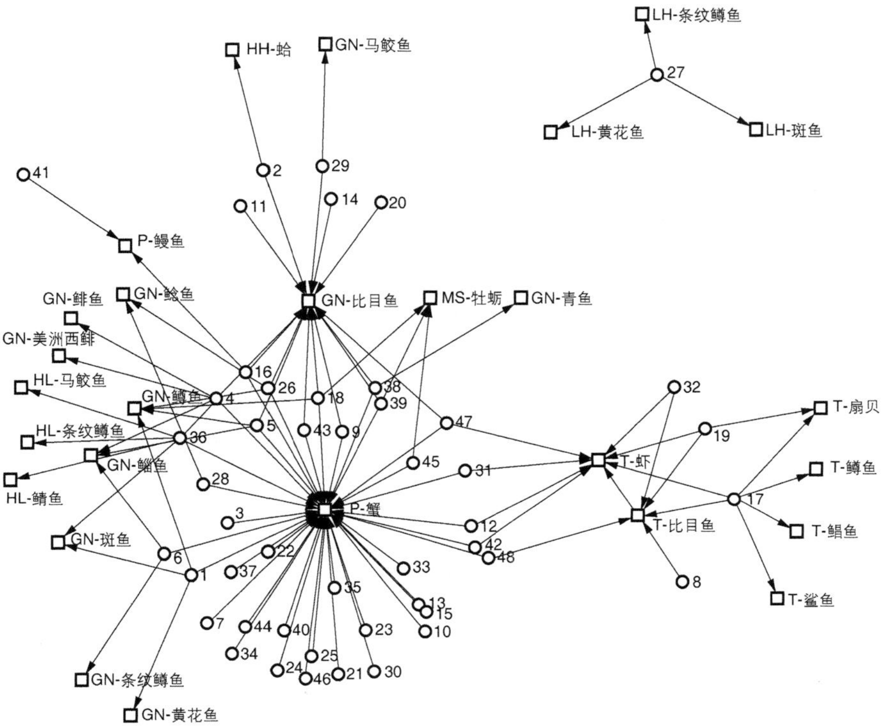

注：HL 表示手钓；P 表示笼子；GN 表示刺网；HH 表示手捕；T 表示拖网；LH 表示长途捕捞；MS 表示机械捕捞，基于渔民和他们捕鱼采用的工具/鱼类（正方形表示工具/鱼类的类型，圆形表示渔民）。

图 10.4 帕姆利科湾商业人类行为的 2-模网络

图 10.5 是一个附属网络，显示出在给定年份，渔民和他们所参与的捕鱼类型之间的关系。这个网络有助于我们理解渔民如何根据他们的捕鱼行为集聚在一起。例如，存在一个仅使用蟹笼的个体渔民聚类，而其他渔民使用蟹笼结合刺网或捕虾/龙利鱼拖网以及使用所有的捕鱼手段。

图 10.6 展示了基于工具类型的附属网络，加上每种工具与对应鱼类的信息，从而把人和自然系统同工具、鱼类和渔民网络联系起来。这个图揭示了渔民捕捞不同类型的鱼之间的相互依赖关系。网络图中线条的粗细是渔民联合使用特定工具和鱼类组合数量的函数。例如，使用蟹笼的渔民也会倾向于使用刺网来捕捉龙利鱼和鳟鱼。节点的尺寸是工具/鱼类组合的中介中心性（一个节点与网络中所有其他节点间最短路径的范围）的函数。这可以被看作社会网络中中介性和重要性的指数，并反映了那些相互之间没有直接联系的工具/鱼种的组合关系（Freeman，1977）。这种相互依赖形成了一个捕

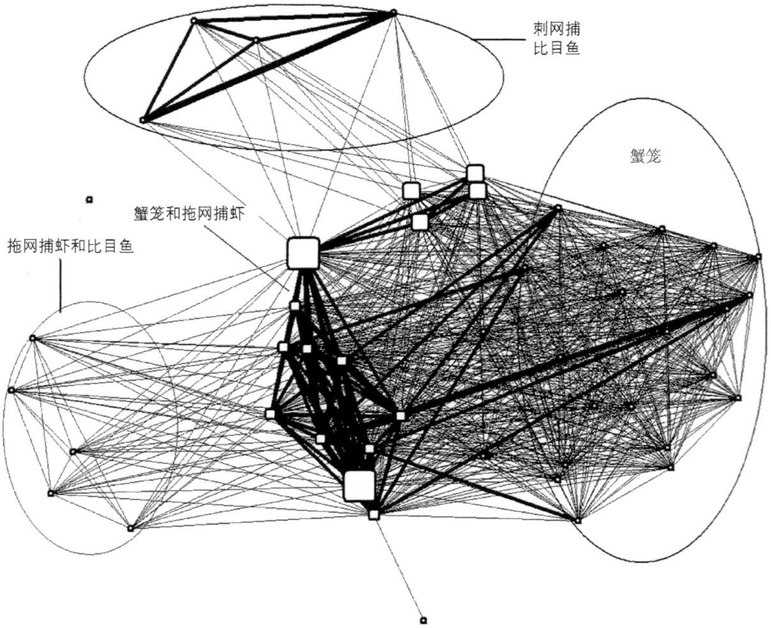

注：用圆圈和标签来表示渔民行为的聚类。

图 10.5　基于渔民与工具类型之间附属关系的帕姆利科湾人类商业行为网络图

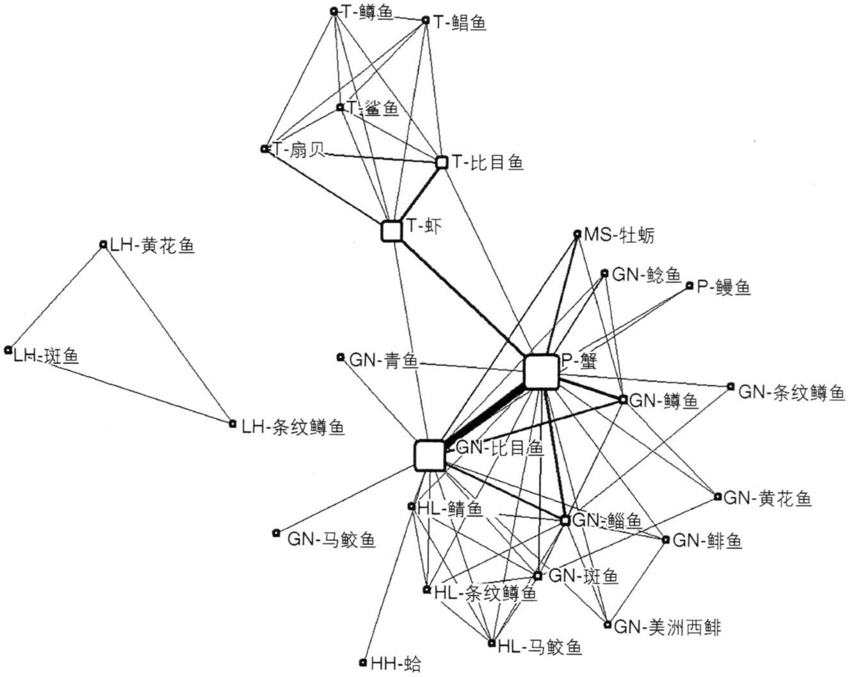

图 10.6　基于工具类型的附属网络

鱼行为网络，这对于在一种特定的渔业复杂性下识别关键工具和鱼类非常重要。通过分析这个网络，我们可以理解鱼类减少对于行为的直接和间接影响。例如，关键工具/鱼类组合对网络其他部分的影响，在这个案例中指的是蟹笼。减少蟹笼或者完全移除蟹笼将会对行为网络的结构完整性产生很大的影响。这与从一个食物网中移走某个物种所产生的直接或间接影响一样，特别是关键的物种——对于食物网的结构完整性至关重要的物种。帕姆利科湾蟹笼的消失，是因为生态因素或者监管因素对行为网络产生了比移除成分还要大的影响，比如长拖网已经形成了一个独立的子网络。

应用案例

为了说明这个观点的有效性，我们提供了一个比较案例。为了给该州政府提出一项综合的管理计划，约翰逊和奥巴赫(1996)描述、记录了北卡罗来纳州的商业捕鱼工作。这项研究根据生态系统的类型和捕鱼活动把该州分成了 5 个不同的区域，收集了每个区域渔民的年度数据，并构建了 2-模矩阵，然后再转换为附属矩阵，比如图 10.5 所述，即反映了各地区工具/鱼类组合之间的关系。这种形式的行为网络可以用很多方法分析，比如系统的稳健性或弹性(如移除节点对整个网络结构的影响)。我们将用两种方法简单地分析这个案例。

第一个量度是网络密度，简单地说就是网络中观察到的联系数量除以所有可能的联系数。网络密度的范围是从 0 到 1.0，网络密度为 1.0 意味着网络中每个节点都与其他节点相连，而网络密度为 0 则意味着这是完全离散的网络。我们认为，一个高密度的网络很少受到单个节点移除的影响。因此，网络中联系冗余度越高，面对变化时将越稳健。第二个量度是网络碎片化，这是一个节点移除对网络结构影响的动态指数，即由移除一个或更多节点产生的分离成分的数量。一个网络组件是这样一种网络，其中的每个节点不管路径有多长，都能通过某种路径达到这个组件中的其他节点。这是一个移除节点(如一个工具/鱼类组合)把网络断为分散组件程度的指数。例如，在图 10.6 中，存在两个网络组件：一个是包括蟹笼的主要组件，另一个是包括长拖网的小组件。

图 10.7 是表示这 5 个地区网络密度与网络碎片化之间关系的散点图。使用 Keyplayer 和 UCINET (Borgatti, 2003; Borgatti, Everet, and Freeman, 2002)计算网络碎片率和密度，当从网络中移除一个关键工具/物

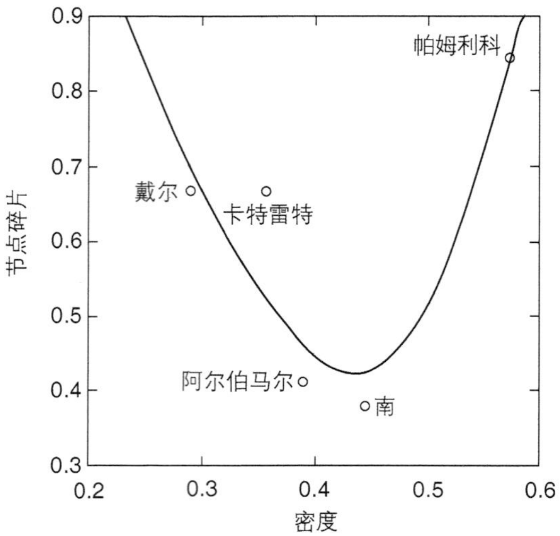

图 10.7　网络密度与网络碎片化之间关系的散点图

种组合时，使碎片化指数达到最大化。从图中我们可以观察到，随着密度的增加，碎片化开始呈现下降的趋势，这反映出潜在的密度对系统稳健性的中介影响。然而，密度最大的区域也是去除单个节点后碎片最多的区域。通常来说，密度越高，系统的稳健性越高。但是非常有趣的是，也存在这样一种情况，通过单个节点与一个高密度的网络联结，而这个网络本身却没有与其他网络相关联。这是发生在帕姆利科湾案例中的情况，它很好地解释了虽然网络密度很高，但蟹笼（如由于中介中心度很高）对于保持系统的完整性很关键。还有很多其他内聚力测度可以用于这种评估，但是这个例子说明了可以通过把这些生产行为看作一个网络而不是互不相关的生产行为，从而获得更深刻的见解。

案例讨论和总结

以上述方式将行为网络概念化具有很多优势。这些行为网络可以直接与生态网络相联系，就像食物网一样，并且这种联系有助于识别向上发展的生态系统和向下发展的人类行为之间重要的因果关系路径。每一种工具/种类组合都可以被看作食物网中的猎食者。但更重要的是，它们在整个系统生态要素和行为要素之间扮演着猎食者的角色。因此，可以对模型进行概念化和开发，研究人类行为对食物网的直接和间接影响以及相反地，食物网的变化如何直接和间接影响人类行为网络。此外，把供应链和食物网（海鲜经销商、加工商、批发商、零售商、消费者）都加入网络中，我们就可以理解，通过人类行为网络和生态网络方式，随着消费者偏好的变化，将会产生怎样的连锁效应。这种方式构建的网络有助于形成综合性更强的生态管理框架。

全章总结和讨论

本章的主要目的是使用社会网络研究方法，帮助我们更好地理解人类和自然系统之间的互动。为此，我们讨论了三个描述性的研究案例。在弗洛伊德飓风案例中，结合强关系，我们揭示了弱关系对于减少自然灾害后重建问题的重要性，从而指出了网络对于人们获取社会资源、制度支持以及其他形式援助的重要性。我们从密苏里州的肉分类案例中可以看出，网络（以及在网络中体现的阶层从属）影响了对人类共享但差异很大的文化因素——食物——的认知。对两个社会阶层网络数据的收集，进一步阐明了食物、阶层背景以及食物认知之间的关系。最后，对北卡罗来纳州捕鱼网络的研究，通过面谈的方式收集捕鱼行为数据（捕鱼工具、年度周期、鱼的种类），以阐明自然和人类系统基于网络的联系。研究阐明了对鱼类资源和海洋环境的其他领域直接或间接的影响，与网络结构和渔民的附属网络处于一种动态的联系中，有助于我们理解一些管理措施，比如强制性的工具调整如何影响捕鱼行为和海洋环境。

这些例子说明，可以采用多种方法构建和呈现社会网络，并且这些方法可用以解决社会科学中的重要理论问题。我们在本章中研究了社会系统和自然系统的互动方式，以及带来的真实社会问题和解决方案，通过社会网络形式理解它们之间的联系。结合更传统的研究线路（如典型的社会调查和线性分析方法），社会网络方法和理论可以使我们高效、全面地理解人与自然系统之间的联系。

参考文献

Borgatti S., 2003. *KeyPlayer*. Boston: Analytic Technologies.
Borgatti S., M. G. Everett, and L. C. Freeman, 2002. *UCINET for Windows: Software for Social Network Analysis*. Harvard, MA: Analytic Technologies.
Boster J. S. and J. C. Johnson, 1989. Form or function: a comparison of

expert and novice judgment of similarity among fish, *American Anthropologist* 91: 866 - 889.
Boster J. S. and J. C. Johnson, 1994. South Pole III. Paper presented at the annual *Sunbelt Social Network Conference*, New Orleans, LA.
Bourdieu P., 1984. *Distinction: A Social Critique of the Judgment of Taste*. Trans. R. Nice. Cambridge, MA: Harvard University Press.
Burt R. S., 1992. *Structural Holes: The Social Structure of Competition*. Cambridge, MA: Harvard University Press.
Dash N., W. G. Peacock, and B. H. Morrow, 1997. And the poor get poorer: a neglected black community. In W. G. Peacock, B. H. Morrow, and J. Gladwin (eds.), *Hurricane Andrew: Ethnicity, Gender and the Sociology of Disasters*. New York: Routledge, pp. 206 - 225.
Freeman L. C., 1977. A set of measures of centrality based on betweenness. *Sociometry* 40: 35 - 41.
Fullilove M. T., 1996. Psychiatric implications of displacement: contributions from the psychology of place. *The American Journal of Psychiatry* 153: 1516 - 1523.
Gladwin H. and W. G. Peacock, 1997. Warning and evacuation: a night for hard houses. In W. G. Peacock, B. H. Morrow, and J. Gladwin (eds.), *Hurricane Andrew: Ethnicity, Gender and the Sociology of Disasters*. New York: Routledge, pp. 52 - 74.
Granovetter M., 1973. The strength of weak ties. *American Journal of Sociology* 78(6): 1360 - 1380.
Griffith D., 1999. *The Estuary's Gift: A Mid-Atlantic Cultural Biography*. University Park, PA: Penn State University Press.
Griffith D. and C. Dyer, 1996. *Appraisal of the Social and Cultural Aspects of the Multispecies Groundfish Fishery in the Mid-Atlantic and Northeast Regions*. Washington, DC: NOAA, July. (Available on the Wood Hole Oceanographic Institute website.)
Griffith D. C., J. C. Johnson, J. D. Murray, and S. Kemp, 1988. Social and cultural dimensions of consumer knowledge among seafood and seafood analog consumers in the southeast: implications for consumer education. Technical Report to the Gulf and South Atlantic Fisheries Development Foundation.
Johnson J. C., 1990. *Selecting Ethnographic Informants*. Newbury Park, CA: Sage.
Johnson J. C., 1994. Anthropological contributions to the study of social networks: a review. In S. Wasserman and J. Galaskiowicz, eds., *Advances in Social Network Analysis: Research in the Social and Behavioral Sciences*. Sage: Newbury Park, pp. 113 - 151.
Johnson J. C. and D. C. Griffith, 1985. *Perceptions and preferences for marine fish: a study of recreational fishermen in the Southeast region*. UNC - SG - 85 - 01, 104 pages, University of North Carolina Sea Grant: Raleigh.
Johnson J. C. and D. C. Griffith, 1996. Pollution, food safety, and the distribution of knowledge. *Human Ecology* 24(1): 87 - 108.

Johnson J. C. and M. K. Orbach, 1996. *Effort management in North Carolina fisheries: a total systems approach*. UNC - SG - 96 - 08, 258 pages, University of North Carolina Sea Grant: Raleigh.

Kempton W., J. S. Boster, and J. Hartley, 1994. *Environmental Values in American Culture*. Cambridge, MA: MIT Press.

Lin N., 2002. *Social Capital: A Theory of Social Structure and Action*. Cambridge: Cambridge University Press.

McCarty C., 2002. Measuring structure in personal networks. *Journal of Social Structure* 3: 1.

Morrow B. H., 1997. Disaster in the first person. In W. G. Peacock, B. H. Morrow, and J. Gladwin (eds.), *Hurricane Andrew: Ethnicity, Gender and the Sociology of Disasters.* New York: Routledge, pp. 1 - 19.

Müller C., B. Wellman, and A. Marin, 1999. How to use SPSS to study ego-centered networks. *Bulletin de Methode Sociologique* 69: 83 - 100.

Palinkas L. A., J. C. Johnson, and J. S. Boster, 2004. Social support and depressed mood in isolated and confined environments. *Acta Astronautica* 54: 639 - 647.

Peacock W. G., B. H. Morrow, and H. Gladwin, 1997. *Hurricane Andrew: Ethnicity, Gender, and the Sociology of Disasters.* New York: Routledge.

Peacock W. G., and A. K. Ragsdale, 1997. Social systems, ecological networks and disasters. In W. G. Peacock, B. H. Morrow, and J. Gladwin (eds.), *Hurricane Andrew: Ethnicity, Gender and the Sociology of Disasters.* New York: Routledge, pp. 20 - 35.

Provenzo Jr., E. F. and S. H. Fradd, 1995. *Hurricane Andrew, the Public Schools and the Rebuilding of Community.* Albany, NY: State University of New York Press.

Romney A. K., S. Weller and W. H. Batchelder, 1986. Culture as a consensus: a theory of culture and informant accuracy. *American Anthropologist* 88: 313 - 338.

Scott J., 1991. *Social Network Analysis: A Handbook*. Newbury Park: Sage.

Stefflre V., 1985. *Developing and Implementing Marketing Strategies*. Santa Barbara, CA: Praeger Publishers.

Wasserman S. and K. Faust., 1994. *Social Network Analysis: Methods and Applications*. Cambridge, MA: Cambridge University Press.

11　马达加斯加阿拉伯茶的商品链：多尺度、多点人种学

莉萨·L.格宗

前　言

本章通过对马达加斯加阿拉伯茶的研究，阐述了多地点研究的理论和方法。阿拉伯茶是一种灌木状的植物，它的叶子生嚼时会产生温和的苯丙胺作用，适合生长在马达加斯加北部昂布尔山(Mt. d'Ambre)地区的凉爽环境中。20世纪初到20世纪中叶，阿拉伯茶最早是随着法国殖民统治下雇用的也门码头工人进入马达加斯加的。在过去的10年到15年间，它在当地日益流行，这意味着农民收入的显著增长。如今，阿拉伯茶的主要消费群体在也门、非洲角的部分地区，比如索马里、肯尼亚、埃塞俄比亚，以及从海外移民而来的社会成员(Carrier and Gezon, 2009)。

通过在更广阔的背景中定位马达加斯阿拉伯茶的生产，本章研究了生产、分配和消费三个经济过程之间的联系，即商品链。这些相互关联的动态环节发生在多个分散地点，涉及许多不同的参与者。想要理解阿拉伯茶的影响，需要在多个地点进行研究，以确定地理上分散的变量如何相互影响。采用多地点研究方法是由于人们普遍关心森林退化，人们想弄清楚昂布尔山森林的主要问题。当得知昂布尔山北部和东部地区的阿拉伯茶产量大幅增加时，一个更为突出的问题出现了：阿拉伯茶生产的扩大与森林砍伐有什么关系？我们的假设是人们为了种植阿拉伯茶而砍伐森林。以商品链为中心的多地点研究方法有助于我们理解直接生产区域以外的需求对当地决策和土地使用模式的影响。

2003年的初步研究——其中包括对当地人的访谈——揭示了对阿拉伯茶的另一个担忧。许多受过教育的人(包括决策者)担心阿拉伯茶的种植会不利于粮食作物的种植。这个曾经盛产大米和蔬菜的地区，现在已经以

阿拉伯茶的生产为主导，而粮食作物的种植却在减少。人们担心粮食生产安全，因此我们将讨论焦点扩展到探讨土地覆盖面积变化对粮食系统安全的影响。反映当地担忧的假说是，阿拉伯茶生产的扩大取代了粮食生产，并因此导致了北方依赖从该国其他地区进口，从而影响了北方的粮食安全。这种关注扩宽了地理研究范围，进而包括了当地以外的主食供应商。由于这项研究范围太广，因而在2003年到2007年间我们就此进行了多次实地考察。

第一个假设得到了较少支持，第二个假设没有得到任何支持。当地粮食产量下降的原因很复杂，多数情况下与阿拉伯茶没有直接关系。相反，阿拉伯茶提供了一种应对先前生存策略能力下降的方法。这项研究表明，多尺度、多地点的商品链分析，对于理解当地土地使用模式非常重要。对保护区管理的关注尤其得益于超越地方和当代层次的分析。询问消费者需求以及生产、贸易与消费的政治、经济和历史背景等大问题，让我们对土地覆盖变化的原因和方式有一个细致、全面的了解，同时也揭示了特定地区的人们如何在全球化的边缘生存。

多点研究视角

理论基础

多点研究，以分析地理上遥远地区动态之间的系统联系为兴趣，以世界系统理论、全球化和政治生态学为理论基础，尤其关注规模问题。此外，它形成于马克斯·格卢克曼(Max Gluckman)领导下的英国社会人类学曼彻斯特学派。人类学对全球化的兴趣与第一次全球石油危机同时出现，并以沃勒斯坦(1974)、安德烈·冈德·弗兰克(Andre Gunder Frank，1967)、萨米尔·阿明(Samir Amin，1977)和弗朗西斯·穆尔·拉贝(Francis Moore Lappé)(Lappé and Collins，1977)的世界系统理论为基础。这些理论的核心是：世界是相互联系的，如果不参照其他地方的动态，就无法解释一个地方的动态。这些理论特别地被用于理解贫穷和全球统治之间的关系。这些理论家提出了著名的依赖理论，将前殖民地国家的贫困和殖民者的富有归因于殖民政权的政治与经济操控。这些理论阐述了全球进程对当地人影响的普遍/宏观理论。其根源在于日益剧增的财富不平等，这种不平等源于资源开采、排斥边缘国家的人与经济核心国家的人竞争的做法，以及通过税收和体力劳动等迫使人们服从。这种根深蒂固的等级制度使得边缘国家依赖富裕国家而生存。

全球化的理论家将跨国资本流动、服务于全球经济的地方经济转型、民族国家的相关弱化、加速进程和缩短距离的技术进步(Harvey，1989)、基于网络的横向整合，例如互联网(Castells，1996)，以及资本主义与经济发展不平衡的关系(Smith，1984)等因素视为理解全球化进程的关键要素(T. L. Friedman，2000)。

人类学领域的理论家诸如青(Tsing)、汉纳(Hannerz)和阿帕多拉伊(Appadurai)等对地方生活方式的全球同质化过程和自上而下转述的假设做出了回应。青(1993，2000，2005)在她的研究中指出，我们所说的全球不是一个自上而下的项目，而是跨区域的合作。青(2005：5)的“摩擦”概念紧扣的意义是，“作为形象比喻，摩擦提醒我们，异质和不平等的遭遇会导致新的文化和权力”。汉纳(1996)和阿帕多拉伊(1996)分析了全球化的文化维度，提出了全球化将导致同质化的警告。汉纳研究了核心和边缘国家之间的跨国影响，而阿帕多拉伊则引入了人种图景、媒体图景和金融图景等概念，以了解全球流动的流动性和不规则性。

环境人类学家将朱利安·斯图尔德(1955)和他的学生(包括 Sidney Mintz、Eric Wolf)的早期工作视为多点方法的灵感来源，这种方法考虑了工业化进程及其对城市扩张和农业变革的影响。明茨(Mintz)最初在斯图尔德从事了一个大项目，该项目致力于理解波多黎各复杂的当代社会生态基础。明茨在其颇具影响力的著作《甜蜜与权力》(1985)中对甘蔗种植园进行研究，明确了糖的消费与生产增长的含义。他把糖的消费与阶级内部的利益斗争、工业资本主义日益强大的霸权以及对奴隶和工业雇用劳动力的控制联系起来。

埃里克·沃尔夫(Eric Wolf，1982)撰写了一部更广阔的全球历史，界定了各国在追求财富和权力时的联系。他呼吁努力形成能够考虑到各种联系的理论，并指出了只关注单一地理位置理论和经验的缺陷。政治生态学出现在人类学中，其明确的研究兴趣在于理解区域外的动态对当地环境过程的影响①。沃尔夫在 1972 年首次书面提到了一种被他称为“政治生态学”

① 政治生态学研究中的重要参考文献包括 Bassett(1988)、Biersack and Greenberg(2006)、Blaikie and Brookfield(1987)、Escobar(2008)、Hecht and Cockburn(1990)、Martinez-Alier(2002)、Moore(2005)、Paulson and Gezon(2006)、Peet and Watts(1993)和美国地理学家协会第 1993 卷，第 8 卷，第 2 期，Peet and Watts(2004)、Robbins(2004)、Schmink and Wood(1987)的全部特刊。

的探究方式，当时他主张，在非本地利益的背景下，必须理解当地的生态和社会实践。在后来的政治生态学中，学者们使用尺度的概念来指代跨度逐渐扩大的地理空间之间的关系，并考虑了地方、区域、国家和国际层面的分析如何相互呼应。齐默勒和巴西特(Zimmerer and Bassett，2003)指出，尺度涉及社会的和生物物理的维度，并且界定标量单位的过程是高度政治化的。尺度不仅指地理空间，也指政治包容的水平。地点并非静态的、有界限的，而是基于历史和文化建构的空间，与权力和管控的流动密切相关(Chalfin，2004；Massey，1994)。研究者要将对尺度层次的界定以及它们之间的关系置于每个实例的情境中。

商品链有助于将当前经济全球化进程概念化。商品链分析从逐步将广泛的尺度水平概念化转向识别场所和过程之间的联系。霍普金斯和沃勒斯坦(Hopkins and Wallerstein，1986)、格雷夫和科泽尼维奇(Gereffi and Korzeniewicz，1994)对商品链的早期分析代表了依赖理论的一个分支，侧重于商品形成的劳动和生产方面(Kenney and Florida，1994)。后来的方法以这些早期构想为基础，但是用"商品链"这一术语来表示，其强调"物品从提取到转换、交换、运输、分销和最终使用过程中经过的一系列关系"(Ribot，1998：307)。它不同于早期的方法，因为它本身并不重视产品生产，而是更加注重产品的分销和消费。杰西·里博(Jesse Ribot)等提出了这一框架以强调市场关系的实证调查，摆脱正式的新古典模式(Bernstein，1996；Ribot，1998)。新古典模式忽略了市场在历史性强的政治和社会体系中的嵌入性，包括生产和消费。总而言之，商品链的方法建立在早期商品链概念的基础上，但更接近人类学对于人种学和整体论的强调。在早期出版的著作《事物的社会生活》中，阿帕多拉伊(1986)同样呼吁人们从文化、政治、经济和社会的角度来研究商品。他建议，将权力关系、权力竞争同生产、分配与消费过程联系起来。这一观点影响了人类学领域的许多当代商品链和多点视角。

多点方法的挑战在于识别影响尺度和区域之间的系统联系，识别政治、经济和文化过程，用埃里克·沃尔夫(1982：17)的话来说，是如何"超越可分离的事实，贯穿、超越并改变它们过去的进程"。该挑战的一部分是要记住多点研究永远不能脱离理论。正如乔纳森·弗里德曼(Jonathan Friedman)所指出的那样："全球系统关系本身并不明显。"相反，它们是"研究人员提出的关于研究过程的分析属性或理论属性"(J. Friedman，2000：639)。

方法论路径

这种对跨国进程和全球联系的理论兴趣需要新的方法论路径。乔治·马库斯等(George Marcus, 1995: 97)在其有影响力的评论中指出，世界体系并不构建当地情境，而是“文化逻辑……至少是在所谓体系的各个地点中部分构成”。了解地方文化遗产仍然是全球化研究的关键，而宏观理论并不排除人种学的需要。乔治·马库斯提出了一种策略，需要“严格遵循联系、关系和假定关系”。它涉及在多个地理位置的田野调查，并敏锐地追踪它们之间的联系。

这种路径让人回想起来自北罗得西亚(现赞比亚)的罗德-利文斯顿研究所和马克斯·格卢克曼引领下的曼彻斯特学派(Burawoy, 1991; Gluckman, 1958; Van Velsen, 1979)的重要学术研究。他们使用扩展案例法来识别时间、空间和主题的联系。爱泼斯坦(Epstein, 1979: 230)写道，“实例来源于不断流动的社会生活，反过来又促成了这种流动”。科塔克和科尔森(Kottak and Colson, 1994)从曼彻斯特学派以及明茨(1985)、沃勒斯坦(1974)和沃尔夫(1982)那里获得灵感，提出了他们的联系方法。这种路径结合了许多方面，包括“一种网络路径(用来追踪与地理流动和外部干预有关的广泛关系)”(Kottak and Colson, 1994)，将人种学与调查技术、纵向研究、档案或政府报告资料收集相结合。这种研究通常需要耗费时间，需要团队合作，包括来自被研究国家的专家。

撰写多点方法的学者们强调，需要多种方法以及对感兴趣现象的广泛知识。贯穿所有内容的主线是一种灵活的研究策略，该策略最终基于对发现过程和联系的敏感性。

马库斯等(1995: 102)指出了多点田野工作的一些挑战。其中的一个挑战是，这些关系内在的流动性和复杂性使得人们不可能提前完全知晓研究对象。苏珊·弗里德伯格(Susan Friedberg, 2001)研究了非洲和欧洲之间的绿豆商品链，指出了一些额外限制，包括无法流利地说多种语言和时间限制，导致很难在每个相关地区开展深入的人种学工作。她还指出了接触特权空间(比如公司董事会会议室)、人员和信息的难度很大，因为“钻研”[指 Laura Nader(1972)呼吁在各级权力层次进行研究]对于理解高级决策过程至关重要。卡伦·汉森(Karen Hansen, 2000: 18)在对赞比亚二手服装的研究中也发现了类似的困难。马库斯等(1995: 100)指出，“多点人种学必然是不同强度和质量的知识基础的产物”。由于时间的限制和政治、经济信息的排他性，单一的人种学家不可能期望在多点研究项目中对所有方面都拥有相同的知识。

一个同质的村庄社区，是人种学田野研究工作的首选，而当“田野”不作为马林诺夫斯基所谓的特定地点出现时，研究人员就面临着另一个挑战。例如，帕萨罗（Passaro，1997）是古普塔和弗格森（Gupta and Ferguson，1997）关于田野工作著作中的一位贡献者，她在设计和开展对曼哈顿无家可归者的研究时发现了这一点。有人建议她将自己的研究范围缩小到对无家可归者收容所的人种学研究上，但她拒绝了这种建议，因为她认为这不足以理解无家可归者所居住的广泛地区。涉及流动人口或分散人口的研究需要对不同层次的知识和经验采取灵活的调查策略。

下文的案例研究是一种特殊情况，其中多个地点主要位于同一国家的同一地区。该国的大部分阿拉伯茶都产自北部城市迭戈苏亚雷兹方圆 80.5 千米以内的地方，并且消费群体主要集中在该城市内部。虽然阿拉伯茶并没有大规模出口到马达加斯加以外的地区，但该国其他地区的城市居民对它的需求日益增多。

研究地点

马达加斯加的研究背景

自 20 世纪 80 年代以来，马达加斯加一直是全球生态保护的热点区域。自然和社会科学家蜂拥而至，为其独特的动植物群——其中 85％是该岛特有的生物——所吸引（Goodman and Benstead，2005）。与生物多样性同时存在的还有人类活动对生物多样性的威胁，但不幸的是，这几乎完全归咎于当地人的生存活动。国际捐助机构，比如世界银行和美国国际开发署等，也有兴趣为保护和发展活动提供资金，特别是这些机构因在世界其他地方赞助了与环境无关的项目而受到强烈批评之后。美国国际开发署于 1983 年在马达加斯加开设了办事处，并开展了一个大的环境项目。到 20 世纪 80 年代末，世界银行成为主要的捐助机构，并协调捐赠者协会的活动和政策（Gezon，1999；Kull，1996；Marcus and Kull，1999）。

1984 年，马达加斯加政府起草了《国家保护和发展战略》，该战略被视为在非洲制订的第一批国家环境保护计划之一。马达加斯加政府于 1985 年组织召开了可持续发展保护国际会议。在 1987 年至 1988 年间，政府与捐助机构合作，出台了《国家环境行动计划》(NEAP)，从 1991 年开始分三个五年计划实施(Gezon，1999)。在此期间，国家公园管理局(ANGAP)成立，主要职责是管理和资助基本的保护工作。

我在马达加斯加的研究始于 1989 年。我的第一个项目关注的是安卡拉纳特别保护区的管理政策(该保护区后来被重新划为国家公园)，它位于昂布尔山的南面。这项研究表明，在要求合法保护森林的背景下，地方政治进程将与区域民族、国家和非政府组织的政治交织在一起(Gezon，1997，1999，2000，2006)。这项研究主要集中在保护区西侧。

在最近的一项研究中，我试图摆脱在保护研究中普遍采用的一种方法，这种方法是以保护区周围的活动为基础的。以森林的实际生态压力为研究的出发点，我意识到要探索商品链并需要多点研究设计。我关注的是一个不同的保护区——马达加斯加北部的昂布尔山，它位于距迭戈苏亚雷兹区域首府城市约 30 千米的地方，这里以副食和经济作物为主。自殖民时代以来，昂布尔山一直是一个保护区，目前大部分地区作为国家公园被管理着(Gezon Gezon，1997，2000，2003；Gezon and Freed，1999)。为满足法国人需求而种植的水果和蔬菜等经济作物可以追溯到 20 世纪早期的殖民时代。由于生产和外部市场之间的关系，很明显，仅仅研究生产并不能揭示当代森林退化、当地生计或保护行为的复杂性，因而基于跨学科商品链方法，我提出了一项研究设计。

21 世纪初的初步研究之后，我发现最显著的变化是在昂布尔山国家公园附近和边缘区域阿拉伯茶生产的扩张。尽管如此，我继续探究蔬菜生产的重要性，正如案例研究所揭示的那样，阿拉伯茶和蔬菜的商品链相互关联的方式让人出乎意料。

阿拉伯茶的研究背景

阿拉伯茶是一种受国际管制的物质，在欧洲大部分地区、美国和加拿大进行种植都是非法的，但在马达加斯加和许多其他印度洋国家，阿拉伯茶是一种合法的传统种植和消费作物(Carrier and Gezon Gezon，2009)。世界卫生组织将阿拉伯茶分为两个不同的类别或者说目录。在它新鲜的时候，它含有卡西酮，这种物质属于最强效和最易被滥用的物质类别(目录一还包括麻醉品、可卡因和甲基苯丙胺)。24～48 小时之后，卡西酮被分解为一种低滥用的Ⅳ级药物——阿茶碱(cathine)，由于其低依赖性风险，目前已被应用于医学研究。

世界上任何种植阿拉伯茶的地方(主要是也门、埃塞俄比亚和肯尼亚)，往往由小农户种植（大多数种植面积在 2 万平方米以下），并通过小规模贸易商分销（Carrier，2005；Gebissa，2004；Kennedy，1987）。马达加斯加的情况也是如此。养护良好的阿拉伯茶田大约每年除一次草，但除此之外，劳动力投入很少（对于那些进行土地灌溉的农民来说要多一些），因此对于任何有可用土地的家庭来说，它都是一项很好的投资。

马达加斯加阿拉伯茶的消费者传统上是也门血统，被当地人称为“阿拉伯人”。在法国殖民时期，也门码头工人将阿拉伯茶带到马达加斯加最北部的迭戈苏亚雷兹市或安齐拉纳纳市，并在厨房花园中小规模种植。根据访谈，最先实现商业种植的是克里奥尔人——在世纪之交从留尼汪岛来到这里的法国裔白人农民，他们在昂布尔山（内陆大约 32 千米）上修建了小型种植园。当法国人在 20 世纪 70 年代中期的社会主义革命中被迫离开该国时，他们出售或放弃了阿拉伯茶场。今天，昂布尔山上最古老和最具生产力的企业之一的所有者是一个家庭，他们从一个克里奥尔家族那里购买了土地，他们是也门人、马达加斯加人与克里奥尔人的混血后裔。

自 20 世纪 80 年代以来，越来越多非也门裔的马达加斯加人开始咀嚼它。许多人认为，出租车司机是最先咀嚼它的人，为的是在晚上工作时保持清醒。阿拉伯茶还作为一种流行的娱乐性毒品，在城市青年尤其是男性中最为明显。阿拉伯茶也推动了北部城市迭戈苏亚雷兹街头经济的发展，小贩和咀嚼者随处可见，人们在拥挤的街道上驻足购物和聊天。当载着阿拉伯茶的卡车到达时，人们会聚集在最受欢迎的街头小贩周围，在他们那里购买一份阿拉伯茶。阿拉伯茶已成为该国北部非正式经济的命脉，为一部分农民和生产者提供了可观的收入。

方　法①

在设计这项研究时，有关多点研究的许多挑战显现出来，即虽然我对商品链的研究问题已很明确，但并不知道研究方向在哪里。就像帕萨罗（1997）关于无家可归者的研究一样，我的研究对象也分散在各处而不是聚集在一个明确的社区。我不可能在每一个感兴趣的地方都有深入的体验，就像我在做论文研究时，主要在一个村庄里生活了 16 个月。从法律法规方面考虑阿拉伯茶时，我也意识到，在试图接触决策者和社区领导人时，很可

① 这项研究得到了美国教育部（富布莱特-海斯学院海外研究奖学金）的资助，获得国家科学基金（奖号 BCS－0318640）和国家地理学会（授予号 7413.03）。

能会遇到沉默和隔阂。最后，我面临的挑战是如何确定政治、经济和文化进程，这些进程将不同的地方联系起来并相互影响。

商品链中的这三个过程分别引导我找到了不同的方法和定位。根据伯纳德(2000)的观点，整体方法是一种目的抽样或判断抽样，即“你决定受访者(或社区)提供哪些信息，然后你去找到他们”(Bernard, 2000: 176)。更具体地说，对于人类动态学研究的每一部分，我都采用了网络抽样或链式举荐的方法。这通常用于不易被找到的人群(Bernard and Bernard, 2005)。滚雪球抽样是一种特殊的链式推荐方法，从一两个主要受访者开始，然后由他们分享具备研究者所期望特征的其他受访者。接着，每个受访者都要推荐其他人。请注意，这种方法不同于随机抽样或概率抽样，在随机抽样中，目标总体中每个成员被选择的机会相同。可能因为问题的本质是要追本溯源，也可能因为目标是收集关于文化系统的数据而不是概括个人经验，还可能是因为在获取人脉方面的后勤限制，所以不可能在链上的任意一点进行随机抽样(Bernard, 2000: 175)。

研究生产及其对森林覆盖的影响需要对土地占用面积的变化进行多学科研究。为此，我在2004年组建了一个研究小组，通过卫星图像和地面实况来研究这些动态。这部分研究旨在验证最初的假设，即人们为了种植阿拉伯茶而砍伐森林。对昂布尔山附近的土地生产研究从2003年一直持续到2007年，而且肯定会持续下去，它包括参与式观察、开放式访谈和结构化访谈计划。

在我设计研究时，对分布的研究不是很明确，因为我对它知之甚少。我建议在城市中找出以农民和零售商为出发点的分销网络。研究消费主要有两种方法：一种是网络抽样，通过网络对咀嚼者进行识别，并研究咀嚼者的环境；另一种是2007年研究结束时采用的结构化访谈，目的是收集更广泛、更具有概括性的有关迭戈苏亚雷兹普通人群咀嚼阿拉伯茶的数据。

商品链上的各个环节很容易从一个转移到另一个，就像绳子上的纤维一样重叠着。当阿拉伯茶从农民的经济作物到经销商可交易的商品再到消费者的休闲兴奋剂，阿拉伯茶在整个商品链中呈现出不同的形式或价值。研究表明，农村和城市地区通过经销商的中介联系起来，经销商有时也是生产者。在阿拉伯茶的商品链中，各个地理节点分别定义各自的状况。生产者的供应方式影响到经销商的工作类型和工作总量，以及消费者的产品数量和质量。反过来，消费者需求为生产者决策奠定了基础，并决定经销商有无工作机会。政府政策通过农业推广和保护的做法影响着以下三个区域：商品贸易的监管和税收、阿拉伯茶作为药物的合法性以及公共卫生问题。

总而言之，这些过程构成了所谓的阿拉伯茶商品链。这是一个整体的过程，供给和需求共同确定价格，但每个节点上的独特做法和意外的附加变量定义了所有其他节点必须满足的条件。追踪这些独特的做法和当地的偶发事件是多点人种学的任务，正如马库斯等(1995)和其他人的建议，无论是否在预期内，都要灵活处理研究中的各种联系。下文案例将介绍阿拉伯茶的动态，重点讨论生产研究中的问题，考虑遥感研究和阿拉伯茶生产对蔬菜生产的影响。

生产范围与历史：空间角度

方　法

研究阿拉伯茶对森林的影响问题是理解阿拉伯茶生产的整体环境和粮食系统可持续性的第一步。系统研究区域土地覆盖变化，需要一个跨学科团队。为此，我与印第安纳州伯明顿市制度、人口和环境变化研究中心(CIPEC)的遥感科学家格伦·格林(Glen Green)和肖恩·斯威尼(Sean Sweeney)达成合作。在研究的最早阶段，我们在大学计算机实验室中获取并分析了卫星图像。在国家地理学会的资助下，我们在1972—2000年获得了9幅陆地卫星图像。斯威尼和格林在CIPEC对图像进行了数字化处理(Gezon et al., 2001)，并生成了两段多时相复合图像。

随后，三名调查人员(盖松、格林和斯威尼)于2004年5月在伯明顿会面，他们研究了这些图像，并确定了马达加斯加北部发生重大变化或基本保持不变的位置。为了进一步开展实地调查，我们确定了27个地点，包括在马达加斯加最主要的两个阿拉伯茶种植区——一个在昂布尔山保护区东北侧的若夫尔维尔附近，另一个在东侧的安塔拉卡附近。我们基于预期对此进行简要描述。基于之前在马达加斯加的研究，我们使用了有关数字信息变化的资料，利用了我们所熟悉的环境(Kottak and Colson, 1994)。我们注意到在1972年至2000年期间，从昂布尔山的东北到东南部，阿拉伯茶种植区域在数字上几乎没有明显变化。最显著的变化发生在东侧安塔拉卡以南靠近保护区的一个地区。

2004年6月至8月期间，我们访问了与阿拉伯茶生产直接相关的每个地点，目的是验证我们在卫星数据中所观察到的地面实况。为了了解环境变化或环境稳定的社会背景，沿途我们通过目的性抽样进行访谈，并在所调查的村庄里，常与社区领导人进行结构化访谈并录音，由此收集了社会经济和人种学的数据。这些访谈集中于迁移和居住模式、社会差别、基础设施利用、政治和社会组织、生产和分配以及资源利用的历史等问题。我通过采访迭戈苏亚雷兹专业人士和研究灰色文献报告来补充这一领域的工作，特别是社区发展计划（PCD）——由捐助者授权的社区发展计划，它提供了其所涵盖领域的社会经济概况（报告全文见 Gezon et al.，2005）。

结　果

结果表明，若夫尔维尔地区曾因种植香蕉和一些砍伐行为而出现过局部森林退化现象，但由于其他作物的种植，森林几乎没有受到破坏。大多数其他商品的种植都在永久性土地上进行，其中大部分是灌溉，从而减少了通过灌溉扩大生产的需要。我们了解到，在更大的若夫尔维尔地区，虽然为了生产阿拉伯茶砍伐了部分林木，但这并不是扩大生产的最重要手段。大量阿拉伯茶生长在以前的稻田里，通过灌溉培育。其他大部分田地的阿拉伯茶靠雨水灌溉，生长在长满草的山坡上。在安萨拉卡（东南部），我们发现飓风的破坏可以解释我们所看到的变化，并且人们确实在灾后开始种植阿拉伯茶。尽管很少，但也有一些证据表明了人们在保护区内或其附近砍伐森林来种植阿拉伯茶。虽然图像显示 2000 年以来变化很小，但我们从观察中推测，在最近一段时期，为种植阿拉伯茶而导致的森林砍伐有所增加。在 2009 年的研究中，灵长类动物学家本·弗里德（Ben Freed）报告说，他发现了一些阿拉伯茶种植已经蔓延到了昂布尔山西北部的证据。那里有一位有名的农民在与保护区相连的地方种植茶田。不过，弗里德认为这不会对森林构成威胁，而是一种抵御侵蚀的物质和经济缓冲（Ben Freed，personal communication，September 2009）。

意义：阿拉伯茶生产和环境变化

这些发现基于上述所使用卫星图像和地面实况的实证观察，从历史和区域的视角分析了阿拉伯茶生产对土地覆盖变化的影响。在质疑该地区阿拉伯茶生产的总体可持续性时，这一知识至关重要。阿拉伯茶生产与森林和物种完整性的关系具有政治、经济和生态后果。就下文将要探讨的更大的粮食安全问题而言，理解阿拉伯茶对森林的影响有助于评估它对区域生计可持续发展的威胁情况，因为森林保护同样令人关切。

阿拉伯茶和蔬菜：过程联系的方法

有些阿拉伯茶的生产确实威胁到森林，这表明农学家和保护人员应该对这一现象给予正式关注。大多数生产对森林没有威胁，因此可以进一步考虑将其作为北方获得可持续生计的可能来源。粮食安全问题仍然存在。如果阿拉伯茶为生产者和贸易商带来利益却破坏了区域粮食安全，那么从更大意义上来说这种生产不可取。要理解这一点，就需要对阿拉伯茶和粮食作物的生产、分配与消费进行多点检验，以了解各个领域的机会和制约。

研究方法的挑战在于研究过程——记录阿拉伯茶和蔬菜作物从生产到分配再到消费的过程，以了解阿拉伯茶生产在多大程度上取代了食品生产。关注物品的移动需要方法论和地理灵活性。在这种情况下，这些地点相对本地化，核心区域跨越迭戈苏亚雷兹市和距其100千米内的农业区。

在收集每一个研究过程的数据时，我们采用了传统人种学的基本方法，包括参与式观察、开放式人种学访谈、关于一系列结构化问题的报告、与官员的交谈以及书面报告协商，包括现有报告和档案报告。在2004年的6个月里，广泛的人种学研究包含了一般的人种学观察和访谈，包括通过有针对性的访谈和食物日记对城市蔬菜消费进行系统调查。2005年，研究人员对马达加斯加进行了为期一个月的考察，对城市蔬菜和阿拉伯茶的消费进行跟踪研究，并在法国停留了一个月，研究了巴黎的档案文献和普罗旺斯艾克斯的殖民档案。2007年，一个包括马达加斯加大学的学生在内的团队对阿拉伯茶的生产、分配和消费进行了一系列结构化访谈（Gezon and Totomarovario, 2008）。

参与观察和研究地点的确定

有关生产的研究主要在昂布尔山的阿拉伯茶生产区展开。研究涉及消费的方方面面，因为即使是生产者也消费阿拉伯茶。分销发生在生产区以及南部的迭戈苏亚雷兹市和安比卢贝市。迭戈苏亚雷兹南部的机场是另外一个分销点，人们把阿拉伯茶送到马达加斯加各市的联络人那里（但不包括国外）。为了了解商品链的基本路径，在早期观察中，我每天与了解阿拉伯茶的人进行非正式联系，这一点很重要。在我的研究中，有几个关键的受访者住在迭戈苏亚雷兹市，他们的家人住在雨林边缘的若夫尔维尔镇，我们偶尔会一起去那里。他们透露了在镇里的哪些地方可以找到消费者和销售商，商人们将他们的阿拉伯茶从生产村运输或销售到城市的哪些地方，以及如何最好地联系生产商。对阿拉伯茶在社会中的作用进行概念化的主位模型也开始出现。

和领导者的访谈

在整个观察期间，我们不断地向当地领导者进行咨询。受访者包括法官，税务部门官员，商会经济学家，医生，迭戈苏亚雷兹、若夫尔维尔和安萨拉卡的市长，地方长官，村级政治领袖，地方非政府保护组织，国家公园管理局（ANGAP），马达加斯加大学的教授以及宗教领袖。他们每个人都在商品链的不同点提供了对阿拉伯茶有价值的分析。对他们的采访不仅为理解商品链提供了重要信息，而且使研究更贴近研究人员所关注的对象。因为他们的见解和问题在一定程度上会使研究重新聚焦，所以这个研究项目在一个迭代的过程中发展。例如，关于粮食安全的问题就出现在对高层政治家的采访中，这些政治家真正懂得如何处理阿拉伯茶。

食物日记

对蔬菜和阿拉伯茶的研究成为最初的研究重点，因为这两种作物都生长在昂布尔山周围。尽管阿拉伯茶是更为重要的经济作物，但由于蔬菜和阿拉伯茶生产之间的关系紧密，因而对蔬菜商品链的研究同样重要。在蔬菜消费调查中，我们通过网络抽样在迭戈苏亚雷兹市抽取了 14 人，这些人需要记录他们每天的饮食。在选择参与者时，我使用了目的抽样方法。这些人是在与我的主要研究助理协商后选定的，他们与阿拉伯茶消费快速增长的人群（城市居民或最近被殖民的城市边缘人群）有着广泛的联系。我们将调查笔记本分发给负责做饭的人（大部分是女人），在他们填写笔记本之前访谈一次，填完之后再访谈一次。第一次访谈时，我们询问了他们的一般社会经济信息，比如家庭构成和收入来源。为了了解按性别分类的社会网络，这些访谈还调查了有助于维持生计的夫妻关系或其他重要关系。在填完笔记本后的访谈中，调查人员要求受访者概括自己所吃的食物以及对各种食物的认知。这份问卷对我们了解城市普通民众的蔬菜市场类型具有重要意义。了解城市居民的饮食基础，对于评估阿拉伯茶生产对蔬菜的取代作用以及蔬菜产量下降对当地粮食安全的影响至关重要。

结构化访谈计划：阿拉伯茶

2007 年，在马达加斯加同事的帮助下我提出了三个独立的结构化访谈计划，内容涉及阿拉伯茶的生产、分配和消费。这套结构化访谈的目标有两个：第一，帮助我们衡量从主要受访者获得的人种学信息的普遍性；第二，开放式的部分揭示了尚未考虑的新动态。

每一次结构化访谈，我们都询问了基本的人口信息和对阿拉伯茶的总体看法。我们在阿拉伯茶的两个主要生产区进行了结构化的生产访谈。我们将有关阿拉伯茶生产影响的主流看法作为假设：(1) 人们不再将蔬菜(在殖民时代引进的)作为经济作物，而把阿拉伯茶作为经济作物。人们对此表示担忧，因为这意味着本地蔬菜在当地市场上的供应量减少和当地营养物的减少。(2) 人们在以前的稻田里种植阿拉伯茶，从而用这种乔木和经济作物替代以维持生计为目的的粮食作物。根据这些假设，人们因此减少了水稻种植。在这两种情况下，人们怀疑，阿拉伯茶昂贵的价格，加之较低的劳动力成本，会导致人们放弃其他作物的种植。

更具体地说，我们提出了关于农业生产的一般性问题，而不是针对阿拉伯茶的特殊问题。我们向当地人询问种植类型、种植时间、获得土地的方式、劳动安排如何、是否咀嚼阿拉伯茶(与消费研究相关)，询问他们在哪里并如何出售他们的作物(与分销研究相关)。我们还询问了种植阿拉伯茶与其他作物相比的价值，以及他们面临的机遇和限制。

在针对经销商和贸易商的问卷调查中，我们询问了他们销售阿拉伯茶的历史、销售对象、经济效益、任何其他收入来源、与配偶及农村家庭或其他人的经济伙伴关系，以及关于阿拉伯茶市场状况的一般性开放式问题。该问卷调查了阿拉伯茶贸易商是否以及如何感受到阿拉伯茶生产和消费增长的影响。它让人们了解了商人的社会经济地位以及他们之间的阶层分化程度。

在消费问卷中，我们询问了个人的消费习惯以及常见的刻板印象，即阿拉伯茶会使人懒惰、抑制经济增长并且导致家庭关于花钱方式的矛盾等。总体观察和人种学访谈显示，很多受过教育的人不咀嚼阿拉伯茶并且不支持这种行为。由于上述原因，他们认为阿拉伯茶对个人和社会有害。调查问卷旨在了解这些信念在咀嚼阿拉伯茶群体中的普遍程度。

同时，调查问卷旨在研究商品链各个过程的运作及其联系：城市需求如何影响生产动机和贸易商的生计；生长条件如何影响阿拉伯茶的类型和数量；公众对阿拉伯茶消费的看法如何为生产者和贸易商提供限制或机会。

来自迭戈苏亚雷兹市安齐拉纳纳大学的 13 名学生承担了面对面访谈计划的大部分工作(Gezon and Totomarovario，2008)。这些问题的目的是得到结构化但开放式的答案，这些答案随后可被编码用于统计分析。有 154 名受访者参与消费者问卷，83 人参与生产者问卷(为此我们前往主要生产区若夫尔维尔和安萨拉卡)，45 人参与贸易商/商人问卷(在生产中心、迭戈苏亚雷兹市和机场里找到)。根据受访者提供的联系方式，通过滚雪球或网络抽样的方式再次选择受访者。由于学生来自城市的不同地区，他们的社会经济背景各不相同，因此样本包含的人群范围相当广泛。

这一系列方法说明了阿拉伯茶联结不同地点的方式。与农民的相处使我们接触到了经销商，与经销商的交流让我们接触到消费人群，与消费者交流使我们了解了对阿拉伯茶的实际需求。这些当地人的信息揭示了他们之间的联系，例如一个地区的供应或需求影响另一个地区的机会和限制。食物日记为评估当地城市居民对蔬菜的市场需求提供了重要数据，为农民做出生产决策提供了更大的背景。对专家的采访为解释实践中观察到的活动提供了更广泛的政治、经济和文化背景。

结　果

消费议题：阿拉伯茶

一般的人种学研究表明，咀嚼阿拉伯茶已经逐渐在自称是来自马达加斯加沿海(les côtiers)的群体中流行起来。许多人也会独自咀嚼而非在社会群体中咀嚼，这与世界其他地区如也门和索马里的咀嚼习惯相反。人们很少甚至没有因咀嚼阿拉伯茶而受到直接的社会压力，尽管很多人提到他们开始咀嚼的原因是想加入那些咀嚼阿拉伯茶朋友的圈子里。咀嚼者的主要类别是收入稳定的男人和巴布人，或寻求消遣、无所事事的年轻人。在允许的情况下，许多正规部门的劳动者会在工作时间咀嚼。尽管大部分工作场所不再允许咀嚼，但很多男人还是喜欢在周末咀嚼阿拉伯茶。

巴布人常以某种方式参与非正式经济活动，其明确的目标往往是赚取足够的钱以购买更多的阿拉伯茶。有些人是学生，他们很少有稳定的收入。大多数人不是穆斯林，他们会在吐出阿拉伯茶后喝啤酒以“消除兴奋剂的效果”(mamonony dosy)。这与也门的咀嚼者形成了鲜明对比，后者通常是穆斯林，在咀嚼阿拉伯茶时喝凉水或牛奶。巴布人经常在街上打牌、静坐或交谈时三五成群地咀嚼阿拉伯茶。阿拉伯茶确实正在成为巴布青年身份的一种象征，就像在肯尼亚一样(Carrier，2005)。

我们分析了问卷中调查人们对阿拉伯茶看法的部分，结果如下(见表11.1)。对于“阿拉伯茶在金钱方面会带来什么问题吗?”这个问题，52%(N=154)的受访者持否定态度，41%的受访者持肯定态度，7%的受访者表示“视情况而定”。其中开放题部分要求人们解释它“是”或“不是”的原因。一种常见的刻板印象是，人们购买的是阿拉伯茶而不是食物。有人认为这是个问题，但并不像人们预测的问题那么多。例如，那些认为它不会带来经济问题的人指出，其他人会给他们买，或者他们赚有足够的钱，因此不必担心成本，再或者他们不会在价格昂贵的淡季购买。

表 11.1　对阿拉伯茶的看法①

对阿拉伯茶的看法	是	否	视情况而定	不知道
阿拉伯茶在金钱方面会带来什么问题吗？	41%	52%	7%	—
阿拉伯茶是否会导致社会问题，比如家庭紧张或违法行为？	10%	85%	—	—
阿拉伯茶会使人懒惰吗？	7%	77%	8%	3%
是否应该将阿拉伯茶定为非法？	12%	73%	3%	5%

另一个问题是“阿拉伯茶是否会导致社会问题，比如家庭紧张或违法行为？”。对此，85%的受访者持否定态度，10%的受访者持肯定态度。这10%中有很多人认为，社会问题在于很多人认为咀嚼阿拉伯茶是非法行为。少数人认为它会导致家庭纠纷。对于“阿拉伯茶会使人懒惰吗？”这个问题，77%的受访者持否定态度，7%的受访者持肯定态度，8%的受访者表示“视情况而定”，3%的受访者说“不知道”，还有个别受访者没有回答。

最后，对于“是否应该将阿拉伯茶定为非法？”这一问题，73%的受访者持否定态度，12%的受访者持肯定态度，3%的受访者能看到问题的两面性，5%的受访者表示“不知道”。当问到额外的开放式评论时，许多受访者指出不应该将阿拉伯茶定为非法。他们提到了几个理由，比如它是当地重要的收入来源，它能给人带来快乐，并且人们因为习惯咀嚼而很难戒除。

消费是商品链的终点。阿拉伯茶消费的增加为理解生产增长提供了条件。由于其非法性和阻碍经济发展的成见，这种消费趋势引发了一些社会焦虑，特别是在精英和职业阶层中。其分销方法（在露天市场外的街头进行非正式销售）和最主要的消费习惯（由没有正规工作的男性青年构成）加重了这一顾虑，超过了阿拉伯茶给人们带来的好处。从消费者和区域中其他居民对阿拉

① 编者按：该表中所列的问题未能得到所有受访者的回应，故而有5%～7%的受访者的意见未体现在表中。

伯茶的看法可知，人们对阿拉伯茶的担忧并不普遍。然而，这种焦虑对于理解合法化的政治环境以及从更广阔的视角看待生产、分配、消费的实践至关重要。

就一般的研究问题而言，这意味着阿拉伯茶已经融入城市文化环境，尤其是贫困的工薪阶层。大多数人都强烈认为，不应将阿拉伯茶定为非法，并表示他们会反对任何将其定为非法的企图。对生产商来说，这意味着当地的阿拉伯茶市场不会消失。虽然消费的增加反映了将生产增长与需求增长相联系的简单经济模型，但人种学研究揭示了可能或确实影响生产的动态，比如阿拉伯茶在年轻人中颇为流行（另见 Carrier，2005）以及对其合法性存在社会焦虑。这些动态也影响到分销实践，在马达加斯加境内通过空运方式分销到该区域以外，此种分销日渐增长。但由于阿拉伯茶在附近许多地区（特别是留尼汪岛）处于一种非法地位，所以在该国以外的分销渠道极少。通过这一分析，商品链作为一个多点定位的过程就呈现出来了。

阿拉伯茶与粮食安全

由于阿拉伯茶和粮食安全之间的关系被误解，因而蔬菜生产问题与阿拉伯茶研究的关系进一步密切起来。以全球化进程为焦点的多点分析有着广阔的视角，能够适应那些对核心研究问题具有重要意义的意外情境变量。之所以研究蔬菜，是因为它们是生长于保护区周围的重要经济作物。如果不是因为怀疑阿拉伯茶导致了它们的衰落，其研究可能会完全从属于阿拉伯茶研究。

关于蔬菜产量的下降，我们认为原因很复杂，且与阿拉伯茶日益流行的关系很小。与昂布尔山东边超过 80 位农民的交谈为这一评估提供了数据，许多农民指出了蔬菜销售受到的限制。其中一个问题是，道路状况太差，在一些地区，人们很难把蔬菜作物运出去。道路要么连牛车也不易通行，要么颠簸得将农作物毁坏。在殖民时代，当蔬菜作物被引进时，道路足以把农作物运到主干道上。到目前为止，阿拉伯茶是最容易运输的，这使他们在生产品种方面几乎没有选择。与之相关的是，对于许多没有牛车的人来说，从田间到主干道的运输费用过于昂贵。蔬菜作物的种子很贵，而且往往质量不佳。此外，蔬菜的价格很低，并且有时农民们称，他们实际上是在亏损的情况下种植蔬菜。最后，自殖民时代引进以来，农民种植的许多传统蔬菜在当地的市场销量不大（我收集的城市蔬菜消费记录证实了这一点），并且他们很难为农产品找到买家。例如，供应船只和餐馆的其他蔬菜市场，被该国首都安塔纳纳里沃地区中部高地的大规模经营公司所垄断。

关于对农民正在把稻田改为阿拉伯茶田的怀疑，我们了解到，虽然很多人确实做了这样的转换，但大部分新的阿拉伯茶田是由未开垦地区——大多通常是很难种植水稻的旱田和长满野草的田地或山坡——改良而成。那些改造稻田的人保留了一些田地用于种植稻子和其他作物。令人惊讶的是，我们了解到，由于过去几年稻米价格居高，一些人正在扩大水稻种植，并且甚至将阿拉伯茶田重新变回稻田。尽管阿拉伯茶有利可图，但人们还是普遍重视粮食作物。

阿拉伯茶生产的一个制约因素是劳动力。人们有一种偏见，认为农民喜欢种植阿拉伯茶，是由于其需投入的工作量较小。对此，许多农民并不这样认为。例如，阿拉伯茶需要除草、管理水(灌溉茶田)、监控和收割。较富裕的农民有能力雇人帮忙除草和采摘，较穷的农民却不能。除了与种植相关的工作之外，茶叶被盗窃的风险也在日益增加，因此几乎需要持续监控。特别是对于较贫穷的农民来说，阿拉伯茶并没有极大缓解他们的劳动压力。

多点研究策略揭示了制约蔬菜种植的因素。例如，如果不通过食物日记来研究城市的蔬菜消费并对蔬菜市场销售商进行访谈，那么对当地蔬菜市场不断萎缩的判断就只能是道听途说。与城市商业部门和政治领导者的交谈也让我们对规模更大的蔬菜市场有了更深入的了解，当地生产者却对此知之甚少。

讨　论

这项研究揭示了关于昂布尔山周围经济作物生产及其对粮食安全影响的重要议题。如果没有灵活的多点人种学方法，就不可能取得这些结果。这种方法揭示人与商品之间的各种关系，以及通过多种社会和物质环境追溯阿拉伯茶的流动(见表 11.2)。

表 11.2　时间和空间方法

	范　围	时　间
人种学访谈	当地	现在
与当地人的开放式访谈	区域性	
结构化访谈/问卷	全国性	
与地方领导人的半结构化访谈	国际性	
卫星图像分析		过去
政府报告(灰色文献)		
纵向研究		
档案研究		

2004年基于卫星图像分析的研究表明，大多数阿拉伯茶的生产并不会对森林构成重大威胁。此外，我们的发现对阿拉伯茶生产正取代粮食作物的假设的支持不足。研究表明，被取代的稻子种植总量很少，不会对粮食安全构成威胁。尽管阿拉伯茶取代了一些稻子生产，但当稻米价格上涨时，农民也有能力回应市场对更多稻米的需求。在蔬菜生产方面，阿拉伯茶似乎没有导致蔬菜产量的减少，而是为那些不再能成功种植蔬菜的农民提供了一个安全网。这一发现得到了明奎伊(Minquoy，2006)的证实，他写道，虽然该地区的一些农民曾因种植蔬菜而生活得很好，但在法国人离开后，“由于缺乏顾客，这个市场崩溃了”，许多农民转而去种植阿拉伯茶。

全球进程的多点分析基于这样一个前提，即生产、分配和消费相互关联，并且对生产议题的关注(在这种情况下是保护)需要考虑到整个市场系统。农民感受到的压力和保护人员面临的挑战只能在包括城市消费者和决策者的背景下来理解。在马达加斯加，影响阿拉伯茶的市场力量包括消费者需求的增加(如在城市地区观察到的)和对蔬菜等其他作物需求的减少(如在城市消费者家中和城市市场与农民讨论时观察到的)。随着对各种经济作物需求的波动和阿拉伯茶消费形势的发展，这两个变量很可能会在未来影响阿拉伯茶的生产。虽然这项研究关注的是与生产有关的阿拉伯茶动态，但值得注意的是，后一个变量——消费环境——可能会越来越受到全球禁毒战争和美国等强国谴责其消费话语的影响。对阿拉伯茶消费的研究必须注意到这一额外的国际研究领域。

结　论

这种方法的局限性也可能是它的优势：它本身并不是一种严格的方法，而是需要研究者仔细研究解决具体问题的方法。该方法具有的整体性和流动性特点使它能与许多方法很好地结合，比如文化生态学和经济学的微观研究(Chapter 5)、感知和叙事分析(Chapter 8)以及统计分析。研究者要使用多点研究，需要提出一个严密的研究问题，并采取适当的研究方法。也许无法在研究问题所涉及的每个地点都进行深入研究。然而，比研究地点的数量还要重要的是关注一个地点与其他地点之间的联系，以及如何共同构建一个地点与其他地点的动态机制。通过访谈和查阅包括大众媒体在内的现有书面资料，我们可以了解人种学研究重点中的不足。

多点研究解决了关于规模和全球化进程的关键问题。它要求对传统人种学进行创造性的重新审视，并将这一核心人种学方法融入新的环境中。人种学中最具价值的工具之一并没有因多点方法失去意义，那就是对现有新联系和挑战的探索持开放态度。

参考文献

Amin S., 1977. *Unequal Development: An Essay on the Social Formations of Peripheral*. Capitalism: Monthly Review Press.

Appadurai A., 1986. *The Social Life of Things: Commodities in Cultural Perspective*. New York: Cambridge University Press.

Appadurai A., 1996. *Modernity at Large: Cultural Dimensions of Globalization*. Minneapolis, MN: Univ. of Minnesota Press.

Bassett T. J., 1988. The political ecology of peasant-herder conflicts in the Northern Ivory Coast. *Annals of the Association of American Geographers* 78(3): 453 – 472.

Bermard H. R., 2000. *Social Research Methods: Qualititative and Quantitative Methods*. Thousand Oaks, CA: Sage Publications, Inc.

Bernard H. R., 2005. *Research Methods in Anthropology: Qualitative and Quantitative Methods*. Lanham, MD: AltaMira Press.

Bernstein H., 1996. The political economy of the maize filiere. *Journal of Peasant Studies* 23(2 and 3): 120 – 145.

Biersack A. and J. B. Greenberg, 2006. *Reimagining Political Ecology*. Durham, NC: Duke University Press.

Blaikie P. and H. Brookfield, 1987. Defining and debating the problem. In *Land Degradation and Society*. London: Methuen, pp. 1 – 7.

Burawoy M. (ed.), 1991. The extended case method. In M. Burawoy (ed.), *Ethnography Unbound: Power and Resistance in the Modern Metropolis*. Berkeley, CA: University of California Press, pp. 271 – 287.

Carrier N., 2005. "Miraa is cool": the cultural importance of miraa (khat) for Tigania and Igembe youth in Kenya. *Journal of African Cultural Studies* 17(2): 201 – 218.

Carrier N. and L. Gezon, 2009. Khat in the Western Indian Ocean: regional linkages and disjunctures. *Etudes Océan Indien* 42 – 43: 271 – 297.

Castells M., 1996. *The Rise of the Network Society, The Information Age: Economy, Society and Culture* Vol. 1. Cambridge, MA, and Oxford, UK: Blackwell.

Chalfin B., 2004. *Shea Butter Republic: State Power, Global Markets, and the Making of an Indigenous Commodity*. New York: Routledge.

Epstein A. L., 1979 (1967). The case study method in the field of law. In A. L. Epstein (ed.), *The Craft of Social Anthropology*. Oxford, UK: Pergamon Press.

Escobar A., 2008. *Territories of Difference: Place, Movements, Life, Redes*. Durham NC: Duke University Press.

Frank A. G., 1967. *Capitalism and Underdevelopment in Latin America*. New York: Monthly Review Press.

Freidberg S., 2001. On the trail of the global green bean: methodological considerations in multi-site ethnography. *Global Networks* 1(4): 353 - 368.

Friedman J., 2000. Globalization, class and culture in global systems. *Journal of World-Systems Research* 6(3): 636 - 656.

Friedman T. L., 2000. *The Lexus and the Olive Tree: Understanding Globalization*. New York: Anchor.

Gebissa E., 2004. *Leaf Of Allah: Khat and Agricultural Transformation*. Athens, OH: Ohio University Press.

Gereffi G. and M. Korzeniewicz, 1994. *Commodity Chains and Global Capitalism*. Volume 149. Westport, CN: Greenwood Press.

Gezon L., 1997. Institutional structure and the effectiveness of integrated conservation and development projects: case study from Madagascar. *Human Organization* 56(4): 462 - 470.

Gezon L., 1999. From adversary to son: political and ecological process in Northern Madagascar. *Journal of Anthropological Research* 55: 71 - 97.

Gezon L., 2000. The changing face of NGOs: structure and communitas in conservation and development in Madagascar. *Urban Anthropology and Studies of Cultural Systems and World Economic Development* 29(2): 181 - 215.

Gezon L., 2003. The regional approach in northern Madagascar: conservation after the integrated conservation and development project. In S. R. Brechin, P. R. Wilshusen, C. Fortwangler, and P. C. West (eds.), *Contested Nature: Power, Protected Areas and the Dispossessed-Promoting International Conservation with Justice in the 21st Century*. Albany, NY: SUNY Press, pp. 183 - 194.

Gezon L. and B. Z. Freed, 1999. Agroforestry and conservation in Northern Madagascar: hopes and hinderances. *African Studies Quarterly* 3(2).

Gezon L. L., 2006. *Global Visions, Local Landscapes: A Political Ecology of Conservation, Conflict, and Control in Northern Madagascar*. Lanham, MD: AltaMira Press.

Gezon L. L., S. Sweeny, G. Green, and B. Z. Freed, 2005. Forest loss and commodity chains in Northern Madagascar. National Geographic Society.

Gezon L. L., and A. Totomarovario, 2008. Encountering the Unexpected: Appropriating the Roles of Researcher, Teacher, and Advocate in a Drug Study in Madagascar. *Practicing Anthropology* 30(3): 42 - 45.

Gluckman M., 1958. *Analysis of a Social Situation in Modern Zululand*. Manchester, UK: Manchester University Press.

Goodman S. M., and J. P. Benstead, 2005. Updated estimates of biotic diversity and endemism for Madagascar. *Oryx* 39(1): 73 - 77.

Gupta A. and J. Ferguson, 1997. Chapter 1: culture, power, place: ethnography at the end of an era. In *Culture, Power, Place: Explorations in Critical Anthropology*. Durham, NC: Duke University Press, pp. 1 - 29.

Hannerz U., 1996. *Transnational Connections: Culture, People, Places*.

London: Routledge.
Hansen K. T., 2000. *Salaula: The World of Secondhand Clothing and Zambia*. Chicago, IL: University of Chicago Press.
Harvey D., 1989. *The Condition of Postmodernity: An Enquiry into the Origins of Cultural Change*. Malden, MA: Blackwell.
Hecht S. and A. Cockburn, 1990. *The Fate of the Forest: Developers, Destroyers and Defenders of the Amazon*. New York: HarperCollins Publishers.
Hopkins T. K. and I. Wallerstein, 1986. Commodity chains: construct and research. In G. Gereffi and M. Korzeniewicz (eds), *Commodity Chains and Global Capitalism*. Westport, CT: Greenwood Press, pp. 17 - 20.
Kennedy J. G., 1987. *The Flower of Paradise: The Institutionalized Use of the Drug Qat in North Yemen*. Norwell, MA: Kluwer Academic Publishers.
Kenney M. and R. Florida, 1994. Japanese maquiladoras: production organization and global commodity chains. *World Development* 22(1): 27 - 44.
Kottak C. and E. Colson, 1994. Multilevel linkages: longitudinal and comparative studies. In R. Borofsky (ed.), *Assessing Cultural Anthropology*. New York: McGraw-Hill, Inc., pp. 396 - 412.
Kull C. A., 1996. The evolution of conservation efforts in Madagascar. *International Environmental Affairs* 8(1): 50 - 86.
Lappe F. M. and J. Collins, 1979. *Food First: Beyond the Myth of Scarcity*. New York: Ballantine Books.
Marcus G., 1995. Ethnography in/of the world system: the emergence of multisited ethnography. *Annual Review of Anthropology* 24: 95 - 117.
Marcus R. R. and C. Kull, 1999. Setting the stage: the politics of Madagascar's environment efforts. *African Studies Quarterly* 3(2): 1 - 7.
Martinez-Alier J., 2002. *The Environmentalism of the Poor: A Study of Ecological Conflicts and Valuation*. Cheltenham, UK: Edward Elgar.
Massey D., 1994. *Space, Place, and Gender*. Minneapolis, MN: University of Minnesota Press.
Minquoy V., 2006. Quand la logique dépasse l'éthique: le khat à Madagascar. *Les Cahiers d'Outre-Mer* 233: 133.
Mintz S., 1985. *Sweetness and Power: The Place of Sugar in Modern History*. New York: Viking.
Moore D. S., 2005. *Searching for Territory: Race, Place, and Power in Zimbabwe*. Durham, NC: Duke University Press.
Nader L., 1972. Up the anthropologist: perspectives gained from studying up. In D. Hymes (ed.), *Reinventing Anthropology*. New York: Random House.
Passaro J., 1997. "You can't take the subway to the field!": "Village" epistemologies in the global village. In *Culture, Power, Place: Explorations in Critical Anthropology*. Durham, NC: Duke University Press, pp. 147 - 162.
Paulson S. and L. L. Gezon (eds.), 2006. *Political Ecology, Across Spaces,*

Scales and Social Groups. New Jersey: Rutgers University Press.

Peet R. and M. Watts, 1993. Introduction: development theory and environment in an age of market triumphalism. *Economic Geography* 69 (3): 227–248.

Peet R. and M. Watts, 2004. *Liberation Ecologies: Environment, Development, Social Movements*. New York: Routledge.

Ribot J. C., 1998. Theorizing access: forest profits along Senegal's charcoal commodity chain. *Development and Change* 29: 307–341.

Robbins P., 2004. *Political Ecology: Critical Introductions to Geography*. Oxford, UK: Blackwell Publishing.

Schmink M. and C. H. Wood, 1987. The political ecology of Amazonia. In P. D. Little, M. M. Horowitz, and E. A. Nyerges (eds), *Lands at Risk in the Third World: Local-Level Perspectives*. Boulder, CO: Westview Press, pp. 38–57.

Smith N., 1984. *Uneven Development: Nature, Capital and the Production of Space*. Oxford, UK: Blackwell.

Steward J. H., 1955. *Theory of Culture Change: The Methodology of Multilinear Evolution*. Urbana, IL: University of Illinois Press.

Tsing A. L., 1993. *In the Realm of the Diamond Queen*. Princeton, NJ: Princeton University Press.

Tsing A., 2000. Inside the economy of appearances. *Public Culture* 12(1): 115–144.

Tsing A. L., 2005. *Friction: An Ethnography of Global Connection*. Princeton, NJ: Princeton University Press.

Van Velsen J., 1979. The extended-case method and situational analysis. In A. L. Epstein (ed.), *In The Craft of Social Anthropology*. London: Pergamon Press, pp. 129–149.

Wallerstein I., 1974. *The Modern World Systems*. New York: Academic Press.

Wolf E., 1982. *Europe and the People Without History*. Berkeley, CA: University of California Press.

Zimmerer K. S. and T. J. Bassett, 2003. Future directions in political ecology: nature-society fusions and fusions of interaction. In K. S. Zimmerer and T. J. Bassett (eds.), *Political Ecology: An Integrative Approach to Geography and Environment-Development Studies. Political Ecology.* New York: The Guilford Press, pp. 274–296.

12　环境人类学的时空方法论：地理信息系统、遥感技术、景观变迁和本土知识

爱德华多·S.布朗迪齐奥
仁库·罗伊·乔杜里

前　言

遥感(RS)和地理信息系统(GIS)等空间工具被越来越多地用于各种研究和公共应用中。地理空间数据和工具在媒体和社会中的普及显著改变了我们认知、理解和管理景观的方式。无论是在巴西亚马孙地区争论边界的探采者组织，还是通过地籍图检查财产的美国居民，或者是在印度使用卫星图像教授区域地理的学校教师，形形色色的社会行动者都已经熟悉了这些技术。今天，人们将地理空间技术看作公民社会的宝贵资产以及解决社会与环境问题的基本工具(NAS，2002)。在人类学研究中，尤其是在环境人类学研究中，卫星和公用空间数据，全球定位系统(GPS)，廉价的计算机硬件、软件以及数据处理和分析技术得到广泛的应用。这些空间信息经常被用到可视化图景方面(如某研究区域航空摄影或卫星图像的显示)，或者使用谷歌地图(Google Earth)或其他公共领域软件无须专业培训即可快速访问/显示在线数据。更深入的研究和分析需要使用指定的遥感/地理信息系统软件程序(例如，ERDAS Imagine、ArcGIS、Idrisi、Multispec)以及有关地理信息系统数据集的实际获取(而不是仅仅为了在线显示和/或简单查询)。

本章回顾遥感和地理信息系统在人类学研究中的应用以及存在的问题。首先，我们简要介绍基本的地理空间概念以及遥感和地理信息系统在人类学中的应用历史。其次，我们将回顾人类学研究设计中地理空间关注的范围，强调研究问题、分析单元、数据搜索和时间采样，以及对数据处理需求和分析的评估。为了说明这些地理空间问题，我们特别重视土地利用/覆

盖变化的研究，并为数据规划和研究设计提供指导。最后，我们在重新呈现时空数据和地图时，提出了关键性的伦理和实用问题，这体现这些工具在人类学研究中会带来的积极效用和危险。

遥感和地理信息系统基础

遥感、地理信息系统和全球定位系统是互补的地理空间技术和方法，共同应用于 GIScience（地理信息科学）（Goodchild and Janelle，2004；Jensen，1996）。遥感包括从远处收集地表反射率的数据，比如模拟/数字航空摄影或卫星图像，用网格（栅格）记录地球表面信息。一方面，这些数据是有关热带与其他地区土地覆盖和土地利用变化最重要的数量信息来源（Sader et al.，1994）；另一方面，地理信息系统包含用于储存、展示、处理、整合的硬件、软件、数据库系统，以及对多种空间数据及属性的分析。空间和非空间信息都可以被记录在栅格数据或矢量特征中，比如点、线和多边形，引用到一个通用的地图空间定位系统。地理信息系统能够对遥感的结果进行整理和处理，以完成进一步的代表性或分析任务，比如通过将森林（变化）模式数据与辅助的、空间上明确的社会经济变量结合起来模拟森林砍伐。以下各节简要回顾遥感和地理信息系统的关键要素。

根据入射电磁能量的差分反射，遥感技术能够测绘地表和地下特征。遥感技术间的基本区别基于能量的来源：无源传感器记录入射太阳辐射的反射率[即能量来源与测量装置相互独立，以 Landsat（美国陆地卫星）等光学系统为例]，然而有源传感器记录由传感器系统产生的回返波长（如微波雷达或激光雷达）。自第二次世界大战的军事监视系统产生以来，传感器得到了改进，能以更高的分辨率在更广范围的光波波长下捕获反射率，从而获得更多的信息内容。数字图像中的细节（分辨率）水平至少与空间、光谱和辐射三个方面有关。这些分辨率交替使用，并且与每个图像场景/快照覆盖的整个区域范围相匹配。空间分辨率指的是单个图像元素（像素）的大小，对应于成像后地球表面的矩形部分。有更高空间分辨率的系统，比如 IKONOS 或 Quickbird，测绘的地图表面更细致且具有亚米级像素。光谱分辨率是指遥感器分割电磁光谱（至“波段”）以记录反射率的精度。人眼对可见光范围内的波长很敏感，即 300 nm～750 nm（蓝色到红色波长）。与能接收高达 220 波段的高光谱遥感（美国国家航空航天局的 EO－1 Hyperion 传感器）不同，美国国家航空航天局的 Landsat Thematic Mapper 探测系统捕获了三个波段或反射率波段（蓝色、绿色和红色）的可见范围，另外还记录了四个红外波段（三个中/近红外波段和一个热波段）的反射率。辐射分辨率是指传感器捕获一个像素光谱反射强度的量化级别（称为位深度），通常从 0 到 255（8 位）不等。另外，时间分辨率是指遥感器在地球特定点的重访频率。与 NOAA AVHRR 卫星（美国气象卫星的一个系列）每天两次的成像频率相比，Landsat TM 的时间分辨率为 16 天。处理不同空间、光谱和辐射特征的卫星图像或数字航拍照片，包含三个重要步骤：几何校正（地理参考）、辐射校正（噪声消除）和各种与所选应用或研究问题相关的信息检索方法。接下来的章节将讨论一些图像处理技术，人类学运用这些技术研究景观描述和变化检测。然而，大多数遥感应用包括了地理信息系统工具对遥感数据的分析。

地理信息系统以连接的空间和属性（非空间）数据为中心，在选定的模型中进行结构化，以呈现真实世界的空间对象和关系。通常情况下，地理信息系统数据模型有两种栅格和矢量基本类型。栅格数据代表了一种空间密闭的基于实地的视角，其中地理世界由覆盖一块研究区域的网格层中不断变化的数据值组成。空间和属性数据被嵌入相同的数据结构中：空间网格被分成正方形/矩形单元，通常具有统一的大小，每个单元记录兴趣点的定性或定量属性（例如，土地使用代码、到最近公路网的距离、火灾风险程度等）。矢量数据描绘了一个基于特征的世界视角，记录了关于有趣特定事物的精确界限和信息，而不是研究区域内的所有空间。通常使用的三种特征是点（如房屋）、线（如道路）和多边形（如地块）。在矢量数据模型中，空间和属性数据单独存储，但通常在有关数据库中通过共同标识符进行连接。

现代地理信息系统的发展以应用为导向。对此，我们可以追溯到 20 世纪 60 年代美国人口普查和加拿大土地清查中空间数据管理任务的计算机化。地理信息系统软件提供的工具可用于空间和相关数据输入与存储（包括捕获或输入坐标和属性数据）、呈现（如通过各种数据模型）、转换与管理（如规划、编辑、缩减/汇总）、可视化（各种输出格式和符号化、二维或三维产物的替代/动态渲染，这些通常被嵌入互联网地图中）。最重要的是，地理信息系统技术能够整合不同来源的数据，并分析多重空间数据层。分析方法范围是从简单查询、距离和缓冲工具到地图代数和空间统计/插值，以及复杂网络/拓扑/地形分析、多标准评估和环境建模。其中几项技术需要将研究/方法论以及不同的数据来源加以整合，比如人种学和田野实地调查、地籍信息、数字高程模型、卫星或气象站获取的气候数据、土地覆盖信息或公用事业和基础设施网络。这些特征解释了为什么在研究和规划以及关于环境与空间的决策中越来越多地使用地理信息系统。然而，地理信息系统是被嵌在一个更广泛的 GIScience 理论框架中，借鉴了地理空间技术（遥感、地理信息系统、全球定位系统）并且依据信息理论、数学和统计学、制图与认知科学以及语言学。因此，人类学研究（例如，关于空间社会关系和环境感知/认知的研究）可以从地理信息系统应用和更广泛的地理信息系统科学中汲取资源并做出贡献。

人类学中遥感——地理信息系统应用简史

人类学和其他学科一样，自 20 世纪 70 年代以来，地理空间技术的应用大幅增多，与地理信息系统和遥感的广泛普及以及与人类学范式和方法中的跨学科趋势相呼应（Aldenderfer and Maschner，1992；Conant，1978，1984，1994）。如今，地理信息系统和遥感经常有助于为环境人类学、考古学和一般社会科学提供方法训练，用于研究当地人口和社会文化现象（Behrens，1994，1992；Fox et al.，2003）、景观历史（Guyer et al.，2007；Nyerges and Green，2000）、理解和量化社会环境的转变（Brondizio，2008；Galvin et al.，2001）、实地研究的准备（D'Antona，Cak，and VanWey，2008；DeCastro et al.，2002）以及关系到当地人口与政策的实际应用（Cultural Survivior，1995；Smith，Pariona，and Tuesta，2002）。相反，人类学对于地方范围以及详尽的人类—环境进程的关注，也有助于改善空间分析的类别和方法（John，1990；Liverman et al.，1998；Moran，1998）。例如，人类学和有关领域的研究者开发了参与式实地技术、图像解读、土地覆盖分类结果的验证与展示，空间数据使用中的伦理和保密问题，以及将地理空间产品引入地方社区和本土群体（Brondizio et al.，1994；D'Antona，Cak，and VanWey，2008）。

20 世纪 70 年代，除了长期使用的航空摄影（Reining，1979），人类学家开始利用最新的陆地卫星（Morain，1998）和雷达数据，扩大了它们在考古学中的应用范围（Fisher and Feinman，2005；Gibbons，1991；Heckenberger et al.，2003；Lyons and Avery，1977；Server and Wiseman，1984；Stone，1993）。这些数据有助于定位乡村偏远地区，并且帮助理解生存活动、评估基础设施和环境资源，以及跟踪社会群体和景观的相互转化，这协助规划了田野工作、检验假设，并归纳总结研究人员在当地的发现。在某些情况下（例如，Conklin，1980），地理空间方法有助于提供长期的地区景观中的人种学数据。有趣的是，通过提供新的分析视角和模式，地理空间方法带来了人类学问题的多元化、更多（而不是更少）田野工作的需求（Conant，1994）以及新兴的全球环境变化研究议程中的跨学科合作（Aldenderfer and Maschner，1992；John，1990；Moran and Brondizio，2001）。同样，自20世纪80年代以来，地理空间方法为与环境退化和土地划界相关的基层社会运动提供了重要资源（Cultural Survival，1995；Human Organization，Herlihy and Knapp，2003；Wilkie，1987，1990）。

将不同的时空尺度明确联系起来的地理信息系统和遥感方法，已经极大地促进了人类学、地理学和生态学中的人类—环境研究。在这些学科中，对人群和环境界限与关系的概念化研究主要集中在家庭、社会文化/种族群体、社区、文化领域、领土和领土权、生态位、生态系统、景观、生物群落以及国家和民族国家等分析单元。用历史方法对人类学分析单元做概念化研究的例子包括布朗迪齐奥（2005）、费尔黑德和利奇（Fairhead and Leach，1995）、格尔茨（1963）、克罗伯（Kroeber，1939）、莫兰（Moran，1990）、斯图尔德（1955）、维达和麦凯（Vada and McCay，1975）、维达和拉帕波特（1968）以及沃克和彼得斯（Walker and Peters，2007）。环境人类学中的各种传统都支持特定的规模/单元结合，比如：个人和文化群体（符号生态学）；地方主义方法（人种生物学）；社会人口学单元及其生物物理环境（生态人类学）；地方、国家和全球规模的联系（政治生态）；在公共池塘资源中有共同/矛盾利益的群体（制度分析），或地方/区域景观或它们之间的联系（历史生态学）。地理信息系统/遥感提供的空间分辨率和有关的分析丰富了这种多样化的遗产（Brondizio，Fiorini，and Adams n.d.）。

人类学研究中评估地理数据的需求

研究问题和分析单元的规范是规划人类学研究最基本的任务。地理空间数据与具有非空间属性的空间信息的表达为研究设计提供了特殊的机遇和挑战。本节概述地理信息系统和遥感与环境人类学的研究重点相结合需要考虑的因素，重点在于分析单元、时空研究问题的表述以及研究设计参考数据的实用性方面。最后，通过重点关注一个特别相关的环境人类学研究应用——景观变化的检测和分析，我们可以看出，这些考虑因素与数据处理、分析相关联。

分析问题和单元

分析单元的选择是理解社会环境变化过程的核心，包括森林砍伐或城市化以及不同力量的作用，比如文化传播、环境约束和政治经济。这种分析选择也是防止变化因素与变化结果之间的标量不匹配以及“生态谬误”（把某一层次的关系归因于较低层次的分析）最重要的一步。这个问题的常见例子是假设某地区的人口增长和森林砍伐之间具有相关性，而不考虑人口分布模式和外部因素的作用。同样地，分析单元的选择对避免“适应性谬误”或者对某一特定人群与当地资源完美匹配的假设至关重要，这或许忽略了替代关系，比如外部补贴或出口环境成本。

定义分析单元需要讨论短暂、模糊、开放、间接和/或季节性的界限，因此需要灵活和关键的方法。人类—环境分析中很少预先定义单元，一个中心指导原则是考虑与感兴趣的研究问题相关的等级嵌套程度。对于特定的地区，这些决策应该考虑当地社会组织的形式、环境资源的空间分布、人口、基础设施和土地使用系统，因此研究者可能观察出问题，其涉及不同的政治（如州、市、区）、制度（政府、私营、公共区域）、生物物理（如流域、土壤区）、社会文化（如族群、氏族）、人口（如家庭、世代群体）和情境单元（例如，与村中心、市场、河流、道路相关的距离不同的缓冲区）。环境、历史和经济因素的多样性不利于对某一地区进行简单概括（Tucker，2005），因而需要将当地的细节和知识整合到遥感与地理信息系统数据中。

区域内分析适应了这种复杂性，能分析出一个地区环境和社会的变化（Brondizio，2005，2006；Lambin，2003）。在这种情境中，研究人员可以根据研究问题和区域结构来定义分层嵌套单元，比如定居点内的农场地块、社区内的定居点、市内的农村社区或与保护区相关的区域内住区等。生物物理单元，比如植被类型或流域，也可被嵌套在这种背景下（Miller et al.，2009）。因此，区域内分析需要根据社会聚落或生态变化的时空模式进行区域分层，这一过程对图像分类可能非常有用（在下文中进行介绍）。图 12.1 呈现的是根据历史占位和空间尺度进行的区域分层（Brondizio，2006）。虽然历史本身不是分析单元，但通过时间构建的制度、社会群体以及资源使用和所有权的形式都可以是分析单元。因此，解释这种变化可能有助于避免不必要的比较，并更细致地分析景观变化，以及按照社会、历史和环境变化进行图像分割，而不是基于像素反射率的值进行传统的遥感分割。

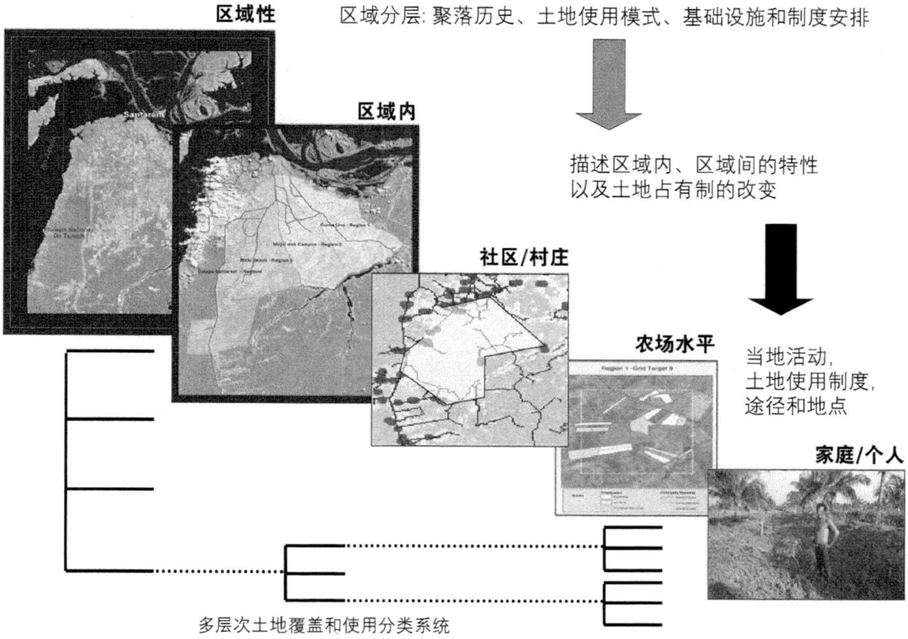

图 12.1　区域分层法

与环境人类学中观测单元的选择密切相关的任务是界定研究区域的边界,并将其与不一致的政治、社会文化、制度和生物物理的边界进行匹配。这些重叠(或不匹配)不仅对理解特定人群是否、何地、如何且何时使用景观的不同部分非常重要,而且要理解某个层面(如社区)的资源管理方法是否适用于解决另一个层面(如流域)的问题(Brondizio,Ostrom, and Young, 2009)。额外的挑战在于将社会和空间/环境的边界与所选观测单元匹配(Boucek and Moran, 2004; Fox et al., 2003; McCracken et al., 1999; Ostrom and Nagendra, 2006)。例如,研究者在调查某一地区的农业管理状况时,需要考虑主流关系是否一对一(例如,研究地点中每户家庭种植一块农田)、一对多(例如,每户都耕种多块地),或多对一(例如,多个家庭按时间管理一块农田)(Evans and Moran, 2002)。用遥感获取的与土地覆盖和/或变化相关的数据,与有关变化因素及其与部分土地连接的辅助地理信息系统数据相结合,可以揭示管理/社会关系的模式和过程。在缺少清晰的行政/司法地图的地区,地理信息系统还有助于创建/考虑情境(代理)边界。例如,如果想估计一个没有明确边界和给定农村的土地使用变化,研究者可以在离村中心不同距离的地方建立缓冲区,或者使用一个常用的替代方案,如泰森多边形（Thiessen polygons）（Siren，2007；Siren and Brondizio，2009）。从根本上讲，划定边界的重点是考虑它们的流动性、偶然性和争论性，以及谁在界定它们（例如，习惯边界是否比正式边界更有意义）和它们随时间变化（包括季节之间）的方式。因此，并没有局限于既定的单元，地理空间工具能这样操作分析单元，可以根据各种空间关系和各种框架来比较、测试人与环境的关系。

研究设计准备中可用的交叉引用数据

准备一个整合了遥感、地理信息系统和其他人类学家方法的研究设计，需要明确定义研究问题、搜索可用数据、估计实地工作以及理解不同数据集分辨率所固有的局限性（不仅包括空间数据，还包括调查和人种学材料）。表 12.1 提供了一个实用指南，用于定义、搜索、交叉引用和评估遥感与地理信息系统数据在多大程度上可用于满足个人需求。在准备这一练习时，研究人员应该确定：(1) 感兴趣的研究问题；(2) 感兴趣的时间框架和/或影响某一地区的相关事件的顺序；(3) 该地区的季节性——一年中气候或土地覆盖/使用如何改变；(4) 重要社会、环境特征的空间维度和/或理想的数据要求。一旦列出上述问题和数据需求，就可以确定符合条件的遥感/地理信息系统数据的潜在来源。使用全球参照系统[例如，用世界参照系[①]（WRS-Ⅰ或 WRS-Ⅱ）识别 Landsat 图像和/或位置。例如，通用横轴墨卡托(UTM)或地理]坐标，可以快速定位特定区域的图像场景。一些搜索引擎和公共数据档案能定位与图像足迹相关的地理坐标。

由于研究范围经常包括时间趋势/过程，因此按季节与年度/更长的时间间隔（见表 12.1）开发一个时间嵌套数据集大有裨益。如果可以得到季节性参照数据，就能辨别特定地区内植被/土地覆盖物的物候和陆地/经济活动日历，并可能表明需要进行替代测量/调整（例如，对于在种植期外拍摄的图像，考虑将赤裸的土地作为农田）。此外，较长期的数据集（例如，几年或几十年的图像快照）可以揭示历史事件和周期效应的影响（例如，主要政策或经济变化、重大冲突、主要发展项目、技术变迁或干旱及洪水等自然事件的发生等）。

---

① Landsat 1～Landsat 3 WRS-Ⅰ表示法为，从东到西按顺序为 251 个标称卫星轨道编号，第一轨道编号为 001。Landsat 4 和 Landsat 5 WRS-Ⅱ系统表示法为，从东到西按顺序为 233 个轨道编号，从 001 到 233。

表 12.1 图像/数据搜索和设计研究步骤

<table>
<tr><td rowspan="2">1. 明确研究区域的名称和位置
1.1 例如，用 UTM 坐标 X 和 Y
纬度：从________到________
经度：从________到________</td><td colspan="2">2. 明确相关事件的时间线</td></tr>
<tr><td>空间</td><td>历史性事件
社会经济的改变
自然事件
其他……
时间（年到十年）</td></tr>
<tr><td rowspan="2">1.2 使用 Google Earth 查找、选择和标记区域，以及道路、河流、行政区划图和其他相关图层的覆盖。观察区域地形和土地覆盖，特别注意关于土地利用和土地覆盖的居住模式</td><td colspan="2">3. 描述季节性和植被物候</td></tr>
<tr><td>空间</td><td>气候
土地覆盖
土地使用
时间</td></tr>
<tr><td>1.3 Landsat WRS 网格位置：
WRS Ⅰ（Landsat 1，2，3）路径/行
WRS Ⅱ（Landsat 4，5）路径/行
象限（如果适用）：
数据质量（如云量）</td><td colspan="2">4. 根据每个研究问题，绘制或交叉列表的“理想”抽样并确定可用的遥感数据和地图
时间分辨率和数据（如每年春季和秋季两次）
空间分辨率和数据（例如，Landsat TM，路径 20/行 47）</td></tr>
<tr><td>1.4 识别其他数据/传感器：
传感器（航空飞行任务、卫星和传感器）
数据类型（模拟的或数字的）
格式（如果适用）</td><td colspan="2">5. 根据现有数据（时间抽样）和数据分辨率（空间）来选择数据，完善/修改研究问题。考虑土地使用和土地覆盖时空模式的数据时间可用性和空间分辨率，并确定最小的地图单位以及处理需求</td></tr>
<tr><td>1.5 使用图像/地图数据档案（如美国地质勘探局地球探测器）进行系统搜索</td><td colspan="2"></td></tr>
</table>

在选择符合研究需求的短期或长期遥感数据集时，数据质量问题很重要，包括考虑场景云层覆盖，以及可能需要的几何或辐射校正模式。质量和信息内容在辅助地理信息系统数据中同样重要，研究者需要评估感兴趣的特征及其制图方面专题信息的类型和细节（例如，投影系统、比例和最小测绘单位以及详尽的校正/转换元数据类型）。这些特征将从根本上影响数据输入以及其他数据层的注册/覆盖质量。确定一段时间内某一地区的可用数据和信息，并明确评估其质量，有助于研究者在可用数据或时空抽样设计之间做出判断，此外还有助于制定用来收集额外数据或验证和校正现有数据的田野工作策略，以及展现出与研究问题和策略完善过程中的关键问题

相关的成本。表 12.2 总结了人类学应用中常见的数据组织以及操作中的主要培训活动和概念。

表 12.2　社会科学家学习遥感和地理信息系统专业知识的总体培训指南

原理和社会科学应用介绍	熟悉数据操作和提出研究问题	预处理、分类和应用		变化检测、准确性评估和产品	
RS 要素 物理原理 光 大气层 表面 传感器 人类学的用途清单 最初的软件培训	数据结构 光谱的 空间的 放射的 时间的 传感器类型和特性 搜索工具 研究问题和传感器	光谱波段和表面元素的相互作用 单波段解释 彩色合成 数据转换	几何校正 图像配准 辐射和大气的校正原理 波段变换原理 图像子集	分类系统原理 分类算法运作 无监督分类 训练样本和实地数据 混合分类 视觉解释原理	分类精度评估 变化检测方法 转移矩阵 数字和模拟比较 产物、结果和地图准备
基本原则 GIS 要素 软件类型	基本地图操作和导入工具 数据结构 地图投影和转换		交叉表 现场结果、地图 建模接口 网络分析		变化检测例程 精度评估产品

研究应用：检测和理解土地变化

全面讨论遥感和地理信息系统中的数据处理，即使只讨论人类学领域，也远远超出一个章节的范围。因此，在本节中，我们强调数据处理和分析考量，以遥感/地理信息系统在环境人类学中的一个共同应用领域为例，注重对土地覆盖和/或使用的描述，以及描述和理解其随时间的变化。用于分析土地变化的遥感数字图像处理包括三个主要阶段：预处理、具有分类和/或连续指标的土地覆盖特征和变化检测，以及在各个阶段收集实地数据。地理信息系统分析帮助检测变化过程，也可以对历史变化过程和/或未来的规划与设想进行深入调查。

数据预处理

数字图像处理通常从每个图像层（带）的导入/转换、显示和检查以及统计开始。根据具体的研究目标、数据来源和研究区域，在此阶段，研究者在图像镶嵌或构造子集(在适当的空间范围和/或细节中覆盖研究区域)、光谱波段的使用(是否所有波段都是必要的,以及是否需要转换波段)以及进一步分析之前用以提高信噪比的辐射/大气校正算法之间做出选择(Green et al., 2005)。在某些情况下,校正同一图像中不同部分的大气问题很有必要(Siren and Brondizio, 2009)。高级图像处理软件程序包括为增强辐射而预先设置的程序,其中一些已被世人充分了解并常用于改善图像质量(例如,Tasselled Cap 转换被用于减少大气雾度,尤其是影响较低波长波段的大气雾度),此外,这些程序为田野工作提供清晰的打印图像等。主成分分析可以显著降低图像中的随机噪声和系统噪声,并已成功应用于 Landsat TM 波段,从而能在热带地区实现对高分辨率土地的分类(Roy Chowdhury and Schneider, 2004)。然而,作为经验法则,如果不熟悉数据理论/经验特征(这些变化的本质以及它们如何影响图像),那么不建议对数据进行辐射测量转换。

预处理最重要步骤之一是几何校正(与几何勘正和地理配准交替使用)。几何校正涉及空间转换,将像素映射(或重新分配)到地理(纬度/经度)坐标系统或标准地图投影上,比如通用横轴墨卡托(UTM)投影(Jensen, 1996; Wilkie, 1996)。虽然图像可以通过供应商提供的地理配准进行订制,但执行"内部"校正可以更好地控制位置精度和错误分布。几何校正是大多数环境人类学应用中的必要步骤,而且对任何有兴趣组合地理信息系统和交叉引用任何类型的空间显式数据的人员来说,也是必不可少的一步。同样,我们在田野工作中有必要准备好图像,特别是如果你想在田野工作中使用全球定位系统来定位图像上的位置。几何校正的实际步骤包括:和要转换的目标图像一起使用的参考数据(一个预先进行地理配准的地图或图像,否则实地生成的 GPS 点可能会被替代),以及在参考图像和目标图像中都能清晰看见的关键位置/地标或地面控制点(GCP)的选择。地面控制点的数量(越大越好)和空间分布(分布越广泛且均匀越好)对于减小位置误差非常重要,位置误差在坐标变换之后被视为均方根误差(RMSE)(Jensen, 1996)。基本的经验原则是以等于或小于一半图像像素大小的均方根误差为目标,并且使用可行的最小阶转换函数(例如,使用最近邻或仿射变换,处理速度快,像素属性值变化最小)。在地理配准之后,我们可以将转换后的图像覆盖在参考地图上,以检查其空间匹配的质量。

预处理可能还需要波段转换和/或地理信息系统技术的整合。例如,各种算法能生成植被、土壤、不透水层和空间结构的指数。如前所述,主成分分析可以产生降低图像噪声和数据冗余/维度的变换波段。在很多地区，来自红色和红外波段转换的定量测度，比如植被指数的标准化差异(NDVI)，是有用的相对生物质量指数。研究发现，当在图像分类之前重叠去雾波段时，植被指数的标准化差异和空间结构测量能提高区分土地覆盖类别的能力(例如，Roy Chowdhury and Schneider，2004；Lu et al.，2004b)。辅助地理信息系统数据(如数字海拔、土壤或植被层)也可以用作图像分类中的先验概率图像(在下一节中介绍)，以提高土地覆盖识别能力的精度(Maselli et al.，1994；Mclver and Friedl，2002；Pedroni，2003)。

描述土地覆盖和土地利用：连续和离散方法

土地覆盖可以用连续或分类数据来描述。连续方法得到土地覆盖特征的各个方面的指数，如植被、裸地、建成的或不透水层的表面和/或其湿度条件，这些指数可以从上一节所描述的图像波段变换中获取。这些测度指标包括比率或基于土壤线的指数，比如简单比率(SR)、植被指数的标准化差异(NDVI)和多种变量，包括增强植被指数(EVI)、土壤调整植被指数(SAVI)、修正土壤调整植被指数(MSAVI)、土壤调整植被总指数(SATVI)等(Jordan，1969；Lawrence and Ripple，1998；Rondeaux、Steven，and Baret，1996；Rouse et al.，1973)。这些指数通过不断改变的空间值，来表现景观的物理状态。

与此同时，土地覆盖分类将连续变化的光谱反射率(或植被指数)值减少到更少的离散类别(名义/定性数据)，这对当地社会和/或生态条件很有意义。虽然应该以详细的土地覆盖类别的最大数量为目标，但对精度/准确度的妥协意味着许多非常精细的覆盖类别分类通常是按照较低的类别精度进行的，然而更少和(频谱)较广的覆盖类别具有更高的分类精度/信度。重要的是类别之间要达到相似的分类精度，85%的最低精度已被广为接受。在低精度的情况下，研究者应考虑将高一级别的类别集中起来，这样通用的定义就可以提高精度。

因此，对图像分类来说，优化细节和精度是一项特殊挑战。其他考虑因素包括：该系统应该可以通过另一种解释得以重现；类别应该被应用于广泛的领域；各层次的类别整合应该是可能的；并且，如果有必要，这些类别应该表示出时间和季节动态(Anderson et al.，1976；Di Gregorio and Jansen，2000)。进一步的挑战在于土地利用和土地覆盖之间的区别。尽管环境人类学家可能对在区域景观中定位土地利用的特定形式(如牧场)感兴趣，但为了土地分类，这些用途需要转化为生物物理土地覆盖特征（如草本/草地覆盖）。这一点很重要，因为不同的土地使用（如农作物和牧场）实际上可能会产生非常类似的土地覆盖，这在光谱上可能做出区分或者无法进行区分（如咖啡农林和次生植被）。土地覆盖特征的光谱特征由植被、水分和土壤条件的组合界定。我们面临的挑战是如何将这些条件转化为土地覆盖类别，然后将它们与有关的土地利用信息联系起来。

手动数字化（使用数字化片模拟结果，比如印刷的航空摄影、对数码照片/图像使用屏幕数字化）可用于生成不需要数字图像分类的土地覆盖地图。这种方法依赖照片/卫星图像解释器，对给定图像中不同土地覆盖类别的特征进行区分。很多空间要素有助于区分土地覆盖类别和/或特征，包括形状、大小、模式和不同特征的接近度/背景，以及质地、色调和阴影。数字图像分类需要监督分类和非监督分类两种主要的技术，混合分类需要两者的迭代组合。

非监督分类能在不需要了解图像或研究区域的情况下进行分类，使用户能够在研究开始时，以一种高效、划算的方式将一个大的区域划分为不同的土地覆盖类别。该过程根据像素在多光谱特征空间中的位置（它们在多个波段中的反射率模式）来识别图像中像素的自然分组。集群的数量由用户根据研究问题决定。分类后，“分析者尝试用后验法将这些自然的或光谱类别分配到感兴趣的信息类别”（Jensen，1996：231）。光谱分类有时很难解释，与当地实际几乎没有相似之处。从非监督光谱类别到信息的“现实世界”类别的分配，需要该地区的辅助知识和全球定位系统辅助的实地考察。然而，许多分析者倾向于只使用非监督分类，通常从大量集群开始，然后聚集相似的光谱类别，并使用基于实地的信息来确定它们所代表的土地覆盖类别。其他人倾向于仅将非监督分类作为第一步，然后收集实地信息用于监督分类或混合分类。

监督分类的第一步是制订区域利益的土地利用/覆盖的分类计划。这些计划通常是在交互过程中制订的，其中包括检查图像中土地覆盖的变化以及主题和领域知识。许多研究者倾向于采用分层嵌套的分类类别，其优点在于，可以将详细的土地覆盖类别汇总起来，以在不同层次上分析解答关于土地利用和覆盖变化的问题。对于多数研究来说，分类计划可以分为三个层次：第一层次适合区域分析，将该地区划分为主要的土地覆盖类别；第二层次更适合于区域和地方尺度，它将第一层次划分为更具体的类别，包括主要景观要素的土地覆盖结构/组成和/或地貌特征；第三层次也是最详细的层次，旨在确定土地覆盖类别，用于对特定地点的分析，注意与人种植物学和土地利用问题相关的土地覆盖类别的细微差异。例如，一个一般的一级层次“演替森林”可以在二级层次中被分为两个次生林结构/系列，在三级层次中可被分为三个甚至四个次生林结构/系列。

根据目标类别，“分析者使用‘训练样本’来确定具有已知特性的像素区域（通过结合田野工作、航空照片、辅助数据等），并使用‘统计’对未知特性的像素进行分类”（Jensen，1996：231）。用户为每个目标类别训练点（TS）识别感兴趣区域（AOIs），然后用所选中的分类算法[①]对未知特性的像素进行分类，同时也支持精度评估[②]。为了分析每个拟议的土地利用/覆盖类别，分析者需要收集 TS 从而得到尽可能多的样本，并在很大程度上与图像分辨率有关（例如，以 Landsat TM 图像为例，最少为 9 个像素或约 1 万平方米土地）。根据当地状况，在实地访问当地农民或受访者时，研究人员可以通过观察路边或者河边区域以及很多其他创造性的方式收集 TS，也可以通过航空调查收集，在某些情况下，还可以使用 Google Earch™提供的高分辨率图像收集 TS。为了避免集群样本只偏向图像/景观的一部分，确保感兴趣的土地覆盖类别 TS 具有广泛的空间分布也很重要。TS 区域可以通过地理标定图像打印输出中的 GPS 定位，或通过实时链接到便携式笔记本电脑上的数字图像定位，以允许立即调整/修订。

生成一个监督分类图像，其中包含训练样本表示的类别。这个过程具有许多优点：用户根据他们的专业知识和期望目标来“训练”分类算法；实地（和其他辅助）数据可以被整合到分类过程中，并且通常更容易测试整体的分类精度。但是，它也有一些缺点，即需要高质量和广泛分布的实地数据，集中且广泛地收集以呈现景观特征类别之间的变化。它还假设一个给定的训练样本代表一定程度的同质性，为了给图像中该覆盖类别的其他像素提供参考[③]。多数用户倾向于混合使用监督方法和非监督方法。例如，在使用监督方法的第二阶段分类中，来自非监督分类的初步光谱簇可作为训

---

① 常规监督算法可以是参数或非参数分类，取决于数据分布正态性的统计学假设。非参数分类包括光谱角、欧氏距离、平行六面体、神经网络等；参数分类包括最大似然法，ECHO（结合质地/光谱分类和最大似然法），以及树分类。

② 精度评估基于代表分类系统中类别的“参照区域”。这些区域被用于评估你的分类绩效是否可以被接受；一般认为一个主题类别在大多数情况下是可接受的，其分类精度要高于 85%。Kappa 统计数字（以百分比表示）是对遗漏和佣金错误的衡量，是对专题分类准确性的最标准衡量（Janssen and van der Wei，1994）。

③ 这些描述强调了“硬”分类过程，即每个像素只被分配给一个类别。用于说明模糊隶属度和概率赋值的算法是可用的，但是需要先进的技术专业知识。

练点与场源数据结合使用。无论是在哪种情况下(非监督、监督或混合)，都应该使用视觉、光谱和统计工具的组合来评估类别并提高类别区分度，利用比如混合、滑动和擦除层等叠加技术，以及绘制光谱特征及其可分性统计图(如使用转换后的离散统计图)。

田野工作和访谈中的图像准备与使用

为田野工作准备数据是人类学家利用遥感和地理信息系统的重要一步。地图绘制通常需要使用地理信息系统在坐标网格内呈现图像(黑白或彩色合成)，与其他感兴趣的图层(例如，市政/社区/保护区的边界、道路、河流系统)并列，并且如果适用的话，还有图例(代表不同主题特征的符号)。虽然基本的制图信息总是很重要，但包含细节的程度会根据地图的目标而变化，至少应包括比例尺、指北方向、数据源和图例。

用于准备图像打印输出的区域/子集的选择取决于研究阶段和抽样目标。一般而言，我们可以在三种尺度上准备图像打印输出，这常被用于从探索性研究到高级研究阶段和田野研究，如图 12.1 所示。这些尺度包括区域尺度(相对于整个图像区域，代表了更大的景观)、次区域尺度(代表了一个反映与研究问题相关的社会/环境变化图像中的区划/区域)和地方尺度(代表最分散的兴趣层次)。虽然地图/打印尺度的确定取决于整个感兴趣区域的大小和图像的空间分辨率，但经验表明，以下打印输出比例对 Landsat 和 SPOT 数据的大部分应用是有用的：区域(大约 1∶50000)、次区域(大约 1∶30000 至 1∶50000)和地方(大约 1∶15000 至 1∶30000)。次区域和地方尺度地图可能在整个图像(如分成象限)的系统抽样中被界定，或由特定区域/地层(如地形梯度、机构制度或森林保护状况)主导。同样地，准备在地方一级与土地管理者和关键受访者一起使用的图像将取决于抽样目标，但一般而言，这些图像应该代表对这些管理者或居民最直接的景观(见表 12.1)。

在准备这些用以采访的图像时，研究人员还要考虑包括色彩组成、坐标系统和在野外条件下使用耐用材料制作图像。选择光谱波段和颜色来描绘它们的组合(合成物)，其目的是在人类视觉的熟悉程度与关于环境的详细信息之间达成一种平衡。例如，使用来自 Landsat 4、Landsat 5 或 Landsat 7 的数据，用于图像打印输出的最常见的色彩组合(一种在外观和光谱信息之间提供良好的折中的合成色彩)将光谱波段 5(中红外)、4(近红外)和 3(红色)分别分配给红色、绿色和蓝色。这将产生一个有些类似我们对环境感知的图片，即植被将是绿色的，水将是蓝色的，土地将是红色的。

图像打印输出还应该包括坐标系统（如地理纬度/经度或 UTM），人们通过它来定位用全球定位系统收集的参考点。因为在平面坐标中更容易测量距离，所以 UTM 坐标系统或等效坐标系对于现场研究来说最实用。研究者在图像的 UTM 网格中可以轻松定位 GPS 位置的读数。尽管坐标网格的间隔取决于地图的比例尺，但 1000 米或 500 米的网格间距对于次区域和地方区域比例尺（例如，以大约 1∶15000 至 1∶30000 的比例尺打印）是非常有用的。我们还应该考虑图像打印输出是否能够支持野外条件，例如下雨和潮湿、持续操作等。如果可能的话，我们建议在去现场之前塑封图像打印件/地图，并在上方使用永久标记符号。最后，在田野工作期间，研究者应该总是准备额外的图像副本以赠送给合作者和/或机构，比如接受访谈的农民、社区或可能从中受益的公共机构。

在实地研究期间，使用图片采访需要采取一系列措施，以避免受访者的威胁、解释中的困惑，并使双方利益最大化。在使用图像和地图之前，研究者应明确说明项目、保证保密性和得到受访者的同意书，可以从解释所使用图像的来源开始，包括它的实用性（相对于特权数据或独占数据）。在这个阶段或之后阶段，研究人员可以根据情况向受访者捐赠/展示图像。根据访谈目标，研究者可以考虑使用图像的三个层面，进行从区域范围到局部地方范围的讨论（如图 12.1）。在解释研究项目和图像来源之后，研究者利用受访者熟悉的主要地标，区域尺度图像可用于将对话发生的特定地点置于更广的研究区域中。同时，研究者应向受访者解释地图中使用的符号和颜色组成，以便解释颜色反映景观特征和可由当地土地管理者/农民辨认的覆盖类别（例如，上面描述的 Landsat 5、Landsat 4、Landsat 3 合成物，深浅不一的绿色代表草木本植被，蓝色为水，暴露的土壤或基础设施为微红/微黄色）。初步定位之后，我们可能在更大地图尺寸（次区域或地方）上提供详细的图像，以讨论更接近受访者环境的景观特征。在这个层面的细节上，环境变化的模式、管理实践、土地使用权、土地使用系统和地方环境知识是其中的主题。根据研究兴趣，一个更具地方规模（如农场层面）的图像可以与访谈结合使用，从而引出土地利用/经济活动、管理实践和土地使用权的日程，或进一步辅以地方规模的草图，开展以区分景观区划和空间明确的土地利用史的人种生态学研究（例如，D'Antona et al.，2008）。

土地变化检测

和土地覆盖特征一样，随着时间推移的土地转换分析可能涉及多时相数据集连续或分类变化，采用的技术依研究/应用目标而异（例如，城市扩张、农业集约化、森林砍伐、森林退化等）。一方面，连续的土地覆盖变化分析可以关注反射率的变化（如在噪声校正的光谱波段中记录），或者关注在多个图像日期内计算的土地覆盖指数（例如，植被/土壤/不透水地表指数）的变化；另一方面，分类变化检测是比较多个日期的分类图像。变化分析结果的信度与采用的变化检测技术相关联，并且从根本上取决于图像地理校正和配准的质量（日期之间的直线校准精度）、大气和辐射校正的质量（特别是直接比较不同日期之间的光谱反射率）以及用于每个日期分类系统的一致性和稳健性。卢（Lu）和他的同事对变化检测技术做了全面综述（2004a）。

对两个图像进行不同日期的连续变化检测包括一些技术，比如图像差分（计算每个像素反射率值、植被指数等的差异）、图像比率（展示两个图像之间每个像素比率的运算）或图像回归（其中来自时间 1 的图像被视为自变量，时间 2 的图像被视为因变量，以估计每个像素的回归系数，用于预测时间 2 的图像并与时间 2 实际的图像对比）。这些技术需要谨慎使用，因为它们的适用性会受到潜在数据质量（如大气影响）、空间自相关模式（如违反观测单元独立性的回归假设）、必需的改进措施（如辐射增强或修改空间采样制度）的影响。一旦正确应用这些技术，通常会得到一个阈值（Singh，1989），以确定计算出的变化是重大变化还是“自然”变化的一部分。这里，我们需要再次强调的是，研究目标（如感兴趣的土地覆盖变化类型）将影响这些技术的应用，例如选择特定波段进行比较（Lillesand and Kiefer，1987：650－655）。

使用多个（多于两个）图像日期进行连续变化分析可能需要采用可视化或进一步处理的多时间图像组合、变换矢量分析（CVA）或其他时间序列分析（TSA）技术。创建多时间图像组合（在地理校正和图像对图像配准后）是描绘和检测随时间变化的强大工具。不同日期光谱变化而产生的细微颜色差异可能反映了土地覆盖的变化，我们对此可以做出进一步的评估。例如，我们对来自不同日期的合成波段进行多时间、非监督分类，可以产生代表不同类型变化的输出结果。这些形式的输出可以被验证或调查（如田野工作、辅助数据、历史记录），以解释检测到的变化类型。

变换矢量分析可以计算的方面包括：(1) 一个像素在时间 1 的 n 波段空间位置与其在时间 2 的波段空间位置之间的欧几里得距离（Euclidean distance）；(2) 通过角度来测量变化矢量的方向（角度）。变化的方向表示变化的质量/类型（如植被损失或再生）。例如，兰宾和斯特拉勒（Lambin and Strahler，1994）通过使用 NOAA AVHRR 图像并将这一技术应用于土地覆盖的三个遥感指数(植被、温度和景观结构)，使用CVA成功发现了在不同时间尺度下土地覆盖变化的独特过程。TSA另一个强有力的分析方法涉及主成分分析(PCA)。当主成分分析应用于时间序列图像时，研究者可以将变化源按显著性由大到小排列。例如，伊斯门和富尔克(Eastman and Fulk，1993)在三年的时间里，应用主成分分析来检测非洲的植被变化。他们发现，在该时间段内，这个地区第一个标准化的主成分获取了典型的NDVI信号，然而连续的成分则描述了该时期NDVI信号的变化[其中成分2～4总结了季节性变化，成分5～6发现了卫星轨道变化，成分7～8描述了与1987年厄尔尼诺/南方涛动(Southern Oscillation)有关的降水异常]。

如果图像没有经过大气和辐射校正，或者如果主要研究目标是评估当地相关土地利用/覆盖类别的变化而不是连续的覆盖指数，就适用检测分类变化。在这种情况下，对每个图像进行几何校正，并进行非监督、监督或混合分类(每次用可比的/相同的目标类别)，然后通过地理信息系统叠加进行后分类比较。分类变化检测产生了描绘空间变化的第三转换图像，以及显示了从日期1到日期2类别转换频率的转换矩阵。例如，某像素在日期1被归类为森林，在日期2被归类为草本覆盖，这可以被解释为：它反映了森林砍伐，然而反过来又可以表明重新造林。由于地理校正(日期间图像某些部分中的像素可能不精准匹配)的差异，或者分类错误(相似像素在每个日期里都有不同的分类，或出现不可能的过渡，比如裸地在5年内变成了茂密的森林)，可能会出现变换矩阵和图像中的不连续情况。值得一提的是，空间误差与数据集成相乘：当对两张总体精度为90%的土地覆盖图像叠加进行变化检测时，将产生一个总体精度不超过81%的过渡图像。

土地模式/变化理解和分析

环境人类学研究重点在于人与环境相互作用的多重时空过程。遥感和地理信息系统工具可能有助于分析这些相互作用的因果关系、情境和认知领域。许多人类学家特别是考古学家，对空间模式的研究(例如，景观中的土地覆盖和居住类别的分布)以及它们的构建过程感兴趣。人们可以试图了解影响土地利用决策的因素，以及人口、环境、食物供给、技术和生产关系的变化(Hunt，1995：176－177)。土地变化研究常常通过多个分析单元/范围(如缓冲区、农场、定居点、社区、本土保护区、市政等)以关注土地利用/覆盖变化的程度、方向和速度。空间清晰的地理信息系统模型经常用以探索因果关系(例如，Evans and Moran，2002；Roy Chowdhury，2006)，允许把空间和时间作为检验人与环境相互作用的变量来考察。例如，关于文化产品和/或土地利用模式的分布，可以与地理信息系统衍生的不同“箱柜”（类别）的空间变量一起分析，比如河流、道路或其他感兴趣特征的不同宽度的同心/嵌套区域，不同的海拔等级等。使用基本的地理信息系统工具，用于产生距离和缓冲区以及重新分类属性数据，这些二级数据很容易从主要空间层（如海拔模型、河网）获得。

然而，从历史上看，人类学家使用遥感和地理信息系统对不同社会/环境背景下研究过程的展开方式进行了比较研究（Reining，1979）。这种兴趣一直延续至今，研究了关于地点、联系和空间历史背景的复杂问题，在这些背景中人类群体、住区、生物物理资源和基础设施随着时间推移相互影响（Guyer et al.，2007；Hirsch and O'Hanlon，1995；Pinedo-Vasquez et al.，2002）。在这种情况下，地理空间技术可以提供辅助性帮助（例如，在大区域内定位村庄，或者考虑城乡联系）。地理空间技术还能提供经验数据集和分析功能（例如，交叉参照的亲属联盟和领土组织，或评估区域转型背景下的农业集约化/非集约化）。

关注环境认知的人类学家越来越多地使用地理空间工具，以展现当地的环境认知、当地拓扑结构（指定地点/特征及其相互关系）和象征意义。长期以来，人种生态学方法提供了能联系景观和土地利用系统的主位与客位观点的工具，并且了解社会群体如何在物质与象征意义上去理解当地和区域的景观。这些工具的使用范围包括人种历史景观描述、人种植物学知识、领土的农业日程安排和象征意义的构建。总之，这些方法结合了地理信息系统和遥感工具，有助于分类系统、图像解释和资源制图的发展。

结束语：时空分析的道德议题、表现和挑战

将地理空间技术融入人类学和社会科学的挑战并不常见（Behrens，1994；Fox et al.，2003；Goodchild and Janelle，2004；Liverman et al.，1998；NAS，2007）。尽管地理信息系统/遥感工具使人类学家的研究范围从局部地方扩大到区域范围并处理应用问题，但与此同时这些技术也引发了理论、方法和伦理议题。林德法斯和斯特恩（Rindfass and Stern，1998）总结了社会科学中的一些议题，这些议题涉及（子）学科中偏好的观点和变量差异，比如如何将关于人类行为基础的“为什么”问题与那些研究行为表现的问题联系起来（“何处”“何时”以及“多少”）。另一个重要的挑战在于协

调源于不同认知和文化观点的不同环境分类(Hirsh and O'Hanlon，1995)。

无论有意与否，遥感和地理信息系统都聚集了不同形式的人及其景观表现，使得某些方面清晰可见而某些方面深不可测(Pickles，1995；Porro，2000；Turner and Taylor，2003)。这些问题的本质与数据的空间、时间和光谱分辨率有关。例如，虽然精细的土地利用系统(如“小规模临时农田的农林业”)可能很难去检测，或很可能被认定为其他类别(如休耕植被)，但是在图像中，森林砍伐很明显(Brondizio，2004)。这使得同一位农民的土地利用在某些方面是可见的，而在其他方面则是不可见的，这可能导致相同数据得出的结论却截然相反。同样，数据的时间可得性(采集日期、质量和季节性)可能让研究者观察到一组特定的活动(如作物的生长季节)或一无所获(如休耕季节)。

问题的另一个方面与不同的土地利用系统和社会群体分类/命名方式相关。土地类别的分类本质上不可避免地掩盖了某种程度的内部变异(例如，“森林”的一般类别实际上可能包含若干森林类型)。如前所述，嵌套分类系统和/或连续的土地覆盖指数，对于解决这些问题非常重要。分类系统发展面临的一项挑战是，土地利用和覆盖类别的技术定义(例如，使用来自植被生态、林业到农学的参数)与当地利益相关者所使用的定义和概念之间的不匹配。当地人倾向于使用多个生态和/或社会标准来描述景观特征，并且通常更清楚地认识到这些异质性。例如，罗宾斯和哈多克(Robbins and Haddock，2004)根据经验证明，选择外部强加的专家分类与源自当地知识获得的现场覆盖分类，造成了对印度拉贾斯坦邦土地覆盖描述的不同。他们很有说服力地主张：认识土地覆盖的社会建构本质，以及“类别是理论上的隐喻，并且在认识论上先于任何聚类算法”(Robbins and Maddoclc，2004)。

其他的伦理问题涉及数据和知识的共享，以及关于空间/时间细节高度敏感信息的发布。这些挑战延伸到了地理空间数据的更广泛应用，这正是美国国家科学院国家研究委员会(NAS 2007)的一份出版物所强调的。图像和地图代表了一种性能：特定部门可以利用这种性能(如数据集)，并且少数人仍然能操纵数据(如呈现或转换数据)。人们可以利用地理空间数据对他人宣称自己的领土，使所有权形式化，显示当地知识所揭示的宝贵资源分布，或者显示可能直接或间接危害当地人们的非法活动或定居点。因此，人类学家和其他专业人士要认真考虑他们的选择，关于如何描绘和/或描述主题的类别、特定特征的地点和社会生态关系。由于地图和图像可以作为宣称权力的手段，或作为证明有罪的“证据”，因而人们越来越关注其出版时带来的伦理问题。

从某种程度上来看，在某些地区的空间数据隐私方面，一些互联网资源引发了人们的担忧。然而，人类学家并不认为这些数据是中立的。在20世纪90年代，地理信息系统从业者和批评者围绕地理信息技术伦理和实证主义展开了一场激烈的辩论（Schuurman，2000）。这最终反而加强了两者之间的合作，推动了国家地理信息与分析中心（NCGIA）第19号倡议的实施，这项倡议主要关注地理信息技术的社会和伦理层面。以上引用的第19号倡议和NAS报告都为地理空间技术和地理信息系统/遥感研究（NAS，2007）中的伦理问题提供了有价值的指导方针，其中强调了数据共享和弱势主体保护等因素。对于使用遥感和地理信息系统的研究项目来说，数据共享应该是所有阶段中非常重要的一个环节。研究问题应该具有参与性元素，使其在当地具有更大的相关性、适用性和显著性。无论何时，研究者应提供有关地理信息系统数据库的副本，从而协助当地的应用、管理和授权。无论在哪里，只要涉及数据共享或发布，都应严格遵守有关保护受试者①的专业指导，以确保嵌入数据或任何分析层面敏感信息的保密性和安全性。

最后，用户必须清楚地了解嵌入空间数据的类型、使用和操作中的权衡因素。本章介绍了它们在环境人类学中的使用概况。这个过程需要协作和承诺，以应对专业技能发展的每个阶段所涉及的往往陡峭的学习曲线。然而，这值得我们付出努力。这是因为，在全球环境变化以及景观、资源利用系统、经济和社会群体空间和功能日益互联的背景下，遥感和地理信息系统将继续在人类—环境研究中发挥核心作用。

参考文献

Aldenderfer M. and H. Maschner (eds.), 1992. *The Anthropology of Human Behavior Through Geographic Information Analysis*. Proceedings of conference held at the University of California at Santa Barbara, February 1-2, 1992.

Anderson J., E. E. Hardy, J. T. Roach and R. E. Witmer, 1976. *A land use and land cover classification system for use with remote sensor data*. Washington: Geological Survey Professional Paper 964.

Behrens C., 1992. A formal justification for the application of GIS to the culture ecological analysis of land use intensification and deforestation

① 用于保护人类对象和防止敏感数据集操控的技术包括数据聚合、用ID替换名称、敏感位置和个人数据与位置之间的关联保护、故意歪曲位置和抽样单位等。

in the Amazon. In M. Aldenderfer and H. Maschner, orgs., *The Anthropology of Human Behavior Through Geographic Information Analysis*. University of California at Santa Barbara, February 1 – 2, 1992.

Behrens C. A. (ed.), 1994. Recent advances in the regional analysis of indigenous land use and tropical deforestation, special issue of *Human Ecology* 22(3): 243 – 247.

Boucek B. and E. F. Moran, 2004. Inferring the behavior of households from remotely sensed changes in land cover. Current methods and future directions. In M. F. Goodchild, and D. G Janelle (eds.), *Spatially Integrated Social Science*. Oxford, UK: Oxford University Press, 23 – 47.

Brondízio E. S., 2004. Agriculture intensification, economic identity, and shared invisibility in Amazonian peasantry: Caboclos and colonists in comparative perspective. *Culture and Agriculture* 26(1 and 2): 1 – 24.

Brondízio E. S., 2005. Intraregional analysis in the Amazon. In E. F. Moran, and E. Ostrom (eds.), *Seeing the Forest and the Trees: Human-Environment Interactions in Forest Ecosystems*. Cambridge, MA: MIT Press, pp. 223 – 252.

Brondízio E. S., 2006. Landscapes of the past, footprints of the future: historical ecology and the analysis of land use change in the Amazon. In W. Balée and C. Erikson (eds.), *Time and Complexity in Historical Ecology: Studies in the Neotropical Lowlands*. New York: Columbia University Press, pp. 365 – 405.

Brondízio E. S., 2008. *The Amazonian Caboclo and the Açaípalm: Forest Farmers in the Global Market*. New York: New York Botanical Garden Press.

Brondízio E. S., S. Fiorini, and R. Adams n. d. Environmental Anthropology. In UNESCO *Encyclopedia of Life Support Systems, Cultural Anthropology*. Paris, France: UNESCO. Available online: http://www.eolss.net/eolss_sitemap.aspx.

Brondízio E. S., E. F. Moran, P. Mausel, and Y. Wu, 1994. Land use change in the Amazon estuary: patterns of Cabloco settlement and landscape management. *Human Ecology* 22(3): 249 – 278.

Brondízio E. S., E. Ostrom, and O. Young, 2009. Connectivity and the governance of multilevel socio-ecological systems: the role of social capital. *Annual Review of Environment and Resources*. 34: 253 – 278.

Conant F. P., 1978. The use of Landsat data in studies of human ecology. *Current Anthropology* 19: 382 – 384.

Conant F. P., 1984. Remote sensing, discovery and generalizations in human ecology. In E. F. Moran (ed.), *The Ecosystem Concept in Anthropology*. Boulder, CO: Westview Press.

Conant F. P., 1994. Human ecology and space age technology: some predictions. *Human Ecology* 22(3): 405 – 413.

Conklin H. C., 1980. *Ethnographic Atlas of Ifugao: A Study of Environment, Culture and Society in Northern Luzon*. New Haven, CN: Yale

University Press.

Cultural Survivor, 1995. *Geomatics. Cultural Survival Quartely*, Winter, 1995.

D'Antona A. O., A. D. Cak, and L. VanWey., 2008. Collecting sketch maps to understand property land use and land cover in large surveys. *Field Methods* 20(1): 66 – 84.

DeCastro F., M. C. Silva-Fosberg, W. Wilson, and E. Brondízio, E. Moran, 2002. The use of remotely sensed data in rapid rural assessment. *Field Methods* (formerly *Cultural Anthropology Methods*) 14 (3): 243 – 269.

Di Gregorio, A. and L. J. M. Jansen, 2000. *Land Cover Classification System [LCCS]: Classification Concepts and User Manual*. Rome: Food and Agriculture Organization of the United Nations.

Eastman J. R. and M. A. Fulk, 1993. Long sequence time series evaluation using standardized principal components. *Photogrammetric Engineering and Remote Sensing* 59(8): 1307 – 1312.

Evans T. P. and E. F. Moran, 2002. Spatial integration of social and biophysical factors related to landcover change. In W. Lutz, A. Frskawetz, and W. C. Sanderson (eds.), *Population and Environment: Methods of Analysis* (A Supplement to Vol. 28, Population and Development Review), pp. 165 – 186.

Fairhead J. and M. Leach, 1995. Reading forest history backwards: the interaction of policy and local land use in Guinea's forest-savanna mosaic. *Environment & History* 1(1): 55 – 92.

Fisher C. and G. Feinman, 2005. Introduction to "landscapes over time." *American Anthropologist* 107(1): 62 – 69.

Fox J. V. Mishra, R. Rindfuss, and S. Walsh (eds.), 2003. *People and the Environment: Approaches to Linking Household and Community Surveys to Remote Sensing and GIS*. Amsterdam: Kluwer Academic Press, pp. 223 – 240.

Galvin K. A., R. B. Boone, N. M. Smith, and S. J. Lynn, 2001. Impacts of climate variability on east African pastoralists: linking social science and remote sensing. *Climate Research* 19: 161 – 172.

Geertz C., 1963. *Agricultural Involution: The Process of Ecological Change in Indonesia*. Berkeley, CA: Published for the Association of Asian Studies by University of California Press.

Gibbons A., 1991. A "new look" for archeology. *Science* 252: 218 – 252.

Goodchild M. F. and D. G. Janelle (eds.), 2004. *Spatially Integrated Social Science*. Oxford, UK: Oxford University Press.

Green G. M., C. M. Schweik, and J. C. Randolph, 2005. Retrieving land-cover change information from Landsat satellite images by minimizing other sources of reflectance variability. In E. F. Moran, and E. Ostrom (eds.), *Seeing the Forest and the Trees: Human-Environment Interactions in Forest Ecosystems*. Cambridge, MA: MIT Press, pp. 131 – 160.

Guyer J. I., E. F. Lambin, L. Cliggett, *et al*., 2007. Temporal heterogeneity in the study of African land use interdisciplinary collaboration between anthropology, human geography and remote sensing. *Human Ecology* 35: 3 – 17.

Heckenberger M. J., A. Kuikuruo, U. T. Kuikuro, *et al.*, 2003. Amazônia 1492: Pristine forest or cultural parkland? *Science*, 301: 1710 - 1713.

Herlihy P. H. and G. Knapp (eds.), 2003. Maps of, by, and for the Peoples of Latin America. *Human Organization* 62(4).

Hirsch E. and M. O'Hanlon, 1995. *The Anthropology of Landscape: Perspectives on Place and Space*. Oxford, UK: Oxford University Press.

Hunt R. C., 1995. Agrarian data sets: the comparativist's view. In E. F. Moran (ed.), *The Comparative Analysis of Human Societies: Toward Common Standards for Data Collection and Reporting*. Boulder, CO.: Lynne Rienner Publishers, pp. 173 - 189.

Janssen L. L. F. and F. J. M. van der Wel, 1994. Accuracy assessment of satellite derived land-cover data: a review. *Photogrammetric Engineering and Remote Sensing* 60(4): 419 - 426.

Jensen J., 1996. *Introductory Digital Image Processing: A Remote Sensing Perspective*. Upper Saddle River, NJ: Prentice Hall (see online abbreviated version at http://www.r-s-c-c.org/).

John C. (ed.), 1990. Proceedings of the symposium *Applications of Space-Age Technology in Anthropology*, John C. Stennis Space Center: NASA.

Jordan C. F., 1969. Derivation of leaf-area index from quality of light on the forest floor. *Ecology* 50: 663 - 666.

Kroeber A. L., 1939. *Cultural and Natural Areas of Native North America*. Berkeley, CA: University of California Press.

Lambin E. F., 2003. Linking socioeconomic and remote sensing data at the community or at the household level: two case studies from Africa. In J. Fox, V. Mishra, R. Rindfuss, and S. Walsh (eds.), *People and the Environment: Approaches to Linking Household and Community Surveys to Remote Sensing and GIS*. Amsterdam: Kluwer Academic Press, pp. 223 - 240.

Lambin E. F. and A. Strahler., 1994. Indicators of land-cover change for change-vector analysis in multitemporal space at coarse spatial scales. *International Journal of Remote Sensing* 15(10): 2099 - 2119.

Lawrence R. L. and W. J. Ripple, 1998. Comparisons among vegetation indices and bandwise regression in a highly disturbed, heterogeneous landscape: Mount St. Helens, Washington. *Remote Sensing of Environment* 64: 91 - 102.

Lillesand T. and R. Keifer, 1987. *Remote Sensing and Image Interpretation*. New York: John Wiley & Sons.

Liverman D., E. Moran, R. Rindfuss and P. Stern (eds.), 1998. *People and Pixels: Linking Remote Sensing and Social Science*. Washington DC: National Academy Press.

Lu D., P. Mausel, E. Brondízio, and E. F. Moran, 2004a. Change detection techniques. *International Journal of Remote Sensing* 25(12): 2365 - 2407.

Lu D., P. Mausel, E. Brondízio, and E. F. Moran, 2004b. Relationships between forest stand parameters and Landsat TM spectral responses in the Brazilian Amazon Basin. *Forest Ecology and Management* 198: 149 - 167.

Lyons T. R. and T. E. Avery, 1977. *Remote Sensing: A Handbook for Archeologists and Cultural Resource Managers*. Washington: Cultural Resources Management Division, National Park Service.

McCracken S., E. Brondízio, D. Nelson, *et al.*, 1999. Remote sensing and GIS at farm property level: demography and deforestation in the Brazilian Amazon. *Photogrammetric Engineering and Remote Sensing* 65 (11): 1311 - 1320.

McIver D. K. and M. A. Friedl, 2002. Using prior probabilities in decisiontree classification of remotely sensed data. *Remote Sensing of Environment* 81(2 - 3): 253 - 261.

Maselli F., C. Conese, A. Rodolfi, T. De Filippis, and L. Petkov, 1994. Definition of multi-source prior probabilities for maximum likelihood classification of remotely sensed data. *Proceedings of the SPIE-The International Society for Optical Engineering* 2315: 711 - 718.

Miller D., N. Vogt, M. Nijnik, E. Brondízio, and S. Fiorini, 2009. Integrating analytical and participatory techniques for planning the sustainable use of land resources and landscapes. In S. Geertman and J. Stillwell (eds.), *Participatory Social Sciences*. Dordrecht, Netherlands: Springer Publishers, pp. 317 - 345.

Morain S., 1998. A brief history of remote sensing applications, with emphasis on Landsat. In D. Liverman, E. Moran, R. Rindfuss, and P. Stern (eds.), *People and Pixels: Linking Remote Sensing and Social Science*. Washington DC: National Academy Press, pp. 28 - 50.

Moran E. and E. Brondízio, 2001. Human ecology from space: ecological anthropology engages the study of global environmental change. In M. Lambek and E. Messer (eds.), *Ecology and the Sacred: Engaging the Anthropology of Roy Rappaport*. Ann Arbor: University of Michigan Press, pp. 64 - 87.

Moran E. F., 1990. Levels of analysis and analytical level shifting: examples from Amazonian ecosystem research. In E. F. Moran (ed.), *The Ecosystem Concept in Anthropology*. Ann Arbor, MI: Michigan University Press.

Moran E., 1998. Remote sensing as a tool. *AAA Anthropology Newsletter*. November 1998.

National Academy of Sciences (NAS), 2002. *Earth Observations from Space: History, Promise, and Reality*. Washington, DC: National Academy Press.

National Academy of Sciences (NAS), 2007. Putting people on the map: Protecting confidentiality with linked social-spatial data. Washington, DC: National Academy Press.

Nyerges E. A. and G. M. Green, 2000. The Ethnography of Landscape: GIS and Remote Sensing in the Study of Forest Change in West African Guinea Savana. *American Anthropologist*. v. 102, n. 2, pp. 1 - 19 (for color figures see: http://www.cipec.org/publications/nyerges_and_green2000.html).

Ostrom E. and H. Nagendra, 2006. Inaugural Article: Insights on linking forests, trees, and people from the air, on the ground, and in the laboratory *Proceedings of the National Academy of Sciences* 103: 19224 - 19231.

Pedroni L., 2003. Improved classification of Landsat Thematic Mapper data using modified prior probabilities in large and complex landscapes. *International Journal of Remote Sensing* 24(1): 91 - 113.

Pickles J., 1995. *Ground Truth: The Social Implications of Geographic Information Systems*, New York: Guilford Press.

Pinedo-Vasquez M., J. B Pasqualle, D. Del Castillo Torres, and K. Coffey, 2002. A tradition of change: The dynamic relationship between biodiversity and society in sector Muyuy, Peru. *Environmental Science and Policy* 221: 1 - 11.

Porro R., 2000. *Reflections on the promises and perils of integrating remote sensing in anthropological research*. Paper awarded the R. Rappaport Prize in Ecological Anthropology by the "Anthropology and Environment" session of the American Anthropological Association.

Reining P., 1979. *Challenging Desertification in West Africa: Insights from Landsat into Carrying Capacity, Cultivation, and Settlement Sites in Upper Volta and Niger*. Athens, GA: Center for International Studies, Ohio University.

Rindfuss R. and P. Stern, 1998. Linking remote sensing and social sciences: the need and the challenges. In D. Liverman, E. Moran, R. Rindfuss, and P. Stern (eds.), *People and Pixels: Linking Remote Sensing and Social Science*. Washington DC: National Academy Press, pp. 1 - 27.

Robbins P. and T. Maddock, 2004. Interrogating land cover categories: metaphor and method in remote sensing. *Cartography and Geographic Information Science* 27(4): 295 - 309.

Rondeaux G., M. Steven, and F. Baret, 1996. Optimization of soil-adjusted vegetation indices. *Remote Sensing of Environment* 55: 95 - 107.

Rouse J. W., R. H. Haas, J. A. Schell, D. W. Deering and J. C. Harlan, 1973. Monitoring the vernal advancement and retrogradation (greenwave effect) of natural vegetation, NASA/GSFC Type III Final Report, Greenbelt, MD.

Roy Chowdhury R., 2006. Landscape change in the Calakmul Biosphere Reserve, Mexico: modeling the driving forces of smallholder deforestation in land parcels. *Applied Geography* 26(2): 129 - 152.

Roy Chowdhury R. and L. C. Schneider., 2004. Land-cover/use in the southern Yucatán peninsular region, Mexico: classification and change analysis. In B. L. Turner II, J. Geoghegan, and D. Foster (eds.) *Integrated Land-Change Science and Tropical Deforestation in the Southern Yucatán: Final Frontiers*. Oxford, UK: Clarendon Press, pp. 105 - 141.

Sader S. A., T. Server, J. C. Smoot, and M. Richards., 1994. Forest change estimates for the Northern Peten region of Guatemala: 1986 - 1990. *Human Ecology* 22(3): 317 - 332.

Schuurman N., 2000. Trouble in the heartland: GIS and its critics in the 1990s. *Progress in Human Geography* 24(4): 569 - 590.

Server T. and J. Wiseman, 1984. *Remote sensing and archeology: potential for the future*. Report on a Conference, March 1 - 2, 1984. Mississipi: Earth Resources Laboratory, NASA.

Singh A., 1989. Digital change detection techniques using remotely sensed data. *International Journal of Remote Sensing* 10(6): 989 - 1003.

Sirén A. H. and E. S. Brondízio, 2009. Detecting subtle change in small-scale tropical forest shifting cultivation systems: methodological contributions integrating field and remotely-sensed data. *Applied Geography* 29(2): 201 - 211.

Sirén A., 2007. Population growth and land use intensification in a subsistence-based indigenous community in the Amazon. *Human Ecology* 35: 669 - 680.

Steward J. H., 1955. *Theory of Culture Change; The Methodology of Multilinear Evolution*. Urbana, IL: University of Illinois Press.

Stone G., 1993. *Settlement Ecology*. Tucson, AZ: University of Arizona Press.

Tucker C., 2005. Introduction to case studies. In E. F. Moran, and E. Ostrom (eds.), *Seeing the Forest and the Trees: Human-Environment Interactions in Forest Ecosystems*. Cambridge, MA: MIT Press, pp. 215 - 222.

Turner M. D. and P. J. Taylor, 2003. Critical reflections on the use of remote sensing and GIS Technologies in human ecological research. *Human Ecology* 31(2): 177 - 182.

Vayda A. P., and B. J. McCay, 1975. New directions in ecology and ecological anthropology. *Annual Review of Anthropology* 4: 293 - 306.

Vayda A. P. and Rappaport R., 1968. Ecology, cultural and noncultural. In J. A. Clifton (ed.), *Introduction to Cultural Anthropology: Essays in the Scope and Methods of the Science of Man*. Boston, MA: Houghton Mifflin, pp. xii, 564.

Walker P. A. and P. E. Peters, 2007. Making sense in time: remote sensing and the challenges of temporal heterogeneity in social analysis of environmental change-cases from Malawi. *Human Ecology* 35: 69 - 80.

Wilkie D., 1987. Cultural and ecological survival in the Ituri Forest: the role of accurately monitoring natural resources and agricultural land use. *Cultural Survival Quarterly* 11(2): 72 - 74.

Wilkie D., 1990. Protecting rain forests and forager's rights using Landsat imagery. In C. John (ed.), Conference Proceedings *Applications of Space-Age Technology in Anthropology*. John C. Stennis Space Center.

Wilkie D., 1996. *Remote Sensing Imagery for Natural Resources Monitoring: A Guide for First-time Users*. New York: Columbia University Press.

13 深度时间、历时变迁和多标量数据整合：探索人与环境动力学的考古学方法

埃米莉·莉娜·琼斯

前 言

在过去的25年中，环境科学文献越来越肯定当代环境是其长期历史发展的产物(例如，Foster，2000)。对生态社区的深入了解激发了人们对人类与环境相互作用的历史以及考古学数据的兴趣(Hayashida，2005；Kirch，2005)。长期以来，考古学家一直对环境与社会之间的联系感兴趣；被称为"环境考古学"的子领域完全致力于该领域的研究。环境研究和考古学是天作之合：考古学研究提供了有关环境变化的历时数据，并且是评估人类对这些变化的反应或影响的关键。同样，考古学对人类与环境相互作用的关注，为人们提供了一个在社会和环境的意识形态研究中经常被忽略的角度。考古学家们一直在争论考古学数据与环境研究的关联性(Fritz，1973；Lyman and Cannon，2004；Wintemberg，1919)。近几十年来，考古学家和环境科学家之间的合作变得越来越普遍(Burgi and Russell，2001；Schimlnelmann，Lange，and Meggers，2003)。目前考古学中有趣的领域——比如生态位构建(Banks et al.，2008；Smith，2007)以及突发性环境变化的影响(Dansgaard et al.，1993)——应该有助于这种合作。

本章总结了与人类—环境动态研究有关的考古学方法，并举例说明如何利用考古学资料来解决环境问题。

"环境考古学"：基于人工制品的方法

尽管考古学对人类—环境动态的兴趣可追溯到学科的起源，但"环境考古学"这个术语相对较新，并且存在问题。在最广泛的应用中，这个术语表

示一种方法：它是指从与环境有关的考古遗物中提取和解释数据技术的开发及应用，尤其是植物遗留、动物骨骼和考古土壤（例如，Albarella，2001；Reitz，Scarry，and Scudder，2008）。在这篇文章中，我遵循这个用法。

方法论意义上的环境考古学通常根据特定类型的人工制品或“生态事实”被划分成多个分支领域。古人类植物学（考古遗址的植物遗留研究）、地质考古学（考古沉积研究）和动物考古学（考古遗址的动物遗留研究）是环境考古学的分支学科。除了对考古遗址遗留物进行分析，这些专家还经常使用来自非现场的数据，从而更准确地了解人们在大环境中的决策。在过去的25年里，环境考古学的分支学科不断发展，从挖掘报告中的附录部分发展为报告的主体。

虽然大类考古学下这些分支学科的发展历史和地位都是相似的，但是它们之间的差异使得考古人员很难整合它们所生成的数据，情况好的话整合的数据也会不合适，最坏的情况就是不可能整合数据。环境考古学的分支学科可以作为分析方法被整合在一起，用于研究考古学中与人类—环境动态有关的问题，但至少在两个方面有差异。

第一，从根本上讲，每个分支学科的分析方法不同。例如，一个动物考古学家需要精通骨骼生物学、动物学和考古学，然而古人类植物学家则需要详细的植物学知识。尽管有些方法在这些分支学科中被交叉使用，但也会随着分析主题的变化而变化。需要注意的是，为了调查人类的生存实践，可以用稳定的碳同位素分析动物骨骼（Szpak，Orchard，and Grocke，2009），此外，为了调查园林用途，考古人员也可以用稳定的碳同位素分析土壤（Wright，Terry，and Eberl，2009）。因此，尽管所有人都被称为“环境考古学家”，但是地质考古学家、古人种植物学家和动物考古学家经历了完全不同的训练，并且产生不同的测量单位和不同时间尺度的数据（Papagianni，Layton，and Maschner，2008）。

第二，分支学科的目标也常常不同。每个分支学科的目标（理论和方法）既来自自然科学的姊妹学科，也来自考古学和人类学。考古学研究中各分支学科的角色变化不仅受到考古学研究趋势变化的影响，而且受到人类学和自然科学中变化的影响（Holliday，2001；Pearsall，2000；Reitz and Wing，2008）。

地质考古学

地质考古学可以说是与考古学结合最紧密的环境考古学分支学科。大多数考古学家都受过将地质学方法应用于考古环境的训练，因为考古学研究的大部分对象都是由沉积物恢复而成。某些类型的古人类植物学和动物考古学研究方法有时候被看作地质考古学方法，因为这些遗留物是从土壤样本中提取出来。地质考古学也是环境考古学中最广泛的分支学科，例如，拉普和希尔把地质考古学定义为"用任何地球科学概念、技术或知识基础研究人工制品和创作考古记录的过程"(Rapp and Hill, 2006: 1)。这个讨论将集中在地质考古学研究的两个方面：沉积环境分析和地球化学分析。为了节省篇幅，本文不讨论其他方法，因为它们不适合分析人与环境的相互作用。

地质考古学中的沉积分析着重于利用考古沉积物的属性来推断环境。通过分析沉积物的属性(颜色、颗粒大小和形状、组成等)，地质考古学家可以提供有关这些沉积物沉积条件的信息。例如，布朗(Brown, 2009)利用钻探调查(一种系统获取岩心并描述岩心所获沉积物的方法)来描述英格兰中部地区的土壤变化，通过将这些数据与有关农业实践的考古学和文献数据进行比较，得出了中世纪土地利用影响着河漫滩的开发。沉积分析和描述同样用于确定史前秘鲁的厄尔尼诺事件的考古反应(Sandweiss et al., 2009)。微观形态学或者放大研究薄片上的沉积物，有助于分辨人类起源问题上的干扰(Courty, 2001; Davidson, Carter, and Quine, 1992)。

地球化学分析依赖于人类活动会改变土壤中特定元素存在的事实。在这类研究中，通常以系统的方法在感兴趣的地域钻取岩心，并将这些岩心的化学剖面与附近的非现场剖面进行比较。人类活动可能有多种表现方式，例如木材燃烧可以提高土壤中镁的含量，而磷酸盐、钡和锰含量的提高则可以表明此处为垃圾区域(Rapp and Hill, 2006)。这些方法已被广泛用于现场勘查，但也可用于确定人类对土壤的影响(Oonk, Slomp, and Huispman, 2009; Spangenberg et al., 2008)。

古人类植物学

和地质考古学一样，古人类植物学这个术语通常被用来研究考古遗址的植物遗骸，其中使用了很多方法。考古遗址中的植物遗骸包括大型植物遗骸、植物岩和花粉。

大型植物遗骸是指大到肉眼可见的植物遗骸，比如木炭、植物种子和贝壳。考古学家通过挖掘(就地或通过筛选)或浮选(使用水分离来自考古土壤中的有机遗骸)进行回收，然后通过放大镜来识别。遗骸的保存和恢复问题都会显著影响对大型植物遗骸的解释，但尽管如此，这些遗骸有助于解决人与环境相互作用的问题。例如，木炭已被用于识别橄榄树的史前管理

(Terral, 2000)；大型植物岩是论证人造景观变化的重要依据，特别是在岛屿上(Burney et al., 2001; Hannon and Bradshaw, 2000)；研究木材样本的树木年轮(树木考古学)有助于调查一些地区的气候变化和人类反应(Silnchoni and Kislev, 2009; Towner, 2002)。

植物岩(植物硅酸盐)分析和孢粉学(或花粉分析)有时被归类在地质考古学中，因为这些植物遗骸通常是从土壤样本中提取的。植物岩是由许多植物(特别是草类)产生的僵硬的微观的物质，一旦从土壤样本中恢复，就可以识别出不同的物种。植物岩保存良好，特别是在不利于花粉保存的土壤中；它们通常有助于重建古环境，即使对草的偏见意味着不能用植物岩来获得植物的广泛概述(Neumann et al., 2009)。然而，植物岩的持久性，使我们能够通过时间可靠地洞察特定物种的相对丰富程度。

尽管在花粉记录中存在对特定植物科的偏见，但这并不像植物岩分析那样严重，因此花粉常被用于获得特定时期的"整个植物区系"。花粉可以从考古遗址或从积累沉积物(沼泽或湖泊，这被称为地层孢粉学)的环境中获得。地层孢粉学被广泛应用于环境重建，可以确定不同类型植被的相对出现频率以及存在的景观干扰，如燃烧。考古孢粉学涉及各种各样的问题(详细讨论见 Pearsall, 2000)；然而，从人类粪化石(保存的粪便)中获得的考古花粉为人与植物相互作用提供了直接证据(Horrocks et al., 2004)。粪化石也可以作为大型遗骸和植物岩的来源进行分析。

最后，淀粉残留分析(Barton, 2007; Piperno et al., 2000; Piperno et al., 2004)是古人类植物学中很有前景的研究方向，这种方法可以鉴别考古遗迹(比如陶器和工具)表面的显微淀粉颗粒。

动物考古学

在方法论导向的分支学科中，动物考古学在整合数据方面是最成功的，它可以用来研究环境和社会问题。在《保护生物学》杂志上搜索近十年来发表的与考古学有关的文章，我们可以得到 10 个搜索结果，这些都直接或间接地涉及动物考古学数据，然而只有一个讨论了古人类植物学数据。地质考古学、古人类植物学和其他环境考古学方法并非没有代表性(见 Hayashida, 2005)，但是动物考古学文献的数量让其他的文献相形见绌。

动物考古学家统计了一个群落中可识别骨骼残骸的数量，从而得出了每个分类组群中可识别的个体标本数量(NISP)。在理想情况下，这将产生每个物种的 NISP，但通常情况下，标本只能界定为属，或者有时只能确定大小类别（如“小型哺乳动物”）。其他计量方法，比如 MNI（最少个体数）可能源自最初的 NISP 计数。虽然动物考古学家在特定分析中使用的测量方法可能受到各种因素的影响，但这些方法都不能准确估计每个物种的个体数量，甚至不能准确估计某一特定物种对整体饮食的贡献（Grayson，1984b；Reitz and Wing，2008）。出于这个原因，动物考古学家经常采用相对丰富度的衡量标准进行分析，并且关注不同物种的表征随时间变化的方式。例如，图 13.1 显示了欧洲野兔（Oryctoiagus cuniculus）在 Pont d'Ambon 考古遗址随时间变化的情况（after Jones，2006）。

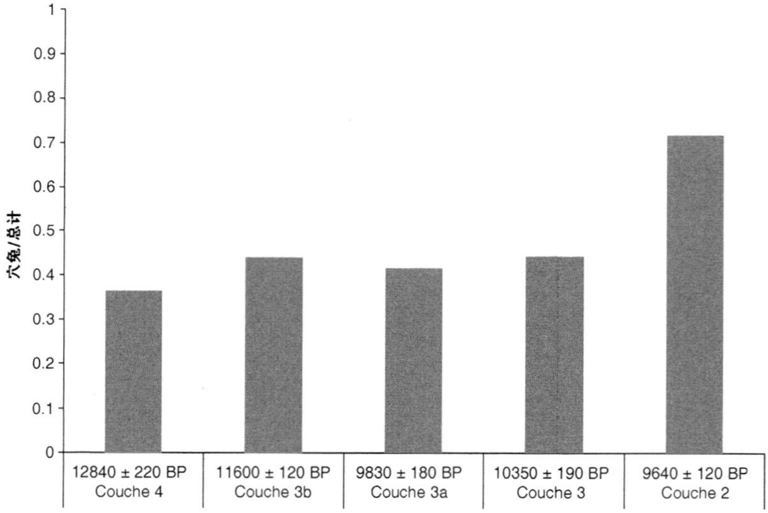

图 13.1　法国西南部 Pont d'Ambon 考古遗址的欧洲野兔的相对丰富度

图 13.1 所示的数据通常被包含在一个更大的分析中，旨在回答一个主要问题。动物考古学数据可以提供古环境信息（例如，Delpech，1999）；用来展示在应对外来因素时，人类强化使用特定群类的方式（Jones，2009；Munro，2004），或产生人为诱导的变化（Butler and Campbell，2004；Jones et al.，2008b），并识别在人类生存和土地利用中驯化动物的有关变化等（Frachetti and Mar'yashev，2007；Marom and Bar-Oz，2009；Pavao-Zuckerman，2007）。

利用人类行为生态学的觅食模型，动物考古学研究取得了极其丰富的成果。人类行为生态学利用最初用来分析非人类动物行为的模型来研究人类行为的多样性（Winterhalder and Smith，2000）。这些模型在解决捕猎选择、饮食变化和回应外部环境变化问题方面获得了成功（Bird，Bliege Bird， and Codding, 2009; Bliege Bird and Bird, 2008; Hawkes and O'Connell, 1992; Koster, 2008; Smith, 1991)。

自20世纪70年代以来，以人类行为生态学为主题的考古工作稳步发展(Lupo 2007; Winterhalder and Smith, 2000)。这一进程为许多经典考古问题提供了稳健的理论和生态学方法，主要包括：居民流动和居住模式(Waters, 2006; Zeanah, 2000)、运输成本(Metcalf and Barlow, 1992)、资源集约化(James, 2004; Nagaoka, 2005)、驯养与农业(Cannon, 2000; Kohler, 2004)、贸易与资源共享(O'Connell, Hawkes, and Jones, 1999; Rautman, 1996)以及"炫耀"和劳动的性别分工(Broughton and Bayham, 2003; Hildebrandt and McGuire, 2003)。人类行为生态学提供了一个研究视角，在这个视角下，动物考古学家能够探索史前保护、环境影响和景观管理。

最优觅食理论在支持史前人类对其环境影响的调查方面特别有效(Lupo, 2007)，它既提供了一个理论框架，又推动有关人类影响环境方式可测试性假设的验证进程(Grayson and Cannon, 1999)。许多考古学家已经证明，资源匮乏或者捕食者的活动使得捕食者猎物捕获率降低(Charnov, Orians, and Hyatt, 1976)，这在考古学记录中普遍存在(例如，Butler and Campbell, 2004; Dean, 2007; Grayson, 2001; Nagaoka, 2006; Stirrer and Munro, 2002)。

环境考古学数据的整合

环境考古学各分支学科在目标和方法上的定位差异，使环境考古学数据集难以得到很好的整合(Dincauze, 2000)。甚至在每个分支学科内部，研究人员也可能遇到同样的问题。出于这种原因，早年环境考古学倾向于细致分析，在很多情况下，环境考古学家解决了更为宽泛的问题，但是他们通常是将其特定专业的结果与更大规模的环境数据进行比较，而不是整合各分支学科的数据。

尽管存在困难，但至少在某些情况下，为了提出一个范围更广的研究问题，环境考古学家已经找到了整合系列数据的方法。例如，在一项动物考古学研究中，考古学家们发现华盛顿南部海岸的米纳德(Minard)遗址的乌黑鹱(Puffinus griseus)遗骸减少了，博维(Bovy, 2007)考虑了有关物种(取自她自己的动物考古学研究)、气候、地震、土地表面和海平面历史(来自不同的地质考古学研究)变化所呈现的数据。这为研究气候变化、人类掠夺或其他因素是否导致了该物种数量下降提供了条件。

当所有数据都来自单一地点时，这样的数据整合就更为容易。考古学记录是将文化活动和沉积后的过程结合而成的。梳理这些过程对考古学记录的影响对分析过去的人类行为至关重要；在没有理解沉积后过程影响的情况下，不可能识别哪些模式是由于人类行为造成的。尽管沉积后过程在考古遗址内也会有很大的差异，但这些差异在不同地区凸显出来，从而妨碍了多地点数据的整合。

当考虑某一特定地点随时间推移而发生的变化时，分析所用的基本时间单位几乎总是地层。除极少数情况外，考古遗址中的每个地层都是一个重写本——一个代表着具有独特和重复占有期的“定存款”，因此地层代表可变的时间量。

尽管存在这些问题，但一些环境考古学家已经设法在特定的、年代久远的环境中整合不同地点和地区的数据。例如，克雷森等（Grayson et al.，2001）及其同事将法国西南部格罗特十六世（Grotte XVI）旧石器时代遗址驯鹿优势地位与法国东部基于花粉分析后的重建温度关联起来。正如作者所讨论的那样，这种整合要非常谨慎。

我们不能更清晰地意识到以这种方式将格罗特十六世旧石器时代晚期动物群序列与吉奥特（Guiot）温度曲线联系起来的危害，因为吉奥特曲线以极其相似的方式标注日期，这是特别正确的。从本质上来说，我们将一组年龄估计值与另一组年龄估计值进行比较，然而我们观察到，如果极端温度导致格罗特十六世时期的均匀度下降，我们期望看到所涉及的这些组合与温度曲线相交于不断下降的值……确实如此（Grayson et al.，2001：122）。

换句话说，虽然数据整合有时是可能做到的，但是当整合数据集时，数据集中的任何一个问题都会更复杂。

超越场地：景观考古学

尽管环境考古学中的研究有时会整合不同类型的数据来回答有关环境和社会的问题，但这些数据通常来自单个地点，或者有时是一组地点。相反，景观研究试图重建人类与环境的互动关系，其规模与史前人类对环境的体验相当；这种规模上的差异就是景观考古学与环境考古学的主要区别。景观考古学的许多研究者也是“环境考古学”分支学科的专家（Jones，2007；Roos，Sullivan III and McNamee，2010），古人类植物学家在景观研究中尤为活跃（Dean，2004；Delcourt and Delcourt，2004；Newsom and Pearsall，2003）。通过使用多种类型的数据（如动物考古学、居住地分析、孢粉学）和它们的综合目标，这些研究有别于环境考古学分支学科的工作（Doolittle，2006；Gunn et al.，2004）。

以定量为导向的景观考古学研究通常从考古沉积物、日期和属性（比如，特定花粉类型，动物、植物物种或人工制品的存在与否）的数据库开始。例如，对火塑造特定景观的作用感兴趣的研究人员，可能会构建一个数据库，其中包含场地位置信息、任何与这些场地相关的陈旧材料，以及孢粉剖面中是否存在木炭。地理信息系统软件可以显示特定时间周期和特定地区内含有孢粉木炭地点的空间范围。鲁斯·沙利文和麦克纳米（Roos Sullivan and McNamee，2010）使用这种方法研究了史前土著社会、气候变化与西南黄松林火灾状况之间的关系；地质考古学和古人类植物学数据与空间分析相结合，为了解该环境中本土烧蚀机制的可持续性提供了强有力的工具。

同样，动物考古学数据也可以在更大的景观利用研究中使用。多年来，研究者推测法国西南部多尔多涅省地区的更新世—全新世过渡期的人口崩溃情况，是因为该地区的驯鹿种群（被推定为多尔多涅省史前猎人—采集者的饮食基础）的灭绝。然而，对比一下这一时期考古遗址的迁移地点和动物组成，我们就会发现事实并非如此（Jones，2007）。研究地点和动物考古数据表明，人类没有跟随驯鹿群向北迁徙，而是改变了他们的资源基础。

这两个例子都突出了定量导向的景观考古学对人类与环境相互作用研究的贡献。值得注意的是，定性导向的景观考古学学派也很活跃，特别是在英国。这些认知景观考古学家旨在通过视域分析和虚拟现实等技术来重现人们对史前景观的体验（Darvill，2008）。景观考古学的定性和定量学派都为史前人类体验环境的方式提供了重要见解。

整合数据以解决更大的问题

虽然环境考古学的分支学科（Kuijt，2001；Sandweiss et al.，2009；Schmitt，2004；Terral，2000）和景观考古学（Buchanan，Collard，and Edinborough，2008；Diaz-Maroto and Vila-Larneiro，2008；List et al.，2007；Waters，2006）已被用于解决环境和社会问题，但是考古数据与其他数据源整合时才可以较好地彰显其优势。通过结合各种考古和环境数据，考古学有助于解决更大的环境和社会问题。

人为导致的灭绝

两个多世纪以来，人为导致的灭绝一直受到关注（Grayson，1984a），而且这个话题的热度丝毫没有减弱的迹象(Firestone et al.，2007；Grayson，2007，2008；Haynes，2007；Jones et al.，2008a)。虽然人为引起的灭绝、消失已经在不同时间和地点得到证实(Morwood et al.，2008；Simnons，1999；Steadrnan，White，and Allen，1999；Wolff，2000)，但关于物种灭绝更大更持久的问题是多方面的：人类在什么情况下会导致物种灭绝？灭绝更可能发生在岛屿上还是在大陆上？当面对不适合人类捕食的猎物(大型的、无法飞行的陆地鸟类)时，人类捕猎是否会导致物种灭绝，还是说物种灭绝是由多种因素造成的(比如景观改变和对其他动物的影响)？对有关灭绝的最持久的争论是更新世末期北美巨型动物的灭绝。

甚至在人们普遍接受人类古迹之前，研究者就认为人类的狩猎活动可能是更新世末期哺乳动物灭绝的原因。一旦科学界一致认为人类和更新世动物群曾并存，这一建议将被广泛接受。克雷森(Grayson，1984a：34)写道：

> 由于其他假设似乎不充分，他矫枉过正的假说获得了很多人的支持。与此同时，人类在物种灭绝中扮演的角色有助于减轻对人类曾与更新世哺乳动物共存新认识的负面影响：人类活动造成的物种灭绝显然是现代世界的一部分……那些仍旧坚信地球表面的变迁已经足以说明物种灭绝的人，持续反对过度捕猎的假设。

过度捕猎假设依然存在(Haynes，2007)，气候变化与更新世—全新世过渡有关的假说也依然存在(Ugan and Byers，2008)。最近，“地外撞击假说”也融入了这两种观点，该假说认为，物种灭绝是由一个或多个地外天体撞击造成的(Firestone et al.，2007;但见 Surovell et al.，2009)。考虑到这样一个事件可能与人类狩猎、景观变化和人口统计学结合以影响更新世生物群，地外撞击假说的提出激发了新的研究(Buchanan，Collard，and Edinborough，2008；Stewart and Cooper，2008)。

本章不会回顾更新世物种灭绝的论点(见 Beck，1996；Grayson，2007，2008；Martin，1967)；然而，这场争论对于考古学发展为保护生物学的一部分却意义重大。这是自生态学发展为研究领域以来最重要的论点之一，该领域将考古学数据纳入环境科学意义的讨论中。这也是将考古数据(特别是动物考古学和地质考古学数据)与景观层面的考古分析、古生物学数据和生态学理论相结合的早期实例。关于更新世灭绝的争论可能涉及：从动物考古学和古生物学调查中获得的物种存在与否的数据；关于这些物种可能的生活史和行为的生态信息；有关人类狩猎行为的人类学数据；考虑已发现的有关物种的考古/古生物组合的空间分布；地层和其他地质考古背景信息；以及讨论确定这些组合的日期和技术。

美国西南部的文化多样性与旧世界动物驯养

从根本上讲，更新世物种灭绝的争论是考古学和生态学数据整合的例子。尽管有时会涉及人类狩猎模式的人种学数据，但它通常是一个次要的组成部分。然而，考古学、历史学和人种学数据可以很好地结合，以探索近代的生存决策和变迁问题(Pavao-Zuckennan, 2007; Spiehnann et al., 2009)。一个正在进行的研究实例是关于史前时期美国西南部文化多样性和生存选择的项目(Jones, Taylor, and Tcland, 2009)。长期以来，西南地区一直被视为在民族语言群体和生存适应方面具有多样性的地区(见图 13.2;

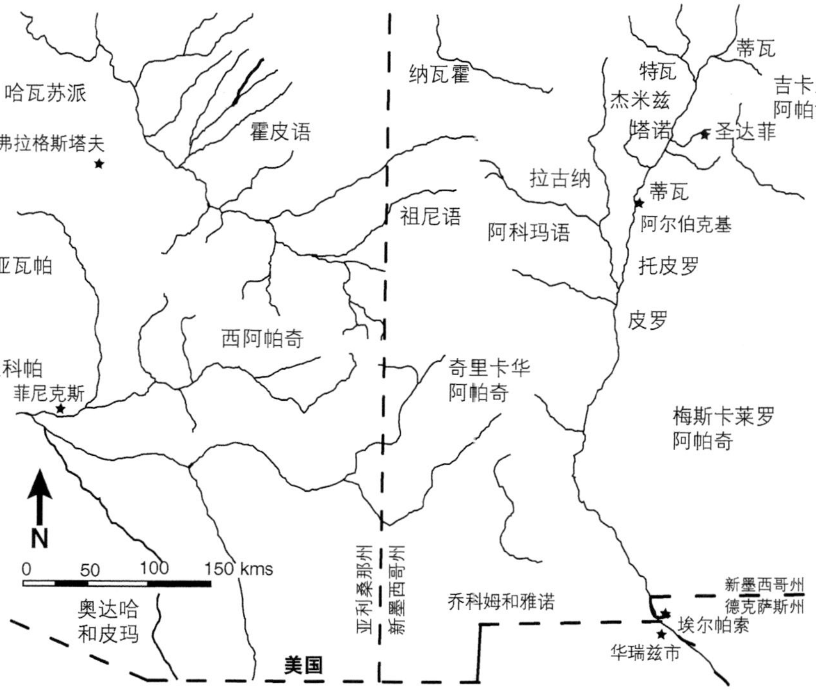

图 13.2　美国西南部的民族语言群体

Jorgensen，1983）。尽管文献中会更多地谈及普韦布洛人的农业，但是在普韦布洛人群体及其不太重视农业的邻居那里都记录了多样的饮食方式（Opler，1972；Thompson and Tsosie，2008）。

在公元1350年之前，四角是普韦布洛人祖先的领地，那时的人们是玉米种植专家。从公元1280年左右开始，四角人口减少以及普韦布洛人住址向瑞欧格兰德河和其他永久水源集中，持续了75年。造成这种迁移的原因很复杂：气候和异常潮湿时期的结束当然与此有些关系，但人口增加、森林砍伐、其他人为因素对环境的影响（比如侵蚀作用）以及社会因素也可能起了作用。不管怎样，到了1380年，人们基本上抛弃了四角地区。

公元1450年左右，四角地区开始出现了一些原始的狩猎采集遗址，特别是在新墨西哥州西北部。大多数考古学家将这些遗址归因于说阿萨巴斯克语的新移民（Reed，Baugh，and Reed，2000；Towner，2000）。无论种族如何，这些遗址显然是人类的遗留物，他们的生存策略与早期普韦布洛人的策略截然不同。尽管早期纳瓦霍遗址中就有玉米存在，但大多数地区野生食物残留物被发现的频率更高，并且在玉米被发现的地方，玉米的普遍性指数反而较低（Reed，Baugh，and Reed，2000）。

早期记录的动物考古学数据（Goodman，2003；Hovezak、Sesler，and Fuller，2002）以及对纳瓦霍相关遗址脊椎动物群的再分析数据表明，Dinetah和Gobernador阶段纳瓦霍考古遗址之间的资源利用发生了变化（见图13.3）。在Dinetah阶段，小型哺乳动物在脊椎动物中占主导地位。在Gobernador阶段，大型哺乳动物占优势地位。尽管纳瓦霍人口很可能在这一时期增长，但进入17世纪以后，大型有蹄类动物的开发利用有所增加。

对于这种变化有几种可能的解释。1450—1650年，西南地区动荡不安。有可能是由于西班牙疾病导致的美洲原住民人口减少，或比如气候变化等一些其他因素增加了大型有蹄类动物的供应量。虽然疾病在西南人口较少地区的影响并不为人所知，但历史记录明确表明疾病可能发挥了作用（Barrett，2002）。人种学证据可能表明，这一转变充分体现了旧世界对动物，特别是羊的驯养，它们是由西班牙人引入但很快被纳瓦霍人所接受，并成为纳瓦霍人维持生计的支柱（Thompson，2009；Weisiger，2004）。关于纳瓦霍人何时以及在何种程度上开始牧羊仍然存在争议，因为对有关动物群落的分析相对较少，而且在那些已经分析过的动物群落中，其遗骸十分碎片化，这使得人们难以识别物种级别。然而，由于1541年科罗拉多人把羊留在了西南部地区，大型哺乳类动物的增加必然会导致纳瓦霍羊放牧的

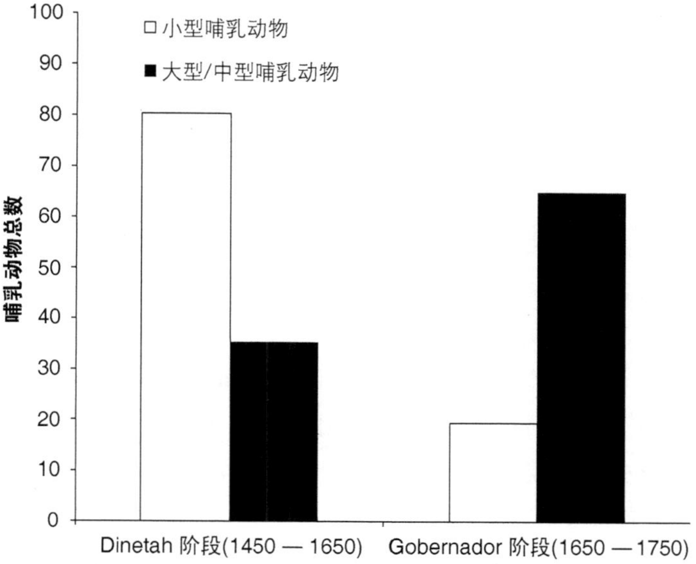

图 13.3 Dinetah 和 Gobernador 阶段遗址中大型和小型哺乳动物的相对丰富度

（资料来源：Jones，Taylor，and Toland，2009）

增长。

牧羊问题在美国西南部的起源及其对景观的影响成为现代环境管理的关键(Flanders，1998；Schelhas，2002)。针对这个问题，我们在做进一步的动物考古学分析，重点是修整碎片化的组合以帮助识别物种级别。这项工作将使我们能够评估上面讨论的假设。然而，甚至在这个阶段，这个例子也显示了关于人类和环境相互作用的人种学和历史数据是如何被用来为考古学研究提供信息的，并展示了如何利用考古学数据来区分人种学记录所提出的各种假设。

考古学数据和社会环境的研究

尽管环境考古学研究的历史可以追溯到这门学科的创立时期，但许多考古学家认为，环境科学家(Etnier，2007；Lyman and Cannon，2004)和对环境感兴趣的社会科学家(van der Leeuw and Redman，2002)没有充分利用考古学数据。这种排斥很大程度上可能是由于考古学家之前对方法的关注：对考古学家来说，地层研究和时间平均是重要的议题，但对于非考古学家来说，它们都很难解释，也不是很有趣。考古学数据解释中隐含的警示困难也可能起到一定作用，因为对过去环境的考古研究已经被用来支持现代政策决策，而发表这些研究报告的人不一定同意(Hayashida, 2005)。

哈亚西达认为，随着考古学家在当前环境和与土地利用议题相关的研究中发挥着更大的作用，科学研究和公共政策争论中会出现交集则成必然。其他人将以我们没有预料到的方式使用考古发现，在许多情况下，人们会曲解或故意滥用考古发现。只有使其发挥积极作用，才能使我们的研究成果在公共话语中被正确解读并应用于政策制定(Hayashida, 2005: 57)。

考古学与其他学科存在着一定的界限，这是由来已久的。然而，如果要实现考古学家关于环境研究学科整合的设想，那么考古学家需要学会跨越学科界限，而不仅仅是在它们的边缘发声。

致　谢

感谢这本书的编辑邀请我加入并提出批判性的反馈意见，感谢对我们提供了非常多帮助的匿名评论者，感谢克里·汤普森(Kerry Thompson)和理查德·威尔森(Richard Wilshusen)，他们就纳瓦霍人的生存问题展开了鼓舞人心的对话。纳瓦霍部落和新墨西哥美洲印第安博物馆/人类学实验室允许重新分析纳瓦霍动物标本。

参考文献

Albarella U. (ed.), 2001. *Environmental Archaeology: Meaning and Purpose*. Dordrecht: Kluwer.

Banks W. E., F. d'Errico, A. T. Peterson, *et al.*, 2008. Human ecological niches and ranges during the LGM in Europe derived from an application of ecocultural niche modeling. *Journal of Archaeological Science* 35: 481 - 491.

Barrett E. M., 2002. The geography of the Rio Grande Pueblos in the seventeenth century. *Ethnohistory* 49: 123 - 169.

Barton H., 2007. Starch residues on museum artefacts: implications for determining tool use. *Journal of Archaeological Science* 34: 1752 - 1762.

Beck M. W., 1996. On discerning the cause of late Pleistocene megafaunal extinctions. *Paleobiology* 22: 91 - 103.

Bird D. W., R. Bliege Bird, and B. F. Codding, 2009. In pursuit of mobile prey: Martu hunting strategies and archaeofaunal interpretation. *American Antiquity* 74: 3 – 29.

Bliege Bird R. and D. W. Bird, 2008. Why women hunt: risk and contemporary foraging in a Western Desert aboriginal community. *Current Anthropology* 49: 655 – 693.

Bovy K. M., 2007. Global human impacts or climate change? Explaining the sooty shearwater decline at the Minard site, Washington State, USA. *Journal of Archaeological Science* 34: 1087 – 1097.

Broughton J. M. and F. E. Bayham, 2003. Showing off, foraging models, and the ascendance of large-game hunting in the California Middle Archaic. *American Antiquity* 68: 783 – 789.

Brown A. G., 2009. Colluvial and alluvial response to land use change in Midland England: an integrated geoarchaeological approach. *Geomorphology* 108: 92 – 106.

Buchanan B., M. Collard, and K. Edinborough, 2008. Paleoindian demography and the extraterrestrial impact hypothesis. *Proceedings of the National Academy of Sciences of the United States of America* 105: 11651 – 11654.

Burgi M. and E. W. B. Russell, 2001 Integrative methods to study landscape changes. *Land Use Policy* 18: 9 – 16.

Burney D. A., H. F. James, L. P. Burney, *et al.*, 2001. Fossil evidence for a diverse biota from Kaua'i and its transformation since human arrival. *Ecological Monographs* 71: 615 – 641.

Butler V. L. and S. K. Campbell, 2004. Resource intensification and resource depression in the Pacific Northwest of North America: a zooarchaeological review. *Journal of World Prehistory* 18: 327 – 405.

Cannon M. D., 2000. Large mammal relative abundance in Pithouse and Pueblo period archaeofaunas from southwestern New Mexico: resource depression among the Mimbres-Mogollon? *Journal of Anthropological Archaeology* 19: 317 – 347.

Charnov E. L., G. H. Orians, and K. Hyatt, 1976. Ecological implications of resource depression. *The American Naturalist* 110: 247 – 259.

Courty M.-A., 2001. Microfacies analysis assisting archaeological stratigraphy. In P. Goldberg, V. T. Holliday, and C. R. Ferring (eds.), *Earth Sciences and Archaeology*. New York: Kluwer Academic/Plenum, pp. 205 – 239.

Dansgaard W., S. J. Johnsen, and H. B. Clausen, *et al.*, 1993. Evidence for general instability of past climate from a 250 – kyr ice-core record. *Nature* 364: 218 – 220.

Darvill T., 2008. Pathways to a panoramic past: a brief history of landscape archaeology in Europe. In B. David and J. Thomas (eds.), *Handbook of Landscape Archaeology*. Walnut Creek, CA Left Coast Press, pp. 60 – 76.

Davidson D. A., S. P. Carter, and T. A. Quine, 1992. An evaluation of micromorphology as an aid to archaeological interpretation. *Geoarchaeology* 7: 55 – 65.

Dean J. S., 2004. Anthropogenic environmental change in the Southwest as viewed from the Colorado Plateau. In C. L. Redman, S. R. James, P.

R. Fish, and J. D. Rogers, *The Archaeology of Global Change: the Impact of Humans on their Environment*. Washington, DC: Smithsonian, pp. 191 - 207.

Dean R. M., 2007. Hunting intensification and the Hohokam "collapse". *Journal of Anthropological Archaeology* 26: 109 - 132.

Delcourt P. A. and H. R. Delcourt, 2004. *Prehistoric Native Americans and Ecological Change: Human Ecosystems in Eastern North America Since the Pleistocene*. Cambridge, UK: Cambridge University Press.

Delpech F., 1999. Biomasse d'ongulés au Paléolithique et inférences sur la démographie. *Paléo* 11: 19 - 42.

Diaz-Maroto I. J. and P. Vila-Lameiro, 2008. Historical evolution and land-use changes in natural broadleaved forests in the north-west Iberian Peninsula. *Scandinavian Journal of Forest Research* 23: 371 - 379.

Dincauze D. F., 2000. *Environmental Archaeology: Principles and Practice*. Cambridge, UK: Cambridge University Press.

Doolittle W. E., 2006. Agricultural manipulation of floodplains in the southern Basin and Range Province. *Catena* 65: 179 - 199.

Etnier M. A., 2007. Defining and identifying sustainable harvests of resources: archaeological examples of pinniped harvests in the eastern North Pacific. *Journal for Nature Conservation* 15: 196 - 207.

Firestone R. B., A. West, J. P. Kennett, *et al.*, 2007. Evidence for an extraterrestrial impact 12,900 years ago that contributed to the megafaunal extinctions and the Younger Dryas cooling. *Proceedings of the National Academy of Sciences of the United States of America* 104: 16016 - 16021.

Flanders N. E., 1998. Native American sovereignty and natural resource management. *Human Ecology* 26: 425 - 449.

Foster D. R., 2000. From bobolinks to bears: interjecting geographical history into ecological studies, environmental interpretation, and conservation planning. *Journal of Biogeography* 27: 27 - 30.

Frachetti M. D. and A. N. Mar'yashev, 2007. Long-term occupation and seasonal settlement of eastern Eurasian pastoralists at Begash, Kazakhstan. *Journal of Field Archaeology* 32: 221 - 242.

Fritz J. M., 1973. Relevance, archeology, and subsistence theory. In C. L. Redman (ed.), *Research and Theory in Current Archeology*. New York: Wiley, pp. 59 - 82.

Goodman J. D., II., 2003. Vertebrate faunal remains. In D. D. Dykeman (ed.), *The Morris Site 1 Early Navajo Land Use Study: Gobernador Phase Community Development in Northwestern New Mexico*. Window Rock, AZ: Navajo Nation Archaeology Department, pp. 191 - 232.

Grayson D. K., 1984a. Nineteenth-century explanations of Pleistocene extinctions: a review and analysis. In P. S. Martin and R. G. Klein (eds.), *Quaternary Extinctions: A Prehistoric Revolution*. Tucson, AZ: University of Arizona Press, pp. 5 - 39.

Grayson D. K., 1984b. *Quantitative Zooarchaeology*. New York: Academic Press.

Grayson D. K., 2001. The archaeological record of human impacts on

animal populations. *Journal of World Prehistory* 15: 1 - 68.
Grayson D. K., 2007. Deciphering North American Pleistocene extinctions. *Journal of Anthropological Research* 63: 185 - 213.
Grayson D. K., 2008. Holocene underkill. *Proceedings of the National Academy of Sciences of the United States of America* 105: 4077 - 4078.
Grayson D. K. and M. D. Cannon, 1999. Human paleoecology and foraging theory in the Great Basin. In C. Beck, D. Rhode, and R. Elston (eds.), *Models for the Millennium: Great Basin Anthropology Today*. Salt Lake City, UT: University of Utah Press, pp. 141 - 151.
Grayson D. K., F. Delpech, J.-P. Rigaud, and J. F. Simek, 2001. Explaining the development of dietary dominance by a single ungulate taxon at Grotte XVI, Dordogne, France. *Journal of Archaeological Science* 28: 115 - 125.
Gunn J., C. L. Crumley, E. Jones, and B. K. Young, 2004. A landscape analysis of Western Europe during the Early Middle Ages. In C. L. Redman, S. R. James, P. R. Fish, and J. D. Rogers (eds.), *The Archaeology of Global Change: The Impact of Humans on their Environment*. Washington, DC: Smithsonian Books, pp. 165 - 185.
Hannon G. E. and R. H. W. Bradshaw, 2000. Impacts and timing of the first human settlement on vegetation of the Faroe Islands. *Quaternary Research* 54: 404 - 413.
Hawkes K. and J. F. O'Connell, 1992. On optimal foraging models and subsistence transitions. *Current Anthropology* 33: 63 - 66.
Hayashida F. M., 2005. Archaeology, ecological history, and conservation. *Annual Review of Anthropology* 34: 43 - 65.
Haynes G., 2007. A review of some attacks on the overkill hypothesis, with special attention to misrepresentations and doubletalk. *Quaternary International* 169: 84 - 94.
Hildebrandt W. R. and K. R. McGuire, 2003. Large-game hunting, gender-differentiated work organization, and the role of evolutionary ecology in California and Great Basin prehistory: a reply to Broughton and Bayham. *American Antiquity* 68: 790 - 792.
Holliday V. T., 2001. Quaternary geoscience in archaeology. In P. Goldberg, V. T. Holliday, and C. R. Ferring, *Earth Sciences and Archaeology*. New York: Plenum, pp. 3 - 35.
Horrocks M., G. Irwin, M. Jones and D. Sutton, 2004. Starch grains and xylem cells of sweet potato (*Ipomoea batatas*) and bracken (*Pteridium esculentum*) in archaeological deposits from northern New Zealand. *Journal of Archaeological Science* 31: 251 - 258.
Hovezak T. D., L. M. Sesler, and S. L. Fuller, 2002. *Archaeological Investigations in the Fruitland Project Area: Late Archaic, Basketmaker, Pueblo I, and Navajo Sites in Northwestern New Mexico*. Dolores, CO: La Plata Archaeological Consultants.
James S. R., 2004. Hunting, fishing, and resource depression in prehistoric Southwest North America. In C. L. Redman, S. R. James, P. R. Fish, and J. D. Rogers (eds.), *The Archaeology of Global*

Change: The Impact of Humans on Their Environment. Washington, DC: Smithsonian, pp. 28 - 62.

Jones E. L., 2006. Prey choice, mass collecting, and the wild European rabbit (*Oryctolagus cuniculus*). *Journal of Anthropological Archaeology* 25: 275 - 289.

Jones E. L., 2007. Subsistence change, landscape use, and changing site elevation at the Pleistocene-Holocene transition in the Dordogne of Southwestern France. *Journal of Archaeological Science* 34: 344 - 353.

Jones E. L., 2009. Climate change, patch choice, and intensification at Pont d'Ambon (Dordogne, France) during the Younger Dryas. *Quaternary Research* 72: 371 - 376.

Jones E. L., E. J. Taylor, and H. C. Toland, 2009. Diversity, niche partitioning, and Navajo ethnogenesis in the protohistoric Southwest. Poster presented at the 74th Annual Meeting of the Society for American Archaeology, Atlanta, Georgia.

Jones T. L., J. F. Porcasi, J. M. Erlandson, *et al*., 2008a. The protracted Holocene extinction of California's flightless sea duck (*Chendytes lawi*) and its implications for the Pleistocene overkill hypothesis. *Proceedings of the National Academy of Sciences of the United States of America* 105: 4105 - 4108.

Jones T. L., J. F. Porcasi, J. W. Gaeta, and B. F. Codding, 2008b. The Diablo Canyon fauna: a coarse-grained record of trans-Holocene foraging from the central California mainland coast. *American Antiquity* 73: 289 - 316.

Jorgensen J. G., 1983. Comparative traditional economics and ecological adaptations. In A. Ortiz (ed.), *Southwest*. Washington, DC: Smithsonian Institution, pp. 684 - 710.

Kirch P. V., 2005. Archaeology and global change: the Holocene record. *Annual Review of Environment and Resources* 30: 409 - 440.

Kohler T. A., 2004. Pre-Hispanic human impact on upland North American Southwestern environments: evolutionary ecological perspectives. In C. L. Redman, S. R. James, P. R. Fish, and J. D. Rogers (eds.), *The Archaeology of Global Change: the Impact of Humans on Their Environment*. Washington, DC: Smithsonian, pp. 224 - 242.

Koster J. M., 2008. Hunting with dogs in Nicaragua: an optimal foraging approach. *Current Anthropology* 49: 935 - 944.

Kuijt I., 2001. Reconsidering the cause of cultural collapse in the Lillooet area of British Columbia, Canada: a geoarchaeological perspective. *American Antiquity* 66: 692 - 703.

List R., G. Ceballos, C. Curtin, *et al*., 2007. Historic distribution and challenges to bison recovery in the Northern Chihuahuan Desert. *Conservation Biology* 21: 1487 - 1494.

Lupo K. D., 2007. Evolutionary foraging models in zooarchaeological analysis: Recent applications and future challenges. *Journal of Archaeological Research* 15: 143 - 189.

Lyman R. L. and K. P. Cannon (eds.), 2004. *Zooarchaeology and*

Conservation Biology. Salt Lake City, UT: University of Utah Press.

Marom N. and G. Bar-Oz, 2009. Culling profiles: the indeterminacy of archaeozoological data to survivorship curve modelling of sheep and goat herd maintenance strategies. *Journal of Archaeological Science* 36: 1184 - 1187.

Martin P. S., 1967. Prehistoric overkill. In P. S. Martin and H. E. Wright (eds.), *Pleistocene Extinctions: The Search for a Cause*. New Haven, CT: Yale University Press, pp. 75 - 120.

Metcalf M. D. and K. R. Barlow, 1992. A model for exploring the optimal trade-off between field processing and transportation. *American Anthropologist* 94: 340 - 356.

Morwood M. J., T. Sutikna, E. W. Saptorno, *et al.*, 2008. Climate, people and faunal succession on Java, Indonesia: evidence from Song Gupuh. *Journal of Archaeological Science* 35: 1776 - 1789.

Munro N. D., 2004. Zooarchaeological measures of hunting pressure and occupation intensity in the Natufian. *Current Anthropology* 45: S5 - S33.

Nagaoka L., 2005. Declining foraging efficiency and moa carcass exploitation in southern New Zealand. *Journal of Archaeological Science* 32: 1328 - 1338.

Nagaoka L., 2006. Prehistoric seal carcass exploitation at the Shag Mouth Site, New Zealand. *Journal of Archaeological Science* 33: 1474 - 1481.

Neumann K., A. Fahmy, L. Lespez, A. Ballouche, and E. Huysecom, 2009. The Early Holocene palaeoenvironment of Ounjougou (Mali): phytoliths in a multiproxy context. *Palaeogeography, Palaeoclimatology, Palaeoecology* 276: 87 - 106.

Newsom L. A. and D. A. Pearsall, 2003. Trends in Caribbean island archaeobotany. In P. E. Minnis (ed.), *People and Plants in Ancient Eastern North America*. Washington, DC: Smithsonian, pp. 347 - 412.

O'Connell J. F., K. Hawkes, and N. G. B. Jones, 1999. Grandmothering and the evolution of *Homo erectus*. *Journal of Human Evolution* 36: 461 - 485.

Oonk S., C. P. Slomp, and D. J. Huisman, 2009. Geochemistry as an aid in archaeological prospection and site interpretation: current issues and research directions. *Archaeological Prospection* 16: 35 - 51.

Opler M. E., 1972. Cause and effect in Apachean agriculture, division of labor, residence patterns, and girls' puberty rites. *American Anthropologist* 74: 1133 - 1146.

Papagianni D., R. Layton, and H. Maschner (eds.), 2008. *Time and Change: Archaeological and Anthropological Perspectives on the Long-Term in Hunter-Gatherer Societies*. Oakville, CT: Oxbow Books.

Pavao-Zuckerman B., 2007. Deerskins and domesticates: creek subsistence and economic strategies in the historic period. *American Antiquity* 72: 5 - 33.

Pearsall D. M., 2000. *Paleoethnobotany: A Handbook of Procedures*. San Diego, CA: Academic Press.

Piperno D. R., A. J. Ranere, I. Holst, and P. Hansell, 2000. Starch grains reveal early root crop horticulture in the Panamanian tropical forest. *Nature* 407: 894 - 897.

Piperno D. R., E. Weiss, I. Holst, and D. Nadel, 2004. Processing of wild cereal grains in the Upper Palaeolithic revealed by starch grain analysis. *Nature* 430: 670 - 673.

Rapp G. R. and C. L. Hill, 2006. *Geoarchaeology: The Earth-Science Approach to Archaeological Interpretation*. 2nd edn. New Haven, CT: Yale University Press.

Rautman A. E., 1996. Risk, reciprocity, and the operation of social networks. In J. A. Tainter and B. B. Tainter (eds.), *Evolving Complexity and Enivronmental Risk in the Prehistoric Southwest*. Redding, MA: Addison-Wesley, pp. 197 - 222.

Reed P. F., T. G. Baugh, and L. S. Reed, 2000. Melding archaeology and ethnohistory into a contemporary view of the early Navajo. In M. Boyd, J. C. Erwin, M. Hendrickson (eds.), *The Entangled Past: Integrating History and Archaeology*. Calgary, Alberta: Archaeological Association of the University of Calgary, pp. 65 - 77.

Reitz E. J., C. M. Scarry, S. J. Scudder (eds.), 2008. *Case Studies in Environmental Archaeology*. 2nd edn. New York: Springer.

Reitz E. J. and E. S. Wing, 2008. *Zooarchaeology*. 2nd edn. Cambridge, UK: Cambridge University Press.

Roos C. I., A. P. Sullivan III, and C. McNamee, 2010. Anthropogenic fire and long-term landscape management: palaeoecological evidence for systematic indigenous burning in the upland Southwest. In R. Dean (ed.), *The Archaeology of Anthropogenic Environments*. Carbondale, IL: Center for Archaeological Investigations, Southern Illinois University.

Sandweiss D. H., R. S. Solís, M. E. Moseley, D. K. Keefer, and C. R. Ortloff, 2009. Environmental change and economic development in coastal Peru between 5, 800 and 3, 600 years ago. *Proceedings of the National Academy of Sciences* 106: 1359 - 1363.

Schelhas J., 2002. Race, ethnicity, and natural resources in the United States: a review. *Natural Resources Journal* 42: 723 - 763.

Schimmelmann A., C. B. Lange, and B. J. Meggers, 2003. Palaeoclimatic and archaeological evidence for a similar to 200 - yr recurrence of floods and droughts linking California, Mesoamerica and South America over the past 2000 years. *Holocene* 13: 763 - 778.

Schmitt D. N., 2004. Ecological change in western Utah: comparisons between a Late Holocene archaeological fauna and modern small-mammal surveys. In R. L. Lyman and K. P. Cannon (ed.), *Zooarchaeology and Conservation Biology*. Salt Lake City, UT: University of Utah Press, pp. 178 - 192.

Simchoni O. and M. E. Kislev, 2009. Relict Plant Remains in the "Caves of the Spear". *Israel Exploration Journal* 59: 47 - 62.

Simmons A. H., 1999. *Faunal Extinction in an Island Society: Pygmy Hippopotamus Hunters of Cyprus*. New York: Kluwer Academic/ Plenum.

Smith B. D., 2007. Niche construction and the behavioral context of plant

and animal domestication. *Evolutionary Anthropology* 16: 188 - 199.
Smith E. A., 1991. *Inujjuamiut Foraging Strategies: Evolutionary Ecology of an Arctic Hunting Economy*. Hawthorne, NY: Aldine de Gruyter.
Spangenberg J. E., I. Matuschik, S. Jacomet, and J. Schibler, 2008. Direct evidence for the existence of dairying farms in prehistoric Central Europe (4th millennium BC). *Isotopes in Environmental and Health Studies* 44: 189 - 200.
Spielmann K. A., T. Clark, D. Hawkey, K. Rainey, and S. K. Fish, 2009. "... being weary, they had rebelled": Pueblo subsistence and labor under Spanish colonialism. *Journal of Anthropological Archaeology* 28: 102 - 125.
Steadman D. W., J. P. White, and J. Allen, 1999. Prehistoric birds from New Ireland, Papua New Guinea: extinctions on a large Melanesian island. *Proceedings of the National Academy of Sciences of the United States of America* 96: 2563 - 2568.
Stewart J. R. and A. Cooper, 2008. Ice Age refugia and Quaternary extinctions: an issue of Quaternary evolutionary palaeoecology. *Quaternary Science Reviews* 27: 2443 - 2448.
Stiner M. C. and N. D. Munro, 2002. Approaches to prehistoric diet breadth, demography, and prey ranking systems in time and space. *Journal of Archaeological Method and Theory* 9: 181 - 214.
Surovell T. A., V. T. Holliday, J. A. M. Gingerich, *et al*., 2009. An independent evaluation of the Younger Dryas extraterrestrial impact hypothesis. *Proceedings of the National Academy of Sciences* 43: 18155 - 18158.
Szpak P., T. J. Orchard and D. R. Grocke, 2009. A Late Holocene vertebrate food web from southern Haida Gwaii (Queen Charlotte Islands, British Columbia). *Journal of Archaeological Science* 36: 2734 - 2741.
Terral J.-F., 2000. Exploitation and management of the olive tree during prehistoric times in Mediterranean France and Spain. *Journal of Archaeological Science* 27: 127 - 133.
Thompson K. F., 2009. They used to live here: an archaeological study of late nineteenth and early twentieth century Navajo Hogan households and federal Indian policy. Unpublished Ph. D. dissertation, Department of Anthropology, University of Arizona, Tucson, AZ.
Thompson K. F. and N. Tsosie, 2008. Measuring culture change: what Navajos are still eating and what's eating Navajos. Poster presented at the 73rd Annual Meeting of the Society for American Archaeology, Vancouver, British Columbia.
Towner R. H., 2000. Concordance and conflict between dendrochronology and historical records. In S. Nash (ed.), *A History of Archaeological Dating in North America*. Salt Lake City, UT: University of Utah Press, pp. 257 - 274.
Towner R. H., 2002. Archaeological dendrochronology in the southwestern United States. *Evolutionary Anthropology* 11: 68 - 84.
Ugan A. and D. Byers, 2008. A global perspective on the spatio-temporal pattern of the Late Pleistocene human and woolly mammoth

radiocarbon record. *Quaternary International* 191: 69 – 81.
van der Leeuw S. and C. L. Redman, 2002. Placing archaeology at the center of socio-natural studies. *American Antiquity* 67: 597 – 605.
Waters M. R., 2006. Prehistoric human response to landscape change in the American Southwest. In D. E. Doyel and J. S. Dean (eds.), *Environmental Change and Human Adaptation in the Ancient American Southwest*. Salt Lake City, UT: University of Utah Press, pp. 26 – 45.
Weisiger M., 2004. The origins of Navajo pastoralism. *Journal of the Southwest* 46: 253 – 282.
Wintemberg W. J., 1919. Archaeology as an aid to zoology. *Canadian Field Naturalist* 33: 63 – 72.
Winterhalder B. and E. A. Smith, 2000. Analyzing adaptive strategies: human behavioral ecology at twenty-five. *Evolutionary Anthropology* 9: 51 – 72.
Wolff W. J., 2000. Causes of extirpations in the Wadden Sea, an estuarine area in the Netherlands. *Conservation Biology* 14: 876 – 885.
Wright D. R., R. E. Terry, and M. Eberl, 2009. Soil properties and stable carbon isotope analysis of landscape features in the Petexbatún region of Guatemala. *Geoarchaeology* 24: 466 – 491.
Zeanah D. W., 2000. Transport costs, central-place foraging and hunter-gatherer land-use strategies. In D. B. Madsen and M. D. Metcalf (eds.), *Intermountain Archaeology*. Salt Lake City, UT: University of Utah, pp. 1 – 14.

14 气候、阶级和生产的比较轨迹：美国自耕农的历史生态学

迈克尔·D.肖勒
D.塞思·默里
卡罗尔·L.克拉姆利

历史生态学简介

历史生态学使用跨学科综合性方法来追踪和评估人类与环境之间长达几个世纪形成的复杂关系(Crumley, 1994, 2007: 16)。其方法论主体是由不同领域的研究人员得到的一系列数据综合而成的。历史生态学的研究以理论假设为指导,这些假设指出,理解人类对几乎所有环境生态的占有和人类社会结构的多样性都需要极具综合性的方法(Balée, 1998)。研究人员将历史与科学结合起来,密切关注地理和时间尺度之间的关系,接纳人类社会的复杂性,并以通俗易懂的方式呈现研究结果(Crumley, 1994, 1996a, 1996b, 2007)。

历史生态学方法是由对环境决定论的否定、跨学科的历史综合法以及对有关人类与环境关系变化的历史轨迹问题的兴趣构成的。由于历史生态学融合了自然科学和人文学科的数据,因此下文对其方法的回顾借鉴了地理学、生物学、生态学、历史学、社会学和人类学等方面的研究进展。在讨论之后,历史生态学研究者提出了讨论问题的例子——一个说明性的案例研究,并评估了该方法的应用前景。

对环境决定论的否定

在协调人类和环境历史的一些早期研究中,一个关键的缺陷是低估了人类应对环境压力的能力,这是一个源于古代的争论(Vayda and Rappaport, 1968)。其中广受欢迎的一种说法认为,气候是人类历史的决定因素(参见

Huntington，1912a，1912b，1913，1917）。据说，是否处在宜人的温带气候条件中，会造成种族差异，影响人的道德品质和身心活动。在有利的气候条件下，思想和劳动的综合效率造就了文明；当气候改变时，这些文明就会衰落（Huntington，1924：411）。生物学中的生态学家关注非人类的研究对象（Gross，2004），避免了人类及其文化带来的困难。然而，美国的人类学家直接质疑以上论断，他们提出了一个四维观点，这一观点认为生物学、文化、语言、历史之间各自独立又相互联系（Boas，1940；Kroeber，1923）。

尽管人类学家早就否定了决定论，但他们在整合环境和历史方面却进展缓慢。生态学研究首先在文化人类学领域取得进展（参见 Vayda，1969），但人种学的挑战性工作往往意味着历史层面仍未得到充分发展。在 20 世纪下半叶，生态学研究被分为文化生态学和生态人类学两大派别，前者试图研究人类是如何受到环境影响并改变环境的（Netting，1977：1－3），后者则与动植物生态学家密切合作（Vayda and Rappaport，1968；参见 Winterhalder，1994 及其在历史生态学中的影响）。生态人类学家采用生态系统方法，在自然科学领域开始了重要的跨学科研究，但远离了人文学科领域的定性分析。在没有明确的历史维度授权的情况下，生态人类学往往研究“人类现状”，社会被呈现为一种永恒的、内部未分化的、主动适应环境而不是辩证参与的状态（Balée，2006：76－77）。尽管如此，文化生态学仍然受到文化人类学家、地理学家和考古学家的青睐，他们对文化变化过程的兴趣需要一个完善的时间维度（Hardesty and Fowler，2001；Marquardt，1992）。

历史综合法

虽然一些早期的研究人员被种族和文化等级所误导，但是他们研究出了一个重要的方法论：将树木年轮的气候重建与考古学家的文化历史结合起来（Douglass，1914，1919，1928，1936；Huntington，1912b：401－411；Huntington et al.，1914）。虽然树木年轮学仍然是一种有用的天文年表和可靠的气候史来源，但是有限的旧树木来源和环境决定论的阴影阻碍了一代研究人员尝试去使用更广泛的综合性方法。

“历史生态学”一词最初被用于描述生物学分支的一个侧面。研究人员呼吁“一般生态学”与“历史生态学”之间的重新统一，前者依靠实验室方法、后者通过实地调查从收集到的物证中得出推论（Deevey，1964，1969）。由于缺乏一个共同的时间维度，早期试图协调生物学家的动植物序列和考古学家的文化序列的努力受到了阻碍(Deevey, 1944: 144－146)。随着发展，放射性碳定年法技术取得了突破，它可以准确地测定历史学家、考古学家、气候学家和海洋学家研究材料中发现的古代有机物的年代(Libby, 1961)。重要的是，放射性碳定年法提供了一个共同的度量标准，可以用来创建自然科学和人文学科的历史综合(Deevey, 1964)。

20世纪60年代末和70年代，环保运动的复兴支持了政治行动和学术研究。为了规划未来的粮食供应，美国颁布了全面的环境保护法，科学家们承诺绘制出过去一万年里的气候变化图(Libby, 1976)。在人文学科领域，历史学家发现了新的受众，在1946年成立森林历史学会的基础上，于1976年成立了美国环境历史学会，欧洲社会也紧随其后。阿肯色大学小石城分校历史系的成员举办了一场系列讲座，并编写了《历史生态学：环境与社会变迁论文集》一书(Bilsky, 1980)。作者尤其指出了公众对污染和资源枯竭的担忧，并开始与历史学、人类生态学、地理学、经济学和考古学方面的专家进行对话。论文的共同主题是“社会结构和认同的重要作用”“对自然的文化认知”以及“解决环境问题的多种可能方案”(Moneyhon, 1980: 4－5)。

一些早期的环境史因忽视社会理论、仅关注灾难、忽视生态关系而受到批评(McNeill, 2003: 5－15,36－39)。但是，最早中肯地讨论环境在近代人类历史中的作用的是历史学家(Le Roy Ladurie, 1971; Sponsel, 1998: 376; Winterhalder, 1994: 21－23; Worster, 1977, 1979)，他们打破一个原始的新世界的神话(Cronon, 1983; Crosby, 1972, 1986; Whitehead, 1998: 34－35)，成为持续与公众进行重要对话的人。

大自然在社会中的作用仍然是介绍性文本的一部分，但社会学家从未与那些早期地理学家建立工作关系，早期地理学家往往倾向于把社会归结为全能环境的产物(Gross, 2004: 583－588)。当社会学家与试图证实生物进化导致了社会不平等的“社会达尔文主义”的残余做斗争时(Catton, 1994: 84)，研究人员实际上避开了环境因素(Dunlop and Catton, 1979: 245)。到20世纪50年代后期，人类生态学被视为社会学的一部分(Gross, 2004: 596)。在随后的几十年里，环保运动重新激起了他们对公园、娱乐、政府政策的兴趣，并促进了农村社会学视角的发展(Buttel, 1987; Dunlap and Catton, 1979: 250－265)。

历史生态学中的问题

历史生态学的多种方法有助于研究资源长期利用、气候变化响应和建立人类与环境关系的历史进程。在历史生态学范畴内进行的首批研究之一，是对玛雅国家消失原因的调查。考古学家将危地马拉佩滕地区的湖泊沉积物数据、沉降数据和发掘数据结合起来，驳斥了城市地区的崩溃是由粮食生产不稳定所引发的假设(Rice and Rice，1984)。该地区仍是应用历史生态学观点的研究人员感兴趣的研究地点(Balée and Erickson，2006)。

持久生产也是持续研究法国勃艮第地区的核心。该项目始于1975年，探讨了环境和文化多样性在该地区的作用，该区域自克里特州成立以来，能够一直稳定地生产粮食(Crumley，1995：1－2；Marquardt and Crumley，1987)。研究人员分析了过去的气候及森林、牧场和田地的使用情况，以及在历史人口学、当地市场和政治结构等方面的证据，证实经济力量仅仅具备短期影响。然而，几个世纪以来，该地区社会和经济生产力的恢复能力取决于勃艮第人对各种商业和农牧业实践的利用，这些实践与相辅相成的环境背景相适应(Crumley，1987a，1987b，1995)。

历史生态学的研究者花了近30年的时间来调查10世纪北欧殖民地衰败的原因。在格陵兰岛，研究人员综合了挖掘结果、当代文本、由冰盖运动推断的气候变化情况，收集有关可利用的畜牧场或长途贸易的信息，并分析了区域政治结构，得出的结论为：生态危机是远程管理者的决策与当地条件相脱节的结果(McGovern，1981，1994)。目前，一个大型的跨学科团队正在冰岛北部开展一项类似的研究。虽然仍处于分析和探索结果的初步阶段，但该项目改变了对冰岛定居模式的看法，揭示了政治和宗教机构对生态实践的影响，并证实了挪威为减缓森林砍伐和土壤侵蚀所做的努力(McGovern et al.，2007)。

历史生态学在方法或理论上与任何特定的生存战略无关。在亚马孙河流域，历史生态学研究者根据从人种学研究中获得的定性见解和通过生物分散模式的定量测量，对园艺学家使用的营养和药用植物的清单进行了研究。该方法具有创新性，因为它主要依赖于目前收集的观察结果，以揭示几个世纪以来本土资源管理方式对雨林的影响(Balée，1989，1994：1－2，1998，2006：85－87)。

近年来，关注景观管理的研究人员，特别是研究公共土地的研究者，他们以“应用历史生态学”的名义聚集在一起(Swetnam，Allen，and Betancourt，1999)。“附加描述符”指的是他们试图控制人类和环境的相互作用，以保护景观或将其恢复到期望的早期状态，最主要的是建立可用于确定历史变化范围的基线数据。研究人员将历史地图和口述历史等文化数据与考古发掘、植物调查及古植物学研究的结果进行综合，以创建详细的历史基线(Egan and Howell，2001)。

历史生态学中的方法

历史生态学研究者寻求的综合信息通常包括在不同范围内收集到的定量和定性数据。这种方法通常是明确的基础数据，而不是随后的跨学科综合。历史生态学分析包括四项任务：(1) 从多学科研究中收集具有时间维度的信息；(2) 确立一个或多个共同参考标度的术语来表示数据；(3) 明确地或解释性地，沿着时间轴绘制多条证据线，并按其历史轨迹进行排序，以表明生态因素之间的潜在关系；(4) 研究人员提出独立的论点来解释因素之间的关系、因果关系和研究结果的含义。

对景观的关注有助于选择最具潜在重要性的因子。景观作为人类与环境关系的物质表现(Marquardt and Crumley，1987：1)，可以从其呈现的地图中找出与之最为相关的生态因子的线索。为了减少解释过于简单化的风险，选择过程应该在广泛的变量中进行抽样。人与环境的关系非常复杂。历史生态学研究项目指出，包容性的观点不会让努力白费。为了避免确定性的结论，研究人员不可假定人类或环境是至高无上的，应该辩证地看待它们之间的关系(Balée，1998：13；Crumley，1996a)，即相互作用、相互影响。所选因素的范围应该是多维的，并将科学和人文联系起来(Crumley，1994：1－2)。简而言之，那些试图解释环境在人类历史中作用的人，必须考虑一系列社会和自然因素，而不是妄加揣测重要性程度。

历史生态学面临的一个特殊挑战是多学科信息的调和。数据必须以共同的维度表示，同时对地方和区域范围之间、短期和长期模式之间的潜在差异保持敏感。一种务实的做法是使用实践者的度量单位、术语和环境方法。人们常在收集数据之前就会发现这些信息，如果认真观察的话，就可以帮助研究者选择潜在的重要因子。

为了揭示所选生态因子之间的关系，必须将其映射到它们的历史路径上，并按照共同轨迹进行排序。对于定性数据，研究者通常用解释性的论点来完成，该论点密切关注生态因子之间相互关系的变动。对于数值数据，一个简单的框架就是将一系列证据整理成它们共同的趋势。随着时间的推移，那些最有可能用于生态学的因子将遵循类似或相反的过程。相对于其他现象，不相关的现象很可能向歪路或不稳定的路径发展。尽管统计学家有时将其称为“因果分析”，但重要的是，协方差(历史路径中的相似性)仅仅表明一种潜在的关系。关于因果关系的争议不是由轨迹的相似所揭示的，而是由研究设计的质量决定的(Denis and Legersld，2006)。在历史生态学中，这意味着仅仅建立相似的历史轨迹是不够的，还需要了解变化的过程和动因。

案例研究：历史生态学与美国自耕农

为了证明历史生态学能够汇集各种数据，以下的案例研究考察了自耕农阶级在宾夕法尼亚州殖民地兴衰的生态基础。该项目源自对通过考虑大量的量化因素来推进历史生态学方法论的兴趣。研究人员通常依靠定性分析来协调多学科的信息在规模和范围上的差异。人们希望数值数据的使用能带来新的挑战，其解决方案将促进我们对跨学科方法的理解。

研究目标是在美国东部的特拉华河流域为英国殖民时期创造一个生态环境。殖民者对这种世俗任务的描述很少。除了一些明显的特例，农业文学是由 19 世纪的改革者创作的，他们把殖民时期的做法视为落后的，或者说充其量是停滞不前的。然而，这一结论与该区域作为英属美洲的“面包篮”以及作为欧洲和加勒比群岛粮食出口地的角色不符。宾夕法尼亚州切斯特郡是特拉华河上毗邻费城的一个主要农村县，因其拥有完整的档案、优秀的历史文献和可用的环境数据而被选中作为研究对象。最终的利益是一个政治问题，即工业化农业的巨大利益可能会掩盖粮食安全问题，并造成不良的社会影响。人们希望对该系统根源的研究能有助于绘制其历史轨迹，并更清晰地了解粮食生产的发展走向。

到了 17 世纪，当欧洲殖民者到达美洲时，他们发现土著居民通过控制火的燃烧来管理灌木丛，创造了类似公园环境的草丛和老阔叶林。随着英国对特拉华河流域的占领不断推进，农业学家们将相对同质的土地划分为一块块空地、草地和林地。他们的主要生态活动是种植非灌溉的小麦和黑麦，以及放牧牛、马、羊、猪，这基于对 18 世纪宾夕法尼亚州殖民者的了解，假设潜在的重要因素包括衡量他们农业实践成功与否以及对气候变化、阶级结构、人口增长和定居地点的选择。由于殖民地时期的美国主要是农业生产，因此季节和作物周期是最重要的时间单位。由乡镇组织起来的家庭是最小的社会群体，因而是最现实的政治和地理单位。分析时使用的蒲式耳、粮食种植面积、牲畜数量和商品价值以硬币形式记录，这是一种基于宾夕法尼亚货币价值与当代铸币的金属价值相比较的核算方法。

三个主要数据来源包括18世纪气候数据的重建、地理信息系统(GIS)数据和遗嘱清单；数据的其他来源为大量历史数据，其中包括粮食市场价格指数、土地平均持有量、税收评估和社会历史等。由于这里的重点是跨学科分析，因此不会对生成支持数据所使用的方法进行详尽的讨论，然而这些分析方法会在本书的其他章节(Beltran, Chapter 2; Hames, Chapter 3; Jones, Chapter 5; Brondizio and Roy Chowdhury, Chapter 12)以及其他地方(Scholl, 2008)有所讨论。

气　候

宾夕法尼亚位于西风带的轴线上。西风带是一种盛行的极地急流，其运动会导致天气快速和不可预测的变化以及气候的长期改变。通过对其他殖民地记载的从18世纪到20世纪的观测数据进行线性回归分析，重建了费城地区的长期温度和降水量系列数据(Landsberg and Yu, Huang, 1968)。由于这种方法没有考虑气候的任何根本性变化，因此研究者将重建工作与原始分析中未包括的地方观测结果进行了比较。结果表明，重建不能全面反映变化的范围，但通常而言，它在当代观测值的1°F范围偏差内准确地反映了总体趋势。

定居模式与土壤质量

为了了解生态实践是否受到不同环境条件的影响，我们查询了人口和土壤数据。由联邦、州和郡级机构产生的地理信息系统(GIS)数据经过修改，可以反映18世纪每十年城镇的边界，正如它们在当代描述中所呈现的那样。将政治边界与20世纪中期的土壤调查和18世纪税收评估中的户主数量相比较，我们可以发现，该县的草地、主要农业用地和定居点分布相当均匀，没有任何迹象表明殖民者偏爱某个城镇或环境。

遗嘱记录

在英国及其殖民地，郡书记官们将一系列遗产分配的记录纳入档案。遗嘱、附属账户和行政账户通常包括所属社会阶层、居住地名称和死者家庭构成的详细信息。最能揭示生态关系的文件是对可动产权的评估。根据英国法律，家具、牲畜、野外劳工和农产品是户主的私人财产。在切斯特郡档案馆1713年至1789年存档的4070份缩微遗嘱中，包含了郡内完整清晰的住户清单有 3551 份。根据历史学家对一个典型家庭规模的估计，这些清单代表了 2 万多个劳动力规模。

阶　级

历史系的学生普遍遵循 19 世纪美国的民主用法，将雇工到公司主管都称为“农民”，这已经成为一种惯例。在 18 世纪的英国及其殖民地，农民是少数的企业家阶层，他们在租来的农场上雇用劳工来获取短期利润。根据他们自己在遗嘱中对阶级的描述，社会上的大多数人是在自己的土地上耕作的自耕农。自 1713 年至 1789 年，自耕农包括了切斯特郡超过四分之三的男性（见图 14.1）。自耕农阶级起源于欧洲封建社会，由获得土地补偿的技术娴熟的奴仆组成。土地所有权使他们享有高于农民阶级的合法权利，并可以将地产传给后代（Campbell，1942）。遗嘱查验记录的保存与自耕农阶层的形成密切相关，反映了他们保护其财产所有权的愿望。有了农业技术和路费，宾夕法尼亚州的很多早期移民都属于自耕农阶级，而唾手可得的土地意味着其他人很快也会加入他们的行列。

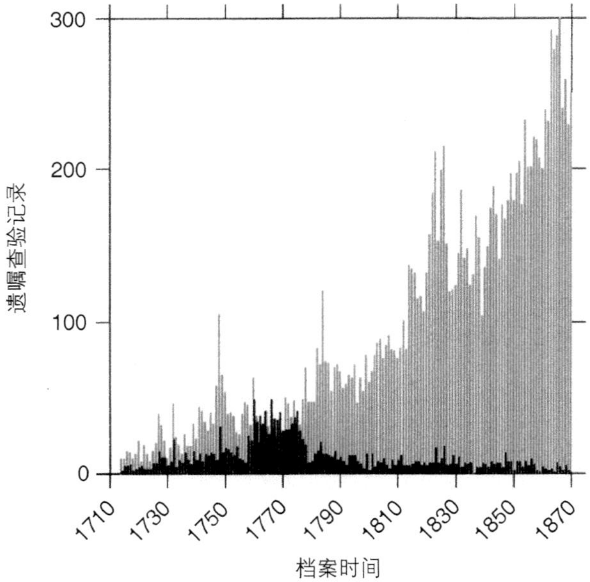

注：档案时间由切斯特郡 2006 年档案遗嘱和行政索引提供。

图 14.1　1713—1870 年宾夕法尼亚州切斯特郡被描述为自耕农的人口（黑色）和其他所有人口（灰色）的遗嘱查验记录

粮　食

自耕农种植斯佩耳特小麦、燕麦、荞麦和印度玉米，但主要农作物是小麦和黑麦。有超过四分之三的土地种植了小麦、黑麦或两种谷物混种。研究者采用英国农业历史学家开发的方法，通过比较农作物的英亩数和随后收获的谷物产量来估算年产量。这种估算的准确性取决于随时间推移而增加的样本量。为了检验过去几十年的精确度，研究者将估计结果与费城商人给贸易伙伴信件中的观察结果进行了比较，在估计产量和粮商的看法之间，没有出现实质性的分歧。

家　畜

殖民者饲养马、牛、猪、羊等牲畜以及少量的蜜蜂、火鸡和鸭子，然而令农业改革者沮丧的是，大多数动物在夏季和冬季都是散养的，而自耕农对一些品种的兴趣也只是一时兴起。随着时代的发展，牧群规模只是缓慢增长，他们掌握了利用印度玉米秸秆、三叶草和英格兰草的顶尖部分来增加天然牧草数量的技术，但只有少数人选择投入必要的劳动力。天然牧草的可用规模是通过从税收评估中记录的土地面积减去作物、林地和建筑物的面积来估计的。谷物和牧草的比率可以确定一块土地恢复休耕的年数以及可能被饲养的牲畜数量。

劳动力

农业周期是这样的：除了冬天最寒冷的时候，其他时段自耕农都会从事播种、收割或脱粒等劳作。附近的边境地区承诺提供廉价的土地，因此很少有人愿意为他人劳动。许多自耕农依靠受约束的劳动力，五分之一的清单是对一个或多个奴隶、仆人或学徒的评估。由于宾夕法尼亚农村地区以农业为主，所以受约束人口数量反映了资源的利用率。

环境风险

农业改革者的抱怨和遗嘱查验记录清单中的土地使用模式表明，自耕农采用田间撒播、轮作和间作的方式，以减缓环境危害的影响。对粮田损毁情况的评估表明，自耕农将土地分散开来，在空间上分散了风险，并确保局部灾害不会损害整片农作物。开垦土地的艰苦劳动意味着自耕农拥有的是古老、成熟和新开垦土地的混合体。新开垦田地里的粮食并不总是最值钱的，旧土地里的农作物也并不总能得到最低的估价。不同的环境可能有助于减轻不利气候带来的影响。例如，人们普遍担心，新田地的降雨会导致小麦倒伏或脱落，并易受到霉菌和昆虫的侵害，营养物质含量较低的田地减慢了作物的成熟速度，使茎秆跟上植株头部的生长速度。

宾夕法尼亚的自耕农没有采用轮作的种植方式，而是在同一块地里反复种植同一种粮食。只有当土地变得贫瘠不堪时，自耕农才允许其自然休耕并开垦新地。背对背种植的好处是，它重新利用了具有松散外壳的种子，能使谷物从茎秆上脱落。自耕农不需要去收割，只需少量播种，而留有松散外壳的谷物有助于脱粒和清理。自耕农把小麦和黑麦混播在同一块地里，从而将风险分散到不同作物上。黑麦成熟更快，保护了小麦免受恶劣天气的影响，但其市场价格也较低。所以在该世纪中叶的几十年间，自耕农通常会牺牲更高的潜在收益来换取大丰收。

市场风险

自耕农处于世界市场的边缘地位，加上英国的限制性贸易政策，这意味着其只能对国际市场的波动做出被动反应。他们最好的应对工具是市场节制、转向制造业以及将利润投资到当地社区。库存的粮食数量表明，在18世纪的前几十年里，自耕农仅仅种植小麦而不种植其他大多数谷物。小麦价格随着时代的发展而上涨，但也变得更加难以预测。个体自耕农种植的小麦越来越少，但强劲的移民和国内其他人在随后的十年里种植了更多的小麦。

自耕农通过制造业来分散风险。每四个家庭中就有一个手工业者，但制造业发展缓慢，手工业者往往会离开较小的工业区。确保自己免受市场低迷影响的一种常见方法是将农业利润贷给社区中的其他人。近70%的清单详细列出了从日常物物交换的小额贷款到大块土地的抵押贷款，总的来说，贷款金额几乎相当于所有盘点财富的一半。这种社会银行体系为许多年轻人提供了确立自己地位的手段，作为回报，贷款人获得了利息、地位和在需要时收回债务的能力。

历史轨迹分析

以上研究为自耕农生态学提供了 26 个量化分析因素（见表 14.1）。春、夏、秋、冬四季的气温（A、B、C、D）和降雨量（E、F、G、H）都来自费城地区的气候重建。全部财产（I）的价值都包括描述每一阶层的资产清单，自耕农资产财富（J）是全部财产（I）数据的一个子集。那些最高阶层是自耕农（K）的遗嘱检验人员，其数量主要包括男性和少数女户主家庭。土地持有量（L）是根据切斯特郡历史学家收集的样本估计的平均土地面积。小麦生产者（M）和印度玉米种植者（O）的数量是占所有种植谷物者的百分比。小麦（N）、印度玉米（P）、全部谷物（Q）和小麦产量（R）的平均面积根据库存数据估计。牲畜单位（S）是将平均畜群规模缩减至可比规模（1 匹马＝1 头牛＝5 头猪＝7 只羊）。受约束的劳动力（T）是每个清单中记录的奴隶、仆人和学徒的数量。间作（U）是在混播田地里种植的小麦和黑麦的面积比例。最小和最大休耕量（V 和 W）决定了可留给天然牧草和自由放牧牲畜的土地范围。社会银行（X）是地产贷款的平均比例。小麦的市场价格（Y）来自对殖民地价格的历史研究。拥有手工业等物品或产品的被继承人家庭的数量（Z）反映了农业转移的趋势。为了更容易比较它们的历史轨迹，我们将 26 个因素以相似的数值尺度表示，标准化处理到 1750 年，并分为增长、稳定和下降三种趋势（见表 14.2）。

表 14.1　1730—1789 年宾夕法尼亚州切斯特郡的生态和历史趋势指数、清单和气候数据（字母与图 14.2 有关）

	1730—1739	1740—1749	1750—1759	1760—1769	1770—1779	1780—1789
A. 春季气温 ℉	55.8	54.7	53.3	52.1	51.3	52.3
B. 夏季气温 ℉	74.7	74.6	73.4	73.2	72.5	75.0
C. 秋季气温 ℉	55.7	56.0	56.4	55.3	56.2	55.9
D. 冬季气温 ℉	35.4	31.5	36.8	36.4	37.0	31.3
E. 春季降水量 英寸[①]	11.0	10.8	10.0	9.7	9.4	10.6
F. 夏季降水量 英寸	13.4	12.3	13.5	12.1	12.4	12.6
G. 秋季降水量 英寸	9.7	9.4	9.3	9.3	9.3	10.1
H. 冬季降水量 英寸	9.1	9.0	8.7	8.2	7.8	9.0
I. 全部财产/£10	21.1	24.3	27.7	36.8	36.9	49.9
J. 自耕农财产/£10	22.3	24.1	28.6	30.5	34.0	48.8

续 表

	1730—1739	1740—1749	1750—1759	1760—1769	1770—1779	1780—1789
K. 自耕农阶级%	63.0	52.0	61.0	68.0	66.0	48.0
L. 土地持有量/10 英亩	14.5	13.5	12.0	10.5	10.0	9.5
M. 小麦生产者%	56.0	62.0	60.0	59.0	68.0	65.0
N. 小麦/英亩	14.3	13.5	15.0	10.6	10.6	9.6
O. 玉米生产者%	19.0	22.0	27.0	37.0	41.0	48.0
P. 玉米/英亩	4.3	3.6	8.9	6.0	4.8	19.9
Q. 全部谷物/英亩	19.7	22.4	25.1	21.2	21.2	28.8
R. 小麦产量（蒲式耳）/英亩	8.1	9.1	8.1	7.0	6.8	5.7
S. 牲畜单位	18.8	17.2	15.6	13.6	12.7	12.5
T. 受约束劳动力/10 遗嘱查验	4.8	4.8	3.1	2.9	2.7	2.0
U. 间作%	14.0	28.0	22.0	31.0	22.0	13.0
V. 最小休耕年限	5.3	4.5	3.9	3.9	3.5	2.9
W. 最大休耕年限	7.3	6.1	5.0	5.0	4.3	3.3
X. 社会银行%	35.0	39.0	44.0	54.0	43.0	46.0
Y. 小麦 £/10 蒲式耳	1.6	1.8	2.2	2.8	3.4	3.0
Z. 制造商%	23.0	22.0	26.0	25.0	31.0	28.0

注：为便于读者比照原著阅读，此表所用英寸、英亩等单位仍保留原样，未进行法定计量单位的转换，下同。

表 14.2　1730—1789 年宾夕法尼亚州切斯特郡的生态和历史趋势指数、清单和气候数据，标准化到 18 世纪 50 年代的平均值（字母与图 14.2 有关）

	1730—1739	1740—1749	1750—1759	1760—1769	1770—1779	1780—1789
增长趋势						
P. 玉米种植面积	48	40	100	67	54	224
O. 玉米生产者数量	70	81	100	137	152	178
Y. 小麦市场价格	73	82	100	127	155	177
I. 所有阶级的资产价值	76	88	100	133	133	180
J. 自耕农资产价值	78	84	100	107	119	171
Q. 所有谷物面积	78	89	100	84	84	115
Z. 制造商	88	85	100	104	119	108

续 表

	1730—1739	1740—1749	1750—1759	1760—1769	1770—1779	1780—1789
稳定趋势						
G. 秋季降水量	104	101	100	100	100	108
M. 小麦生产者数量	93	103	100	98	113	108
C. 秋季气温	110	108	100	97	94	106
X. 社会银行	80	89	100	123	98	105
H. 冬季降水量	105	103	100	94	90	103
A. 春季气温	102	102	100	100	99	102
B. 夏季气温	99	99	100	98	100	99
E. 冬季降水量	105	103	100	98	96	98
F. 夏季降水量	99	110	100	90	92	93
D. 冬季气温	94	86	100	99	101	85
下降趋势						
S. 家畜单位	121	110	100	87	81	80
L. 土地持有量	121	113	100	88	83	79
K. 自耕农阶级	103	85	100	111	108	79
V. 最小休耕	136	128	100	100	90	74
R. 小麦产量	100	112	100	86	84	70
W. 最大休耕	146	122	100	100	86	66
T. 受约束劳动力	155	155	100	94	87	65
N. 小麦种植面积	95	90	100	71	71	64
U. 间作	64	127	100	141	100	59

日益增长的趋势表明，在小麦价格上涨的背景下，自耕农和其他阶层的人越来越富裕，但他们似乎通过使粮食多样化和增加制成品的产量来提高安全性。在经济上取得成功后，自耕农缩减了他们的资产规模，缩短了自然休耕期，减少了对受约束劳动力的投入，减少了畜群规模，小麦产量也下降了。遗嘱记录中，被描述为自耕农的死者比例和间作种植的比例在 18 世纪 60 年代达到顶峰，并在后期逐渐下降。这些趋势似乎解释了农业改革者对农业效率下降的担忧，以及自耕农不愿意改变一个有利可图事业的原因。

在整个 18 世纪里，天气、小麦生产者的比例和贷款利润似乎都保持相对稳定。然而，气候因素的聚类显示，由于它们在表达尺度上不同于其他数据，因此它们的历史轨迹可能被掩盖。换句话说，降水量的微小变化可能会对农业实践产生巨大影响。解决这一问题的方法是采用统计方法，使用相关矩阵来揭示以多种尺度表示的数据中的潜在关系。统计分析是一个非常有用的工具，但在这里使用它们时，不应该给人一种“它们是历史生态学分析的最终手段”的印象。

主成分分析(PCA)是探索性数据分析倡导者们最喜欢使用的工具，它避开了传统假设检验，此外，它依赖置信区间来追求模式识别(Shennan, 1997：265－307)。由于PCA提供了可解释的且会随时间一起推移的协方差图，所以其对历史生态学家大有用处。共享历史轨迹的因素被分为几种成分，根据它们与其他因素的关联程度给出分数(见表14.3、图14.2)。主成分分析还计算了反映前两个主成分中每十年给予的权重负荷(见图14.3)，分数接近1的因子是正相关的，而接近－1的因子是负相关的，得分在0附近的因子可能与其他因子不相关。

表14.3　1730—1789年宾夕法尼亚州切斯特郡自耕农生态因子的主成分负荷

成　分	1	2	3	4
A. 春季气温	**0.92**	0.37	－0.02	0.06
B. 夏季气温	0.32	**0.92**	－0.24	0.02
C. 秋季气温	－0.04	0.06	**0.87**	－0.48
D. 冬季气温	0.03	**－0.82**	0.35	0.44
E. 春季降水量	0.58	**0.79**	－0.15	0.01
F. 夏季降水量	0.46	0.25	**0.71**	0.41
G. 秋季降水量	－0.24	**0.90**	－0.06	0.30
H. 冬季降水量	0.51	**0.84**	－0.05	0.01
I. 全部财产价值	**－0.96**	0.24	－0.15	0.08
J. 自耕农财产价值	**－0.90**	0.43	0.02	0.06
K. 自耕农阶级规模	0.11	**－0.88**	0.03	0.45
L. 土地持有量	**0.99**	0.11	0.03	－0.01
M. 小麦生产者数量	**－0.74**	－0.02	0.24	－0.49
N. 小麦种植面积	**0.86**	－0.02	0.41	－0.07
O. 玉米生产者	**－0.99**	0.06	－0.08	0.07
P. 玉米种植面积	**－0.66**	0.69	0.08	0.15
Q. 所有谷物种植面积	－0.58	**0.66**	0.20	－0.17
R. 小麦产量	**0.89**	－0.17	0.04	－0.40
S. 家畜单位	**0.99**	0.15	0.04	0.04
T. 受约束劳动力	**0.96**	－0.02	－0.13	－0.15
U. 间作	0.07	**－0.68**	－0.48	0.46
V. 最小休耕	**0.96**	－0.10	－0.09	0.17
W. 最大休耕	**0.97**	－0.10	－0.10	0.14
X. 社会银行	**－0.68**	－0.34	－0.43	0.12
Y. 小麦市场	**－0.98**	0.10	0.00	0.05
Z. 制造商	**－0.83**	－0.22	0.44	0.07
可解释的方差	14.26	6.51	2.41	1.67
方差百分比	54.84	25.06	9.26	6.43

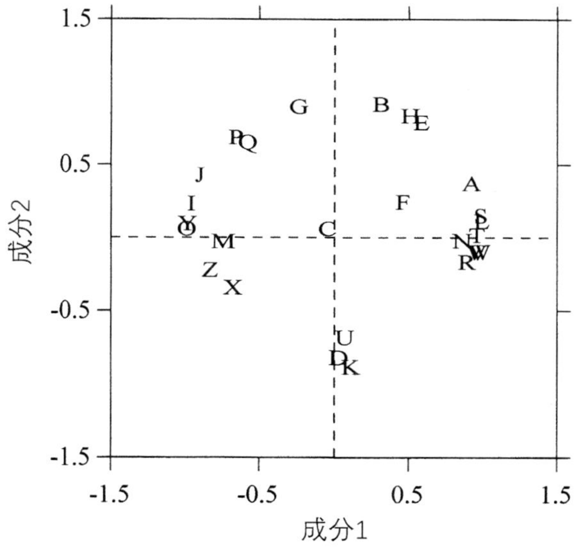

图 14.2　1730—1789 年宾夕法尼亚州切斯特郡自耕农生产的生态因子中成分 1 和成分 2 的因子得分①

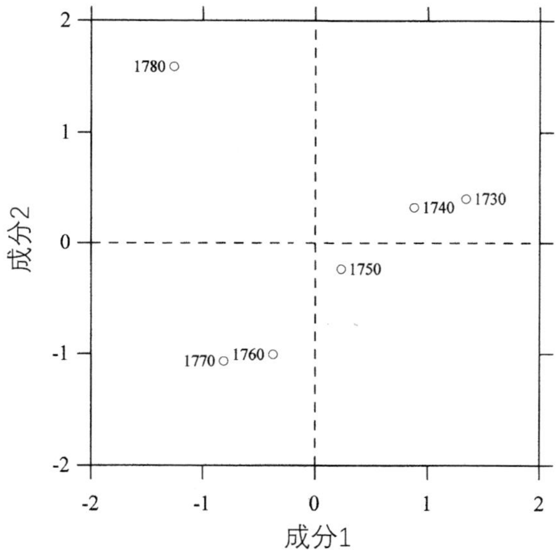

图 14.3　1730—1789 年宾夕法尼亚州切斯特郡自耕农生产的生态因子中成分 1 和成分 2 的负荷

① 个别因子得分相近，在原版书中即存在标注代码重叠情况。——译者按

结 果

图 14.2 所示的 26 个自耕农生态因素中，有 25 个表现为循环模式，这表明这些因素选得很好。只有秋季(收获季和播种季)的气温似乎在生态上无关紧要。前两个主成分显示了非常强的模式，解释了 26 个因素中 80%的差异(见表 14.3)，并成功揭示了气候在自耕农生态中的作用。成分 1 描述了简单趋势分析中看到的财富增长与生产要素下降之间的反向关系(见图 14.4)。但是，对规模的更好控制表明，农业建设是与气候变化同步进行的。自 1740 年以来，随着春季气温(A)变冷，小麦产量(R)下降，自耕农减少了平均种植面积(L)、小麦种植面积(N)、牧群规模(S)，奴隶、仆人和学徒的使用(T)以及再生休耕期的时长(V 和 W)。强劲的市场价格(Y)提高了获利能力，人口增长为小麦种植(M)提供了更多的自耕农。房地产的价值上涨(I 和 J)后，自耕农用这笔钱投资当地的制造业(Z)，增加了对他人的贷款(X)。随着 18 世纪 80 年代春季气温回升，越来越多的种植者将更多的田地用于种植印度玉米(O 和 P)。

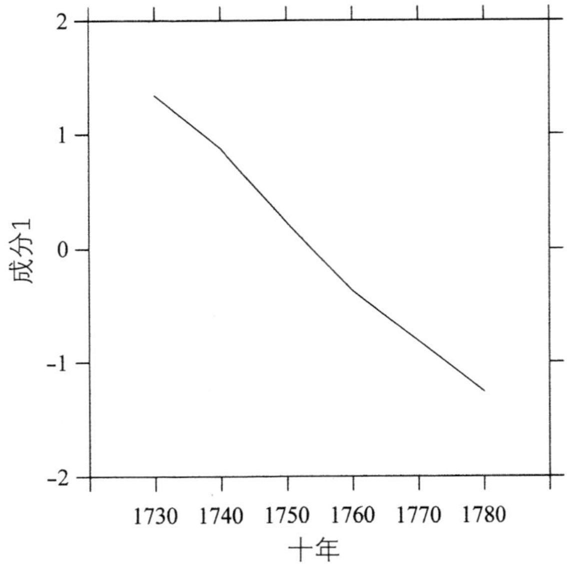

注：下降趋势代表财富增加。

图 14.4　1730—1789 年宾夕法尼亚州切斯特郡自耕农生产的生态因子中主成分 1 的历史轨迹

财富和恶劣的春季天气之间的关系复杂。根据现代公理——粮食生产越多，利润就越高，我们可以预期，自耕农的财富将与他们的畜群规模、受约束劳动力数量和小麦产量成正比。尽管较低的春季气温和土地持有量的减少导致劳动效率下降，但由于人们对特拉华河流域粮食的需求非常大，因此生产者的利润在不断增加。自耕农并不是追求生产最大化，而是利用强大的市场使他们的产品多样化，并维持较高的小麦价格，这在一定程度上避免了市场价格的波动。这些关系的反常理性可能是改革者困惑的核心，即在强大的国际市场面前，自耕农为何仍继续坚持传统的做法。

成分1描述了自耕农日益增长的财富；成分2描述了阶层与风险管理之间的关系（见图14.5）。随着夏季气温（B）降低，冬季变暖（D），春季、秋季和冬季变得越来越干燥（E、G和H），自耕农数量（K）逐渐增加，小麦和黑麦的间作（U）越来越多。看来，混合种植冬季谷物是抵御更寒冷、干燥的生长季节影响的一种手段。黑麦的快速生长意味着其庞大的根部可以在整个冬季和春季保留住水分，并抑制小麦生长，直到夏季雨水的到来。自耕农的数量随着混合种植的活动而波动，这表明该阶层的低风险行为可能是阶级意识形态的一个重要组成部分，这种意识形态看重可持续的土地所有权的价

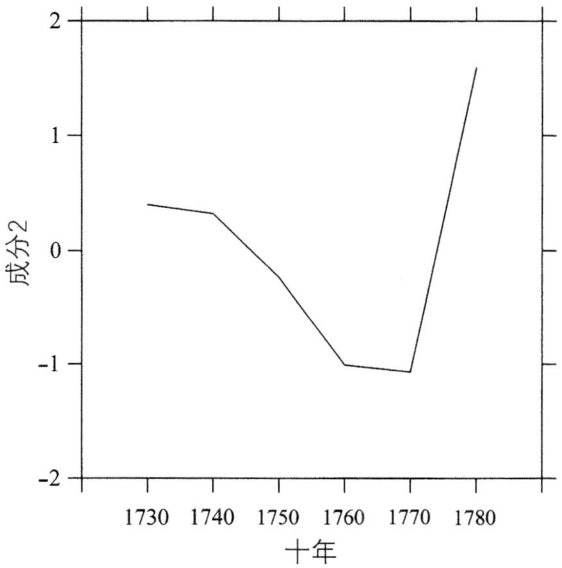

注：下降趋势代表自耕农阶层的增长。

图14.5　1730—1789年宾夕法尼亚州切斯特郡自耕农生产生态因子中成分2的历史轨迹

值，而非将潜在利润最大化。随着自耕农种植了越来越多的印度玉米(P)，从而增加了粮食总产量(Q)，因此一个必然的类别价值可能已经从动荡的小麦市场中被抛弃。

改革者抱怨说，自耕农陷入了时间的泥潭或者抵制变革，但这些研究结果并没有增加其可信度。自耕农采用轮作和间作种植法，有效应对气候变化，确保了财富的稳步增长。成分 1 和成分 2 包含了美国自耕农的双重性质：既是外部市场生产者，也是经过时间考验和低风险策略的实践者，这些策略保持了长期的可持续性。最重要的是，低风险策略的流行和自耕农阶层的增长与解体密切相关。最初，在恶劣天气和劳动效率下降的情况下，这些做法还能赚钱。随着 18 世纪最后 20 年天气的好转，切斯特郡的农民们放弃了使风险最小化的策略和鼓励这一策略的自耕农阶级意识形态。到 19 世纪中叶，切斯特郡自耕农的后代成为绅士农民、农业机械发明者和倡导改革的文学作家(Scholl，2008)。

结　论

在宾夕法尼亚州殖民地自耕农阶层的个案研究中，历史生态学方法的价值在于它们能够协调跨学科数据，以解决过去的复杂问题。一项研究，如果只专注于财富和市场，可能会忽视自耕农应对气候变化的方式，那么他们的农业实践就会像一些批评者所说的那样落后。景观作为生态关系的物质层面，为研究设计提供了可靠指导。研究者在数据收集和分析过程中要注意，规模对于正确组合生态难题的各个部分至关重要，而不是依赖于先入为主的因果关系层次。

历史生态学对于可研究的人类社会类型没有任何外在限制，但它有一个重要的内在局限性，那就是缺乏充分的综合分析。然而，全面的综合分析成本高昂。研究者不仅要在他们特定的学科专长上提供数据，还要研究其他学科的方法和理论。随着研究者在长期区域研究项目中尝试越来越复杂的综合法，培养跨学科分析能力很可能成为未来历史生态学方法论发展的核心内容。

参考文献

Balée W., 1989. The culture of Amazonian forests. *Advances in Economic Botany* 7: 1 - 21.

Balée W., 1994. *Footprints of the Forest: Ka'apor Ethnobotany: The Historical Ecology of Plant Utilization by an Amazonian People*. New York: Columbia University Press.

Balée W., 1998. Historical ecology: premises and postulates. In W. Balée (ed.), *Advances in Historical Ecology*. New York: Columbia University Press, pp. 13 - 29.

Balée W., 2006. The research program of historical ecology. *Annual Review of Anthropology* 35: 75 - 98.

Balée W. and C. Erickson (eds.), 2006. *Time and Complexity in Historical Ecology: Studies in the Neotropical Lowlands*. New York: Columbia University Press.

Bilsky L. J. (ed.), 1980. *Historical Ecology: Essays on Environment and Social Change*. Port Washington, NY: Kenniket Press.

Boas F., 1940. *Race, Language, and Culture*. Chicago, IL: University of Chicago Press.

Buttel F. H., 1987. New directions in environmental sociology. *Annual Review of Sociology* 13: 465 - 488.

Campbell M., 1942. *The English Yeoman: Under Elizabeth and the Early Stuarts*. New Haven, CT: Yale University Press.

Catton W. R., 1994. Foundations of human ecology. *Sociological Perspectives* 37(1): 75 - 95.

Cronon W. J., 1983. *Changes in the Land: Indians, Colonists, and the Ecology of New England*. New York: Hill & Wang.

Crosby A. W., 1972. *Ecological Imperialism: The Biological Expansion of Europe, 900 - 1900*. Cambridge, UK: Cambridge University Press.

Crosby A. W., 1986. *The Columbian Exchange. Biological and Cultural Consequences of 1492*. Santa Barbara, CA: Greenwood Press.

Crumley C. L., 1987a. Historical ecology. In C. L. Crumley and W. H. Marquardt (eds.), *Regional Dynamics: Burgundian Landscapes in Historical Perspective*. New York: Academic Press, pp. 237 - 264.

Crumley C. L., 1987b. Periodic markets in contemporary southern Burgundy. In C. L. Crumley and W. H. Marquardt (eds.), *Regional Dynamics: Burgundian Landscapes in Historical Perspective*. New York: Academic Press, pp. 335 - 360.

Crumley C. L., 1994. Historical ecology: a multidimensional ecological orientation. In C. L. Crumley (ed.), *Historical Ecology: Cultural Knowledge and Changing Landscapes*. Santa Fe, NM: School of American Research Press, pp. 1 - 16.

Crumley C. L., 1995. Building an historical ecology of Gaulish polities. In M. Geselowitz and B. Arnold (eds.), *Celtic Chiefdoms, Celtic States*. Cambridge, UK: Cambridge University Press, pp. 26 - 33.

Crumley C. L., 1996a. Historical ecology. In D. Levinson and M. Ember (eds.), *Encyclopedia of Cultural Anthropology*. New York: Henry Holt and Company.

Crumley C. L., 1996b. Foreword. In W. Balée (ed.), *Advances in Historical Ecology*. New York: Columbia University Press, pp. ix - xiv.

Crumley C. L., 2007. Historical ecology: integrated thinking at multiple temporal and spatial scales. In A. Hornborg and C. Crumley (ed.), *The World System and the Earth System: Global Socio-environmental Change and Sustainability Since the Neolithic*, Walnut Creek, CA: Left Coast Press, pp. 15 - 28.

Deevey E. S., 1944. Analysis and Mexican archaeology: an attempt to apply the method. *American Antiquity* 10(2): 135 - 149.

Deevey E. S., 1964. General and historical ecology. *BioScience* 14(7): 33 - 35.

Deevey E. S., 1969. Coaxing history to conduct experiments. *BioScience* 19(1): 40 - 43.

Denis D. J. and J. Legerski, 2006. Causal modeling and the origins of path analysis. *Theory & Science* 7 (1). Available online: http://theoryandscience. icaap. org/content/vol7. 1/denis. html.

Douglass A. E., 1914. A method for estimating rainfall by the growth of trees. *Bulletin of the American Geographical Society* 46(5): 321 - 335.

Douglass A. E., 1919. *Climatic Cycles and Tree-growth, Volume I*. Philadelphia, PA: Carnegie Institution of Washington and J. B. Lippencott Co.

Douglass A. E., 1928. *Climatic Cycles and Tree-growth, Volume II*. Philadelphia, PA: Carnegie Institution of Washington and J. B. Lippencott Co.

Douglass A. E., 1936. *Climatic Cycles and Tree-growth, Volume III*. Philadelphia, PA: Carnegie Institution of Washington and J. B. Lippencott Co.

Dunlap R. E. and W. R. Catton, 1979. Environmental sociology. *Annual Review of Sociology* 5: 243 - 273.

Egan D. and E. A. Howell, 2001. *The Historical Ecology Handbook: A Restorationist's Guide to Reference Ecosystems*. Washington DC: Island Press.

Gross M., 2004. Human geography and ecological sociology: the unfolding of a human ecology, 1890 to 1930 - and beyond. *Social Science History* 28(4): 575 - 605.

Hardesty D. L. and D. D. Fowler, 2001. Archaeology and environmental changes. In ed. C. L. Crumley (ed.), *New Directions in Anthropology and Environment*. Walnut Creek, CA: AltaMira Press, pp. 72 - 89.

Huntington E., 1912a. The fluctuating climate of North America part I: the ruins of Hohokam. *The Geographical Journal* 40(3): 264 - 280.

Huntington E., 1912b. The fluctuating climate of North America (continued). *The Geographical Journal* 40(4): 392 - 411.

Huntington E., 1913. Changes of climate and history. *The American Historical Review* 18(2): 213 - 232.

Huntington E., 1917. Temperature optima for human energy. *Proceedings of the Natural Academy of Sciences of the United States of America* 3(2): 127 - 133.

Huntington E., 1924. *Civilization and Climate*. Rev. of 1915 edn. New

Haven, CT: Yale University Press.

Huntington E. , C. Schuchert, A. E. Douglass, and C. J. Kullmer, 1914. *The Climatic Factor as Illustrated in Arid America*. Washington, DC: Carnegie Institution.

Kroeber A. L. , 1923. *Anthropology*. New York: Harcourt, Brace and Company.

Landsberg H. E. , C. S. Yu, and L. Huang, 1968. Preliminary reconstruction of a long time series of climatic data for the eastern United States. Technical Notes BN - 571. Institution of Fluid Dynamics and Applied Mathematics, University of Maryland.

Le Roy Ladurie E. , 1971. *Times of Feast, Times of Famine: History of Climate Since the Year 1000*. New York: Doubleday Press.

Libby W. F. , 1961. Radiocarbon dating. *Science* New Series 133(3453): 621 - 629.

Libby W. F. , 1976. Climatology conference. *Science* New Series, 192 (4242): 843.

Marquardt W. H. , 1992. Dialectical archaeology. *Archaeology Method and Theory* 4: 101 - 140.

Marquardt W. H. and C. L. Crumley, 1987. Theoretical issues in the analysis of spatial patterning. In C. L. Crumley and W. H. Marquardt (eds.), *Regional Dynamics: Burgundian Landscapes in Historical Perspective*. New York: Academic Press, pp. 1 - 18.

McGovern T. , 1981. The economics of extinction in Norse Greenland. In T. M. L. Wrigley, M. J. Ingram, and G. Farmer (eds.), *Climate and History: Studies in Past Climates and Their Impact on Man*. Cambridge, UK: Cambridge University Press, pp. 404 - 433.

McGovern T. , 1994. Management and extinction in Norse Greenland. In C. L. Crumley (ed.), *Historical Ecology: Cultural Knowledge and Changing Landscapes* Santa Fe, NM: School of American Research Press, pp. 127 - 154.

McGovern T. H. , O. Vesteinsson, A. Fridriksson, *et al.*, 2007. Landscapes of settlement in northern Iceland: historical ecology of human impact and climate fluctuation of the millennial scale. *American Anthropologist* 109(1): 27 - 51.

McNeill J. R. , 2003. Observations on the nature and culture of environmental history. *History and Theory* 42(4): 5 - 43.

Moneyhon C. H. , 1980. Introduction. In L. J. Bilsky (ed.), *Historical Ecology: Essays on Environment and Social Change*. Port Washington, NY: Kenniket Press, pp. 3 - 8.

Netting R. M. , 1977. *Cultural Ecology*. San Francisco, CA: Cummings Publishing.

Rice D. and P. Rice, 1984. Lessons from the Maya. *Latin American Research Review* 19(3): 7 - 34.

Scholl M. D. , 2008. The American yeoman: an historical ecology of production in colonial Pennsylvania. Ph. D. Dissertation, Department of Anthropology, University of North Carolina at Chapel Hill.

Shennan S. , 1997. *Quantifying Archaeology*. 2nd edn. Iowa City, IA:

University of Iowa Press.

Sponsel L., 1998. The historical ecology of Thailand: increasing thresholds of human environmental impact from prehistory to the present. In W. Balée (ed.), *Advances in Historical Ecology*. New York: Columbia University Press, pp. 376 - 404.

Swetnam T. W., C. D. Allen, and J. L. Betancourt, 1999. Applied historical ecology: using the past to manage for the future. *Ecological Applications* 9(4): 1189 - 1206.

Vayda A. P. (ed.), 1969. *Environment and Cultural Behavior: Ecological Studies in Cultural Anthropology.* Garden City, NY: The Natural History Press.

Vayda A. P. and R. A. Rappaport, 1968. Ecology, cultural and noncultural. In J. A. Clifton (ed.), *Introduction to Cultural Anthropology: Essays in the Scope and Methods of the Science of Man*, Boston, MA: Houghton Mifflin, pp. 477 - 497.

Whitehead N. L., 1998. Ecological history and historical ecology: diachronic modeling versus historical explanation. In W. Balée (ed.), *Advances in Historical Ecology*. New York: Columbia University Press, pp. 30 - 41.

Winterhalder B., 1994. Concepts in historical ecology. In C. L. Crumley (ed.), *Historical Ecology: Cultural Knowledge and Changing Landscapes*. Santa Fe, NM: School of American Research Press, pp. 17 - 42.

Worster D., 1977. *Nature's Economy: A History of Ecological Ideas*. Cambridge, UK: Cambridge University Press.

Worster D., 1979. *Dust Bowl: The Southern Plains in the 1930s*. New York: Oxford University Press.

15 海洋保护项目设计的社会生态学方法：以所罗门群岛为例

尚卡尔·阿斯瓦尼

前 言

最后这一章为阐述各种社会生态学方法的整合方式提供了例子，例如运用本书中所提出的方法可以制定出成功的公共环境政策。以海洋保护为例，笔者详细阐述并描述了可供人类学家和自然科学家在设计保护区（例如，海洋保护区）时所使用的各种综合方法。笔者还讨论了社会科学家如何巧妙地设计出适合当地情况的保护项目，并总结出如何实现长期项目可持续性目标的策略。

大多数海洋生物学家认为，在规划海洋保护区时，可靠的科学数据必不可少（例如，Bergen and Carr，2003）。海洋生物学家还广泛宣传海洋保护区，因为它可以提高产卵种群的生物量，允许幼虫扩散和成虫向邻近非保护区输出，保持物种多样性，保护栖息地并维持生态系统功能（Roberts et al.，2001；Russ and Alcala，1999）。但是，社会科学家普遍批评海洋和渔业科学家在制定和实施保护渔业政策时，过分重视生物多样性和种群补充模式，而忽视人与海洋的社会层面关系（Acheson and Willson，1996；Pollnac，Crawford，and Gorospe，2001）。

在海洋保护项目背景下，这一呼吁尤其强烈，因为海洋保护区一般由自然科学家设计，所以社会科学家认为他们的呼声没有得到充分重视。这种观点在最近的呼吁中得以表达，即在设计、实施和评估海洋保护区时应理解其社会层面（如 Charles and Willson，2009；Christie，2004；Jentoft，van Son，and Bjørkan，2007）。在陆地自然资源管理方面，也有同样的情况出现（例如，West and Brockington，2006）。然而，社会科学家不应该局限于方案陈述，而是为综合设计和分析海洋保护区以及更广泛的陆地、海洋保护区提供协调一致的研究工具与政策指南。事实上，社会科学家需要通过实际的设计和/或实地参与保护项目，来证明利益相关方推动的保护项目是如何比纯粹生物学驱动的保护项目更有可能取得成功的。为此，我们借鉴了自己在西部所罗门群岛新乔治亚小组中的应用和科学工作，分别阐述了规划和维持海洋保护区的各种社会生态方法与综合方法，这些方法也适用于陆地保护区的规划。

研究地点

西所罗门群岛的新乔治亚岛由自西北向东南延伸的火山岛组成（见图 15.1）。海洋生态系统包括沿海和珊瑚环礁的潟湖、堡礁、草床、红树林、河口和泥滩，它没有受到人类活动的破坏，是世界海洋生物多样性的热点地区之一（Hughes, Bellwood, and Connolly, 2002）。当地居民拥有传统土地和海洋保有权，这在原则上允许该地居民有权获取和使用海洋与陆地资源，禁止那些没有部落权利的成员使用。这些权利取决于部落成员的出生权利、配偶关系和居住地点，酋长和长老控制着每个地区以及每一寸部落领土。如今，尽管过去了两个世纪，经历了广泛的社会和文化变化，但大多数沿海居民仍然将捕鱼和园艺作为谋生手段。在西所罗门群岛上，对珊瑚礁和海洋资源最直接的威胁是由人口的持续增长（每年增长约 3%）、伐木造成的径流沉降以及全球气候变化可能产生的负面影响所造成的过度捕捞。这些因素导致许多社区环境日益恶化与社会局势日益紧张。

1999 年，当地社区与我们的研究团队在罗维亚纳和沃纳沃纳潟湖实施了一个海洋保护与发展项目，作为一项预防性管理战略以解决这些环境问题。截至 2009 年年底，乔治亚群岛建立了一个由 30 多个“禁捕”海洋保护区和“时空”避难所组成的系统，覆盖了 50 多平方千米的不同的海洋栖息地，包括红树林、海草和各种生态特征的珊瑚礁（见图 15.2）。目前，我们正在将这种海洋保护区系统扩展到西部所有岛屿（如马罗沃潟湖、伦多瓦岛和韦拉拉韦拉岛）。保护区的一般生物学目标是提高当地渔业生产力，保护脆弱物种和栖息地（生物多样性和生态系统功能），保护易受影响的生命史阶段（产卵地和育苗场）。保护区的社会目标是利用社区熟悉的做法，包括传统海洋保有权和当地生态知识（IEK），以维持居民的生计。

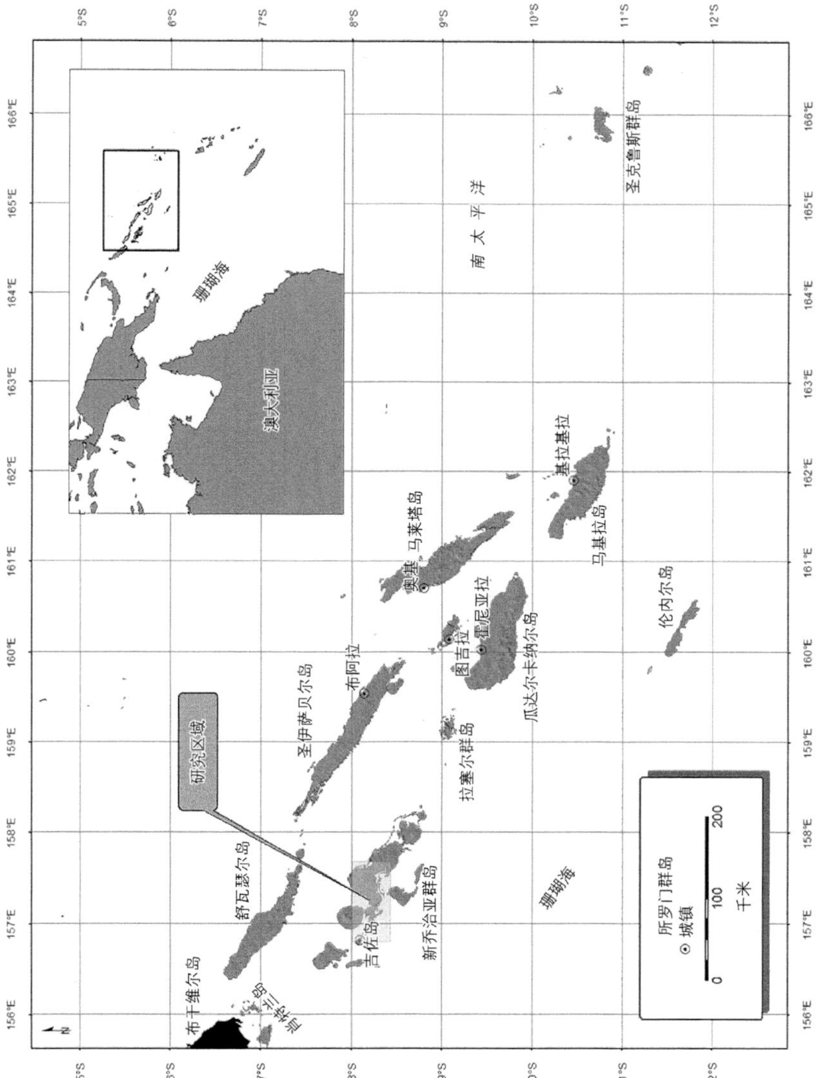

图 15.1 所罗门群岛

注：研究区域以灰色来突出显示。

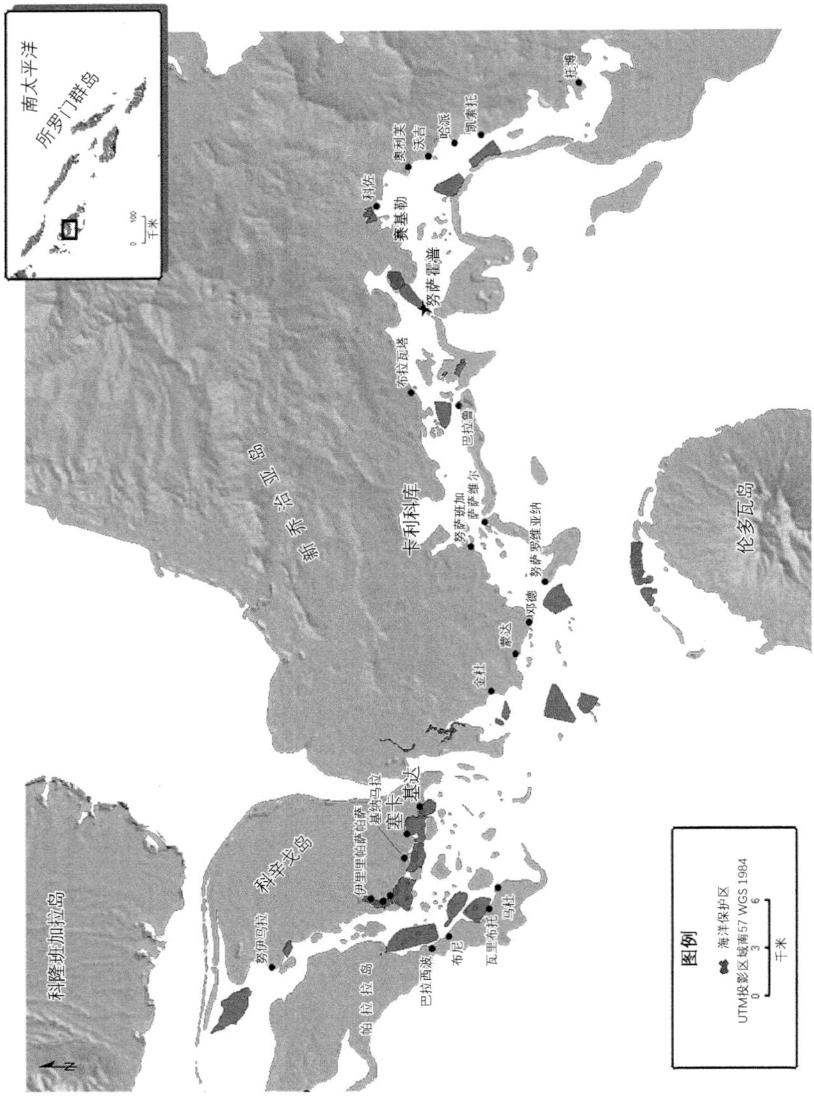

注：马罗沃潟湖处的地址未标明。

图 15.2 罗维安纳和沃纳沃纳潟湖及伦多瓦岛的现有海洋保护区地址

规划海洋保护区的社会生态学方法

为了理解人与环境关系的各个方面，我们于 1992 年至 2009 年进行了大量生物学和社会学研究（作者和团队成员进行了累计超过 100 个月的实地考察）。这些社会生态学研究的第一阶段采用了定性和定量相结合的方法，描述共同财产制度的动态以及 IEK 和相关资源开发战略的各个方面，这些研究结果为规划和建立若干海洋保护区提供了一个框架。接下来，我们回顾一些社会生态学的途径和方法（人种学、地理学、经济学和生态学研究方法的组合），其中一些方法已经在本书中介绍过，用于规划海洋保护区，并为由社会科学家和自然科学家共同领导的社会生态学项目如何制定出适用于世界其他地方的保护项目提供指导方针。

海洋保有权：人种史学和系谱人口统计学

在规划将地方治理机构纳入社区管理的保护项目时，我们意识到历史的重要性。在西所罗门群岛，目前当地社区之间的管理差异主要是基于区域的不同定居模式和人口进程的历史，以及它们与政治经济相互作用所形成的不同的领土权利方式。人们不禁要问：当地社区在治理和管理实践方面存在差异吗？如果有差异的话，历史、人口、经济和政治变化对当今每个共同财产制度的组织结构和管理结果有何影响？结合人种史、系谱人口统计学和微观经济学方法可以回答这些问题。

抽　样

第一步，通过家庭人口普查来确定研究人群。一旦编制了每个村庄所有户主的名单，研究人员将会进行随机抽样（Pelto and Pelto，1978；Rogers and Schlossman，1990）。对于住户不足 30 户的小村庄进行全面的抽样调查，而对 40 户以上的较大村庄，我们抽取了 50%～75%的样本。第二步，对随机选取的家庭进行家庭问卷调查。调查问卷中的变量包括基本人口普查数据，以及关于劳动经历、家庭收入、家庭支出、生产活动任务和时间分配的粗略估计，共同开发的商业海洋资源，资产所有权以及一系列其他重要问题。第三步，与户主进行结构化访谈，探讨亲属关系、部落历史、海洋属地，特别是人们目前对资源使用和获取规则的看法，以及他们在每个部落领土内的实际行为(保有权制度)。

人种史

对于人种史研究，在人口普查和问卷调查中接受采访的户主需要确定关键的受访者(或滚雪球样本)。一旦确定人选，就对受访者(大多为七八十岁的老人)进行深入的开放式、半结构化和结构化的区域口述史访谈。要注意的是，口述史与民间故事和神话相比，后者通常不是按照顺序和持续时间来组织(Henige，1974：2)。一些人种史研究者认为，神话和口述史之间的界限往往无法确定，任何明显的区分都是错误的(Neumann，1992)。尽管如此，所罗门群岛的受访者明确区分了重大的历史事件和更多类似神话的事件，并且将口述史的时间和空间表现与特定的族谱及考古遗迹密切联系起来。我们将欧洲人的考古资料和早期历史记载与口述史进行了对照，以便更好地理解影响当前领土结构的历史过程。综合分析后的数据表明，从16世纪到19世纪，政治、经济竞争导致了不同部落群体成员的不同定居模式，形成了当前陆地和海洋国土权利的特点(见Aswani，1999)。

就保护项目而言，家庭调查问卷与口述史访谈包括：(1)对历史定居模式进行定性调查，并确定该地区内不同的海洋保有权制度；(2)定量测量与该地区主要地产有部落关系的家庭的地理分布。利用简单的卡方检验，分析至少有一名成员拥有主要地产的家庭分布，结果表明，观察到的当代村庄与现有部落之间联系的非随机性很显著。研究结果阐述了近年来人们的不对称区域定居模式是如何影响他们当前建立合作和执行机制能力的。

系谱人口统计学和定居空间模式

历史上的人口统计进程可能对管理土著共同财产的社会制度产生重大影响。西所罗门群岛的人口趋势表明，过去50年来，人口稳步增长(Solomon Island Government，1999)。我们从1986年和1999年的政府人口普查及家庭调查问卷数据中收集了关于总体区域发展趋势的数据，如生育率、死亡率和人口增长，以衡量人口变化对资源管理战略的影响。此外，我们还分析了“家庭绘图”和定居空间模式，以便对该地区每个共同财产系统内的人口趋势信息进行微调(仅限罗维安纳和沃纳沃纳潟湖)。

以系谱人口统计学为基础的家庭绘图法被用来绘制主要的家谱，以便在每一个海洋保有权制度约束下的村庄里进行抽样，一般从一个社区年长成员的父母开始抽样调查(Chun and Means，1997)。一旦确定了主要血统，每个成员都要确定从老一辈父母开始的每代孩子（死亡和活着的）的出生日期。由于老年人很难记住准确的日期，所以人们使用了重要的历史标志来帮助记忆，包括第二次世界大战（20 世纪 40 年代）、基督教团契教会的兴起（20 世纪 60 年代）、伐木时代的来临（20 世纪 80 年代）和新千禧年（2000 年）。

然后要求受访者确定其人生中所有的新老定居地，以确定每种制度内村庄空间定居模式的变化。在一个定居点居住了 75 年或更长时间的受访者，被要求确定人生三个阶段（青年时期、中年时期、老年时期）的新定居点。考虑到定居点规模的差异，要求受访者根据人口规模的粗略估计（如单身者、大家庭、村庄等）对定居地进行排序。然后，在一组航拍照片中测量并绘制三个阶段定居地之间的平均距离。我们现在根据所估计的建立年份将这些数据导入 GIS 中。这一分析粗略衡量了 20 世纪的人口密度变化模式。总之，这两种方法使我们能够确定每种海洋保有权制度内的人口趋势，推断人口增长对利益相关者空间分布以及由此对其领土战略可能产生的影响。

海洋保有权：社会经济转型和应对策略

人口变化和空间聚落需要与不断变化的消费者需求以及经济活动相关联，以了解每种海洋保有权制度承受当代社会经济变化的制度弹性。那么：公共资源的开放获取是否源于消费者需求和市场经济变化导致的地方机构的崩溃呢？

为了阐明当地海洋保有权制度面对不断变化的消费者需求和市场经济侵蚀所体现出来的脆弱性和/或稳定性，我们有必要了解潟湖居民的经济行为。为了解释经济差距与海洋资源控制之间的关系，我们记录了整个抽样年份（1994—1995 年，1998—2003 年，2009 年）之间的经济和生活水平差异。综合运用包括收入和支出分析、时间分配研究、食物日记和结构化访谈等方法，了解居民的生计和粮食安全，并评估他们对不断变化的经济环境所做出的反应。反过来，这些结果又推动了对当地政策敏感的海洋保护区的规划。

收入和支出分析

以收入和支出分析来确定每个家庭参与市场经济的情况，并使用记日记的方法获得更大的样本量。改进我们的调查工具，使每个抽样家庭所选定的成员能够很容易地理解和完成。1994 年至 2001 年期间进行的人口普查确定了所有目标村的抽样家庭。随机选择的家庭成员（15 个村庄中至少有 50％的家庭）需要记录一周的所有经济活动，收入表包括交易日期、向销售人员出售的货物以及性别对收入的影响等。支出表的编制也是如此。为了在经济活动，特别是那些涉及海洋资源开发的项目的季节变化框架内获得一个有代表性的样本，我们进行了若干周期的收支表调查。对抽样年份的数据进行比较，以核查最近的发展情况，并确定与海洋保有权制度有关的任何经济和体制变化。

时间分配研究

明确渔民的时间分配模式，对于了解家庭如何满足其生存和经济需求至关重要。时间分配研究重点关注人们的时间利用和各种生产模式。分析时间预算的好处在于，可以客观得到日常活动的度量，而不必仅仅依赖访谈收集到的模糊行为描述。生产活动的时间分配是通过家庭调查问卷推断出来的，并采用抽查法进行验证（Johnson，1975），包括随机选择访问家庭的时间和日期，并尽快记录观察到的家庭成员的活动。缺席成员的活动可通过询问在场成员进行记录，每项行为的观测比例是通过将任何给定活动的观测数量除以（所有活动）抽样观测总数来计算的。我们熟悉当地生产模式，可以对活动类别进行编码。为保持随机性和普遍性，全年的行为抽样由当地研究助理进行。这些测量结果使我们能够：（1）辨别出生产性收入活动与生存性活动在时间利用上存在的地区差异；（2）考察资源利用的季节性区域转移模式；（3）最重要的是，观察已确定的海洋保有权制度的时间使用差异及其与不断变化的消费需求和渔业商业活动之间的关系。

粮食安全

我们用各种访谈和食物日记的方法来阐明每种海洋保有权制度下社区家庭的粮食安全问题。结构化访谈补充了本章中详述的其他方法，包括：（1）每日准备的膳食数量；（2）饮食多样性；（3）粮食短缺的发生率；（4）粮食不足的应对策略；（5）对粮食安全和充足性的认知。我们使用李克特量表问卷设计并收集这些数据，此外，我们还使用食物日记量化来分析实际的家庭食物摄入量。我们要求家庭中的一名成员记录一周内每位成员每顿饭的用餐情况。通过比较数据（食物日记和厨房表格）以确定不同的抽样年份和村庄之间存在的差异，并衡量每种海洋保有权制度内不同的资源管理策略是否对家庭粮食安全水平产生影响。

海洋保有权：制度认知与治理

确定人们如何理解他们的领土权利（索偿物或财产权），以及如何通过管理参与者和驱逐闯入者而有效地行使这些权利（采取实际行为），对理解目前的管理选择至关重要。这需要了解人们在海洋保有权认知上的异同（作为“文化共识”的代名词），了解他们对于干预、善治、资源冲突的文化态度（作为“强制获取”的代名词）以及人们是否可能通过合作来保护自然资源。我们使用各种方法来理解这些过程，包括文化共识分析、结构化访谈，以及使用实验经济学中的“公共产品博弈”来提供有关群体凝聚力、冲突和合作行为可能性的信息。除其他因素外，了解人们目前在当地社区实施治理和管理决策的心理过程（如文化共识）是有效管理资源的关键。

文化共识分析

为了了解影响人们决策的基本假设，我们使用认知人类学技术来测量文化知识，这些技术被用来调查人类社区之间共享知识的程度（D'Andrade, 1995）。研究目标是提出一种罗维纳潟湖内不同地区的人们（如巴劳鲁和东德村）都可以使用的文化模式，以了解海洋保有权制度的运作机制及可能存在的威胁，并评估他们对产权和管理策略的文化认知是否存在差异。标准的人种学方法（参与者观察和受访者访谈）与认知人类学方法相结合（包括一致性问卷、自由列表和项目分类）（Bernard, 2000），自由列表得到了与产权有关的词汇清单，帮助我们确定关于海洋保有权的基本思想和概念。在项目分类实操中，受访者获得了一套用英语和罗维亚纳语写成的卡片（由自由列表得到），他们需要将卡片按最相似的概念进行分类。最终的分组将体现特定文化领域的隐式分类要素。

在数据分析方面，我们将调查结果转换为“同意/不同意”格式，并进行共识分析。该方法通过一对向量内的数值矩阵将答案与“测试”进行比较。假设受访者之间的一致性意味着一定程度的知识共享，使用多维尺度分析项目分类结果，将相似矩阵和不相似矩阵转换成具有欧几里得距离坐标的地图（Bernard, 2000），然后透过术语的分组或“集群”可以识别出强关联性的术语，这反映了受访者共享的隐含知识。结果显示，不论年龄、性别、受教育程度等因素差异，受访者都使用单一的认知模型来回答有关海洋保有权的调查问题。然而，使用非度量多维尺度方法(MDS)的进一步分析表明，社区之间在人口规模、干涉和过度捕捞方面存在显著的认知差异；反之，这些差异又反映了人们对每个已有海洋保有权制度管理海洋资源能力的积极或消极看法(Aswani and Herman，未发表的数据；Aswani，2005)。

冲突和自然资源

确定整个区域是否由于海洋保有权管理差异而存在冲突至关重要。通过访谈表和家庭问卷调查，我们可以了解参与者之间以及相邻社区之间的冲突。我们试图找出每个产业利益相关者之间的冲突、使用和准入规则的变化、约束范围的修改、执行管理决策的地方机制、监督能力、传统的和法律上的冲突解决机制以及每个地区的偷猎发生率(由所属成员或邻近团体造成)。访谈和调查问卷也查明了非法捕鱼活动发生率的变化(例如，以征收罚款、抓捕渔民等来衡量)。对于每一项干预和善治的衡量，用简单的组间方差分析来确定村庄之间的差异，每次比较的 α 方差均设为 $p<0.05$。

合作和自然资源

理解不同保有权制度下利益相关者之间的合作，对于成功规划保护项目至关重要。个人层面的哪些变量(如年龄、性别、受教育程度、民族等)和群体层面的哪些变量(如治理机构、群体强制行为等)会促成自然资源管理的合作行为？例如，种族多样性是增强(Santos，Santos，and Pacheco，2008)还是减弱(Habyarimana et al.，2007)公共产品情境下的社会凝聚力和合作？什么样的历史、经济和政治环境会促使人们对公共产品(比如参与保护项目)做出更大的贡献？为了衡量不同海洋保有权制度下利益相关者之间的合作行为，我们使用了实验经济学的“自愿贡献”公共产品博弈(PGG)的简化版本，某种程度上是为了理解亲社会行为(或自愿行为，比如可以造福他人或群体的分享)，并检验当个人和团体利益出现冲突时人们的反应(Henrich et al.，2005)。

在六个罗维亚纳村庄和一座小城镇(诺罗)中，大部分 40～70 岁的男性被要求参加 PGG，每位参与者获得了 15 美元的所罗门币并被告知可以匿名捐款。然后参与者得知，捐款将增加一倍，并且无论其最初的捐款是多少，共同捐款总额将平均分发给所有参与者。如果参与者分别都捐献 15 美元的所罗门币，他们预计会得到 30 美元的回报。但问题是(取决于群体的凝聚力和信任)，很多人都希望能够“搭便车”，在不受他人行为影响下尽可能少地捐献，从而期望从他人的捐款中获利（Henrich et al.，2005）。因此，理性的选择就是“搭便车”，尽可能少地投资，甚至不投资。这可能会导致参与者（尤其是在不信任的群体中）牺牲公众利益以求其自身回报最大化。如果每个人都这样做，就会导致共同背叛和经济瘫痪的状态（Hauert，2006）。我们的初步结果表明，宗教和种族的同质化有助于每个村庄参与者的亲社会行为，而在社会异质性的小村庄中，“搭便车”现象更为普遍。

海洋保有权和生态评估

由于太平洋地区集中化和科学驱动沿海渔业项目的频频失利，人们越来越关心如何更好地了解残余的传统海洋保有权制度与生态可持续性之间的关系（例如，Cinner，Marnane，and Mcclanahan，2005）。我们研究调查了不断变化的捕捞强度与管理体系和物种丰富度之间的关系，在彰显珊瑚礁生态系统复原力和脆弱性方面，物种丰富度起着关键作用。例如，我们调查本地生计和人工捕鱼压力对所罗门群岛西部吉佐镇（拥有较弱的海洋保有权）鹦嘴鱼渔业的生态影响，并利用这些信息对金达和努沙霍普村附近（有功能性海洋保有权）开放捕捞与传统封闭捕捞珊瑚礁中鹦嘴鱼的丰富度进行了比较评估。

2004 年和 2005 年，我们利用水下视觉普查仪（UVC）测定了吉佐岛鹦嘴鱼的密度和大小分布，以确定人工捕鱼压力是否导致了鹦嘴鱼大小和丰富度的局部变化。收集了同一时间段内的回忆日志和捕鱼量调查数据，以独立评估单位捕获量（CPUE），以及本地生存环境和人工捕鱼压力对鹦嘴鱼种群的生态影响。然后，我们使用所有有关鹦嘴鱼数量和大小分布的 UVC 数据，衡量吉佐在金达和努沙霍普开放捕捞（对照点）和封闭捕捞（实验点）上的发现。将这些定居点开放捕鱼点的数据与金达和努沙霍普村的封闭捕鱼点数据进行比较，以确定即将消亡的（吉佐）、脆弱的（金达）和强大的（努沙霍普）传统渔业管理体系对当地的影响。结果表明，传统海洋保有权正在促使所罗门群岛西部城市化地区本已十分脆弱的渔业迅速退化，有效的传统管理体系对鹦嘴鱼渔业的管理和养护产生积极的影响（见 Aswani and Sabetian，2010）。

人类觅食策略

在规划海洋保护项目时，自然科学家很少考虑人类觅食策略的具体特征。然而，研究捕鱼行为有助于理解人类资源开发的时空模式（如渔具的季节性变化）、人类对栖息地内外部相对生产力（由捕捞率决定）变化的反应，以及这种变化对捕捞战略的影响，还有人类对特定海洋栖息地的威胁。基于人类的季节性觅食模式，这些信息有助于规划永久和季节性禁捕期。将捕鱼行为模式纳入项目规划中，可以使人们更自觉地保护海洋资源。

人类行为生态学和捕鱼

人类生态学家经常使用最佳觅食理论模型来预测人类觅食行为的各个方面（例如，Smith, 1991）。在罗维安纳的研究中，我们检验了从碎片选择模型和边际价值定理（MVT）中得出的假设，以研究渔民碎片捕鱼点选择和时间使用的时空变化（见 Stephens and Kerbs, 1986）。我们利用从这些模型中得到的信息来分析渔民的季节性运动，预测渔民捕捞鱼类的种类和数量、海洋栖息地的使用频率以及捕捞力度的波动强度。例如，当使用碎片选择模型时，我们检验了这样的假设，即当栖息地的季节性生产力提高时，该栖息地的总体时间分配（一组碎片地区）会增加，并高于其他栖息地。相反，当那个碎片区的季节性生产力降低并低于其他栖息地时，分配给整个栖息地类型的整体时间就会减少。

采用两种相关方法即焦点跟踪和自我报告日记检验这个假设。焦点跟踪分析包括记录渔民在不同的时间段的活动情况并测量渔获量。日记法包括随机选择调查对象，让他们记录自己的捕鱼活动。我们通过直接观察和自我报告日记的形式，收集了连续 10 年（1994—2004 年）的季节性觅食数据，涵盖了 10000 多次觅食事件和 15000 小时的捕鱼活动。这些数据被用来探讨村庄和栖息地类型对平均净收益率及捕鱼事件持续时间的影响。平均净收益率测量值等于捕鱼过程中获得的能量（可食用渔获量的卡路里值）减去劳动力投入（在觅食过程中发生的劳动力成本，包括出行、搜索和处理时间）除以在渔场的总停留时间（见 Smith, 1991）。

总体而言，结果表明，为了使平均净收益率最大化，渔民的努力重心在于高产栖息地的选择以及对不同季节时栖息地类型、渔场和物种组合的考量。更具体地说，这些结果使人们更好地了解：(1) 捕鱼方式的分布以及产量和行为方面的地理差异；(2) 季节和空间变化下不同的栖息地生产力；(3) 使用时间的变化是对资源丰富或匮乏情况的一种回应。区域村庄不同栖息地的捕鱼回报率和渔获量数据的差异不仅表明了觅食策略的不同，而且表明了各个社区资源管理战略的有效性。该研究得到了有关当地觅食模式的数据，这些数据有助于海洋保护区的规划。

人类觅食模式和地理信息系统(GIS)

GIS 数据库可以将社会空间信息（如人工捕鱼数据）与生物物理信息结合起来，帮助人们规划海洋保护区等保护项目。在本研究中，我们通过查询 GIS 数据库并显示查询数据，在时空上对人类觅食策略进行了独特的概念化区分。我们用 GIS 将地图空间数据集（用 GPS 接收器收集的 615 个站点）与非空间属性数据（觅食数据集）联系起来。这样的好处是：一方面可以分析特定海洋栖息地与其内部的碎片区域之间的时空关系，另一方面也可以分析它们相对生产力的变化和各区域村庄渔民为开发这些资源而进行的觅食行为相关时间的变化。

例如，我们用 GIS 数据库进行查询，提取出当地公认的与该地区三个潮汐季节相关的捕鱼事件数据。然后，我们使用 GIS 对各个季节、各种栖息地类型的各个渔场的平均净收益率和时间分配进行因子分析。我们将这 6 幅地图并列显示并打印出来，以增强视觉解释和模式描述效果。觅食分析的视觉效果使细节更加明显，从而使我们对栖息地内的变异性以及人类应对这种变异性的反应和策略有更透彻的理解。这使我们能够规划出人们的捕鱼策略以及对生计破坏性较小的海洋保护区（见 Aswani and Lauer，2006a）。

当地生态知识

将当地生态知识（IEK）纳入近海渔业管理，越来越受到科学家和政策制定者的重视（例如，Achesonand and Willson，1996）。当地渔民对开采环境拥有直接经验和知识，包括对当地海洋资源的直接评估以及它们如何随时间变化而变化的知识，这是海洋生物学家所欠缺的专业知识。关于当地海洋资源管理的知识和实践价值不仅仅是假设性的，正如我们指出的那样，将 IEK 纳入其规划的海洋保护区，在生物学研究和社会发展方面会取得重大突破（如 Aswani et al.，2007）。

通过与 300 多名来自潟湖村庄的年轻人（18～39 岁）、中年人（40～59 岁）和老年人（59 岁以上）进行开放式和结构化的访谈，我们记录了过去 17 年（1992—2009）的当地生态知识。我们获得了一些生物参数的信息，然后将这些信息与相应的西方信息进行匹配来描述气候现象、栖息地组成和生物分类。渔民发现了 50 多种捕捞方式、数百种脊椎和无脊椎海洋生物、大约14种主要栖息地类型和6种小型栖息地类型，以及615个当地渔场。后者是据罗维安纳和沃纳沃纳岛的航拍照片手工绘制而成的，从而为后续的GIS可视化分析奠定了空间基础。因此，在我们参与的保护工作中，特别是当划定罗维安纳、沃纳沃纳岛和马罗沃潟湖分布时，社会生态学和空间分析是基础。

当地生态知识和GIS

栖息地绘图可以用来对栖息地的多样性和带状性进行编目，并确定体现生物多样性的生态地点，为了规划海洋保护区，栖息地绘图展现了可开发利用的物种、脆弱的生命阶段以及栖息地之间的关联。在研究中，我们提出了一种可靠的参与式方法来绘制海底生物和有关生物群落的地图。首先，我们对兼具物理和生物特征的海底生物群落的定义做了阐释(Diaz, Solan, and Valente, 2004)，这样可以对一些规划中的海洋保护区(见图15.3)内常见的海底栖息地进行分类。其次，我们用一台大型绘图仪打印了一张2英尺×4英尺的海洋保护区规划地图，其比例约为1∶3500。由于受访者对海洋环境的了解以及他们长期的捕鱼经验，所以我们让受访者(5名男子和女子)解释照片。再次，受访者明确了主要暗礁和主要底栖生物的特征，并用毛毡尖标记直接在照片上画出了非生物和生物基质的边界。对所得到的海底生物类型纸质地图进行扫描，并将图像文件加载到GIS中进行地理校正。最后，经过地理标定，使用屏幕上的数字化技术追踪每个边界，从而为每个海底生物基底创建一个多边形(形状文件)(见图15.4)(Aswani and Lauer, 2006a)。

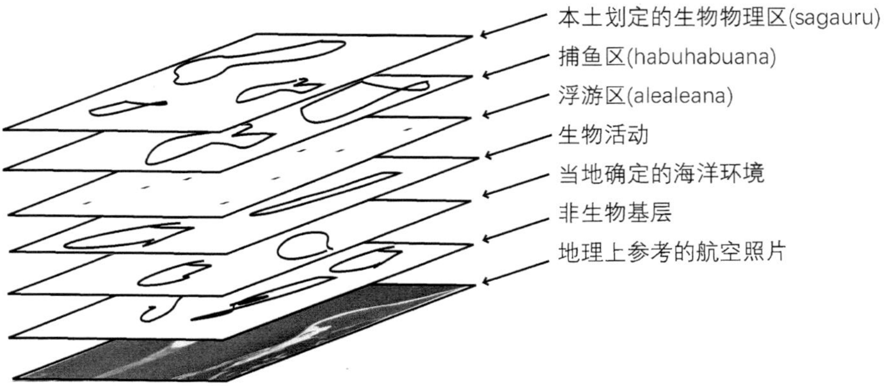

图15.3　以GIS中的图层(或主题)表示的海洋土地等级认知

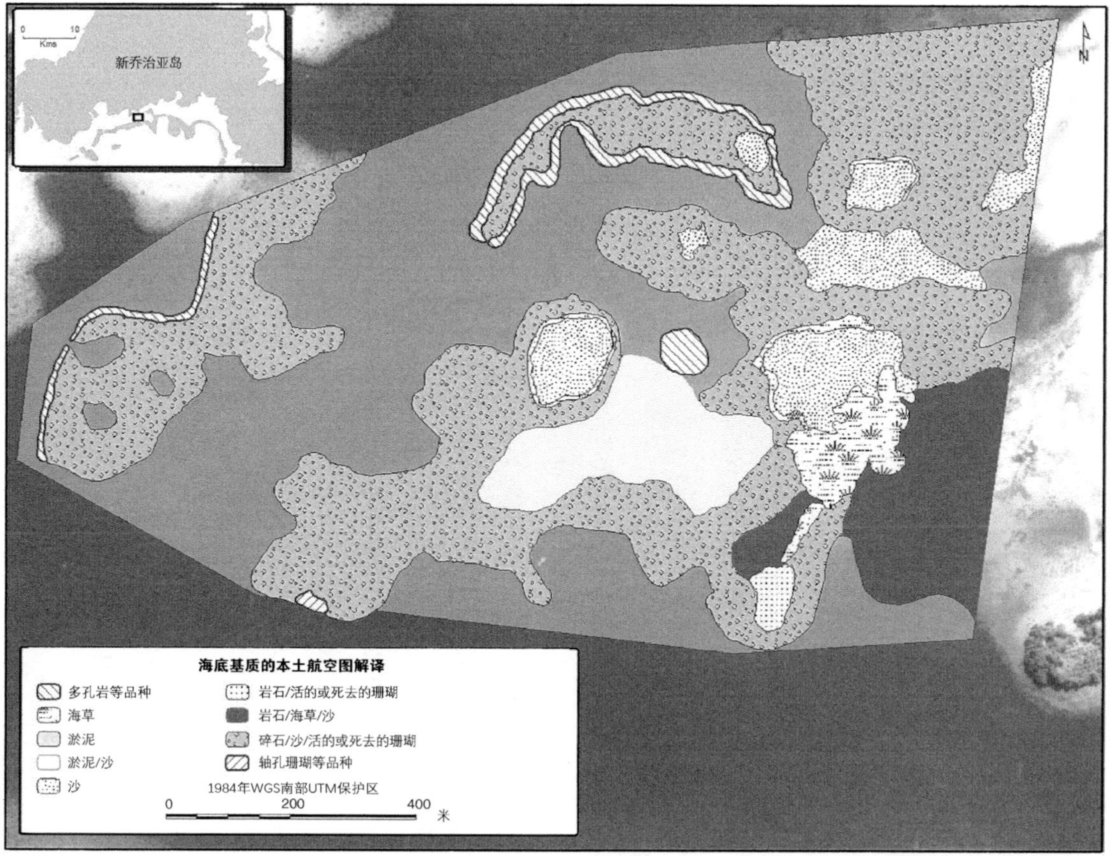

图 15.4 受访者在巴劳鲁海洋保护区、罗维安纳潟湖的航拍照片上划分了非生物和生物基底

根据澳大利亚海洋科学研究所(AIMS)水下研究手册的修改版本(为适应当地情况而修改)，一名学生研究员和当地潜水员在预印的 PVC 板岩上测量了主要海底覆盖层(Wilkinson and Baker，1997)，从而证实了这一信息。为了进行分析，我们使用 GIS 数据库将海洋科学调查中收集的基础数据作为一个图层(点及其属性)，与由本土照片解释器创建的图层(多边形及其属性)进行数据集比较。接着，我们运行了一个空间查询模式，从海洋科学调查中选择所有的点，而这些点在本土海底生物的每个多边形中都可以找到。这些查询使我们能够向海底生物数据集添加一个属性列，指出与每个调查点相关联的海底生物类型。我们又进行了点对点的比较，以评估 IEK 的准确性。

接下来，通过采访渔民并绘制其概念化的海洋环境海景图(见图 15.3)，描绘了居民分类群和相关的重大生物学事件。渔民在每个指定区域的周边用一条小船为我们引路，根据丰富度对每一相关海底生物栖息地常见鱼种的存在和分布，以及每个公认区域内特定物种的产卵、苗圃、穴居和聚集地点的位置进行命名和排序。区域的空间范围(以多边形表示)和特定生物特征的位置(通常以点表示)由全球定位系统(GPS)接收器收集，并作为一个层导入我们的 GIS 数据库中。我们对每个地点的水面进行 7 分钟的静态鱼类调查，在 5 米半径内观察选定的鱼类品种，从而对此进行目视计数。不考虑栖息地大小(粗略覆盖率)，计算各种栖息地类型内所有物种的相对丰富度测量值，以比较它们在海洋保护区中的分布。最后，通过阿斯瓦尼和劳尔(2006a)详述的各种方法将鱼类观察结果与当地评估结果进行对比，以确定 Baraulu 参与者是否比碰运气猜测哪些鱼类在哪些地区存在要好得多。

两个分析结果显示，对于中等详细的海底生物分类方案，本土航空照片对海底基底的解释与现场潜水调查之间的等效性在 75%至 85%之间，其中包括海洋保护区海底 9 个本土定义的非生物和生物海底类别(图 15.4 为海洋保护区海床)。目视鱼类普查显示，本土受访者的定性推断与我们对非隐蔽物种的一般栖息地分布和相对丰富度的定量分析之间有很强的一致性(Aswani and Lauer，2006b)。这项研究显示了本土对主要海底生物和特定居住类群知识掌握的准确性，同时表明，与当地居民参与性互动有助于海洋保护区项目的实施。

当地生态知识和海洋科学

将本地或 IEK 与当前的海洋科学知识相结合，可以帮助我们识别最迫切需要管理的物种和相关栖息地。在研究中，我们试图评估 IEK 与海洋科学之间的可通性，以识别支持生物多样性的生态过程（包括具有重要生态功能的物种的存在、脆弱的生命阶段以及某些物种种群之间的相互联系）。例如，罗维安纳湖 IEK 的三个主要方面被确定为与隆头鹦嘴鱼的管理和保护最相关，并且需要通过海洋科学和人类学方法的结合进行研究。我们主要研究：(1) 当地所谓的捕鱼压力已经对罗维安纳潟湖的鹦嘴鱼群的数量产生了显著影响；(2) 在内潟湖只能见到或捕获小型的鹦嘴鱼，超小的鹦嘴鱼只在特定的浅层的内潟湖苗圃地区出现；(3) 当地潜水员断言，鹦嘴鱼主要在新月期的晚上聚集，那时的捕获量最高。

首先，我们在一个重度捕捞区域（卡里科奇）和轻度捕捞区域（泰特帕雷岛）中对手工夜间鱼叉捕鱼进行调查并做了比较，目的是调查当地关于过去 20 年在外礁和通道栖息地捕获鹦嘴鱼的捕获率和平均大小出现了显著下降的说法。其次，为了验证鹦嘴鱼的大小分布是由不同潟湖栖息地形成的假设，我们考察了在内潟湖、通道和外潟湖栖息地捕获并记录的鱼类大小的频率分布。此外，我们进行了一次水下视觉普查（UVC），以独立评估 6 个代表性潟湖栖息地对其中的鹦嘴鱼种群大小分布的影响。最后，为了检验在新月期间鹦嘴鱼捕捞量更高的假设，我们在不同的月亮运行周期，比较了鱼叉捕鱼时每小时鹦嘴鱼的渔获率。

研究结果支持假设一、假设二，但不支持假设三。总体而言，结果显示，在罗维亚纳潟湖周围地区，那里的生态环境在当地渔民的生命周期内发生了变化，有关生态转型的知识详细而有用。更具体地说，它使我们：(1) 证明隆头鹦嘴鱼是急需保护的物种；(2) 有助于了解不同栖息地环境下鹦嘴鱼的体形分布情况；(3) 协助确定需要保护的敏感地点和栖息地，包括作为育苗区的内潟湖浅滩；(4) 了解月球运行周期如何影响鹦嘴鱼的行为和捕捞率。反过来，这些信息使我们能够规划出整合了当地知识的海洋保护区（参见 Aswani and Hamilton, 2004，以便进一步讨论）。

讨　论

社会科学家（受过自然科学训练的人）是否具备良好的能力，以实现在社会和生态方面大有裨益的保护项目？自然科学家常常忽略很多能决定环境计划成败的社会过程，而社会实践者能更系统地识别出这些过程。例如，社会科学家可以更充分地研究人与环境的相互作用，识别出海洋保护区建立的社会背景，包括：各利益相关方之间的冲突，当地资源管理的不同形式（如海洋保有权），保护项目对人们经济前景、社会价值和环境美学认知方面的影响，以及保护项目如何赋权或疏远沿海社区（例如，Eerkes，Colding，and Folke，2000；Christie，2004；Cinner，Marnane，and McClanahan，2005）。因此，社会科学家在与当地和/或土著居民合作规划保护区方面处于有利地位，这些保护区代表了当地公认的、符合当地特色的自然和社会景观或海洋景观。一般而言，正如本书所示，社会科学家可以提供多种定性和定量的方法，全面解读人与环境的关系。

然而，尽管具有这些潜力，海洋保护区依然通常由自然科学家规划，他们认为具体的生物学数据（他们往往缺乏这些数据）对于规划海洋保护项目至关重要（例如，海洋保护区的最佳规划方案可能取决于研究幼体生物补充和动态的模式）（Bergen and Carr，2003）。海洋科学家坚持认为，选定的地点应该增加产卵群体的生物量，允许幼虫扩散，并将成虫引入相邻的非保护区，保持物种多样性，保护栖息地以及维持生态系统功能（Roberts，2001；Russ and Alcala，1999）。然而，由于研究偏见和教育误导，他们忽视了大多数影响目标保护区的社会经济过程，这些过程真正决定保护项目的成败。在规划海洋保护区时，这种不对称性引发了是要更多地考虑科学还是考虑利益相关者的争论（例如，Agardy，1997；Charles and Willson，2009）。

在所罗门群岛的例子中，我们试图通过将有针对性的海洋和社会科学研究、当地能力建设以及与当地资源所有者的有效沟通相结合来保护自然资源。主要目标是将社会生态学研究成果纳入保护区规划和现有保护区管理结构中，并向当地社区提供有关该地区基于社区的海洋资源管理效益的长期信息（见图 15.5）。例如，通过仔细研究每个当地传统管理机构的具体行动与其相应的管理策略，我们发现即使在很小的地理区域内，这些行动和策略也会受到特定的文化和历史背景的影响。当地传统的管理实践与外来影响和本土化的社会经济转型相结合，带来了不同的治理和管理形式，包括人们能否解决集体行动问题。此外，一些村庄通过建立社区组织（CBOS）来对传统管理体制进行赋权，加上政府对传统海洋保有权的司法保护，对于混合管理模式的成功运作至关重要。相反，有些地方这种做法可能并不现实，另一种战略是结合基于工具的渔业管理（McClanahan and Cinner，2008）和其他管理方法，如政府批准的时空禁渔，可能更适合保护重要的生物资源和维持当地居民的生计。

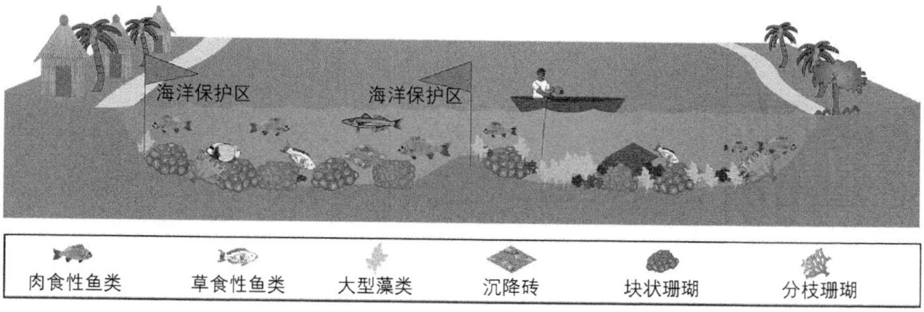

注：图片中的模块说明了“健康”(海洋保护区)和“有害”(在海洋保护区之外)的藻类群落(由 S. Albert 所做的说明)。

图 15.5　显示罗维安纳潟湖努沙霍普村海洋保护区内外鱼类、珊瑚礁和藻类群落的教育材料

因此，社会科学家如何规划社会(生态上)可持续的保护项目，以大洋洲自然保护区为例，我们可以做很多事情。第一，管理者如果不认真考虑当地的治理形式及其对引入管理制度的适应性，就无法实现社会和生态的可持续性以及对海洋生物多样性的保护。第二，仅仅依靠短期的专家指导和财政支持，基于社区的保护项目不太可能成功。发展中国家人民的发展愿望不容忽视，如果要当地社区放弃资源开发的权利，就必须提供某种形式的替代生计方式。第三，外部项目负责人和资助机构必须接受这样一个事实，即当地对资源保护的兴趣可能会随着时间的推移而减弱，特别是在美拉尼西亚这样的地方。第四，人们能看到实际的保护成果(无论是真实的还是感知的)是环境教育最有效的手段，即“眼见为实”。因此，如果人们感知到积极的环境变化，即使是选择不当的海洋保护区，也可以拥有巨大的教育和社会效益(例如，在太平洋许多地区都可以吃到的总状蕨藻，如果食用量太多，海洋科学家就会认为不一定对珊瑚礁生长有利)。一旦人们相信“海洋保护区”的存在，就可以遵守社区规定去选择更具有生态意义的地点。第五，当地教会领袖的参与至关重要，地方教会的支持常常提供政界人士和地方政府有时所缺乏的道德权威。第六，保护项目不仅要考虑关键的生物和生态参数，还应该像克里斯蒂(Christie，2004)所指出的那样，考虑所有利益相关者的特点和行为、不同利益相关者的期望以及利益相关者的知识。

换句话说，我们应该努力发展混合型管理方式，即利用传统管理、现代治理(如个人可转让配额和海洋保有权)的制度及概念系统(如海洋科学和IEK)来利用和管理自然资源。这包括：(1) 理解和反映资源使用及管理的模式、规模；(2) 理解并加强当地的信息交换机制、权力结构、现行规则及其产生的原因；(3) 规定执行分权管理的法律能力(通过受认可的海洋保有权制度或乡规民约)；(4) 促进与当地机构的跨部门协调(政府允许诸如作为食品或水族馆用途的活礁鱼的贩售行为或其他商业活动，这些活动必须与当地法规相协调，不得破坏当地法规)；(5) 接受传统管理制度的功利性质和目标(Cinner and Aswani, 2007: 212)。也就是说，虽然保护生物多样性和保持生态恢复力往往是保护项目的基本目标，但是这些不能推翻功利主义的社区目标，比如允许偶尔为宴会或者仪式获取资源。

使用多种方法和理论的社会科学家能够很好地设想出多种全面的方法，以保护大洋洲及其他地区对环境至关重要且脆弱的生态系统。然而，他们需要做的不只是促进知识的相对主义和自我牺牲(比如 Peterson et al., 2009; West and Brockington, 2006)，还要提供一套实证研究工具(参见 Pollnac, Crawford, and Gorospe, 2001，作为评估海洋保护区的成功方法的例子)以及可供自然科学家和社会科学家用于更普遍的陆地和海洋保护区的综合设计与分析的政策指导。简而言之，我们需要通过与自然科学家，甚至是与保护项目的实际领导的通力合作，来证明社会生态驱动的保护项目比纯粹由生物驱动的保护项目更可能取得成功。

总　结

与本书所介绍的方法相一致，本章为社会和生态实践者提供了一个机会，使他们能够获得多种方法，获得超越自然科学与社会科学之间以及定量与定性方法之间的人为鸿沟。在这里，我们概述了将社会分析和生态分析结合起来研究人与环境关系的各种研究方法，以及利用这些社会生态学方法来规划自然资源管理的方案。从当地的角度来看，运用海洋科学和人类学知识系统地阐述地方生态知识和文化价值观，可以更好地促进地方参与基于社区的海洋保护区的规划和开发，并得到包容性更强的保护办法。当保护项目建立在社区成员所熟悉的当地文化习俗上时，社区成员可以更好地理解保护项目的生物价值和使用限制——这种情况有利于规则的执行和监督。一般来说，对海洋系统和社会进程的耦合研究可以促进管理制度的发展，使其更具有适应性和有效性，并转向基于整个生态系统的海洋保护方向。

致 谢

我要感谢所罗门群岛居民一直以来的支持，感谢戴维和露西卡·帕卡德(Lucile Packard)基金会(Grants, 2001: 17407;2005: 447628 - 458080)、保护国际基金会——GCF(Grant,447628 - 459102)、皮尤(Pew)慈善信托基金会(通过 Pew 海洋保护基金,2005)、约翰·D.(John D.)和凯瑟琳·T.麦克阿瑟(Catherine T. MacArthur)基金会(Grant,60243)和国家科学基金会(NSF - CAREER - BCS - 0238539; NSF - HSD - BCS - 082694 7)对本研究的资金支持。

参考文献

Acheson J. M. and J. A. Wilson, 1996. Order out of chaos: the case for parametric fisheries management. *American Anthropologist* 98: 579 - 594.

Agardy T., 1997. *Marine Protected Areas and Ocean Conservation*. Austin, TX: Landes Co.

Aswani S., 1999. Common property models of sea tenure: a case study from Roviana and Vonavona Lagoons, New Georgia, Solomon Islands. *Human Ecology* 27: 417 - 453.

Aswani S., 2005. Customary sea tenure in Oceania as a case of rights-based fishery management: does it work? *Reviews in Fish Biology and Fisheries* 15: 285 - 307.

Aswani S. and R. Hamilton, 2004. Integrating indigenous ecological knowledge and customary sea tenure with marine and social science for conservation of bumphead parrotfish (*Bolbometopon muricatum*) in the Roviana Lagoon, Solomon Islands. *Environmental Conservation* 31: 69 - 83.

Aswani S. and M. Lauer, 2006a. Incorporating fishermen's local knowledge and behavior into Geographical Information Systems (GIS) for designing marine protected areas in Oceania. *Human Organization* 65: 80 - 102.

Aswani S. and M. Lauer, 2006b. Benthic mapping using local aerial photo interpretation and resident taxa inventories for designing marine protected areas. *Environmental Conservation* 33: 263 - 273.

Aswani S. and A. Sabetian, 2010. Urbanization and implications for artisanal parrotfish fisheries in the Western Solomon Islands. *Conservation Biology* 24(2): 520 - 530.

Aswani S., S. Albert, A. Sabetian, and T. Furusawa, 2007. Customary management as precautionary and adaptive principles for protecting coral reefs in Oceania. *Coral Reefs* 26: 1009 - 1021.

Bergen L. K. and M. H. Carr, 2003. Establishing marine reserves: how

can science best inform policy? *Environment* 45: 8 - 19.
Berkes F., J. Colding, and C. Folke, 2000. Rediscovery of traditional ecological knowledge as adaptive management. *Ecological Applications* 10: 1251 - 1262.
Bernard H. R., 2000. *Handbook of Methods in Cultural Anthropology*. Walnut Creek, CA: Altamira Press.
Charles A. and L. Wilson, 2009. Human dimensions of marine protected areas. *ICES Journal of Marine Science* 66: 6 - 15.
Christie P., 2004. MPAs as biological successes and social failures in Southeast Asia. In J. B. Shipley (ed.), *Aquatic Protected Areas as Fisheries Management Tools: Design, Use, and Evaluation of These Fully Protected Areas*. Bethesda, MD: American Fisheries Society, pp. 155 - 164.
Chun M. and K. Means, 1997. Taking population into account in promoting conservation in Marovo Lagoon, Solomon Islands. SICDCD - WWF Report.
Cinner J. E. and S. Aswani, 2007. Integrating customary management into marine conservation. *Biological Conservation* 140: 201 - 216.
Cinner J. E., M. J. Marnane, and T. R. McClanahan, 2005. Conservation and community benefits from traditional coral reef management at Ahus Island, Papua New Guinea. *Conservation Biology*, 19: 1714 - 1723.
D'Andrade R., 1995. *The Development of Cognitive Anthropology*. Cambridge, UK: Cambridge University Press.
Diaz R. J., M. Solan, and R. Valente, 2004. A review of approaches for classifying benthic habitats and evaluating habitat quality. *Journal of Environmental Management* 73: 165 - 181.
English S., C. Wilkinson, and V. Baker, 1997. *Survey Manual for Tropical Marine Resources*, 2nd edn. Townsville, Australia: Australian Institute of Marine Science.
Habyarimana J., M. Humphreys, D. N. Posner, and J. M. Weinstein, 2007. Why does ethnic diversity undermine public goods provision? *American Political Science Review* 101: 709 - 725.
Hauert C., 2006. Cooperation, collectives formation and specialization. *Advances in Complex Systems* 9: 315 - 335.
Henige D. P., 1974. *The Chronology of Oral Tradition: Quest for a Chimera*. Oxford, UK: Clarendon Press.
Henrich J., R. Boyd, S. Bowles, *et al.*, 2005. "Economic Man" in cross-cultural perspective: economic experiments in 15 small scale societies. *Behavioral and Brain Sciences* 28: 795 - 855.
Hughes T. P., D. R. Bellwood, and S. R. Connolly, 2002. Biodiversity hotsposts, centres of endemicity, and the conservation of coral reefs. *Ecological Letters* 5: 775 - 784.
Jentof S., T. C. van Son, M. Bjørkan, 2007. Marine protected areas: a governance system analysis. *Human Ecology* 35: 611 - 622.
Johnson A. W., 1975. Time allocation in a Machiguenga community. *Ethnology* 14: 301 - 310.
McClanahan T. R. and J. E. Cinner, 2008. A framework for adaptive gear

and eco-system-based management in the artisanal coral reef fishery of Papua New Guinea. *Aquatic Conservation of Marine and Freshwater Ecosystems* 18: 493 - 507.

Neumann K., 1992. *Not the Way it Really Was: Constructing the Tolai Past*. Honolulu: University of Hawai'i Press.

Pelto P. J., and G. Pelto, 1978. *Anthropological Research: The Structure of Inquiry*, 2nd edn. Cambridge, UK: Cambridge University Press.

Peterson R. B., D. Russell, P. West, and J. P. Brosius, 2009. Seeing (and doing) conservation through cultural lenses. *Environmental Management* 45(1): 5 - 18.

Pollnac R., B. Crawford, and M. Gorospe, 2001. Discovering factors that influence the success of community-based marine protected areas in the Visayas, Philippines. *Ocean and Coastal Management* 44: 683 - 710.

Roberts C. M., J. A. Bohnsack, F. Gell, J. P. Hawkins, and R. Goodridge, 2001. Effects of marine reserves on adjacent fisheries. *Science* 294: 1920 - 1923.

Rogers B. L., and N. P. Schlossman (eds.), 1990. *Intra-Household Resource Allocation*. Tokyo: United Nations University Press.

Russ G. R. and A. C. Alcala, 1999. Management histories of Sumilon and Apo marine reserves, Philippines, and their influence on national marine resource policy. *Coral Reefs* 18: 307 - 319.

Santos F. C., M. D. Santos, and J. M. Pacheco, 2008. Social diversity promotes the emergence of cooperation in public goods games. *Nature* 454: 213 - 216.

Smith E. A., 1991. *Inujjuamiut Foraging Strategies: Evolutionary Ecology of an Arctic Hunting Economy*. New York: Aldine de Gruyter.

Solomon Islands Government, 1999. Report on the census of population, 1999. Honiara, Solomon Islands: Statistics Office.

Stephens D. W. and J. R. Krebs, 1986. *Foraging Theory*. Princeton, NJ: Princeton University Press.

West P. and D. Brockington, 2006. An anthropological perspective on some unexpected consequences of protected areas. *Conservation Biology*, 20: 609 - 616.

译后记

环境社会科学是一个涉及人类学、生态学、环境学、社会学、政治学、生物学等跨学科领域的交叉性、综合性学科。本研究内容主要包括人与环境的复杂关系和互动系统，以及影响这种互动关系的政治、经济、社会、制度层面等因素。

本书通过14个与环境社会科学研究相关的典型案例，阐述了环境社会科学领域的研究方法应用实例和趋势。例如：利用人口统计学模型分析人口动态变量对环境的影响；采用家庭微观经济学和生态学的结合来分析生产实践活动；从制度分析和产权理论的视角探讨资源管理的形式；将政治经济学的框架引入分析经济决策与环境和政治的关系；自由列表、项目分类以及参与式地图等研究方法在多个研究社区和资源管理案例中有所运用；口述叙事方法、田野研究也是研究环境人类学和人种历史学的主要方法；书面文字分析对于研究环境冲突问题有着独特的视角；扎根理论等编码技术及文本分析技术展示了对环境资源利用研究的价值；网络分析方法揭示了复杂的社会与环境系统的潜在联系；多点研究的方法有助于理解社会与环境多要素之间的关系；空间分析方法对于研究社会实践的多层次空间构成具有重要的意义；考古学的研究方法有助于帮助人们理解社会与环境之间长期的互动关系；历史生态学的研究框架勾画出生态变迁中的人类角色。这些研究方法的整合体现了以下三个特点：(1) 定性研究方法与定量研究方法是一种紧密结合的互补关系，而非对立关系。一个有效的研究成果一定是完美地应用了这两种方法的。(2) 消除了一个研究领域固守一种研究方法的误解。没有纯粹属于一个研究领域的方法论，在跨学科的环境社会科学领域，根据研究目的和研究对象的差异性，研究者更加需要选择多种方法论的组合。(3) 同一个研究项目可以采用不同的视角、不同的方法论进行研究规划和展开论证，不仅可以促进项目多层次多角度的研究发现，同时也给不同文化背景下的学者开辟了一个对话与交流的空间。

本译著从策划到出版历时近四年，是全体团队成员精诚合作、艰辛付出的共同成果，在此表示万分感谢！译著由刘燕、吴建伟、马克继主译。其中，参与初稿翻译的团队成员有刘燕、马克继、郑湘茹、郑涵一、王章岑、于雪艳、陶敏。刘燕负责第一稿和第二稿校对工作，孙悦、马克继分别参与了第一稿和第二稿部分校对工作。吴建伟、鲁慧敏负责第三稿修正与校对工作，刘燕负责最后的统稿工作。这里要特别感谢吴建伟老师对本译著翻译工作的指导和倾注的心血。同时，非常感谢华东理工大学出版社的刘军、秦静良、牟小林等各位编辑老师的大力支持！限于水平，书中若有错误之处，敬请广大读者斧正。

刘燕

2019 年 1 月 24 日

内 容 提 要

环境社会科学是一门涉及人类学、生态学、环境学、社会学、政治学、生物学等跨学科领域的交叉性、综合性学科，研究内容主要包括人与环境的复杂关系及互动系统，以及影响这种互动关系的政治、经济、社会、制度等层面因素。本书通过 14 个与环境社会科学研究相关的典型案例，阐述了环境社会科学领域的研究方法、应用实例和发展趋势。每个章节都有例子，作者结合自然科学、社会科学，以及人文学科的跨学科研究，总结了针对环境问题的社会研究各个方面的方法和研究策略；通过不同的案例，介绍了跨学科环境社会科学的有关知识，展示了社会科学可以为环境研究提供服务的可能性，剖析了气候变化、森林砍伐、海洋保护等更大范围的全球性问题，对社会科学和自然科学的发展影响深远。